DOCUMENTS

CONCERNANT L'HISTOIRE DE NEUFCHATEL-EN-BRAY

ET DES ENVIRONS

DOCUMENTS

CONCERNANT

L'HISTOIRE DE NEUFCHATEL-EN-BRAY

ET DES ENVIRONS

Publiés pour la première fois, d'après deux manuscrits,

AVEC INTRODUCTION, NOTES ET APPENDICES

Par F. BOUQUET

ROUEN

CH. MÉTÉRIE, SUCCESSEUR DE A. LE BRUMENT

LIBRAIRE DE LA SOCIÉTÉ DE L'HISTOIRE DE NORMANDIE

RUE JEANNE-DARC, N° 11

—

M DCCC LXXXIV

EXTRAIT DU RÈGLEMENT

Art. 16. — Aucun volume ou fascicule ne peut être livré à l'impression qu'en vertu d'une délibération du Conseil, prise au vu de la déclaration du commissaire délégué, et, lorsqu'il y a lieu, de l'avis du comité intéressé portant que le travail *est digne d'être publié*. Cette déclaration est imprimée au verso de la feuille du titre du premier volume de chaque ouvrage.

Le Conseil, vu la déclaration de M. Julien Félix, *commissaire délégué, portant que l'édition des* Documents concernant l'Histoire de Neufchatel-en-Bray et des environs, *préparée par* M. F. Bouquet, *lui a paru digne d'être publiée par la* Société de l'Histoire de Normandie, *après en avoir délibéré, décide que cet ouvrage sera livré à l'impression.*

Fait à Rouen, le 13 novembre 1882.

Le Secrétaire de la Société,
Ch. LEGAY.

INTRODUCTION

« Encore des documents et toujours des documents ! » dira-t-on, peut-être. — Eh ! pourquoi pas ? Avec « la réimpression des principaux ouvrages, devenus rares et coûteux, relatifs à l'histoire de l'ancienne province de Normandie, » notre Société ne se propose-t-elle pas, comme le dit l'article 2 de son règlement : « De publier les documents originaux encore inédits et les chroniques manuscrites présentant un intérêt réel, soit pour l'histoire générale de la province, soit pour l'histoire particulière des localités qui en dépendaient ? »

Or les deux manuscrits contenus dans ce volume satisfaisant à toutes les conditions du règlement, le Conseil en a décidé la publication, commandée encore par d'autres motifs non moins sérieux [1]. En effet, leur principal objet

---

[1] Le Conseil s'en est occupé dans les séances du 24 avril, 5 juin et 13 novembre 1882, et M. de Beaurepaire, en a entretenu l'Assemblée générale dans son rapport du 23 novembre suivant. *Bulletin de la Société de l'Histoire de Normandie*, t. III, pages 156, 158 et 195-198.

est l'homme, et, suivant la remarque d'un éminent critique : « L'homme ne s'intéresse qu'à l'homme ! [1] » Et puis, en dehors du sujet spécialement visé, un heureux chercheur peut en tirer la preuve inattendue d'un fait en suspens, d'une date controversée, d'un renseignement biographique ou historique, inconnu, concernant ou notre province, ou une ville, ou une famille, ou même un seul homme, car tout se tient en histoire, la chaîne des faits étant infinie.

Au premier abord, on a lieu d'être surpris de l'existence de ces deux manuscrits sur la seule ville de Neufchâtel-en-Bray. Mais la surprise cesse bientôt, quand on se rappelle le rôle important que cette petite ville a joué, comme place de guerre, dans l'histoire de notre province, depuis nos ducs jusqu'à la fin du XVIe siècle.

Devenus possesseurs de la Neustrie, les ducs normands ne tardèrent pas à se faire une ligne de défense contre les Français, maîtres de la Picardie et de l'Ile-de-France, en élevant plusieurs forteresses sur les frontières nord, nord-est et est de la province appelée désormais Normandie, du nom des conquérants. Telles furent, en première ligne, les places fortes d'Eu, d'Aumale, de Blangy, de Gaillefontaine, de Gournay, et, en seconde ligne, Dieppe, Arques, Neufchâtel, La Ferté, pour ne citer que les plus fameuses.

Plus tard, au XIIIe siècle, après le retour de la Normandie à la couronne, bien que la Somme, avec ses prairies marécageuses, et ses tourbières donnât une assez bonne ligne de défense, et que la frontière de Picardie fût encore protégée par les forteresses d'Abbeville, d'Amiens, de

---

[1] M. Saint-Marc-Girardin. *Cours de Littérature dramatique*, Lutte de l'homme contre le danger. 1843, t. I, p. 60.

Corbie, de Péronne, de Ham et de Saint-Quentin, les rois de France conservèrent néanmoins les deux lignes de défense précédemment établies pour la sécurité de la Normandie, et où Neufchâtel était appelé à jouer son rôle.

Ainsi s'explique son importance relative, puisque, pendant des siècles, sous le nom primitif de Drincourt, remplacé bientôt par celui de Neuf-Châtel, dont l'étymologie rappelle la destination belliqueuse, cette petite place de guerre, entourée de murailles garnies de tours et défendue par un château assez considérable, bâti sur une hauteur, au nord de la ville, dans une assiette rendue plus forte par les fossés profonds qui l'isolaient de tous côtés, comme on le voit encore aujourd'hui, cette petite place a contribué, pour sa part, à défendre la Normandie, d'abord contre la France, et la France, ensuite, contre les attaques de ses ennemis. Cet office, Neufchâtel l'a rempli vaillamment pendant des siècles, et il a vu successivement les ducs de Normandie, les rois d'Angleterre, les rois de France, les ducs de Bourgogne, les Ligueurs, Henri IV et les Espagnols, au pied de ses remparts, pour s'en disputer la possession, les armes à la main. Sentinelle avancée de Rouen, son sort n'était pas indifférent pour notre ville, comme on le vit, une dernière fois, en 1592, quand, fidèle à Henri IV, elle tira ses derniers coups de canon contre le duc de Parme. Mais, après la démolition de son château, en 1595, son rôle diminue singulièrement d'importance, et c'est à peine si les historiens locaux ont pu signaler quelques autres faits saillants dans son histoire.

Comme dans toutes les places de guerre, surtout les petites, le sort des habitants de Neufchâtel et des environs ne fut pas heureux. Car, matériellement, la guerre alors était abominable; le soldat ne subsistait que de rapines; partout la maraude, le viol, le pillage; un pays traversé par une armée nationale ou par une armée ennemie, était un pays ravagé; la peste suivait les armées en campagne; guerre et brigandage étaient à peu près synonymes. On connaît, pour Neufchâtel, une partie des maux que la guerre lui a infligés trop souvent.

Mais derrière ses remparts et ses tours, au pied du château qui la protégeait, il y avait une cité, avec tout ce qui la constitue : des églises, des hôpitaux, des couvents, une commune et des échevins; l'administration de la justice comprenant une Vicomté, une Election, un Siège de police, un Grenier à Sel, une Maîtrise particulière des Eaux et Forêts; et puis, des procureurs, des avocats, des bourgeois, des marchands, des hôtelliers, etc. Sur tous ces points, sauf le côté religieux, il règne, chez les divers historiens Neufchâtel, un silence presque absolu, faute, sans doute, d'avoir rencontré des documents qui permissent de les traiter avec certitude.

Un des premiers résultats de la publication de nos deux manuscrits, œuvre de deux Neufchâtelois, sera de combler, en partie et pour une longue période, une lacune aussi regrettable.

I

MÉMOIRE D'ADRIEN MITON

L'existence de ce *Mémoire* n'était pas tout-à-fait inconnue. La première trace qu'on en trouve est dans le manuscrit de l'*Histoire de Neufchâtel-en-Bray*, composée, en 1753, par dom Bodin, qui en avait détaché une dizaine d'extraits, pris en divers endroits du manuscrit, pour les joindre aux ADDITIONS ET REMARQUES[1] de son ouvrage.

Que devint ensuite ce *Mémoire?* On n'en sait rien, sinon que le catalogue d'une bibliothèque vendue à Paris, le 25 juillet 1806, rue des Fossés-Montmartre, n° 3, portait cette indication : « 131. — Journal de la ville de Neufchâtel en Normandie depuis 1520 jusqu'en 1640. Manuscrit in-4° cartonné[2]. » Il provenait des cartons de Bois-Jourdain. Sous ce titre abrégé, le seul nom de Neufchâtel et l'étendue de la période de son histoire (1520-1640) montrent bien qu'il s'agit de l'ouvrage inédit de Miton.

Depuis 1806 jusqu'à nos jours, on avait si bien perdu la trace de ce *Mémoire* qu'on se livrait à des regrets sur sa disparition, et sur la précieuse source d'informations que l'on avait ainsi perdue.

Cependant, en 1881, un manuscrit du *Mémoire de Miton* revint au jour de la façon la plus inattendue. M. Chéruel, plus d'une fois sollicité par nous de prendre part aux travaux de la Société de l'Histoire de Normandie, était au plus fort de ses recherches pour sa belle *Histoire de France sous le Ministère de Mazarin*, quand il nous écrivit : « Je voudrais, au moins, vous prouver que je n'oublie pas entièrement la Normandie, et que, si je ne peux m'occuper activement de vos travaux historiques, je ne néglige pas les indications que je puis vous fournir. En faisant mes recherches aux Affaires étrangères, j'ai trouvé, dans la série PROVINCES, *Normandie*, une chronique de

---

[1] Notre Société doit publier, plus tard, ce manuscrit inédit, dont l'impression a été votée.

[2] Note conservée dans la Bibliothèque publique de Neufchâtel et qui nous a été montrée par M. Courtin, son conservateur.

Neufchâtel-en-Bray, par un bourgeois de cette ville nommé Miton. Elle va de 1520 à 1640. » (Lettre du 15 juillet 1881.)

Mis ainsi sur la voie, nous adressâmes à M. le Ministre des Affaires étrangères la demande de l'autorisation nécessaire pour consulter le manuscrit du *Mémoire* de Miton, déposé dans ses Archives. La réponse de M. Barthélemy-Saint-Hilaire fut favorable : « Je vous autorise volontiers à le consulter et même à le publier. » (Lettre du 14 octobre 1881.) Nous n'en fûmes pas trop surpris, grâce à l'active intervention d'un autre Normand, notre ami et camarade d'enfance, M. Frédéric Baudry, administrateur de la Bibliothèque mazarine.

Une fois de plus, il faut s'applaudir du régime libéral inauguré dans nos archives diplomatiques, car il a produit déjà les plus heureux résultats. Un bon nombre d'œuvres historiques importantes sont sorties des recherches que l'on y a faites : les *Négociations relatives à la succession d'Espagne*, par M. Mignet; les *Manuscrits de Saint-Simon*; les *Souvenirs du règne de Louis XIV*, par M. le comte de Cosnac; enfin c'est là aussi que M. Chéruel a recueilli les nombreux matériaux, si habilement mis en œuvre dans son *Histoire de France pendant la Minorité de Louis XIV et sous le Ministère de Mazarin* (7 vol. in-8°, 1879-1882). Neufchâtel, à son tour, s'il est permis de comparer les petites choses aux grandes, se réjouira sans doute de cette même libéralité, qui a permis à M. Chéruel de retrouver l'un des titres les plus curieux de son histoire, dû à la plume de l'un de ses enfants, et que l'on croyait à jamais perdu.

Au mois de novembre 1881, M. de Ribier, chef du

bureau des Archives étrangères, où se font les communications au public; nous remettait un volume manuscrit, in-4°, qui, dans l'ancienne classification, était indiqué : « *Provinces françaises*, NORMANDIE, 239, » et, dans la nouvelle : « FRANCE, 1662. » Il contient trois manuscrits reliés ensemble : 1° *Mémoire de Miton*; 2° *Erection de Duché pour M. Delbeuf*; 3° *Mémoire sur la Généralité de Rouen, dressé par M. de la Bourdonnaye, Intendant en* 1698. Une note porte : « Acquis en 1810. »

Ce manuscrit du *Mémoire de Miton* est une copie, qui paraît avoir été faite, à la fin du XVIII° siècle, d'une écriture peu soignée, sur 84 feuillets in-4°. A cause de son format, plus petit que celui des deux autres manuscrits, on l'a relié par cahiers placés successivement, mais inégalement, à la suite l'un de l'autre, de manière à ne pas faire de disparate choquante pour la reliure des trois manuscrits. Cette circonstance du format in-4°, et la date de l'acquisition, 1810, nous donnent à penser que le manuscrit des Affaires étrangères n'est autre que le « manuscrit in-4°, cartonné, » vendu à Paris, en 1806.

Celui qui a fait la copie du XVIII° siècle a dû la faire d'après le manuscrit même de Miton; mais, très peu versé dans la lecture d'un manuscrit du siècle précédent, et complètement étranger à l'histoire de Neufchâtel, à la topographie et à la géographie de ses environs, il a commis les bévues les plus grossières et a estropié les noms de lieu et de personne à plaisir. Ainsi, il lit : *Bernosant* pour *Bernesaut*; *Breanbet* pour *Beaubec*; *Bourbin* pour *Bourbon*; *Tamennes* pour *Tavannes*; *Ravillet* pour *Raollet* ou *Raullet*; *Saint-Sevre* pour *Saint-Sere*, ou *Saint-Saire*; *Ildemet* pour *Ildevert* ou *Hildevert*;

Rouaires pour *Louviers*; *Orgnies* pour *Orgueil (Argueil)*; *Romer et Jalliette* pour *Roméo et Julliette*, etc., etc. Les fautes de ce genre se retrouvent presque à chaque page, et c'est la partie du texte qui nous a offert le plus de difficultés. Il faut aussi lui imputer plusieurs anachronismes dûs à une mauvaise lecture des chiffres du texte de l'auteur.

Cependant, malgré ces nombreuses altérations du texte de Miton, on doit reconnaître que la perte du manuscrit original donne à cette copie, même défectueuse, d'un mémoire inédit, une valeur d'autant plus grande, que, sans elle, nous serions privés de tous les documents qu'elle fournit sur l'histoire de Neufchâtel.

Quant à l'expédition de cette mauvaise copie, relevée pour notre Société, elle a été faite avec le plus grand soin par un employé du Ministère des Affaires étrangères et révisée par M. Chéruel, ce qui en garantit la plus scrupuleuse exactitude. Si notre ami, au milieu de ses importants travaux, s'est astreint à collationner les 144 feuillets, petit in-f°, de notre expédition, écrite sur le recto, c'est qu' « il a été bien aise de prouver à ses confrères de l'Histoire de Normandie qu'il était tout dévoué à leur œuvre fort utile [1]. » (Lettre du 25 novembre 1882.)

L'un des premiers mérites du *Mémoire de Miton* est de nous fournir quelques détails biographiques sur leur auteur, disséminés çà et là, et dont voici le résumé.

[1] Au rappel des services que M. Chéruel a rendus à la Société de l'Histoire de Normandie, services consignés dans le discours de M. Ch. de Beaurepaire, son vice-président, à la séance générale du 23 novembre 1882 (*Bulletin* III, pp. 195 et 196), nous joindrons nos remercîments personnels pour tous ceux que nous devons à sa correspondance si fréquente sur le même objet.

Adrien Miton était fils « d'Antoine Miton, avocat, pourvu à l'état de Lieutenant des Forêts au Neufchâtel en 1550, et de Catherine Bourgoise. » Né à Neufchâtel, le 21 juillet 1551, il y fut baptisé dans l'église Saint-Jacques. Le 15 janvier 1571, il épousa Marguerite Engren, fille de Jacques Engren et de Michelle de La Boe, dont il eut seize enfants. Appelé à l'état d'Elu, à Neufchâtel, il devint, en 1581, Lieutenant particulier des Eaux et Forêts de la Vicomté d'Eu, quand l'élection de Neufchâtel eut été supprimée, l'année précédente. Le 8 avril 1585, « la communauté de Neufchâtel le nomma pour commander en la place du château. » Le 1er juillet suivant, il résigna son état de Lieutenant des Forêts à Charles de Biville, et, le 20 octobre 1587, il prit possession de l'état de Président en l'Election de Neufchâtel. En 1588, le Tiers-Etat de la Vicomté de cette ville le députa à Caudebec pour procéder à la nomination des députés qui devaient représenter le Bailliage de Caux aux Etats-Généraux de Blois. A la mort de Henri III, il se rangea dans le parti de Henri IV, et, en vrai royaliste, il resta toujours l'adversaire de la ligue. Malgré cela, « le 8e septembre 1589, revenant de Rouen, il fut fait prisonnier par des cavaliers en garnison au château de Blainville, et mené en iceluy ; il y resta cinq jours et ensuite fut relâché et ramené à Rouen, sans payer de rançon. » Il y avait eu méprise, car ce château était alors occupé par le trop fameux Christophe II d'Alègre, qui, dès le mois d'août précédent, s'était rallié, au parti royal. Quand les Espagnols eurent surpris Amiens, en 1597, et qu'on put craindre une marche sur Rouen, le duc de Montpensier, gouverneur de la Normandie, le nomma commandeur de Neufchâtel, afin de faire face au péril. Le même honneur lui échut encore, en 1610, à la mort de Henri IV. « Pour conserver cette place au service du Roy, le Maréchal de Fervacques, gouverneur de Normandie, manda aux principaux de cette ville de Neufchâtel d'élire un homme d'entr'eux capable de leur commander, et, du consentement unanime de tous les habitants de cette ville, je fus nommé, moy Miton, Président, en ladite charge de commandeur, et tous promirent m'obéir. » En 1612, il résigna son état de Président de l'Election de Neufchâtel à Guillaume Le Fèvre, et, le 28 mars 1614, il perdit sa femme, Marguerite Engren. Mais il resta veuf bien peu de temps, car, parmi les faits de cette même année, il a consigné celui-ci : « Noces deuxièmes de moy, Adrien Miton, s^r de Hodent, Grumesnil, avec Claude Bodin, veuve de Me Jean Bit, avocat, en 1614. » S'il ne se donne plus, après la résignation de ses fonctions, son titre de Président, on voit qu'il en prend d'autres, et pour la première fois. Chargé quelquefois de missions délicates, toutes de confiance, il fut, en 1620, « nommé et élu eschevin de Neufchâtel ; » mais ces fonctions lui causèrent bien des ennuis et des pertes d'argent par des poursuites en reddition de finances.

Nous ne trouvons plus rien, à partir de cette année 1620, qui le concerne dans son *Mémoire,* dont les dernières lignes portent la date de 1640. Ce fut aussi probablement celle de sa mort, car il n'avait pas moins de 89 ans, à cette époque.

On voit donc que, pendant longtemps, Miton fut un personnage considérable, dans sa ville natale, à cause des fonctions diverses qu'il y a exercées, et quelques-unes d'entre elles donnent la mesure de la grande confiance qu'il y inspirait. Par les parrains et marraines de ses nombreux enfants, dont il a eu grand soin de donner les qualités avec les noms, on peut se faire encore une idée avantageuse des relations honorables que son mérite personnel lui avait values.

Malgré toutes ces fonctions publiques, son nom serait resté dans un complet oubli, si l'idée ne lui fût pas venue, un jour, de consigner par écrit le souvenir des faits dont il avait été le témoin, et d'en composer un recueil intitulé : *Mémoire des mariages, naissances, et décèds, et ensuite de ce qui s'est passé digne de mémoire en la ville de Neufchâtel et ès-environs, d'autant qu'il en seroit venu à ma connoissance de moy Adrien Miton, Président en l'Election de Neufchâtel, et dont j'ay reçu avis certain de mes Devanciers, encore que depuis icelles écrites et insérées en ce présent Mémoire, il est venu à ma noterie plusieurs choses que je n'ay pû employer doutant confusion, et aussi de ce qui concernoit le public, j'en ay fait recueil séparément et à part dans un Inventaire de la France.*

En rassemblant ces notes, Miton suivait le courant de xvie siècle, si fertile en ouvrages de cette nature; il se conformait à la recommandation qu'en faisait un des esprits les plus singuliers de ce temps de la Renaissance. Dans le chapitre où Bonaventure Despériers examine « le profit qu'avons des lettres et livres, » il n'hésite pas « à prier tout le monde d'en composer d'autres, en quelque langage que ce soit, quand il voit qu'aucun le peut faire. » — « Un curé, dit-il, un vicaire, un simple prêtre, je le prêche et sollicite tant que je puis, qu'il fasse livre, non-seulement de ceux qui naissent et meurent en la paroisse[1], mais aussi des races et feux, et de l'état de ses paroissiens, et de l'étendue et richesse de sa dite paroisse. » Le mathématicien, le physicien, le capitaine, les serviteurs du roi, les magistrats sont également engagés à faire des livres sur les sujets de leur compétence, aussi bien que les marchands et les gens de toute condition. « Par ce moyen il ne tiendra à moi que n'en ayons des livres. » Le profit en sera considérable et le voici : « Entre autres choses, il n'y aura pays, ville, village, bourg, église, château, maison, famille, montagne, colline, terrier, fontaine, soit chaude ou froide, douce ou salée, prés, bois, vignes, etc., qui n'aie chacun son livre, ou, pour le moins, son chapitre en plus grand livre ; laquelle chose donnera un singulier plaisir à ceux qui viendront après nous, quand ils pourront savoir d'ond (*undè*, d'où) ils seront venus[2]. » La nécessité de l'histoire locale n'est donc pas d'invention moderne, et Miton en sentait l'utilité préconisée si bien ici, quand il composait son *Mémoire*.

Dans le titre explicatif qu'il lui a donné, tout est à considérer, car il contient bon nombre d'indications utiles : le sujet et les limites du sujet ; les sources, l'étendue et le mode de composition de l'ouvrage, enfin l'annonce d'un ouvrage très vraisemblablement perdu.

Tel sera aussi l'ordre de nos remarques sur son travail.

---

[1] L'ordonnance de Villers-Cotterets, rendue par François Ier, en août 1539, venait de prescrire la tenue des registres où les curés devaient inscrire avec exactitude la date de la naissance des fidèles qu'ils baptiseraient. Bonaventure Despériers leur demandait davantage.

[2] *Discours non plus mélancoliques que divers de choses mêmement qui appartiennent à notre France.* Chap. XV. L'auteur est mort en 1544, et le livre parut en 1557.

Pourquoi Miton l'a-t-il intitulé *Mémoire*, et non pas *Mémoires?* comme on l'a dit quelquefois. Selon nous, c'est qu'il a senti que son œuvre n'avait rien de ce qu'on trouve, avant tout, dans les Mémoires, dont le cachet distinctif est le récit des évènements contemporains, avec les impressions et avec les jugements de l'auteur. Ici, rien de semblable. Miton se borne à la mention pure et simple des faits, sans y mêler la moindre réflexion, sans révéler ses sentiments. C'est avec l'indifférence d'un greffier officiel qu'il enregistre les naissances et les morts de ses amis, de ses parents et même de ses enfants. On voit que son but était de faire un *Memento*, un *Aide-Mémoire*, un *Mémorial*, comme on disait alors, pour conserver le souvenir des faits qui l'intéressaient, et non des *Mémoires*, dans le sens où ce mot se prend aujourd'hui.

Son sujet est plus nettement défini. Il veut dresser, à son usage, une sorte d'État-civil « des mariages, naissances et décès » de toutes les personnes de Neufchâtel qui l'intéressent, et y joindre « ce qui s'est passé digne de mémoire en la ville de Neufchâtel. » C'est sur ces quatre points principaux que se porte toute son attention, et il faut reconnaître qu'il a rigoureusement rempli son programme. La mention des mariages, naissances et décès occupe quelquefois des pages entières.

La limite qu'il s'était posée de ne pas sortir « de Neufchâtel et des environs, » il l'a rappelée deux fois. Au milieu des faits relatifs à l'année 1623, il dit : « Je n'ay fait ici mention de noces consommées cy-devant solennisées, à diverses fois....., à raison que cela se seroit fait hors de la ville de Neufchâtel, et que la visée où j'avois tendu n'étoit que pour faire mention de ce qui se seroit passé en ladite ville et pour ceux qui habitent en icelle. » Une page plus loin, à l'occasion des décès, il le répète : « Il faut icy noter que je n'aurois fait icy mention des trépas cy-devant arrivés (sa liste donne 46 noms d'hommes)....., encore qu'ils soient tous décédés de mon temps, attendu que les uns sont morts aux lieux hors de ma connoissance, étant de la nouvelle opinion, et aussi que mon dessein n'étoit que de faire mémoire de ce qui se seroit passé dedans cette ville de Neufchâtel et ès-environs. »

Voilà bien son plan primitif; mais il y a quelquefois dérogé, puisqu'il a mentionné le siège de Rouen de 1562; un miracle arrivé à Soissons, en 1609; l'incendie de l'Hôtel-Dieu de Rouen, en 1624; l'inondation de Pavilly et l'empoisonnement des Capucins de Calais, en 1625; enfin le siège de la Rochelle, en 1628. Toutefois, c'est vers la fin du *Mémoire* qu'il se permet ces excursions hors de Neufchâtel et des environs.

Ses sources d'information sont « sa connaissance person-« nelle des faits contemporains, arrivés sous ses yeux, et « l'avis certain de ses devanciers.» Son *Mémoire* commençant avec l'année 1520, c'est-à-dire 31 ans avant sa naissance, il a dû forcément recourir aux souvenirs d'autrui pour les faits de cette période, aussi bien que pour ceux qui sont antérieurs à son mariage, en 1571. Cela représenterait une cinquantaine de paragraphes. Mais pour les 936 autres, il les a réunis lui-même, d'année en année, jusqu'en 1640, où la rédaction s'arrête. Enfin il s'est aidé de « Mémoires tombés entre ses mains, » d'où il a extrait des faits antérieurs à l'année 1520, sans jamais descendre au-delà du xve siècle, encore bien rarement. A ces sources appartiennent les détails sur l'ancien Bailliage de Saint-Pierre à Neufchâtel, en 1500 ; la mention du séjour de la reine Marguerite, à Neufchâtel, en 1476 ; celle des prises de cette ville, par Charles d'Artois, comte d'Eu, en 1449, et par Charles-le-Téméraire, en 1472.

A s'en tenir au titre, où l'auteur dit : « Mémoire..... de moy Adrien Miton, Président en l'Election de Neufchâtel, » on serait tenté de croire que la période sur laquelle il donne des renseignements s'étend seulement de 1587 à 1612, c'est-à-dire pendant les 25 ans qu'il occupa ce poste. Il n'en est rien. Il fournit aussi des documents sur les 67 années qui ont précédé cette présidence et sur les 28 autres qui l'ont suivie, de sorte que son *Mémoire* comprend 120 ans de l'histoire de Neufchâtel, de 1520 à 1640. Arrivé à la fin de son travail, il aura tenu à rappeler, dans le titre, sa présidence de l'Election, le plus beau fleuron de sa carrière administrative, bien qu'il l'eût résignée depuis longtemps, sans songer à en faire la limite de son *Mémoire*.

Son procédé de composition, si le mot peut s'appliquer à un travail qui n'a rien de littéraire, est un enregistrement de notes détachées les unes des autres, d'une sécheresse extrême. La seule préoccupation, la seule règle de l'auteur, a été de les inscrire dans l'ordre des événements, du commencement à la fin du *Mémoire*, sauf de rares exceptions que nous expliquerons bientôt.

Comme, le plus souvent, Miton se borne à la simple mention du fait, ces notes ne sont jamais développées. Elles ont depuis une ligne jusqu'à dix ou quinze lignes, et il n'y en a guère que cinq ou six qui vont jusqu'à la page entière, à cause de l'importance qu'il attachait aux faits.

Nous pensons qu'à partir de l'année 1571, date de son

mariage, quand il avait 20 ans, il commença à consigner ses notes personnelles dans son *Mémoire*, sans régularité, tandis qu'à partir de 1578 elles sont plus nombreuses et dans un ordre chronologique plus rigoureux. Il continua de fournir cette tâche jusqu'à l'année 1632, après laquelle on trouve une lacune de six ans. Il avait alors 81 ans, ce qui explique comment, en huit ans, de 1632 à 1640, il n'a plus consigné que quatre notes fort succinctes.

Nous ne possédons plus la rédaction primitive des notes qui ont servi à faire le *Mémoire*, mais une seconde rédaction, faite par lui, une sorte de mise au net de ces notes. Le tour général des phrases l'indique clairement, ainsi que certains mots, certains membres de phrase et plusieurs des dates que n'admet pas une transcription contemporaine des faits. Ainsi, en parlant d'une maison qu'il construisit à Neufchâtel, en 1577, il ajoute : « qu'elle fut malheureusement brûlée en 1592, et qu'il n'en a eu aucune récompense. » A la date de 1584, il met : « *Feu* Mgr de Rosse, » et ce prélat ne mourut qu'en 1596. En 1585, il a soin de prévenir que : « Le château était lors clos et fermé de murailles. » Cet état de choses n'existait plus, quand il transcrivait ou révisait son texte, parce qu'elles furent démolies en 1595.

Il y a encore d'autres additions plus considérables que le titre du *Mémoire* faisait pressentir, quand Miton disait: « Depuis icelles (choses) écrites et insérées en ce présent Mémoire, il est venu à ma noterie plusieurs choses que je n'ay pû employer, doutant confusion. » Si le souci de la vérité lui en a fait rejeter bon nombre, par crainte de « confusion, » il est sûr qu'il a admis toutes celles qui lui paraissaient bien établies. De là sont venus les paragraphes précédés de ces mots : « Nota ; » ou : « Faut icy noter ; » ou bien : « Convient icy noter » et autres tours semblables. Ce sont des additions placées dans le texte, ou sur la marge, et dont le placement a quelquefois dérouté le copiste du XVIIIe siécle, qui pourrait bien être l'auteur de quelques-unes des perturbations qu'on remarque dans l'ordre chronologique du *Mémoire*.

Pour « ce qui concernoit le public, » s'il l'a exclu de son travail, c'est que son plan ne le comportait pas. Mais « il en a fait un recueil séparément et à part, dans un Inventaire de la France. » Il y a, en effet, une certaine unité, dans le *Mémoire* de Miton, qui ne s'écarte guère de Neufchâtel, ni des environs, tandis que, pour l'histoire générale, bien rares sont les échappées qu'il s'y permet. Ses remarques sur cet objet avaient pris place dans un *Inventaire* spécial, autre nom aussi usité, à cette époque, que celui de *Mémoire*, placé au début du titre[1].

L'intérêt du fond de ce *Mémoire*, en dehors des imperfections de la forme, est évident, puisqu'il offre une mine abondante où pourront venir puiser les futurs historiens de Neufchâtel et de ses environs. Ils y trouveront près d'un millier de paragraphes (exactement 986) relatifs à cette histoire. Comme chaque paragraphe contient au moins un fait, un nom, une date, et bien souvent davantage, voilà

---

[1] Le Père Le Long cite, dans sa *Bibliothèque historique*, édition de 1719 :

1º « M. S. Mémoire de ce qui est arrivé à Abbeville, après la réduction de Paris, en 1594. P. 432. »

2º « M. S. Mémoire de ce qui s'est passé au païs d'Artois, au mois d'août, sous la conduite du maréchal de Biron, en 1596. P. 434. »

3º « Inventaire général de l'Histoire de France, par Jean de Serres, historiographe du Roy. 2 vol. in-16, Paris, 1597. P. 370. »

un précieux répertoire de documents, pendant une période de 120 ans, de 1520 à 1640, avec quelques retours rétrospectifs vers le siècle précédent. Il fournit des détails sur tout ce qui constitue une cité, nous voulons dire les administrations nécessaires pour la gouverner, au spirituel et au temporel, l'Eglise, l'Armée, la Justice, les Finances, la Commune, avec l'indication des principaux faits dont elle a été le théâtre, heureux ou malheureux, joyeux ou lugubres, sans oublier même le côté anecdotique.

On va en juger, d'après le Tableau suivant, dont nous avons réuni et condensé les éléments, puisés dans l'ensemble.

TABLEAU

ADMINISTRATIF ET HISTORIQUE

DE

NEUFCHATEL-EN-BRAY

(1520-1640)

GOUVERNEMENT ECCLÉSIASTIQUE

Curés des trois paroisses, Saint-Pierre, Saint-Jacques, Notre-Dame. — Doyens, Chapelains. — Religieux et Religieuses : Prieurs, Sous-Prieurs, Chapelains. — Etablissements pieux : Hôpital, Hôtel-Dieu ou Maison-Dieu, Léproserie et Maladrerie de Saint-Jean. — Couvent primitif des Pénitents ou Bernesault; Couvent des Pénitents réformés; Couvent des Cordelières; Abbaye de Bival; Chapelle Saint-Antoine.

GOUVERNEMENT MILITAIRE

Château et Ville. — Gouverneur du château. — Gouverneur de la ville. — Commandeur du château. — Commandeur de la ville. — Sergent-Maire ou Major de la ville.

GOUVERNEMENT CIVIL

I. Officiers du Parlement.

1° *Bailliage de Caux*. — Nombreux représentants du Bailli : Lieutenant général, Lieutenant particulier, Lieutenant civil, Lieutenant criminel, Lieutenant général civil et criminel, Lieutenant particulier, Assesseur criminel. — Avocats du roi, Second Avocat du roi, Procureurs du roi, Enquêteurs et Commissaires examinateurs, Greffiers, Commis au greffe, Sergents royaux, Tabellions. — Archers.

2° *Vicomté royale*. — Vicomtes, Lieutenants généraux, Lieutenant civil, Lieutenant criminel, Assesseurs, Conseiller assesseur certificateur de décrets. — Avocats, Procureurs, Sergents, Greffiers, Commis au greffe.

II. Officiers de la chambre des comptes.

Receveur du domaine. — Contrôleur du domaine.

III. Officiers de la Cour des Aides et Tailles.

1° *Aides et Tailles*. — Contrôleur. — Receveur particulier, Receveur alternatif, Procureur fiscal. — Sergents.

2° *Élection*. — Président, Second Président. — Lieutenant général en robe longue. — Elus ; Lieutenant particulier d'Elu, Premier Elu, Préélu, Elu subsidiaire, Tiers Elu. — Enquêteurs, Adjoint aux Enquêtes, Receveurs, Contrôleurs, Greffiers, Sergens, Huissiers.

3° *Grenier ou Magasin à Sel.* — Grenetiers ou Receveurs, Contrôleurs, Contrôleurs alternatifs, Mesureurs, Greffiers.

IV. OFFICIERS DES EAUX ET FORÊTS.

Lieutenants des Forêts, Lieutenant général des Forêts de la Vicomté, Lieutenant particulier des mêmes, Maître particulier des Forêts de Neufchâtel, Lieutenant de robe longue, Lieutenant particulier de la forêt d'Eawy.

V. COMMUNAUTÉ OU COMMUNE DE NEUFCHATEL.

1° *Officiers.* — Echevins, Echevin élu. — Procureur syndic, Procureur commun. — Receveurs des deniers communs.

2° *Etat-civil.* — Naissances, mariages, noces, décès, pour la famille de Miton, le clergé, la noblesse, la bourgeoisie, les simples particuliers. — Fréquence des seconds mariages. — Morts subites, Morts remarquables.

3° *Faits religieux.* — Premières messes chantées, inhumations dans les églises et les couvents. — Affaires de religion. — Introduction et propagation du calvinisme. — Processions continuelles pour cause de sécheresse, processions blanches, jubilés, prédications. — Réforme du calendrier. — Réforme des couvents.

4° *Faits militaires.* — Siéges, assauts, redditions et prises de la ville et du château. Compagnies envoyées en

— XXVII —

garnison, infanterie et cavalerie. — Expéditions envoyées contre Neufchâtel ou parties de Neufchâtel. — Luttes des Huguenots, Ligueurs et Royalistes. — Siéges des places voisines. — Révolte de Neufchâtel. — Passage de troupes, dévastations. — Soldats voleurs et détrousseurs de grands chemins.

5° *Justice.* — Crimes et exécutions capitales. — Meurtres, assassinats, duels, sortiléges, fausse monnaie. — Rigueurs de la répression après les guerres civiles. — Nombreux supplices par le bûcher, la roue, la potence, le pilori, le battage de verges, les amendes honorables. — La Potence Bernard, la Truie Pennier. — Assassinat mystérieux de la dame de Saint-Saire. — Procès célèbres, Recherches contre les financiers. — Enquêtes curieuses. Réformation de la coutume de Normandie. — Rétablissement de la Paulette.

6° *Finances, faits économiques et corps d'Etat.* — Règlements pour le cours, le taux et le décri des monnaies. — Pertes dans leur valeur. — Grandes levées de deniers. — Impôts pour la réparation des murailles. — Rendement des récoltes en céréales, fourrages, boissons (cidre et vin), viande, fruits, etc. — Prix des denrées, variabilité des prix. — Impôts excessifs. — Détresse générale. — Corps d'état : tanneurs, brasseurs, drapiers, teinturiers, chaussetiers, etc.

7° *Santé publique.* — Pestes, maladie chaude, lèpre, maladies contagieuses. — Mortalité générale.

8° *Edifices publics et autres.* — Pillage, dévastations, reconstruction, réparations et embellissements des églises, couvents et chapelles. — Le château, donjon, remparts, murailles, halles, hôtelleries, auberges, tavernes, tripots. — Maisons particulières. — Fondations de châteaux aux environs.

9° *Phénomènes climatériques et observations astronomiques.* — Débordements de rivières, ouragans, tempêtes, grandes chaleurs, grands froids, violents orages, grêle, tonnerre, foudre. — Apparitions dans le ciel : étoile et croissant, trois soleils, comète chevelue, lances de feu.

10° *Evénements divers.* — Entrées de rois, princes, grands personnages : Henri IV, le père Ange de Joyeuse, le cardinal de Joyeuse, etc. — Représentation d'une tragédie : *Roméo et Juliette.* — Collège de Jésuites fondé à Eu. — Jeunes gens dévorés par des loups.

Tel est le résumé de l'ensemble de ce *Mémoire*, dont la nouveauté et l'utilité sont incontestables.

La nouveauté en est évidente, puisque des 986 paragraphes du manuscrit, on n'en connaissait guère qu'une dizaine, jusqu'en ces derniers temps, tout au plus sept à huit pages des 144 pages de notre copie. Toussaint Duplessis avait eu le *Mémoire de Miton* entre ses mains, lorsqu'il composait sa *Description géographique et historique de la Haute-Normandie*, où il en a profité, sans citer l'auteur (1740)[1]. Dom Bodin, dans son *Histoire de Neufchâtel-en-Bray*, avait compris les sept ou huit pages signalées plus haut, non pas dans son texte, mais dans ses « ADDITIONS ET REMARQUES. » Toutefois, elles restèrent

---

[1] Dans le « Discours, » placé en tête du tome I, article : « Neufchâtel-en-Brai, » les cinq passages, portant à la marge : « *Mémoires de Neufchâtel,* » sont empruntés presque textuellement au *Mémoire de Miton.*

manuscrites, comme son *Histoire* elle-même. C'est en 1848 que M. l'abbé Decorde publia quelques-uns des « Extraits de Miton, » en nommant l'auteur et en les intercalant dans son *Essai sur le canton de Neufchâtel*, à l'article : « Ville de Neufchâtel.[1] » Enfin, en 1851, M. Léon de Duranville donna, dans ses *Nouveaux documents sur l'histoire de Neufchâtel-en-Bray*, tous les extraits de Miton cités par Dom Bodin, en les accompagnant de commentaires[2]. Le nombre et l'étendue en sont si restreints qu'on peut dire que le *Mémoire de Miton* est resté inédit, puisqu'on en connaît à peine la seizième partie.

L'utilité du contenu n'est pas moins évidente que sa nouveauté.

Malgré les travaux divers dont Neufchâtel a été l'objet, on connaissait seulement tout ce qui se rapportait à l'église ou à la guerre, le clergé régulier et séculier ayant pris soin d'en transmettre le souvenir, et la guerre et ses horreurs ayant eu seules, et trop longtemps, le privilége presque exclusif d'attirer l'attention des historiens.

Mais l'administration civile, dans ses parties diverses, la justice, les finances, la commune ; mais les détails de la vie domestique des habitants, leurs besoins, leurs joies, leurs souffrances, toute cette histoire plus intime et non moins intéressante que l'autre, on l'avait toujours passée sous silence, faute sans doute des documents nécessaires pour en parler sûrement.

---

[1] Voir, pages 30, 31 de cet Essai.
[2] *Revue de Rouen*, 1851, pages 403-408. — M. Potin de la Mairie a reproduit les citations de MM. l'abbé Decorde et de Duranville, dans ses *Recherches sur le Bray normand*, 1852, t. I, article «Neufchâtel.»

Aujourd'hui, grâce au *Mémoire de Miton,* non seulement nous avons des compléments instructifs sur la partie religieuse et la partie militaire de l'histoire de Neufchâtel déjà connues, mais encore nous trouvons une révélation aussi complète que nouvelle sur la partie civile ou administrative de cette cité, sur les évènements dont elle a été le théâtre et sur la vie de ses habitants, pendant une période qui dépasse un siècle, du xvi⁰ au xvii⁰ siècle.

Pour le gouvernement ecclésiastique, le *Mémoire* donne les noms des curés des trois paroisses et ceux des prieurs et des chapelains dans les couvents et dans les établissements pieux de Neufchâtel. Il sera facile d'en dresser la liste, qui ne se trouve nulle part ailleurs, non plus que les détails sur les édifices religieux et sur les processions en usage à Neufchâtel, Gaillefontaine, Saint-Martin-le-Blanc et Saint-Saëns.

Pour le gouvernement militaire, on aura également la liste des gouverneurs de la ville et du château, et des commandeurs, quand il n'y eut plus de gouverneurs. De nouveaux détails sont donnés sur les faits de guerre, et principalement pendant les guerres de Religion et de Henri IV. On connaît mieux les tentatives des deux partis, les ligueurs et les royalistes, représentés par Palcheul, Catillon ou Chatillon, du Hallot, d'Alègre, Mayenne, Henri IV et le duc de Parme.

La partie entièrement neuve est celle qui concerne le gouvernement civil, représenté par cette foule d'officiers se rattachant au Parlement, à la Chambre des Comptes, à la Cour des Aides, aux Eaux et Forêts, enfin à la Communauté. Ceux du Bailliage, de la Vicomté, de l'Election, du Grenier à Sel, de la Maîtrise des Eaux et Forêts, de la

Commune, y figurent, depuis le plus élevé jusqu'au plus humble d'entre eux, avec son nom, sa charge, la date de la prise de possession et de la résignation de l'office, car les offices de judicature étaient alors transmissibles à l'égal d'une terre ou d'un titre de rente.

Notre tableau fait ressortir la multiplicité des charges de judicature, que le besoin d'argent faisait créer, par dédoublement, et « qui n'étaient qu'à l'oppression du peuple, » à cause des impôts qu'elles entraînaient. Le service des Elus de Neufchâtel est un exemple frappant des abus en ce genre. Aussi les Etats de Normandie, à partir de 1610 et 1611, ne cessèrent-ils de demander « la suppression de tous les juges établis à l'oppression du peuple. » En 1614, le cahier disait : « La multitude des présidents, lieutenants, esleus, controlleurs et autres officiers en chacune Election est parvenue à un nombre si excessif qu'ils nuisent les uns aux autres et apportent une très grande incommodité au public. » Celui de 1638 contient cette critique piquante : « La justice se plaint de son démembrement par les divisions de ses offices de lieutenans my-partis, de vicomtes séparez en quatre, et la multiplication des alternatifs et triannaulx des forests, qui remplissent les tribunaulx d'autant de juges comme il y a de justiciables en leur ressort.[1] » Ces créations d'offices de tout genre, dans la vicomté de Neufchâtel, peuvent servir de pièces justificatives aux plaintes formulées si souvent par les Etats de Normandie dans leurs cahiers.

La communauté (la commune) de Neufchâtel a laissé

---

[1] *Cahiers des Etats de Normandie sous Louis XIII*, t. I, 14, 27, 57, 105; II, passim; III, 46. — Édition de M. Ch. de Beaurepaire.

peu de traces de son existence, pendant le xvi⁰ et le xvii⁰ siècles. On retrouvera ici les noms de quelques-uns de ses officiers, et Miton au nombre de ses échevins, avec plusieurs faits qui la concernent.

Mais un des plus grands services qu'il lui ait rendus, c'est d'avoir dressé, durant plus de soixante ans, une sorte d'État-civil de cette cité. Outre la mention toute naturelle de 20 naissances se rapportant à sa famille, il a relaté celle de 165 noces et mariages, et de 352 décès, avec les noms, les qualités, les sobriquets des personnes, et la date de l'année, bien rarement celle du mois et du jour, sauf pour ses enfants, pour sa famille et quelques autres encore. Vers la fin du *Mémoire*, on ne trouve guère que des décès, cinq, six, huit, neuf et même onze à la suite l'un de l'autre. Les registres de l'Etat-civil des trois paroisses de Neufchâtel faisant défaut pour la période correspondante, ou tout au moins ayant de nombreuses lacunes [1], les indications du *Mémoire* en acquièrent une plus grande importance. Là seulement revivent, par leurs noms, avec le rappel de leur état et de leurs charges, bon nombre de ces Neufchâtelois dont le souvenir était disparu pour jamais, aussi bien que les noms de familles nobles et de terres seigneuriales des environs. On les y rencontre par centaines. D'autres noms, au contraire, se retrouvent encore aujourd'hui dans la ville ou dans les environs.

On y voit aussi combien Neufchâtel paya cher l'honneur d'avoir été une place de guerre, une sorte d'avancée de Rouen. Plus d'une fois, elle fut prise et détruite. Quand on était en guerre, l'ennemi extérieur ou les partis qui divi-

---

[1] APPENDICES, I-I, p. 217-218.

saient la France s'en disputaient la possession, les armes à la main. Elle eut à subir les violences des ligueurs, des royaux ou des bandes qui étaient à la solde des uns et des autres, car il ne faut pas croire que les soldats de la ligue eussent seuls le monopole des excès. Huguenots, lansquenets et reîtres d'Allemagne, soldats venus d'Angleterre, cadets de Gascogne et de Béarn ne valaient pas mieux. Aussi, par deux fois, revient, dans le *Mémoire*, cette sinistre constatation : « Ils ruinèrent tout. » Pendant la paix, la tranquillité laissait encore à désirer. Les soldats de la garnison, logés chez l'habitant, suivant l'usage (car il n'y avait pas alors de casernes), y commettaient des désordres, et le passage des troupes nationales était encore une cause de ruine. Enfin, comme partout, comme toujours, le brigandage fleurit, à Neufchâtel et aux environs, pendant et après les guerres civiles, sous Henri III et Henri IV, et la soldatesque en prit sa grande part. La plaie des routiers, vagabonds et porteurs d'épée était devenue presque aussi saignante qu'au cœur de la guerre de cent ans, et le prévôt des Maréchaux envoyait, en une seule fois, jusqu'à vingt-huit soldats, dits « aventuriers, » à la potence (1585).

Les crimes civils n'étaient pas moins nombreux, à en juger par la fréquence des exécutions capitales consignées dans le *Mémoire*. Il y en a 86 contre des voleurs, des meurtriers, des assassins, des sorciers, des soldats pillards et détrousseurs de grand chemin. Palcheul et François Martel en ordonnèrent plusieurs, en qualité de gouverneurs, en 1592-1593. Mais le plus terrible de tous fut le prévôt Morel qui, en trois ans, de 1595 à 1598, fit faire 33 exécutions, et 12 frappèrent encore des soldats. De 1606 à 1625, le lieutenant-criminel Charles de Baillard, prononça 18 condamnations à mort, dont 4 contre des soldats et plusieurs contre des bergers accusés de sortilége. Les brûlements et les penderies reviennent presque à chaque page du *Mémoire* et permettent d'apprécier la moisson sanglante que faisait alors, en France, dans l'un de ses tribunaux de second ordre, la justice criminelle.

En plusieurs endroits, il y est question des monnaies. On ne les altérait pas matériellement, mais on en changeait arbitrairement le taux légal, et le résultat était le même. Sans doute le roi avait le droit souverain de modifier le taux ou de changer le poids et le titre des pièces mises en circulation. Il le faisait, sans s'inquiéter de la perturbation qui frappait le commerce et les populations. Miton ne laisse pas de le remarquer, aussi bien que la lourdeur des impôts.

En consignant l'abondance ou la stérilité des récoltes avec les prix des denrées de toute nature, il a fourni des éléments pour la science économique. Ils sont d'autant plus précieux qu'ils continuent ceux que M. Ch. de Beaurepaire a donnés dans son : *Etat des campagnes de la Haute-Normandie dans les derniers temps du moyen-âge*, et ceux de M. Gosselin : *Du prix des denrées, comparé au salaire journalier des artisans, de 1489 à 1789* [1].

On trouve aussi, dans son *Mémoire*, les corps d'état déjà établis à Neufchâtel, où reparaissent surtout les drapiers et les tanneurs.

Il fournit encore des détails nouveaux sur les édifices publics. La destruction, la reconstruction et les embellisse-

---

[1] Le premier ouvrage, Evreux, 1865; le second, *Revue de la Normandie*, 1869, pages 114-127.

ments des églises, des hôpitaux, des couvents, du château, des fortifications sont mentionnés à leur date. Ce qu'il dit du couvent des Pénitents de Bernesault a également le mérite de la nouveauté, et l'on voit quand et comment les démolitions du château servirent à reconstruire ce couvent, détruit pendant les guerres de religion.

Le reste se compose d'observations sur les phénomènes climatériques et astronomiques, et sur les évènements divers, dont l'histoire générale ne tient pas compte, mais qui constituent le fond d'une histoire locale. Leur présence donne à ses notes le cachet de la vie réelle, telle que l'ont connue les contemporains de Miton.

En résumé, par ces notes mises bout à bout, le plus souvent dans l'ordre chronologique des faits, sans même prendre la peine de les souder l'une à l'autre et sans la moindre réflexion, Miton donne moins une histoire suivie que la chronique fragmentaire de Neufchâtel. Il ne faut pas chercher, dans ce *Mémoire*, les grands évènements et les ressorts qui les ont mis en œuvre, mais les effets produits par ces événements sur les habitants de cette petite place de guerre et des lieux circonvoisins. On y voit comment ils en ont ressenti le contre-coup ; on en apprécie la portée par les résultats.

Enfin, comme ce *Mémoire* est l'œuvre d'un témoin oculaire, pendant plus de trois quarts de siècle, d'un magistrat qui, ayant tenu un grand rang à Neufchâtel, a consigné les faits qu'il avait vus et parlé des personnes qu'il avait connues, sans éprouver ni étonnement, ni admiration, ni scandale, ces dispositions d'esprit ajoutent, à nos yeux, un mérite de plus à son travail. Elles en font un vrai document d'archives, c'est-à-dire un document qui n'a pas été rédigé par son auteur en vue de l'histoire, mais comme un simple rappel de dates et de faits jugés importants, en dehors de tout parti pris et de tout dessein. Tel n'est pas le cas ordinaire, quand on rédige de vrais mémoires, quand on compose des histoires. C'est avec de pareils documents que l'érudition moderne a maintes fois renouvelé l'aspect de notre histoire nationale, et le *Mémoire de Miton* nous paraît destiné à rendre le même service à l'histoire particulière de Neufchâtel, pour une période importante et d'une assez grande étendue.

II

POÈME LATIN DE *BERNESAULT*

par

P. DE GROUCHY

Si notre second manuscrit a moins d'importance, à cause du sujet plus restreint, un couvent au lieu d'une ville, il n'est ni moins curieux, ni moins utile.

En voici le titre complet : *SALIBERNA, sive Anagraphe de Origine et Progressu et novissima fundatione monasterii Salibernensis prope* CASTRUM NOVUM, *opus dicatum patribus pœnitentibus in eodem loco commorantibus, per P. Gruchium, advocatum regium in eâdem urbe* NOVI CASTRI (In-fol. gothique de 32 pages.)

L'existence du poème latin de *Saliberna*[1] fut connue, au XVIIe siècle, du R. P. Jean Marie de Vernon. Il en fait

---

[1] On verra, plus loin, dans les notes, p. 185, pourquoi nous mettons, *Saliberna* et non *Salisberna*.

une mention sommaire dans l'un de ses ouvrages[1], à l'article spécialement consacré à « NEUFCHASTEL, » où il retrace l'historique du couvent de Bernesault[2]. Il a dû le trouver, à Neufchâtel, dans les archives de Bernesault, parmi les « monuments antiques, » qu'il cite et analyse, pour établir l'ancienneté de ce couvent, possesseur d'un acte de donation remontant à 1389. Il y resta enseveli, connu des seuls religieux, car deux érudits du xviiie siècle, fort curieux de tout ce qui concernait la littérature et l'histoire de France, le P. Martin, gardien du couvent des Cordeliers de Caen, mort en 1726, dans son *Athenæ Normannorum*, non plus que le P. Lelong, dans sa *Bibliothèque historique*, n'ont pas cité le nom de P. de Grouchy. On assure même que les religieux de Neufchâtel « ne commencèrent à y faire une certaine attention qu'en 1778, lorsqu'ils furent priés de le communiquer et de le déplacer pour l'envoyer à Paris, où il a été copié[3]. »

Son existence fut alors pleinement révélée par la lettre qu'écrivit, le 4 février 1780, dans les *Annonces et Affiches de Normandie*, un personnage qui signe : « L'ab. de S. C. » Il dit « qu'on a de Messire P. de Grouchy un poème latin assez ignoré, intitulé *Saliberna*. » Une note marginale porte : « *Saliberna* en françois *Bernesault* près Neufchâtel. » En deux fois, il en cite neuf vers, en ajoutant que : « s'il se rencontroit quelqu'un des descendants qui voulût entrer dans quelques détails sur le

---

[1] *Histoire générale et particulière du Tiers Ordre de Saint François d'Assize*, 1667.
[2] Voir l'article, en entier, APPENDICES, II-4, p. 230-238. La mention sommaire se trouve p. 237.
[3] APPENDICES, II-3, p. 229.

magistrat, on pourroit par la suite procéder à une analyse plus suivie du poème qui est sous son nom[1]. »

Personne ne demanda d'éclaircissement. Du moins les *Affiches de la Normandie* n'en parlent pas, et le poème continua de rester ignoré du public.

Il n'en fut pas toujours ainsi pour tout le monde. Un Rouennais, J. A. Guiot, vicaire de Saint-Cande-le-Jeune, à Rouen, d'où il partit pour se fixer à Paris, en 1768, reçu chanoine de Saint-Victor, en 1773, et grand amateur de poésies latines, occupait son temps à recueillir toutes celles qui concernaient Rouen et la Normandie, en vue de sa *Clio Rothomagensis*[2] et de son *Moréri des Normands*[3]. Ce qu'il avait fait pour les *Fastes de Rouen* d'Hercule Grisel[4], il le fit encore pour le *Saliberna* de P. de Grouchy, par les mêmes motifs : il en prit une copie. Aussi, M. Gaston Lavalley a-t-il eu grandement raison de dire : « *Le Moréri des Normands* n'est guère qu'une compilation ; ce qui lui donne du prix, ce sont quelques pièces rares qui auraient été perdues sans les citations qu'on trouve dans les notices biographiques consacrées à certains auteurs[5]. »

J. A. Guiot procéda de même, à l'article GROUCHY, dans ce *Moréri des Normands*. Après une analyse sommaire du poème, il ajoute : « Au reste on va juger par la lecture de ce ms. qu'on croit sans doute anéanti. » Il donne le titre du poème, à la fin duquel se lisent ces mots : « In-f°

---

[1] Voir la lettre, APPENDICES, II-I, p. 227.
[2] Ms. de la Bibliothèque publique de Rouen.
[3] Ms. de la Bibliothèque municipale de Caen.
[4] Voir notre *Etude littéraire sur Hercule Grisel*, pages 117-126.
[5] *Catalogue des manuscrits de la Bibliothèque municipale de Caen*, 1880, in-8°, p. 17.

gothique de 32 pages. » C'était le manuscrit original, d'après lequel Guiot a fait la copie du poème entier, inséré dans l'article GROUCHY [1]. Comme le *Moréri des Normands* est resté inédit, le texte de ce poème n'a pu être connu que du très petit nombre de personnes qui ont pu le consulter, dans la Bibliothèque municipale de Caen.

La révélation de son existence nous est venue d'une façon non moins inespérée que celle du *Mémoire de Miton*. C'est encore à M. Chéruel que nous la devons, mais indirectement. En juillet 1882, M. le vicomte de Grouchy, ministre plénipotentiaire, que nous n'avions pas l'honneur de connaître, nous écrivait : « M. Chéruel, à côté de qui je travaillais, ces jours derniers, au Ministère des Affaires étrangères, m'a dit que vous comptiez éditer le manuscrit de Miton, où il est fait allusion à la branche des Grouchy de Neufchâtel. Je viens en conséquence vous offrir : 1º Un poème inédit en vers latins, sur Neufchâtel-en-Bray, dont l'original est à Caen, et qui a été copié par mon ami, M. Emile Travers ; 2º le peu que je possède sur les Grouchy de la branche aînée, qui ont résidé à Elbeuf-en-Bray ; le très peu que j'ai sur Gaston, Percheval et autres amis de Miton. » (Lettre du 23 juillet.)

Peu de jours après, nous recevions la copie du poème de *Saliberna*, faite par M. Emile Travers, le collaborateur de M. de Grouchy, dans leur remarquable monographie : *Etude sur Nicolas de Grouchy* (Nicolaus Gruchius

---

[1] La copie du *Moréri des Normands*, que possède la Bibliothèque publique de Rouen, ne contient pas le texte de *Saliberna*. Aussi le copiste a-t-il modifié le passage du texte original qui l'annonce. Elle est donc incomplète sur ce point, et il en est probablement de même ailleurs. Ces lacunes diminuent la valeur de la copie de notre Bibliothèque.

Rothomagensis), *et son fils, Timothée de Grouchy, sieur de la Rivière*, 1878, 1 vol. in-16 de 230 pages. M. E. Travers l'avait fidèlement copié, tel qu'il se trouve inséré au milieu de l'article « GROUCHY Pierre, » dans le ms. du *Moréri des Normands* de l'abbé Guiot[1].

Après avoir lu et transcrit le poème de *Saliberna*, nous avons demandé à M. E. Travers la permission de le publier, et, tout d'abord, il nous l'accorda en ces termes : « Mon manuscrit est tout à votre disposition ; vous pouvez y prendre tout ce qui vous conviendra. Toutefois, je désirerais m'en réserver la publication intégrale. » (Lettre du 17 janvier 1883). Mais, plus tard, voyant notre regret d'en publier seulement des fragments et poussant l'obligeance jusqu'au bout, M. E. Travers nous écrivit : « Je renonce à publier, quant à présent, le poème sur *Saliberna*. Puisque cela peut vous être agréable, je vous en fais bien volontiers l'abandon[2]. » (Lettre du 28 janvier 1884.)

Si l'existence du poème était à peu près inconnue, on peut dire qu'un doute non moins grand régnait sur le prénom de l'auteur ; car on rencontre des attributions différentes, ou des hésitations qui trahissent un manque absolu

---

[1] Voir cet article, APPENDICES, II-3. — Voici quelques détails sur le ms. d'où le poème de *Saliberna* a été extrait. « 27. — Guiot (l'abbé Joseph-André.) Le *Moréri des Normands* (in-f.) — 3 v. in-f., t. I, 243 ff. ; t. II, 210 ff. ; t. III, 67 ff..... Autrefois ce manuscrit n'avait que deux tomes ; le troisième se compose des portraits qui étaient à peine attachés dans les deux premiers. » M. Gaston Lavalley, *Catalogue des manuscrits de la bibliothèque municipale de Caen*, p. 16.— Ceci explique comment la copie de Rouen n'a que deux tomes.

[2] Ce grand acte de courtoisie littéraire mérite les remercîments que nous nous empressons d'offrir à notre obligeant correspondant, pour nous et pour la *Société de l'Histoire de Normandie*.

— XLI —

de certitude. Nul doute sur le nom de famille de l'auteur : c'est bien un « de Grouchy, » comme le porte le titre du poème. Mais lequel d'entre les nombreux membres de cette grande famille normande?

Sans tenir compte du texte : « Per *P.* Gruchium advocatum in eadem urbe novi Castri, » c'est-à-dire : « Par P. de Grouchy, avocat dans la même ville de Neufchâtel, » Marie Jean de Vernon, en 1667, dit que : « Ce beau poème latin (étoit) de *Gaston* de Grouchi sieur de Mathonville[1]. » Le *G* initial de Gaston ne répond pas du tout au *P* placé dans le titre.

Un siècle plus tard, en 1780, « l'abbé de S. C., » dans sa *Lettre à l'auteur des Annonces de la Normandie*, parle de « Messire P. de Grouchy, » et il demande : « Mais quel étoit ce P. de Grouchy, dont on a un poème latin assez ignoré, intitulé *Saliberna?* » La question a d'autant plus lieu de surprendre qu'il ajoute immédiatement : « Le frontispice de ce manuscrit annonce qu'il étoit Avocat du Roi en la ville du Neufchâtel, » et, dans une note française au bas, on apprend que son nom était « Gaston de Grouchy de Mathonville[2]. » Sa question prouve qu'il n'était pas pleinement satisfait de l'attribution où « *P.* de Grouchy » devient : « Gaston de Grouchy. »

J. A. Guiot vint à son tour et mit en tête de l'article

---

[1] Voir APPENDICES, II-4, p. 237.
[2] Voir APPENDICES, II-1, p. 226. — Il est clair pour nous que cette note a été mise, au bas du « frontispice du manuscrit », par Jean Marie de Vernon, lorsqu'il l'a consulté pour faire l'article où il invente, le premier, cette fausse attribution du poème.

qu'il lui consacre, dans son *Moréri des Normands* : « GROUCHY, *Pierre,* neveu du précédent[1]. » C'est avec une trop grande facilité qu'il a cru, suivant l'usage le plus ordinaire, que l'initiale P indiquait le nom de baptême de « Pierre, » et que l'auteur du poème était un « Pierre de Grouchy. » Cependant, son opinion était si peu ferme, que l'article se termine ainsi : « Le Grouchy dont il est parlé dans la tirade du blason, est Gaston de Grouchy, s^r de Mathonville, qu'on pourrait croire être l'auteur du poème. » Il renvoie au numéro des *Affiches de Normandie,* dont il a été question plus haut et où se trahit la même incertitude sous une forme dubitative. Ainsi « Pierre, » déclaré l'auteur du poème, au début de l'article, est en passe de céder cet honneur à « Gaston, » par une contradiction flagrante, malgré le tour dubitatif de la fin de la phrase.

Aussi, M. le vicomte de Grouchy, qui a dressé avec tant de soin la généalogie des diverses branches de sa famille, en l'étayant de pièces à l'appui, nous disait-il, par deux fois : « J'ignore tout-à-fait qui était ce Pierre de Grouchy, neveu? de *Nicolaus Gruchius Rothomagensis?* » (Lettre du 25 août 1882). Et un peu plus tard : « Le fâcheux, c'est que je ne puis établir l'état civil de ce Pierre. » (Lettre du 24 juin 1883.)

---

[1] Voir APPENDICES, II-3, p. 228-230. — Nouvelle erreur, car ce *Pierre* est un être imaginaire, comme on va le voir.

[2] Nous avons le regret que le cadre de notre travail ne nous permette pas de publier ces longues recherches, mais elles nous ont fourni d'utiles indications pour éclairer certains points douteux. Nous remercions M. le vicomte de Grouchy de son extrême obligeance à prévenir même toute demande de renseignements.

La raison en était bien simple ; c'e stque l'initiale P. désignait « Percheval » et non « Pierre » de Grouchy, ainsi que le prouve le texte même du poème, corroboré par celui de Miton et par une pièce authentique.

De Grouchy, en effet, parlant de la ligne maternelle de ses ancêtres, dit : « Roger, mon ancêtre, était du noble sang de la Mothe, seigneur de Vimont, de Quièvrecourt et d'Esclavelles... Il fut l'aïeul de notre mère [1]. » Sa filiation, dans la ligne paternelle, est établie par le texte d'une requête du 11 décembre 1585, où l'abbé de Beaubec exige le paiement d'une rente, à l'occasion d'immeubles « que tenoit *Mᵉ Percheval de Grouchy, avocut du roi en la vicomté de Neufchâtel,* fils et héritier de défunt Mᵉ Nicolas de Grouchy, ledit Nicolas de Grouchy fils et héritier de feu Gaston de Grouchy [2]. » (Tabellionnage de Rouen.)

Or nous trouvons, dans Miton, un texte qui réunit les noms des père et mère signalés plus haut. C'est le « décèds de damoiselle Nicole de la Mothe, veuve de feu Mᵉ Nicolas de Grouchy, sieur de Mathonville, avocat du Roy, le 20ᵉ novembre 1584 [3]. »

C'est donc bien « Percheval » ou « Perceval, » surnom peu commun, emprunté au héros d'un roman de chevalerie très célèbre au moyen-âge, sous ce même titre [4], que désignait l'initiale en question, et c'est bien « Percheval

---

[1] Voir plus loin le texte, page 192, vers 128 à 136.

[2] Voir APPENDICES, II-2, p. 227.— J. M. de Vernon, en faisant de Gaston de Grouchy l'auteur de *Bernesault,* attribuait au grand-père l'œuvre du petit-fils.

[3] Voir plus loin, p. 49.

[4] *Perceval le Galloys,* roman du xiiᵉ siècle.

de Grouchy, » que visent ces mots du titre : « *Per P. Gruchium advocatum regium in eadem urbe Novi Castri.* »

Son nom se retrouve souvent dans le *Mémoire de Miton*, son ami, avec ces mêmes titres et qualités et quelques autres détails sur lui et sur sa famille. En voici plusieurs exemples :

« L'an 1575, le 19 janvier, ma femme accoucha d'un fils qui fut tenu sur les fonts par Me Percheval de Grouchy, avocat du Roy.....

« En 1575, Me Percheval de Grouchy, avocat, épousa damoiselle Barbe Carpentin, d'Abbeville, vers la Saint-Remy.....

« Mort de damoiselle Barbe Carpentin d'une pluresie *(sic)*, âgée de 38 ans, femme de Me Percheval de Grouchy, avocat du Roy, s^r de Mathonville, le 25e décembre 1586...

« Noces de Me Antoine Piart, avocat, et de damoiselle Marguerite de Grouchy, fille de Me Percheval de Grouchy, avocat, en 1606.....

« En ladite année (1610), Me Antoine Piart fut reçu avocat du Roy, en cette Vicomté, par résignation du s^r de Grouchy, son beau-père.....

« Enfin Miton donne encore le « décéds de Me Percheval de Grouchy, s^r de Mathonville, audit an 1622[1]. »

La résignation de ses fonctions d'avocat du Roi, en 1610, laissèrent à Percheval de Grouchy le temps de se livrer à son goût pour la poésie latine, et bientôt des circonstances locales lui offrirent un sujet à traiter. Ce fut la reconstruction du monastère de Bernesault, aux portes de

---

[1] Voir plus loin, *Mémoire de Miton*, pages 18, 19, 54, 118, 123, 145.

Neufchâtel, suivie de la réforme des Pénitents du Tiers Ordre de Saint-François, qui devaient l'habiter. « Le 13 septembre 1614, la ville en corps posa une première pierre [1]. » L'idée vint alors à de Grouchy de chanter le couvent primitif, que la piété des Neufchâtelois et de ses ancêtres avait élevé au même endroit. Comme il mourut en 1622, c'est donc entre ces huit années qu'il faut placer la composition du poème latin de *Bernesault*, ou même entre les cinq dernières années de sa vie, à partir de 1617, à cause d'une prédiction que le poète met dans la bouche de la Vierge : « Il ne se passera pas trois ans que Bernesault sortira plus florissant de ses ruines [2]. » Faite, suivant l'habitude des poètes, après les événements accomplis, la prédiction certainement dut se réaliser.

Voici la marche du poème, composé de 674 vers latins hexamètres :

Si le poète rappelle les premiers fondateurs de Bernesault, les premiers supérieurs et les nouveaux restaurateurs du couvent totalement détruit pendant les guerres, c'est qu'il ne veut pas laisser périr le souvenir de tant de travaux, ni celui des dons dûs à la piété de ses ancêtres, et que son intention est de porter leurs descendants à les imiter.

Après une invocation à saint François, le fondateur de l'ordre des Pénitents, viennent quelques détails historiques et étymologiques sur Neufchâtel et sur Bernesault, qu'il

---

[1] *Histoire de l'ordre de Saint-François*, par Marie de Vernon. Voir plus loin, p. 231.

[2]
              Terno vix Delius anno
Signiferum percurret iter, cùm marcida grandi
Clade reflorescet reparatis Berna ruinis.
                  (Vers 647-649.)

fait venir de « salix, » saule, au lieu de « saltus, » bois taillis [1].

A l'origine, un certain Mathieu, surnommé « de Brene » ou « de Berne, » se construisit une cellule, sur les bords de la Béthune, au milieu des saules, et y vécut bon nombre d'années. Pauvre et content de peu, il couchait sur la paille; la besace sur le dos, le bâton à la main; il quêtait, une fois par semaine. Les habitants, touchés de sa sainteté, lui donnèrent le nom de père et d'ermite.

Il salue le couvent de Bernesault, qui a remplacé la solitude des saules, et souhaite tout le bonheur possible aux religieux du XVIIe siècle, que saint François a envoyés pour le relever de ses ruines. Puissent-ils l'habiter longtemps et échapper aux maux de la guerre civile !

A la mort de l'ermite Mathieu, la douleur fut générale et sa cellule resta sans religieux pendant vingt ans. Mais, en 1504, des religieux du Tiers Ordre, venus de Calais, s'établirent à Bernesault, et remplacèrent l'ermitage par de nouveaux édifices.

Leur supérieur, le frère Germain Lamy, était doué de toutes les qualités nécessaires pour mener l'entreprise à bonne fin. C'est alors qu'un ancêtre du poète, nommé Roger, de la noble famille de la Motte, seigneur de Vimont, de Quiévrecourt et d'Esclavelles, donna aux religieux le terrain pour bâtir un couvent, en y joignant d'autres largesses.

Le frère Lamy, ses compagnons et les habitants de

---

[1] M. Ch. de Beaurepaire a déjà remarqué que « *Saliberna* était une traduction fantaisiste de *Bernesault,* en latin *Berne Saltus* ou *Bernonis Saltus.* » — *Bulletin de la Société de l'Histoire de Normandie*, III, p. 196.

Neufchâtel en grand nombre se mirent à l'œuvre, et, en huit mois, les murs étaient élevés et les bâtiments construits. L'église, richement bâtie, à la place même de la cellule de Mathieu, les domine tous.

Le poète désire faire la description du couvent et rappeler la suite des anciens supérieurs, afin qu'on voie, dans ses écrits, ce qu'on n'a pu voir de ses yeux. L'église subsiste encore, mais dévastée par les reîtres et les huguenots, qui ont brûlé tout ce qui pouvait l'être. Une grande porte, s'ouvrant avec un tour au-dessous de la chapelle, donnait accès à tous dans la communauté. Une fois entré, un portique ou vestibule vous conduisait aux portes du cloître, que le poète va s'efforcer de décrire. Il n'était pas très vaste, à cause du peu d'étendue de Bernesault, mais il offrait bien un carré régulier de vingt pas de chaque côté. Chaque côté du carré offrait dix colonnes rondes ou même davantage, symétriquement placées sur des socles en marbre blanc, faites en cœur de chêne et de l'ordre corinthien. Elles étaient peintes en outre de diverses couleurs. Au dessus du chapiteau de chaque colonne, il a vu des armoiries variées, sculptées en bois, avec leurs pièces, leurs métaux et leurs couleurs, habilement exécutées, dont le nombre s'élevait à trente et même davantage. C'étaient celles des familles nobles, comtes, ducs, barons et bienfaiteurs des Pères de Bernesault, tenus à prier pour eux, leurs familles et leurs descendants. Il supplie la Muse de lui rappeler quelques-unes des armoiries de ces ancêtres, que leurs descendants ne purent voir, quand elles décoraient Bernesault.

Il y a vu les armes du duc de Longueville, du comte d'Aumale, du comte d'Eu, trop connues pour avoir besoin d'être décrites, et qu'il ne convient pas de comprendre dans un si modeste ouvrage. Il se souvient d'avoir vu, sur les vitraux du temple, les armoiries de deux prélats, l'abbé de Sainte-Catherine-lès-Rouen et de l'abbé de Beaubec. Les Masquerel, les de Clères, les Martel, les de Mailly, les de Boulainvilliers, les de Basqueville, les de Bréauté, les de Gouvis, Me Carpentier, curé de Saint-Jacques de Neufchâtel, les de Grouchy, les d'Esclavelles, y avaient aussi les leurs. Ces trois dernières étaient sur les vitraux du réfectoire, tandis que celles de Pierre le Porc, de M. de Boissay et de la ville de Neufchâtel se trouvaient dans le cloître. Il y en avait encore d'autres, moins connues, placées çà et là, inutiles à rappeler, et dont il ne se souvient pas assez.

Au milieu du cloître se dressait un grand orme, à l'ombre duquel il dîna souvent avec ses amis. A l'est, était un vaste réfectoire, une grande cuisine, et, au dessus, dix cellules pour les religieux; à l'ouest, une très belle salle conventuelle, sur laquelle étaient encore dix cellules pour les religieux, comme de l'autre côté; au sud, un vaste vestibule, aboutissant à l'église, un escalier en vis conduisant au dortoir, et, au haut d'une tourelle, une horloge, dont la sonnerie s'entendait de Neufchâtel; enfin, au sud, une grande salle de réception pour les hauts personnages, les voyageurs, les étrangers, avec une petite infirmerie. Tel était l'état des lieux, avant les ravages des guerres de religion qui les ont détruits.

Puis viennent les noms des principaux supérieurs du couvent, car il est inutile de citer les autres.

Le frère Germain Lamy, fondateur du couvent, en fut quarante ans le supérieur, et construisit tous les bâtiments dont il vient de parler. Il joignit des parcelles de terrain à celles qu'avait données Roger, un des ancêtres de Percheval de Grouchy. Du temps de Germain, il y eut jusqu'à trente-deux moines à Bernesault, la plupart prédicateurs, dont les noms figurent sur les registres du couvent. Frère Nicolas, de l'illustre famille Beaudoin, fut son successeur pendant dix ans. Le Frère Martin, Félix Unger, le remplaça, et, après lui, le couvent se divisa, les uns voulant Tessier pour supérieur, les autres Richard. Tessier finit par laisser cet honneur à Quentin, qui fut le cinquième des premiers supérieurs ou gardiens de Bernesault. Celui-ci vit tous les malheurs qui fondirent sur le couvent, la destruction des bâtiments, l'invasion des doctrines de Luther, les maux de la guerre. Quand les fureurs de Mars furent apaisées et que les Allemands eurent évacué la France, Quentin, reprenant courage, avec les débris de l'ancien couvent, releva une modeste construction, pouvant contenir tout au plus quatre ou cinq frères, et y mourut. Après sa mort, on crut au dernier jour prochain de Bernesault, abandonné par ses moines. On envoya cependant quelques Cordeliers pour célébrer les mystères et relever les bâtiments.

Le premier fut Noel, le second Baratte, puis Tiberge, qui se livrèrent à des désordres de tout genre.

Lorsque le courroux du Ciel eut réduit Bernesault à la dernière extrémité, saint François adressa une prière à la Vierge pour implorer son secours. Il lui en fait le plus triste tableau, en rappelant tous ses malheurs et son état présent. Qu'elle voie le roi de France, protecteur des Cordeliers, qui appuie ses prières et lui adresse la même demande.

La Vierge, touchée de la supplique de saint François, intercède en sa faveur auprès de son fils.

Le Christ lui répond que, sa demande, le Ciel l'exauce, mais que, dans le cas présent, la justice et la clémence sont en lutte. Il le prouve en retraçant l'histoire de Bernesault, dont les débuts furent marqués par la piété, et les derniers temps par des désordres. Mais ses malheurs vont prendre fin avec la paix qui éloignera les coups de la justice divine, et le Christ remet à sa Mère le soin de relever le couvent de ses ruines.

La Vierge, tenant l'enfant Jésus dans ses bras et entourée d'un chœur d'anges, apparaît à saint François et à Louis XIII, qui l'adorent et attendent sa réponse dans un profond silence. Le saint a tout lieu de se réjouir, ses vœux sont exaucés. Il verra Bernesault se relever de ses ruines et recouvrer son antique splendeur. La religion, la piété, le culte divin, la concorde y fleuriront de nouveau, et c'est à cause de lui, le patron du couvent, que la Vierge lui rend Bernesault. Il peut choisir les pères de l'ordre qu'il lui plaira pour habiter les bâtiments qui s'élèvent. Avant trois ans, le couvent aura réparé ses ruines. Pas n'est besoin de s'inquiéter de l'argent pour que les frères puissent le reconstruire. La Vierge aura soin que le Roi du Ciel y pourvoie. Un riche habitant de Neufchâtel, Louis Brumen, ouvrira toujours sa bourse aux moines de Bernesault, qui l'ont élevé dans les principes de la religion.

A ces mots, la Vierge disparaît. Le poëte prie les fils de saint François d'accueillir favorablement le tableau où il a retracé la ruine de Bernesault et la suite de ses premiers fondateurs. Il songe à faire la description des nouveaux bâtiments et à rappeler les noms des nouveaux pères, si le Ciel lui accorde la vie, et si, par leurs prières, le Ciel chasse les nuages qui obscurcissent ses yeux. Sinon, puisse un autre s'en charger! Pour vous, frères chéris, vivez éternellement. »

Tel est le fond de ce petit poème, dont nous avons tenu à faire une analyse d'autant plus complète qu'il est en latin. Elle permettra d'en mieux saisir le contenu, qui ne manque ni de nouveauté ni d'utilité pour compléter l'histoire de Neufchâtel.

La nouveauté du texte est évidente, puisqu'on n'en connaissait que huit à neuf vers sur les 674 dont il se compose. Le reste était si bien inconnu que l'on croyait à la perte du poème, comme pour le *Mémoire de Miton*.

Quant à son utilité, elle n'est pas moins certaine. Sur le couvent de Bernesault, on ne possédait que la notice de Marie Jean de Vernon [1]. Venu cinquante ans après Percheval de Grouchy, il a bien esquissé, dans la première partie de son article intitulé : « NEUFCHATEL, » l'histoire des Pénitents du Tiers-Ordre, à partir de la réforme du couvent, en 1614, et, dans la seconde partie, l'histoire des Pénitents qui les avaient précédés au même lieu, « parce que l'antiquité est plus vénérable et plus majestueuse. » Il l'a fait en « alléguant des monuments antiques, » que de Grouchy a certainement consultés. Mais, pour cette même période, de Grouchy a l'avantage d'être plus complet dans la liste des supérieurs, et d'avoir donné seul, en témoin oculaire, une description de tous les bâtiments du Bernesault primitif avec l'énumération des armoiries d'une foule de familles normandes, et enfin plusieurs détails historiques et topogra-

---

[1] Elle est en entier, APPENDICES, II-4 p. 230-238.

phiques, qu'on chercherait vainement chez son successeur.
C'est vraiment un grand avantage d'avoir été le contemporain de la plupart des faits signalés et de pouvoir dire, en faisant des descriptions et des tableaux : « J'ai vu. »

Inutile de parler du mérite littéraire de ce petit poème, bien jugé dans l'article où J.-A. Guiot l'a inséré[1], le sauvant ainsi d'une perte totale très probable. Ajoutons seulement que son latin macaronique, dans sa description des armoiries, est digne d'excuse, puisque le blason, même en français,

> De ces termes obscurs fit un langage à part.
> Boileau, *Satire V*.

De plus, nous ne saurions blâmer le reste du poème, malgré toutes ses imperfections, à cause des services que son texte peut rendre à l'histoire. Aussi nous conseillerons aux futurs historiens de Neufchâtel de faire comme nous, et de ne pas trop médire de la forme, pour n'envisager que le mérite du fond. Il leur sera d'autant plus précieux que la *Gallia christiana* et la *Neustria pia* ne contiennent pas même le nom de Bernesault, et qu'en joignant le poème de Percheval de Grouchy aux renseignements de Marie Jean de Vernon, ils auront, pendant deux siècles, l'histoire du couvent de Bernesault, si peu connu que le nom en a presque entièrement disparu de l'histoire de Neufchâtel, non moins que du souvenir de la plupart de ses habitants.

[1] APPENDICES, II-3, p. 228-230.

III

Si de ces analyses et de ces quelques réflexions destinées à mettre en lumière toute la valeur de ces deux manuscrits inédits, œuvres de deux enfants de Neufchâtel, nous passons à l'examen des services qu'ils peuvent rendre à son histoire, nous trouvons que, chacun de nos auteurs ayant creusé, à sa manière, d'utiles sillons, ces services sont incontestables.

Jusqu'à présent, en effet, on ne possède guère qu'une ébauche de cette histoire; car il est à remarquer que, dans un siècle où les monographies sont devenues tant à la mode, presque toutes les villes autour de Neufchâtel ont eu leur historien, tandis que Neufchâtel attend encore le sien[1].

Ainsi, MM. Vitet, Potin de la Mairie, Désiré Lebœuf, Leroy, De Lérue, Semichon, Fourcin, les abbés Delamare, Decorde, ont écrit, de nos jours, les histoires de Dieppe (1833), de Gournay (1842), d'Eu (1844), de Montérollier (1859), de Blangy (1859), d'Aumale (1862), de Bully [2],

---

[1] L'*Histoire civile et militaire de Neufchâtel-en-Bray*, par Dom Bodin, que notre Société de l'Histoire de Normandie se propose de publier bientôt, est encore inédite.

[2] M. Fourcin, de Sommery, l'un de nos sociétaires, est l'auteur d'un *Recueil statistique et historique de la commune de Bully*, resté manuscrit, dont il a fait hommage, en 1866, aux Archives du département de la Seine-Inférieure. Ce travail, fruit de longues et soigneuses recherches, n'a pas moins de vii pages d'Introduction et de 647 pages de texte, in-folio. Il en a été de même pour la commune de Sommery, dont le manuscrit fut déposé en 1875.

1866), de Roncherolles-en-Bray (1865), de Bures (1872), tandis que Neufchâtel attend encore pareil honneur.

Quand les historiens s'occupent de lui, ils le confondent au milieu d'ouvrages dont il n'est point l'objet unique, mais un simple accessoire. C'est de cette sorte qu'ont procédé, vis-à-vis de lui : Toussaint Duplessis, dans la *Description de la Haute-Normandie* (1740); M. A. Guilmeth, *Description de l'arrondissement de Neufchâtel* (1838); M. l'abbé Decorde, *Essai historique et archéologique sur le canton de Neufchâtel* (1848); M. Léon de Duranville, *Notice sur la ville de Neufchâtel-en-Bray*, REVUE DE ROUEN (1844), 2e semestre, p. 161-169, et *Nouveaux documents sur la ville de Neufchâtel-en-Bray*, REVUE DE ROUEN (1851); enfin, M. Potin de la Mairie, dans ses *Recherches sur toutes les communes de l'arrondissement de Neufchâtel* (1852). Et pourquoi toutes ces esquisses sommaires, et non une histoire complète? C'est que les monuments avaient surtout manqué; c'est qu'il fallait se contenter de quelques rares documents d'archives, dont on s'ingéniait à tirer tout le parti possible, par un découpage en fragments plus ou moins longs d'auteurs connus, par leur juxtaposition et leur ajustage en mosaïques plus ou moins habilement conçues. On en était réduit à ce triste procédé de composition, faute de documents suffisants pour constituer une véritable histoire de Neufchâtel.

Aujourd'hui, il n'en sera plus ainsi. La publication de nos deux manuscrits forme un répertoire nouveau, un dossier plus complet, offrant des documents qui tiendront dorénavant une place prépondérante dans l'Histoire de Neufchâtel, en raison de leur intérêt tout local. Il ne sera plus possible de l'écrire, pour le xvie et la première moitié du xviie siècle, sans recourir d'abord au *Mémoire de Miton;* sans consulter, pour le couvent des Pénitents, le *Bernesault* de Percheval de Grouchy. Ce n'est pas beaucoup s'avancer en disant qu'ils fournissent certains faits, certaines indications utiles qu'on ne trouve que là, et qu'ils seront désormais la base solide et résistante de l'histoire de Neufchâtel, au moins pour la période dont ils parlent, à cause du grand nombre de noms d'homme et de lieu, de faits, de dates, de curieux incidents qui serviront à faire justice d'une foule d'erreurs ou d'incertitudes fidèlement et aveuglément transmises. Il faudra donc tenir compte de ces sources d'informations nouvelles et de plus en plus précises pour les substituer aux connaissances vagues et superficielles qu'on possédait sur une foule de points de cette histoire. Elles devront plaire à tous ceux qui, s'étant fait une habitude constante de la vérité, en ont scrupuleusement conservé le goût, partout et toujours.

A vrai dire, notre publication n'est qu'un simple recueil de documents, de matériaux, de notes qui attendent leur metteur en œuvre, car, avec eux, l'histoire de Neufchâtel n'est pas composée; elle est à composer. Mais ces éléments nouveaux, soumis à une critique judicieuse, présentés avec art et avec habileté, permettront d'écrire désormais une histoire véritable et complète de Neufchâtel, au lieu de tant d'esquisses incomplètes, où la convention et l'hypothèse tiennent une trop large place.

Neufchâtel allait avoir son historien, comme les villes ses voisines, dans la personne de M. Ernest Semichon, quand la mort vint frapper notre regretté confrère au milieu de ses chères études d'histoire locale. Il avait même composé, comme il nous l'avait confié, la période de 1789, sur laquelle les documents ne lui faisaient pas défaut, quand il apprit de nous la découverte que M. Chéruel venait de faire du *Mémoire de Miton*. Les extraits qu'il en connaissait lui avaient fait pressentir l'importance du reste, et grande fut sa joie en recevant de nous cette nouvelle inattendue. Il eût été l'ouvrier qui aurait su en faire un sain usage, les consulter avec discernement, en contrôler les données, à l'aide d'autres sources, et en rectifier les erreurs, avant de condenser ces matériaux historiques, ces notes mises bout à bout, sans méthode et sans ordre, et qu'il n'aurait pas manqué de fondre dans une œuvre méthodique et littéraire.

Aujourd'hui, Neufchâtel doit regretter que ce travail, en vue duquel l'un de ses plus honorables enfants s'était livré à tant de recherches et avait amassé tant de matériaux, soit resté inachevé :

Pendent opera interrupta!
Virgile, *Énéide*, IV.

Mais il lui reste, comme à nous, l'espoir que M. Charles Semichon pourra trouver, un jour, au milieu de ses graves fonctions d'inspecteur général des finances, le loisir nécessaire pour poursuivre l'œuvre paternelle, ainsi qu'il a bien voulu nous en donner l'assurance, et nous ne doutons pas qu'il saura la mener à bonne fin.

En attendant la réalisation de ce vœu, la publication de nos deux manuscrits sur l'histoire de Neufchâtel aura le résultat qu'un Normand, l'un des bons critiques de nos jours, a judicieusement signalé en ces termes : « Quand on sait ce qui s'est passé en un lieu, quand on a quelque connaissance des personnes qui l'ont habité, de leurs actions, de leur caractère, tout y prend un sens, un intérêt [1]. » C'est l'effet que produira la lecture du *Mémoire de Miton*, où revivent bon nombre de Neufchâtelois du temps passé, avec la mention de leur famille, de leur état et de leurs charges, ressuscitant ainsi bien des membres inconnus du clergé, de la noblesse, de la magistrature et de la bourgeoisie du XVIe et du XVIIe siècles. Il en sera de même pour le poème latin *Saliberna*, par Percheval de Grouchy, relevant tous les bâtiments du cloître construits au début du XVIe siècle, et complètement détruits pendant les guerres de religion, avec le souvenir de ses prieurs, de ses gardiens et de ses moines, dans cette presqu'île où les Pénitents réformés se sont établis sur leurs ruines. L'un et l'autre contiennent tous ces détails surabondants que l'histoire dédaigne, comme étant au-dessous d'elle, tandis qu'ils ont pour les lieux et pour les personnes le mérite incontestable de leur redonner l'intérêt, le mouvement et la vie. Cette résurrection du passé de Neufchâtel, ses véritables enfants ne sauraient l'accueillir avec indifférence.

IV

Après avoir tant parlé du fond de nos deux manuscrits, il convient de dire quelques mots du travail de l'éditeur et des principes qui l'ont guidé dans l'accomplissement de sa tâche.

---

[1] M. Jules Levallois, *Autour de Paris*, p. 205.

Son premier devoir était de renseigner sur la provenance de ces deux manuscrits inédits et d'éclairer sur la valeur de leurs textes. Il vient de le remplir par l'étude consacrée à chacun d'eux, dans cette Introduction.

Sa méthode ensuite a été d'en soumettre les documents à une critique sévère, et c'était de toute nécessité, surtout pour le *Mémoire de Miton*, où il y a plus d'une erreur de tout genre, comme on peut l'attendre d'un homme qui écrivait après les événements et négligeait de contrôler ses souvenirs, avec la mauvaise chance d'un texte altéré, à la fin du xviiie siècle, par un copiste peu versé dans la lecture des anciens manuscrits et complètement étranger à cette histoire locale. De là, bon nombre d'énigmes devant lesquelles l'éditeur a fait plus d'une halte, avant de les comprendre, et il ne se flatte pas d'y avoir toujours réussi. En cas d'impuissance absolue, il s'est interdit de descendre la pente facile des conjectures, ou bien, si cela parfois lui arrive, le lecteur en est averti par un modeste : « Probablement ; » ou encore un timide : « Peut-être, » qu'il préfère à l'orgueilleux : « Assurément, » sans preuves. Il laisse à ceux qui auront plus que lui l'intuition de l'histoire locale de Neufchâtel-en-Bray le soin de suppléer à son insuffisance, et de trouver le vrai sens de l'énigme.

Comme les données positives sont accumulées, en masse un peu confuse, dans ces divers documents, il était nécessaire de tenter d'y jeter quelque lumière. C'est ce qu'il a esssayé de faire, en multipliant ces notes explicatives et rectificatives dont les éléments ont été toujours puisés aux sources les plus autorisées, qu'il a grand soin de citer. Il s'est attaché à les présenter toujours sous la forme la plus simple et la plus concise possible. Bref, toute son ambition a été de publier des textes, soigneusement annotés, qui pussent servir de base sûre et sérieuse aux futurs historiens de Neufchâtel.

Tel a été aussi son but en publiant, sous le nom d'Appendices, une douzaine de pièces, rares et peu connues, qui éclairent d'un jour nouveau le texte de ces deux manuscrits.

Bien convaincu qu'un livre d'érudition, et surtout un recueil de documents, sans « Index, » perd la moitié de sa valeur, l'éditeur en a fait deux, l'un pour les noms de lieu, l'autre pour les noms de personne. Ils étaient d'autant plus nécessaires que les uns et les autres s'y rencontrent, à chaque page et presque à chaque ligne, et qu'il eût été impossible de se retrouver, sans leur secours, au milieu de ce dédale de noms accumulés par centaines.

Pour mieux mettre en relief le détail et l'ensemble de ces documents, il a paru à propos de joindre aux Index une Table analytique des matières ; et puis une Table générale du volume, de sorte qu'en consultant l'une ou l'autre, le travailleur pût découvrir, sans peine, l'objet spécial de ses recherches.

Enfin, l'éditeur ne s'est pas astreint à une reproduction servile de l'orthographe ni de la ponctuation du manuscrit français. C'eût été un excès de fidélité déplacé pour un texte historique dont le sens seul importe, et non le matériel du mot ou la division illogique de la phrase. Le procédé contraire n'eût abouti qu'à rendre la lecture de ce texte plus compliquée qu'elle ne l'est naturellement, tandis que les changements introduits l'ont rendue plus facile. Quant au texte latin, il était impossible de le laisser avec

---

[1] Il y a, en chiffres ronds, 1,300 noms de personne, 280 noms de lieu et près de 700 articles dans la *Table analytique*.

ses soixante et quelques fautes, de tout genre, imputables à l'auteur, et non à ses copistes. On en pourra juger par le tableau où les corrections figurent en regard des fautes manifestes ou présumées[1].

Chargé d'une besogne aussi aride et aussi ardue, l'éditeur a dû prendre pour devise celle que le poète latin attribue au plus grand capitaine de l'antiquité, « qui croyait, dit-il, n'avoir rien fait, s'il restait quelque chose à faire » :

Nil actum reputans, si quid superesset agendum.
Lucain, *Pharsale*, I.

Pendant près de trois ans, il a donc cherché, à Rouen, à Neufchâtel, à Paris et à Caen, par correspondance et par déplacements, tous les moyens d'information possibles. On a déjà vu les noms de quelques-unes des personnes qui lui sont venues en aide. On trouvera les autres ailleurs, à la place où le service a été rendu.

Il en sera de même pour l'indication des sources où il a puisé, tant pour les ouvrages que pour les auteurs; car il rougirait de pratiquer l'indigne piraterie littéraire qui démarque les travaux et les découvertes d'autrui pour se les approprier subrepticement et sans vergogne.

Bien grande serait la récompense de ses efforts et de ses soins, s'il pouvait sortir bientôt de la publication de ces documents une histoire complète et judicieuse de Neufchâtel, et quelques aperçus nouveaux sur le beau pays de Bray, auxquels le rattachent tant de souvenirs d'enfance, tant de liens d'amitié, de famille et d'études.

[1] Voir plus loin, APPENDICES, II-5, p. 238-240.

MÉMOIRE D'ADRIEN MITON

Président en l'Election de Neufchâtel-en-Bray

(XVIe et XVIIe siècles.)

SUR

L'HISTOIRE DE CETTE VILLE

ET DES ENVIRONS

depuis 1520 jusqu'en 1640.

Mémoire des mariages, naissances et décéds, et ensuite de ce qui s'est passé, digne de mémoire, en la ville du Neufchâtel, et ès-environs, d'autant qu'il en seroit venu à ma connoissance de moy Adrien Miton, président en l'Election du Neufchâtel, et dont j'ay reçu avis certain de mes devanciers, encore que depuis icelles écrites et insérées en ce présent Mémoire, il est venu à ma noterie [1] *plusieurs choses que je n'ay pu employer, doutant confusion, et aussi de ce qui concernoit le public, j'en ay fait Recueil, séparément, et à part dans un Inventaire de la France.*

L'an 1520, Pierre de Marbrier écuyer, grainetier [2] au magazin à sel du Neufchâtel, faisant la recette de la distribution du sel, étant demeuré redevable au Roy d'une bonne somme,

---

[1] Mot forgé par l'auteur dans le sens de « connaissance. »
[2] Synonyme de « receveur, » du temps de François Ier, et plus tard encore. Voir le *Code de Henry III*, liv. XIII, titre 44, p. 581.

et ne pouvant payer, à cause de sa femme, [qui][1] à l'ayde d'un commis qu'il avoit, l'avoit volé, et quitté, fut condamné à être décapité en ce lieu.

Ledit Marbrier faisoit sa demeure à l'Ecu de Normandie, et ses armes se voyent en une vitre au temple de Saint-Pierre dudit Neufchâtel [2], à côté du chœur.

En ladite année 1520, fut achevé le château de Meinières [3], par le s[r] de Boissay baron dudit lieu.

1530. — Me Pierre le Bailly, s[r] de Villy, vicomte du Neufchâtel [4].

[1] « La copie est bien conforme au texte; mais le sens demande l'addition de *qui*. » — Note de M. Chéruel lors de la révision du manuscrit. Les autres notes dues à son obligeance seront suivies de la lettre C.

[2] « L'église Saint-Pierre, la plus ancienne et la seule jusqu'au XIIIe siècle, était située au bas de la ville, assez près de la rivière, dans la rue qui porte encore le nom de rue Saint-Pierre. Supprimée à la Révolution, elle a été en partie démolie au commencement de ce siècle, il en reste encore l'abside et un collatéral, qui remonte au XVIe siècle. » *Répertoire archéologique de la Seine-Inférieure*, par M. l'abbé Cochet (1872), p. 248.

[3] Mesnières, à 4 kilom. N.-O. de Neufchâtel. La date est d'autant plus importante qu'on vient de dire : « Le château de Mesnières est une magnifique construction de la fin du XVIe siècle. » Le seigneur qui l'acheta paraît être Charles de Boissay, successeur de Louis de Boissay, mort en 1504, et non pas « François de Fautereau qui, ayant épousé la fille de la baronne de Mesnières, en 1544, fit bâtir quelque temps après le château actuel. » M. P. de la Mairie, *Recherches sur le Bray normand, etc.*, II, 85.

[4] « Le 25 septembre 1568, Nicolas de Grouchy (le savant professeur de ce nom) figure comme témoin au bail de la sergenterie de Neufchâtel, consenti par un gentilhomme nommé Lebailly, seigneur de Villy, à un sieur Le Roy. » *Etude sur Nicolas de Grouchy* (Nicolaus Gruchius rothomagensis) *et son fils Timothée de Grouchy*, sieur de la Rivière, 1878, in-16 de 230 pages, intéressant et savant ouvrage, par MM. le vicomte de Grouchy et Emile Travers, p. 140. C'était en sa qualité de vicomte de Neufchâtel que ce bail était consenti par Pierre le Bailly.

— Me Jean de la Mothe, écuyer, procureur du Roy au Neufchastel [1].

— Jean de la Mothe, écuyer, sr de Vimont, vicomte d'Aumale et depuis lieutenant général des eaux et forêts de Normandie, et Picardie.

— Jacques le Carpentier, avocat du Roy [2] audit Neufchâtel.

— Construction du bâtiment et maison de Desclaucelles [3] par le sr de Vimont, en l'an 1545.

— Me Guillaume de Doüillé [4], écuyer, lieutenant des eaux et forêts du Neufchâtel, en ladite année 1545, qui mourut en l'année 1551.

— Mort de Me Jacques Le Carpentier, avocat du roy, qui fut tué par feu Me Pierre de Dedès [5], avocat, sur le chemin de Saint-Oüen, allant aux Plaids, en l'an 1556.

— Audit an 1556, la nef de l'église de Neufchâtel commença à être bâtie [6].

— Nicolas le Porc, écuyer, sr de Drauville, pourvû de l'état de lieutenant de bailliage de Saint-Pierre au Neufchâ-

---

[1] « On a suivi l'orthographe du ms., qui porte tantôt « Neufchâtel » tantôt « Neuf Chastel. » C. — Nous l'avons respectée aussi, dans tout le cours de notre publication, sauf pour quelques suppressions de lettres doubles, et quelques modifications de ponctuation.

[2] Magistrat chargé du ministère public, l'un des « Gens du Roi », comme on disait alors.

[3] « Desclauelles » forme ancienne pour « d'Esclavelles », à 6 kilom. S.-O. de Neufchâtel.

[4] « Doullé, » nom qui reviendra plus loin. La présence de l'*i* résulte de la prononciation qui mouillait les deux *ll*. La famille Doullé possédait la terre de Neuville-Ferrières dès la fin du xve siècle.

[5] « Bedés » pour « Bédez », nom qu'on verra plus loin.

[6] L'église de Notre-Dame, la seule des trois églises de Neufchâtel, qui existe aujourd'hui, fut rebâtie, en grande partie, après l'incendie allumé en 1472, par Charles-le-Téméraire. Plus loin il dira 1554 au lieu de 1556. — Voir p. 8.

tel, en fit résignation, en l'an 1554, à Me Nicolas Bourgeois, son gendre.

— 1500. — Il convient icy entendre, que je n'ay fait mention du bailliage de Saint-Pierre, où il y avoit bailly vicomtal, procureur fiscal, greffier, et sergent, ayant délaissé [1] et juridiction de haute, basse, et moyenne justice, sous le pouvoir du curé de Saint-Pierre, qui pourvoyoit auxdits offices, commençant les justiciables à l'endroit de la Porte Robeque, et s'allant rendre de tout le bas de cette ville, au delà du Gaillon [2] et de la Fontaine fleurie [3], étant les fonciers, en une terre au côté senestre sur le chemin tendant de la Porte de haut, qui mène à Saint-Antoine [4], en laquelle justice, fut le dernier exerçant l'état de bailly, feu Me Simon de la Place, avocat en ce dit lieu du Neufchâtel, et avoit été fait à divers tems de rigoureuses exécutions en ladite jurisdiction [5], comme la roüe, la potence, et décapité, comme il s'est témoigné par les

---

[1] Terme de droit, formé comme « référé, réméré, placité » etc., et qui paraît ici synonyme de « délais » ou « délaissement. » Voir le *Dictionnaire de la coutume de Normandie*, par Me Hoüard.

[2] Lieu dit le Gaillon, S.-O. de Neufchâtel, dépendant de la commune de Quèvrecourt, à 1 kilom. de cette ville.

[3] Lieu dit : « Fontaine-Fleury », sur la carte de Cassini, tout près de « Le Gaillon. » Il y a, sur un monticule voisin, à gauche du chemin de Rouen à Neufchâtel, un gibet, signe conventionnel d'une haute justice, où l'on portait les corps de ceux qui avaient été suppliciés, devant les Halles de Neufchâtel, comme ceux de Rouen étaient portés au gibet voisin de la route de Neufchâtel, après avoir été pendus au Vieux-Marché.

[4] Ferme au nord de Neufchâtel, dont elle dépend.

[5] « Comme preuve matérielle de l'existence de ces privilèges, on montre encore dans l'ancien dimage de « Saint-Vincent-de-Nogent » un lieu qui s'appelle « la Justice de Saint-Pierre. » C'est là qu'étaient les fourches patibulaires de cette haute-justice. » M. P. de la Mairie, *Recherches sur le Bray normand*, etc., I, 241. — Celles dont nous venons de parler les avaient remplacées au XVIIIe siècle.

procès criminels, qui étoient demeurés ès-mains de Me Sinfroy de la Place, avocat, fils dudit Me Simon, et avoit outre le curé dudit St-Pierre, le privilège de recevoir et donner la chaire aux prédicateurs qui se présentoient en ce lieu pour prêcher, lesquels privilèges se seroient perdus et prescrits à cause des guerres continuelles qui avoient été en ce royaume en divers tems entre les Bourguignons et la France, et qui avoient été continuées du depuis par l'Empereur Charles-Quint, et les roys François Ier et Henry II, son fils [1].

— Me Antoine Miton, avocat, pourvû à l'Etat de lieutenant des forêts au Neufchâtel vacant par le trépas de Me Guillaume de Vintelle, en l'an 1550.

— Audit an 1550, Adrian Bridou fut pourvû de l'état de vicomte du Neufchâtel.

— Audit an Me Nicolas de Grouchy, sr de Mathonville [2], fut pourvû à l'état d'avocat du roy, vacant par le décès de Me Jacques le Carpentier.

— Me Jean Vassagne, grenetier au magazin du Neufchâtel en l'an 1546.

---

[1] « L'église de Saint-Pierre, avoit, dit-on, anciennement haute, moienne, et basse Justice, avec un bailliage vicomtal, dont les Officiers étoient nommez et instituez par le Curé : cela ne subsiste plus, et l'on ignore ce qui a donné lieu à ce changement. » *Description de la Haute Normandie*, par Dom Toussaint Duplessis, I, p. 147. Il cite comme autorité : *Mémoires de Neufchâtel*. Ce passage sert à constater le fait de l'existence de ce bailliage supprimé, bien avant 1740, date de la publication de l'ouvrage de Duplessis, puisque Miton, qui écrivait plus d'un siècle auparavant, en parle comme d'une juridiction déjà supprimée de son temps et donne les motifs de la suppression.

[2] Ne doit pas être confondu avec un autre Nicolas de Grouchy, son parent et contemporain, le savant auteur et professeur dont il est parlé plus haut. — Mathonville, arr. de Neufchâtel, cant. de Saint-Saens, 16 kil. S.-S.-O. de Neufchâtel. — A partir de 1557, le professeur, Nicolas de Grouchy, s'intitula « sieur de la Rivière. » *Étude sur Nicolas de Grouchy*, p. 137.

— Mᵉ Antoine Bavendel,[1] controlleur audit magazin, en l'an 1547.

— Il est icy a noter qu'en l'an 1512 vinrent en ce lieu deux sœurs grises, qui s'étoient désunies, et absentées de la ville de Rüe[2] sur les frontières de la Bourgogne, à cause des guerres continuelles qui se faisoient entre les Bourguignons et les François[3], lesquelles furent bien reçûës des habitans, ou ayant fait séjour quelques années, et secouru de leur présence les habitans principaux en temps de peste, se multiplierent, et augmenterent en nombre[4], si bien que par succession de tems, ayant été bâties comme il se voit a présent par les aumônes des gens de bien[5], en la fin contre leurs vœux de pauvreté, chasteté et obédience, avoient en toutes surprises obtenu don du Roy Charles IX[6] du revenu du temporel, et maladrerie, et léproserie de Sᵗ-Jean, bâty au fauxbourg de la Porte des Fontaines de cedit lieu, dont n'ayant été rendu compte par ceux qui en avoient eu l'administration, nomément par un nommé Mᵉ Vincent de Fry,

---

[1] Plutôt « Darendel », nom qui reviendra fréquemment.

[2] « Rüe » écrit d'après la prononciation, comme tous les noms du *Mémoire*, est pour « Rupt », nom donné à sept localités dans les départements de la Haute-Marne, de la Haute-Saône, des Vosges et de la Meuse. « Rupt-aux-Nonains » (Meuse) paraît être le lieu d'où s'étaient éloignées toutes ces sœurs grises et pas seulement les deux qui vinrent à Neufchâtel.

[3] Les guerres entre la France et la Bourgogne avaient pris fin, sous Louis XI, en 1477, lors du démembrement des états de la maison de Bourgogne.

[4] « Les Cordelières, religieuses du Tiers-Ordre, étaient venues de la ville de Hédin en Artois au nombre de sept : elles furent reçues en 1507 à Neuf-chatel où elles se consacrèrent d'abord à assister les malades et à ensevelir les morts. » D. T. Duplessis, *Ibid.*, I, 150.

[5] « Deux filles de la ville, dont le nom n'est point venu à notre connaissance, leur donnèrent la maison qu'elles occupent sur la paroisse de Notre-Dame. » Id. *Ibid.*

[6] « Par lettres patentes du 15 août 1563. » Id. *Ibid.*

qui en avoit eu l'administration dix à douze ans, avoient enfin lesdites sœurs grises obtenu don de tout le bien et revenu de ladite léprosarerie, par la poursuite qu'en avoit faite une nonnain, nommée Anne de Bergny, dite de la Moyenne [1], femme accorte, secondée en cela de la faveur de Me Claude Groulart, premier président, et de Me Jean Thomas sr de Verdun, avocat général au parlement de Roüen, ce dont je puis parler certainement, moy qui ay écrit cedit mémoire, pour en avoir fait les poursuites au conseil, contre lesdites sœurs grises, et au parlement [2], ou au lieu de la justice que j'en espérois, je n'en ay reçu que des injures et calomnies, a cette occasion, après ne pouvant rien espérer, les nonnains sont demeurées paisibles et joüissantes de ladite léprosarerie, au grand préjudice desdits habitants. Ladite joüissance est dès l'an 1564 [3].

— 1551 — La veille de la Madelaine qui étoit le 21e juillet 1551, je fus né et tenu sur les fonds baptismaux, par feu Me Adrien Bridou vicomte, Pierre-Marc [4] lieutenant dudit

---

[1] « Au point de jonction de Lucy, Ménouval et Fesques, il y a une construction en briques, appelée « la Moyenne. » M. l'abbé Decorde, *Essai sur le canton de Neufchâtel*, 99. Anne de Bergny en tirait peut-être ce surnom de « La Moyenne », qui figure sur la carte de l'Etat-Major.

[2] « Les Religieuses obtinrent contre eux (les habitants de Neufchâtel) au mois de juillet 1582 un arrêt du Parlement. » D. T. Duplessis, *ibid.*, 150.

[3] La donation avait eu lieu en 1563. Voir plus haut, p. 6. note 6.— « Les Cordelières ou religieuses du Tiers-Ordre de Saint-François arrivèrent à Neufchâtel en 1507. Leur couvent, établi sur la paroisse de Notre-Dame, a disparu. Il ne reste d'elles qu'une liasse de titres aux archives de la Seine-Inf., » M. l'abbé Cochet, *Répertoire de la Seine-Infér.*, 250.

[4] Sa mère était Catherine Bourgoise. D'après son acte de baptême il eut aussi deux marraines. Ce fut le Concile de Trente (1563) qui restreignit le nombre à deux parrains et une marraine, pour un garçon; deux marraines et un parrain, pour une fille. Encore ses prescriptions

vicomté, et la damoiselle de Pommereval ¹, et nommé par ledit vicomte, Adrian.

— Audit an 1551, le jeudy 5ᵉ de novembre naquit Nicolas de la Ville, fils de Mᵉ Jean de la Ville.

— Mᵉ Pierre Marc pourvû en l'état de lieutenant du vicomté, en l'an 1549.

— Mᵉ Antoine Mansel, pourvû au prieuré de l'hôpital de ce lieu ², dès l'an 1550, mourut subitement en sa chambre, l'an 1567, au mois de mars.

— Nôces de Mᵉ Pierre Vassagne, avec Nicole Bridou fille de Pierre Bridou, en l'an 1553.

— Audit an ledit Vassagne fut pourvû à l'état d'élû subsidiaire du Neufchâtel.

— L'église de Notre-Dame du Neufchâtel fut augmentée et agrandie de la nef qui se voit à présent depuis l'image du crucifix, jusqu'à la tour où les cloches sont penduës, en l'an 1554, et parachevée en 1559, et la couverture faite en l'an 1563 ³.

ne furent-elles pas toujours observées, comme on le verra pour les nombreux enfants de Miton.

[1] Ses deux marraines furent « Isabelle, femme du sieur Jacques du Mesnil et Nicolle, fille du sieur de Biville. » Acte de baptême, en latin, extrait des registres de l'église St-Jacques de Neufchâtel. Communication de M. Lefebvre, avoué à Neufchâtel-en-Bray. — Plus loin viendra un « sieur du Mesnil Pommereval. » Pommereval est dans l'arrt de Dieppe.

[2] « Saint Thomas de Cantorbéry ou S. Thomas-le-Martyr. — Ancien prieuré, Abbaïe et Hopital royal. » D. T. Duplessis, ibid., I, 612. — Aujourd'hui, l'Hôtel-de-Ville, la Gendarmerie, etc.

[3] Ces dates sont d'autant plus précieuses qu'on ne les rencontre pas chez les divers écrivains, qui ont parlé de cette portion de l'église. — MM. Guilmeth et Potin de la Mairie ont dit : « La nef et le portail furent reconstruits à neuf, vers 1533. » M. l'abbé Decorde : « Le principal portail de l'église de Neufchâtel doit être de la fin du xvᵉ siècle ou du commencement du xviᵉ. » M. l'abbé Cochet :

*— Le 5e jour de septembre 1552, Catherine de la Ville, femme de Vincent Mouthard [1], naquit.

— Naissance de Marguerite Engren, femme du président Miton [2], le 2e février 1551.

— Assassinat commis en la personne de Nicolas Casaut, s^r de St-Germain, par André et Philippe de Casaut ses frères puinez, pour punition duquel, ledit André fut décapité à Roüen, et sa tête raportée en cette ville du Neufchâtel, qui fut fichée sur un pieu, en la Porte du haut [3], et ledit Philippe fugitif, condamné par contumace, par arrêt du parlement de Roüen, l'an 1559.

— Eloy Hoqueton, chaussetier de cette ville, convaincu d'avoir adhéré à l'assassinat commis, au s^r de Ricarville, commandant au château de Dieppe, en l'an 1562 [4], fut décapité à Roüen, par arrêt donné en l'an 1566.

« La nef, avec ses deux collatéraux, peut appartenir pour le fond au XIIIe siècle; mais elle a été tellement modifiée au XVIIe, qu'elle doit être considérée comme de ce temps. » *Répertoire archéologique de la Seine-Inférieure*, 247. On voit que la vérité est tout autre. — « Comme bien d'autres, l'abside de l'église Notre-Dame n'est pas exactement à l'orient. Elle est un peu plus tournée vers le N.-E. que vers l'Est, et par suite le portail se trouve un peu plus au S.-O. qu'à l'Ouest. » Communication de M. Courtin, de Neufchâtel. — Quelquefois des églises étaient orientées à l'extrême orient d'été, d'autres à l'extrême orient d'hiver : de là une différence assez notable. « A Rouen, les églises sont pour la plupart dirigées vers l'orient d'hiver. » M. Paul Baudry, *Du Symbolisme des Eglises de Rouen*, REVUE DE ROUEN, 1851, p. 488.

1 Plus loin, « Mouchard », qui est le vrai nom.

2 Lui-même, l'auteur des Mémoires. L'année commençant à Pâques, qui tombait le 29 mars, en 1551. Comme Miton naquit le 21 juillet 1551, sa femme avait donc six mois moins que lui, née le 2 février de l'année 1551, c'est-à-dire 1552 après la réforme du calendrier.

3 La Porte-de-Haut, l'une des six portes de Neufchâtel, démolie en 1782, dans le voisinage du château.

4 Une conspiration avait été ourdie contre Florentin de Ricarville par les protestants, après le massacre de Vassy, pour se rendre maîtres

— Décéds de Me Noël de Diville, prêtre à Escouie [1], étant curé dudit lieu, de Quievrecourt [2], du Caulle, et chanoine dudit Escouie, en l'an 1562, âgé de 56 ans.

— Pierre, et Louis Dudois, frères demeurants à Présinval [3], et un surnommé le Hoste, de Grandcourt, convaincu de plusieurs voleries d'églises, furent exécutés en ce lieu, sçavoir lesdits Dudois frères décapitez, et ledit le Hoste pendu, ce fut au mois de juin de l'an 1566, par jugement d'un surnommé la Caille, vice-bailly de Caux.

— En l'an 1567, Me François de Pimont, seigneur dudit lieu, chevalier de l'ordre du Roy, fut pourvû au gouvernement de la ville du Neufchâtel, auquel nul n'avoit été pourvû depuis le décéds du feu sr de Piemer [4].

---

du château de Dieppe et de la personne de Ricarville. Le 21 décembre (1562), un dimanche matin, comme il rentrait dans le château de Dieppe, après une visite faite à ses chevaux, « voyant l'un des conjurés, quy vouloit mettre le feu à l'vn des cannons, il mit la main à l'espée et s'avança pour l'en empescher : mais l'vn des autres, nommé Jean Hocqueton, ayant empoigné vne hallebarde quy estoit à l'entrée de la dite plate forme, luy en donna au trauers du corps et les autres l'acheuerent à coups d'espée. » *Histoire de la Réformation à Dieppe*, par *Guillaume* et *Jean Daval*, édition de M. E. Lesens, I, 43. *Eloi* Hocqueton était sans doute un parent de *Jean* Hocqueton.

[1] « Ce nom paraît altéré. Ne serait-ce pas Escouis ? » C. — Dans les anciens titres on trouve toujours « Escoes. » T. Duplessis, — c'est « Escouis » ou « Ecouis », paroisse du Vexin normand, où il y avait une collégiale fondée par Enguerrand de Marigny, et composée d'un doyen et de onze autres chanoines. Id. *Ibid.*, II, 525. — Biville ?

[2] « Quièvrecourt, aux portes de Neufchâtel et le Caule Sainte-Beuve, à 12 kilom. E.-N.-E. de cette ville.

[3] « Puisenval », à 18 kilom. N.-N.-E. de Neufchâtel.

[4] Gouverneur de Neufchâtel de 1567 à 1575, F. de Pimont se joindra, le 2 février 1569, à de Sigogne, gouverneur de Dieppe, pour sévir contre les protestants. *Hist. de la Réformation à Dieppe*, I, 100. Son prédécesseur était de la famille d'Hallewin de « Pienne » ou « Piennes », dont un membre, Florimond d'Hallewin de Pienne, marquis de Mene-

— Me Jacques Dumesnil, écuyer, pourvû à l'état de procureur du Roy, au siège du Neufchâtel, par la résignation qui lui en fut faite par Me Christofle du Mesnil son frère, en l'année 1558.

— Naissance d'Isaac Vassagne, fils ainé dudit Pierre Vassagne, eslû, au mois de septembre 1561, qui fut baptisé par un surnommé Bompar, ministre en une maison étant à la porte de Robergue [1], et nommé Isaac, par Charles de la Mothe, écuyer, sr de Vimont.

Décéds de Me Guillaume de Diville [2], écuyer, lieutenant des forêts au Neufchâtel, en l'an 1551.

— Me Bertrand Bodin pourvû à l'état de lieutenant du vicomté, par résignation de Me Pierre Marc, en l'an 1557.

— Me Louis de la Vessiere, prêtre curé de l'église de N.-D. du Neufchâtel, en l'an 1562.

— L'hérésie et opinion de Calvin, prit son origine en la ville du Neufchâtel, dès l'an 1559 [3], dont Me Nicolas Bourgeois [4], lieutenant du bailly de Caux, Me Adrien Bridou,

---

lay, sera laissé comme gouverneur de Gournay par le duc de Mayenne, lorsqu'il aura pris cette ville le 6 ou le 7 septembre 1589.

[1] Plus haut, « Porte Robeque », p. 4. Elle ne figure pas, sous ce nom, parmi les portes que donne M. Potin de la Mairie, dans ses *Recherches sur le Bray normand*, I, 276. Ce nom venait-il de la petite rivière qui prend sa source dans le village de Beaubec et se nommait encore « Robec » en 1740 ?

[2] « Biville ? » Comme plus loin, et 1561 ? — « En 1558 (Lucy, 21 nov.) noble hoe Louis de Biville de la paroisse de Vieu-Manoir print pour femme et épousa delle Du Glesquin de Boigny. — En 1599, il y avait des de Biville à Aulage. » — Communication de Mr Lefebvre, avoué à Neufchâtel-en-Bray.

[3] A l'avènement de François II (10 juillet 1559), les religionnaires, devenus plus nombreux, ne se contraignirent plus nulle part, en Normandie. Voir l'*Histoire du Parlement de Normandie*, par M. Floquet, II, 280 et suiv.

[4] Dom Bodin, citant ce passage, l'appelle « Bourgoise » (c'est le vrai nom), et les mots : « seigneur de Pommereval » sont ajoutés en marge.

vicomte, Me Jacques du Mesnil, procureur du Roy, Me Pierre Vassagne, elû, Me Jean Tricotte, Vincent de la Borde [1] grenetier et controlleur, les de Bedez et de la Ville, greffiers et autres avocats et Bourgeois, infectez d'icelle, appuyez qu'ils étoient des s^{rs} de Senarpont [2], Dauviller [3], de Vimont, de la Forest, de Gràval, de St-Germain, de Ste-Agate, de Moulandrin, du Pont-Trémart [4], et autres en bon nombre qui étoient de même, avec ce que le prince Portian qui étoit en la ville d'Eu, qui en étoit de même [5], voulurent se insur-

— Dans son *Histoire-de-Neufchatel-en-Bray*, encore manuscrite, Dom Bodin a consigné plusieurs extraits de Miton.

[1] Plus loin « De la Boe », le vrai nom. Tricotté « Grenetier », et De la Boe « Contrôleur. » Comme il a été dit, « Grenetier » était synonyme de « Receveur. »

[2] « Le premier jour de mars 1559, furent receus à faire abjuration..... entre les mains du sieur Knox, M. de Senerpont, lieutenant pour le Roy au gouuernement de Picardye; vn sien gendre et vne de ses filles nommée Madame de Monteraulier; M. de Bacqueville et deux de ses fils avec plusieurs autres gentilshommes et demoiselles. » *Histoire de la Réformation à Dieppe*, par Daval, etc. I, 11. — « Jean II de Mouchy, seigneur de Senarpont, marié à Claude de Goudeval-Harancourt, en eut Jeanne de Mouchy, qui épousa, en 1574, Paul de Briqueville, baron de Colombières, et Françoise de Mouchy qui avait épousé, en 1558, François de Pevrel, chevalier, seigneur de Montérollier. » M. Lesens, *ibid.*, note, p. 229. — « M. de Bacqueville est Charles I Martel et ses deux fils sont probablement Nicolas, qui lui succéda, et François Martel de Lindebœuf. » *La Réformation*, par M. Lesens, I, 229, et M. Hellot, *Les Martel de Bacqueville*, pages 164-165.

[3] Auvilliers, canton de Neufchâtel. Pierre de Montsures en était seigneur.

[4] « Moulandrin », pour « Mont-Landin », près Wanchy, 16 kilom. N.-O. de Neufchâtel. — « Pont-Tremart », pour « Pont-Trencart » ou « Pont-Trancart », quart de fief, dans la paroisse d'Ancourt, arr^t de Dieppe, possédé alors par la famille de Milleville.

[5] Antoine de Croy, prince de Porcien, avait épousé Catherine de Clèves, à laquelle était échu le comté d'Eu, par suite de la mort du duc de Nevers (1566). Ce prince, « l'un des premiers chefs du parti hugue-

ger, et de haute lutte prendre, et s'emparer de temples pour faire leurs prêches, si bien qu'il pensa, dès l'an 1559, avoir sédition en cette dite ville.

— En l'an 1560, l'hérésie fit son entrée au monastère de Bernosant [1], où, en ladite année, il y avoit jusques à vingt religieux, entre lesquels estoient Dupré, Seré, Beauvemis et autres, quitterent leurs habits, de sorte, dit le proverbe commun, qui n'enseigne que choses nouvelles, plaisent [2]. Il ne se passâ guères de tems qu'ils reconnurent le malheur que cela leur avoit apporté, les uns étant exécutez et les autres contraints de finir leurs jours dans une extrême pauvreté.

— En 1570, le sr de Péricard [3], chanoine de N.-D. de Roüen, et conseiller au parlement, prieur de Ste-Radegonde lès Neufchâtel [4], qui le résigne à Dom Thomas du Bos, prêtre moine en l'abbaye de Bréanbet [5].

— En 1568, Regnaut Baudoüin, tanneur demeurant en la paroisse de St-Pierre du Neufchâtel, convaincu d'avoir

---

not », avait ouvert un prêche à Roumare, près Rouen, et fait des scènes violentes, en plein parlement, pour soutenir ses coréligionnaires. M. Floquet, *ibid.*, III, 23-29.

[1] « Bernesaut » et mieux « Bernesault », terrain dépendant de Quièvrecourt, dont la paroisse s'étendait alors jusque sur Neufchâtel. C'était un couvent du Tiers-Ordre de S. François, dit Pénitens, dont le nom subsiste encore. Voir plus loin le poème de *Saliberna*. — Les opinions nouvelles, dès 1533, avaient séduit des prêtres et des religieux. « A Rouen, dans le seul couvent des Augustins, il s'était trouvé, en 1549, jusqu'à trente-deux religieux suspects. » M. Floquet, *ibid.*, II, 228.

[2] A ajouter à la liste des Provèrbes, en mettant le singulier ou le pluriel partout.

[3] Guillaume Péricard, conseiller au Parlement de Rouen, en 1571.

[4] Au hameau du Mesnil, dépendant de Neufchâtel, et porté encore sous le nom de Sainte-Radegonde, dans la carte de l'Etat-Major. C'est aujourd'hui une ferme; l'ancienne chapelle y sert de cellier.

[5] Ne serait-ce pas « Beaubec ? » C. — Oui ; ce nom sera encore défiguré plus loin.

suborné des faux témoins, contre la veuve du nommé Talbot, pour un pré dont ils étoient en procès pardevant le vicomte Bridou, fut par luy condamné à être pendu et étranglé, et les témoins fouëttez, laquelle sentence fut confirmée par arrêt du parlement, et exécutée à Roüen en l'année 1568.

— Homicide commis en la personne de M⁰ Pierre de Bedé, avocat, devant le temple de l'hôpital de ce lieu, par Charles de Biville, écuyer, en l'an 1588.

— Noces de Charles Bodin, sʳ de Blargier ¹, et Marguerite Beaudoin, le 30ᵉ novembre 1584.

— En 1562, furent prises ès églises de Sᵗ-Jacques, Notre-Dame, et St-Pierre de ce lieu, en chacune, une cloche, qui furent fonduës en artillerie et pièces ² pour la garde de la ville, lesquelles furent prises, durant la Ligue, par l'armée du prince de Mayenne, s'acheminant à Dieppe ³.

— En 1586, noces de M⁰ Christofle Vougler, avec damoiselle Gillette de Cassoent ⁴, le dernier jour de novembre audit an.

— Décéds de M⁰ Antoine Mansel, prieur de l'hôpital du Neufchâtel, âgé de 55 ans, au mois de mars 1567, auquel Pierre Jean Mauger succéda audit prieuré ⁵.

---

¹ Blargies, près de Formerie, Oise.
² Dom Bodin donne « pierriers, » dans son *Histoire de Neufchatel-en-Bray*.
³ Quelque temps après la prise de la ville et du château de Gournay, qui eut lieu le 6 ou le 7 septembre 1589, et avant la bataille d'Arques, livrée le 21 septembre suivant. L'exemple fut suivi, presque partout, après la révolution de 1789.
⁴ « Bougler » et « Casaut »? qu'on lit plus loin.
⁵ La place occupée par cette date, déjà donnée plus haut, p. 8, fait qu'on se demande comment elle vient après 1586. — Au lieu de « Pierre » Jean Mauger, l'article suivant donne : « Frere » etc., répété page 16. C'est ainsi qu'il désignera d'autres prieurs et sous-prieurs. L'habitude n'était guère alors d'avoir deux noms de baptême pour les gens de petite condition.

— Frère Jean Mauger, moine à l'hôpital, pourvû du prieuré dudit lieu, vacant par le décèds de Mᵉ Antoine Mansel, prieur dudit lieu, en l'an 1588 [1].

— L'exercice de la religion de Calvin, libre au Neufchâtel, par le moyen de la noblesse, sans néantmoins entreprendre aucune chose, ny rien attenter sur les temples dudit lieu, ce qui dura depuis l'an 1560 jusqu'en l'an 1572.

— Nôces de Vincent Mouchard, avec Catherine de la Ville, au mois de juillet 1570, ayant auparavant épousé Collette Bougler, fille de Pierre.

— Nôces de Mᵉ François de la Courbre [2], avocat, avec Françoise Vassagne, au mois d'aoust 1570.

— Nôces de moy Adrian Miton, avec Marguerite Engren, le 15ᵉ janvier 1571 [3].

— Erection et établissement d'une élection, en chacune vicomté royale, composée d'un élu, d'un controlleur, d'un receveur des tailles, et d'un greffier, suivant lequel edit, je me fis pourvoir, moy qui écrit ces mémoires, de l'état d'élu en ce lieu du Neufchâtel, en l'année 1572 [4].

— Mᵉ Guillaume le Mercier, dit Poteret, pourvû à la cure de St-Pierre du Neufchâtel, en l'an 1574.

— Frère Jean Bourgeois, sous-prieur à l'hôpital de ce lieu, mourut en l'année 1575.

— Messire Philippe du Chemin, chevalier de l'ordre du Roy, seigneur du Quesnel, près de Beauvais, fut pourvû par

---

[1] Répétition de la fin du paragraphe précédent, qui prouve que 1568 doit être substitué à 1588.

[2] Mauvaise lecture pour « de la Coudre », mis plus loin.

[3] Il n'avait pas encore 20 ans, quand il se maria, puisqu'il naquit le 21 juillet 1551. Voir plus haut, p. 7.

[4] Miton fut donc le premier titulaire de cette Election, nouvellement créée, tribunal où se jugeait, en première instance, tout ce qui avait rapport aux tailles, aux aides et aux gabelles.

S. M. au gouvernement de cette ville du Neufchâtel, en l'année 1575.

— Me Antoine Marois, avocat, épousa Catherine Bougler, fille de Pierre Bougler, au mois de novembre 1570.

— L'an 1572, Marguerite Engren, ma femme, accoucha d'un fils, qui fut tenu par frère Jean Mauger, prieur de l'hôpital, et Me Nicolas Gronsey [1] avocat du Roy, la fille du sr de Villers, et la femme de Jean le Heurteur de St-Vincent [2], et naquit le 9e février, et fut nommé Adrian, qui ne vécut que trente jours.

— Le 14 décembre, audit an 1572, mourut Françoise de Grouchy, femme de Jean le Heurteur de St-Vincent.

— Audit an 1572, mourut à Esclamelles [3] Charlotte de Mouchy, fille de Senarpont [4], femme de Charles de la Mothe, sr de Vimont.

---

[1] Nouvelle erreur dans l'orthographe de ce nom altéré de bien des manières. Voir l'ouvrage de MM. le vicomte de Grouchy et Emile Travers, p. 216. Elle provient de ce que le copiste a mal lu la liaison finale, « ch, » dont il a fait « se. » Le nom de « Grouchy », se trouve sept ou huit fois, bien écrit, plus haut déjà et plus loin, dans le *Mémoire* de Miton.

[2] « Une partie de la ville de (Neufchâtel) est encore située dans l'étendue des deux paroisses de Quevrecourt et de Nogent-en-Brai. » Toussaint Duplessis, *ibid*. I, 612. Nogent-en-Brai ayant une église du nom de Saint-Vincent, « on dit aussi très communément S. Vincent de Nogent, ou même S. Vincent, sans ajouter le mot Nogent. » Id. *Ibid.*, 621. Cette paroisse se trouvait au N.-O. de Neufchâtel.

[3] Esclavelles.

[4] Jean II de Mouchy. Voir plus haut, p. 12. Cette dame ne figure pas dans le P. Anselme, et Moréri donne à Jean de Monchy une fille, « Charlotte, épouse de François de Boulainvilliers, seigneur de Saint-Cerè. » Peut-être pour « Cère, » et mieux « Saint-Saire. » — Mais un « sieur de Vimont » se trouve parmi ceux qui abjurèrent à Dieppe, en 1559. Voir, plus haut, p. 12.

— Me Jean Saonnier [1], prêtre curé de St-Jacques, du Neufchâtel, en l'an 1589.

— En l'an 1573, jour de ma naissance, le dimanche 29e de mars [2], ma femme accoucha de deux fils, sur les huit heures du matin, et furent tenus sur les fonds par le sr de Vimont, et de Pommereval [3], et dame de Meinieres, et fut nommé l'aîné, par le sr de Vimont, Charles, et le puiné par feu Me Christofle Engren, grenetier, et Me Pierre Carpentier, procureur du Roy, et Françoise Carpentier, femme de Me Jean Drouet, avocat, et Françoise Vassagne femme de Me François de la Coudre, aussi avocat, nommé par ledit grenetier, François, qui ne vécut que 21 jours.

— Audit an 1573, le 7e juin, arriva un si grand débordement d'eau, c'est-à-dire un petit déluge, par des pluies continuelles, que l'eau monta jusques aux murs du temple de St-Pierre du Neufchâtel, de façon qu'on ne pouvoit y aller ny à pied, ny à cheval, et le monastère de Bermesault [4] pensa être submergé et emporté au courant de l'eau, ce qui dura depuis le matin jusques sur les quatre heures après midy.

---

[1] On verra, plus loin, p. 79, une personne portant les mêmes nom et prénom.

[2] Le 29 mars 1573 était bien un « dimanche », celui de la Quasimodo, Pâques tombant le 22 mars ; mais les mots : « Jour de « ma » naissance », ne peuvent se justifier, ni pour le quantième, ni pour le jour de la semaine, puisqu'il est né « un mardi, le 21 juillet 1551. » Voir plus haut, p. 7. — En supposant même que le premier copiste ait substitué *ma* à *sa*, c'est-à-dire « la naissance de sa femme », il y aurait encore une petite erreur, car il a donné la date du « 2 février 1551 », qui était bien un mardi, et non celle du « 29 mars. » — Ecrivant longtemps après les faits, la chronologie de Miton est souvent défectueuse, et les mauvaises lectures du premier copiste y ajoutent encore.

[3] Il faut « les srs » les « sieurs » de etc. Il avait deux parrains, comme l'autre jumeau et deux marraines.

[4] « Bernesault. » Voir plus haut, Introduction, XXXVI-LII.

— L'an 1575, le 19ᵉ de janvier, ma femme accoucha d'un fils sur les trois heures du matin, qui fut tenu sur les fonds par Mᵉ Percheval de Grouez [1], avocat du Roy, et Mᵉ Antoine Mercier, procureur du Roy, par Jeanne Miton, femme de Jean Bougler, et la femme du lieutenant Bougler, et nommé Percheval, par les avocats du Roy, lequel mourut le 13ᵉ février en suivant.

— Audit an 1575, arriva une maladie chaude audit Neufchâtel, de laquelle ceux qui en furent surpris peu en échapoient; il mourut plus de cent personnes, entre lesquelles furent Nicolas Secousse, mercier, Thomas de Bos, procureur, Mᵉ Nicolas le Heurteur, enquesteur, Jacques Mensire brasseur, la première femme de Mᵉ Pierre Bougler, avocat, la femme de Jean Bernard, drapier, la femme de Pierre Bourdon, et plusieurs autres.

— En 1574, vers la fête des Roys, fut tué Baptiste Callique, fils de Mᵉ Pierre Callique, avocat, par Adrian le Boullengier, fils de Mᵉ Nicolas le Boullengier, greffier du Pont de Mer [2], et par Vincent Bernard, fils de Jean, sur les neuf heures du soir, près la halle de ce lieu, et ledit Adrian y reçut un coup d'épée au bas ventre dont il pensa mourir, par Jean Callique, frère dudit Baptiste.

— Nôces de Jean Bougler, fils de Pierre, avec Jeanne Miton, fille de Jean Miton, ancien valet de chambre du Roy, le 11ᵉ juin 1575.

— Décéds de Mᵉ François de Fautejean [3], chevalier de

---

[1] Encore une mauvaise lecture pour de « Grouchy ». L'enfant fut baptisé, le 20 janvier, à Notre-Dame. Communication de M. Ch. Lefebvre.

[2] Pont-Audemer, « Pons Audomari, » ou « Pons Aldemari. »

[3] Mauvaise lecture du premier copiste pour de « Fautereau ». En 1544, il avait épousé Françoise de Gouvys, qui lui porta la terre de Mesnières.

l'ordre de St-Michel, s^r de Villers, âgé de 70 ans, au mois de may 1571.

— Déceds de Me Jacques le Grand, avocat, au mois de juillet 1578.

— Au mois de mars 1568, frère Pierre Noël, Desclavelles, fut reçu moine, à l'hôpital de ce lieu du Neufchâtel.

— En 1575, Me Percheval de Grouchy, avocat, épousa damoiselle Barbe Carpentin d'Abbeville, vers la St-Rémy[1].

— Déceds de Me Robert de la Coudre, avocat, le 15e décembre 1575.

— Audit an, déceds de Me Nicolas de Grouchy, avocat du Roy, qui arriva subitement, le jour des S. S. Innocens[2].

— L'an 1578[3], le dernier janvier, ma femme accoucha d'une fille, qui fut tenuë sur les fonds de baptême, par Me Christofle Bougler[4], lieutenant de M^r le bailly de Caux, en ce lieu, Me Guillaume du Manoir, receveur des tailles, Nicole le Heurteur, femme du grenetier Engren, et la femme de Charles Bodin, s^r de Blargies, et fut nommée par ladite Nicole, Catherine.

Audit an 1578, commença la peste, audit Neufchâtel, dont mourut plus de soixante-dix personnes, entre lesquelles furent Me Nicolas Darendel, procureur et tabellion en ce lieu, sa femme, sa nièce, Jean de Lormel et sa femme, le fils

---

[1] « Percheval de Grouchy, sg^r de Mathonville, avocat du roi à Neufchâtel, épouse, vers 1567, Barbe Carpentier, fille de Galois, esc. sg^r de Cumont, Berlettes, etc., et de Jeanne Truffier; la dite Carpentin morte en 1586, à 38 ans. » Communication de M. le vicomte de Grouchy. — D'après Miton, le mariage aurait eu lieu, en 1575, vers le 1er octobre, huit ans plus tard. Les autres indications sont conformes.

[2] Le 28 décembre.

[3] Cette date est fausse, puisqu'il dit plus loin que, le 22 avril 1578, il eut un fils nommé Jacques. La date est 1576 vraisemblablement.

[4] « Il semble qu'il faut lire ici : « Bouglet. » L'orthographe de ce nom varie souvent dans le ms. » C. — Le vrai nom est « Bougler ».

de Nicolas Varnier, chaussetier, la femme de Nicolas du Criol etc. Cette maladie fut apportée par un homme qui vint d'Abbeville, en ce lieu.

— En l'année 1573, il y eut une grande chereté de grains dans ce royaume, la mine de bled valloit 18 liv. et la mine d'orge 10 liv., quoyqu'il y eut beaucoup de grains cette année-là [1].

— En 1576, mourut M. Pierre Le Carpentier, avocat du Roy, et est inhumé en l'église de St-Jacques de Neufchâtel.

— En l'an 1569, les huguenots, conduits par le prince de Condé et l'amiral de Châtillon, calvinistes, prirent les armes contre le Roy. Par arrêt du parlement de Rouen, ceux qui avoient embrassé cette nouvelle religion, furent privez de leurs charges et offices [2], suivant lequel arrest, sa Majesté députa le maréchal de Montmorency, pour vendre à l'encan lesdits offices, et à la place de ceux qui en étoient pourvûs, entrèrent Me Jérôme Du Pont à l'état de lieutenant de Mr le bailly de Caux, audit Neufchâtel, à la place de Me Nicolas

[1] Le même fait est constaté, à Rouen, pour la même année 1573, avec les mêmes détails. Voir *Histoire de Rouen*, par M. Periaux, 321-322.

[2] Dès 1556, cinq conseillers du Parlement de Rouen avaient été exclus de la compagnie, pour cause de religion. M. Floquet, *Histoire du Parlement de Rouen*, II, 274. En 1570, on malmena aussi les protestants, dans leurs personnes et dans leurs biens, à l'exemple de Sigogne, gouverneur de Dieppe. « La persecution estoit tres grande en la ville; mais elle n'estoit pas moindre à la campagne, car diverses compagnies de gens de guerre, quy estoient au païs de Caux, pillerent les maisons de ceux de la religion, rauissant tout : principalement la compagnie de Riberpré, gouuerneur d'Abbeuille, s'y faisant remarquer par dessus toutes ; laquelle ayant pris un ministre de l'euangile, pres du Neufchastel, nommé M. Valence, quy fut mené à Rouan, où ayant souffert patiemment et constament beaucoup de tourmens, y fut enfin executé à mort. On mettoit aussi garnison es maisons de gentilshommes, à leurs despens. » *Histoire de la Réformation à Dieppe*, par les Daval, édit. de M. Lesens, I, 105.

Bourgeois; Me Nicolas Cherie [1] Daubrun, à l'état de vicomte, à la place de Me Adrien Bridou; Me Pierre Carpentier procureur du Roy, à la place de Me Jacques Dumesnil; à l'état de grenetier, Me Christofle Engren, au lieu et place de Mre Jean Tricotte [2]; à l'état de controlleur Jean le Roy, au lieu de Me Vincent de la Boc [3], et Me Adrien Miton à l'état d'eslû, à la place de Me Pierre Vassagne, lesquels en joüirent paisiblement deux ans, auquel tems la paix fut faite avec lesdits huguenots [4], et les anciens officiers reprirent leurs offices, et on remboursa aux nouveaux pourvûs le prix de l'achat desdits offices.

— En l'an 1577, je commençay à faire une maison, en la mazure que j'avois achetée de Me Jacques Dumesnil, procureur du Roy, qui consistoit, en une salle, et cuisine, deux chambres hautes, et une garderobe, plus une gallerie prenant dudit bâtiment, et alloit rendre au devant de la rüe où il y avoit un pavillon élevé sur la porte qui sortoit dans la rüe, lequel bâtiment, sans comprendre les dons et commodités que j'avois reçu de mes amis, ne m'avoit coûté qu'environ mille écus, qui fut malheureusement brûlé en l'an 1592 par Palcheul, étant assiégé par le duc de Parme, aussi bien que mon autre maison bâtie en la grande rüe [5], près de la maison de l'Estape, et de celle qui fut à feu Jean le Roy, qui valoit 1200 liv. et plus, dont je n'ay eu aucune récompense.

[1] En 1556, on trouvait, à Aumale, un « Pierre Chery ». La famille de Chéry ou de Chérie y tenait un certain rang. Voir l'*Histoire d'Aumale*, par M. E. Semichon, *passim*.

[2] *Tricotté* est le vrai nom qu'il faudrait substituer partout à l'autre.

[3] « Ou *Bos* ou *Boe*. » C. — Ce dernier plutôt. Miton, c'est-à-dire son copiste, l'avait appelé « De la Borde », un peu plus haut, p. 12.

[4] La troisième paix, 8 août 1570. Plus favorable aux protestants que s'ils eussent été vainqueurs, la paix de Saint-Germain leur accordait, entre autres avantages, l'admission à tous les emplois.

[5] Il sera question de Palcheul et de cette maison, en 1592. Voir plus loin, p. 82.

— En ladite année 1577, arrêt pour l'augmentation des espèces d'or et d'argent, et toutes les autres monnoyes, qui met les écus de 3 à 6 liv., le teston de 13 s. 6 d. à 30 s., le franc de 20 s. à 40 s., et les réalles au double de leur valeur, et les autres monnoyes à proportion. Mais le Roy y ayant pourvû [1] tout fut remis en son premier état, ce qui arriva par la malice des financiers qui payoient les gens de guerre, et leur donnoient les deniers à tel prix qu'ils vouloient, et par ce moyen les soldats étoient contraints de les donner de même, ce qui causa la ruine de beaucoup de marchands qui se trouverent chargés desdites monnoyes, lorsque la diminution arriva.

— Audit an 1577, ma femme accoucha d'une fille, le lundy 15e février à 3 heures du matin, tenue sur les fonds de baptême par Nicolas de Fautereau sr de Villers [2], Louise Du Mesnil, femme du vicomte Anisse [3], et la demoiselle de Pommereval, et nommée Louise, par la femme dudit Anisse, laquelle décéda le 15e mars ensuivant.

— En l'an 1578, frère Guillaume Gremon, moine ayant jouy sept à huit ans, et desservy le prieuré de St-Germain sur d'Aulne [4], pour l'absence et fuite de frère Jean Vidor, prieur dudit lieu, qui s'étoit durant ledit tems enfuy, et enlevé la femme d'un sien paroissien, qu'il entretenoit en

---

[1] Par l'ordonnance de Poitiers, en septembre 1577. Voir le *Code de Henri III*, p. 696 et suivantes.

[2] Fils de François de Fautereau. Voir plus haut, p. 18.

[3] « Avisse », comme on lit plus loin. « François Avisse, écuyer, sieur de Songeons, fut lieutenant général de Gournay en 1564, et depuis vicomte de Neufchâtel. » *Hist. de Gournay*, par M. Potin de la Mairie, II, 282.

[4] Mauvaise lecture pour « Eaulne ». Ce prieuré n'est pas indiqué par D. Toussaint Duplessis ni les autres historiens de Neufchâtel. — Peut-être faut-il lire « Gremont » et « Vildor »; noms qu'on retrouve dans l'histoire de la Haute-Normandie.

lubrinte [1], mourut peu après son retour, audit lieu de l'hôpital, au mois de septembre [2].

— Audit an 1578, le jour du lundy gras, qui étoit en février [3], la compagnie du capitaine Breton du régiment de Grillon [4] entra en garnison en cette ville du Neufchâtel par le commandement du s^r de la Meilleraye [5], lieutenant pour le Roy, ès bailliage de Caux et Gisors, et ce pour le ressentiment d'une émotion populaire, fait faire par Vincent de Fry, dit le cadet de l'écu, autrement le gendre, contre le s^r de Riberpré [6], parent et lieutenant de la compagnie d'ordonnance dudit s^r de la Meilleraye, au Neufchâtel, étant ledit s^r de Riberpré accompagné du capitaine la Trape, du moine Robert [7], et autres au nombre de huit, qui pensèrent être tuez au sortir du logis dudit écu, par Jean Darendel, Michel Tricotté, Jean Morot, orfèvre, et autres mutins, amis dudit de Fry ; et tint ladite garnison en ladite ville, jusqu'au mois de may 1579, qu'elle fut licentiée, de laquelle étoit lieutenant un Bourguignon, qui se faisoit appeler le capitaine Didier, et coûta ladite compagnie, tant en argent qui leur fut prêté par le

---

[1] Mauvaise lecture du premier copiste, pour « lubricité », mot qu'on retrouve dans le *Mémoire*, un peu plus loin.

[2] Il est à penser que Miton, ou son premier copiste, a oublié de mettre après : « Moine », les mots : « de l'hôpital de Neufchâtel », comme on l'a vu déjà plus haut, p. 15.

[3] Le 10 février, parce que Pâques tombait le 30 mars, cette année-là.

[4] On disait indifféremment, à cette époque, « Grillon » ou « Crillon ».

[5] « Messire Jean de Mouy, s^r de la Mailleraye, cheualier de l'ordre du Roy, vice amiral de France et lieutenant de sa Maiesté au Bailliage de Caux et de Gisors sans compromission du 21 aoust 1563. » Tels sont ses titres dans l'*Histoire de la Réformation à Dieppe*, par les Daval, I, 58.

[6] En 1580, Nicolas de Moy, chevalier, était seigneur de Riberpré.

[7] Dom Bodin, citant ce passage, met : « du nommé Roberte. » Il doit avoir mieux lu que le premier copiste.

commandement dudit s^r de la Meilleraye, que pour leur nourriture, auxdits habitans, plus de 12,500 liv., les soldats n'ayant point eu la paye du Roy pendant ce tems-là [1].

— En l'an 1578, le mardy 22ᵉ avril, ma femme accoucha d'un fils, sur les six heures du matin, qui fut tenu sur les fonds de baptême par Mᵉ Bertrand Bodin, lieutenant du vicomte, Jacques Engren, mon beau père, Catherine Bougler, femme du premier mary [2], et la femme de Mᵉ Germain Baillard, eslû, et fut nommé, par ledit Engren, Jacques.

— Audit an 1578, passèrent dans ces quartiers plusieurs fois les troupes tant à cheval qu'à pied, et à chaque fois il y avoit au moins 6000 hommes, toutes ces troupes étoient levées dans le royaume, par le commandement de Mʳ d'Alençon [3] frère du Roy, pour aller en Flandres, lesdites troupes conduites par les sʳˢ de Combiellers [4], de Sernasques [5], le

---

[1] A Dieppe, en 1567, Jean de Mouy, à la tête de 1,200 hommes, avait déployé une grande rigueur contre les protestants de cette ville. *Histoire de la Réformation*, etc. I, *passim*.

[2] Ces mots sont dépourvus de sens. Ils nous semblent remplacer ceux de « Procureur Marois », qui vont venir plus loin, p. 29. L'autre marraine fut Magdeleine Garin. — Le baptême eut lieu à St-Jacques, le 23 avril. Communication de M. Lefebvre, avoué à Neufchâtel, d'après les Registres de cette paroisse.

[3] S'il avait quitté officiellement le nom de duc d'Alençon, à l'avènement de Henri III (1574), pour prendre celui de duc d'Anjou, que son frère avait porté jusque-là, on voit qu'on lui donnait encore son ancien titre. Appelé par les révoltés des Pays-Bas contre l'Espagne, il leva sept mille hommes, et, malgré son frère, passa dans le Hainaut, assiégea et prit Binck, le 6 septembre 1578. Pendant trois ou quatre ans, il secourut les révoltés, et fut proclamé et couronné duc de Brabant, dans Anvers, le 19 février 1582.

[4] « Coulombières » ou « Colombières ? » Paul de Bricqueville, baron de Colombières, fils aîné du fameux François de Bricqueville, baron de Colombières. *Dict. de Moréri*. Art. de BRIQUEVILLE, *Branche de Colombières*.

[5] « Ou Fernaques pour Fervaques ? » C. — « *Fernaques* » serait pour

Bâtard de Basqueville [1], de Chamallon [2], de Montiéraullier [3], si bien qu'en moins d'un an et demy lesdites troupes se trouverent monter à plus de 40,000 hommes, qui ruinerent tout le pays de ces environs.

— Audit an 1578, mourut à Condemières [4] le 28ᵉ janvier, Noël Miton, frère aîné de mon père.

— Audit an 1578, ma femme accoucha d'une fille, le penultième d'avril, environ une heure après midy, qui fut tenuë sur les fonds *(sic)* de baptême par Mᵉ Archambault le Bon controlleur des tailles au Neufchâtel, Jean Bougler, la baillive Marois, Catherine Engren, sœur de madite femme, et fut nommée Catherine par ladite Engren, et ce le mardy penult (iême) [5].

« Feruaques »; *u* ayant été pris pour *n*. Ce serait Guillaume de Hautemer, seigneur de Fervacques, comte de Grancey, depuis maréchal de France.

[1] « Noble homme Jacques Martel, bastard de Basqueville, » comme il se qualifie fièrement lui-même. » *Essai historique sur les Martel de Basqueville*, etc., par M. A. Hellot, 181. L'auteur le croit fils de Jacques Martel, qui fit souche de bâtard.

[2] « Il y a bien « Chamallon » peut-être pour « Chanvalon. » C.

[3] Le seigneur de Montérollier, canton de S. Saens, était alors « François de Peverel, seigneur de Montiraulier, époux de Françoise de Monchy. » *Dict. de Moréri*. — Un an après, Jean de Pevrel prêtait, le 7 octobre 1579, foi et hommage à Henri III, pour la seigneurie de Montérollier « à luy advenue, escheue et apartenant par le trespas et succession de feu François de Pevrel, son père. » Archives nationales, cité par M. Leroy, *Histoire de la commune de Montérollier*, 146.

[4] Ne peut être que pour « Londinières, » bourg de l'arrondᵗ de Neufchâtel.

[5] L'intervalle de huit jours (22 avril. Voir plus haut, p. 24, et 29 avril), qui sépare la naissance de ces deux enfants, dans un accouchement gémellaire, est un cas assez rare pour être remarqué. Cependant, aux portes de Rouen, à Croisset, en juillet 1883, une dame Vignet accouchait, à cinq jours de distance, d'une fille et d'un garçon. *Le Patriote de Normandie*, 20 juillet 1883. — C'est la seconde fois que Miton donne à l'une de ses filles le nom de baptême de « Catherine ». Voir

— Audit an 1578, durant le mois d'aoust, le Roy étant averti que le sr de la Rocheguion étoit à Roüen, par le capitaine Péricard, envoya Richelieu prévost de l'hôtel pour le saisir, d'autant que sa Majesté avoit euë avis qu'il sollicitoit la noblesse normande pour l'insurger à cause des impôts excessifs qui se levoient sur la province, ce qui ne réussit pas, à cause de l'avis qui en fut donné audit sr de la Rocheguion.

— Audit an 1578, au mois de juin, fut brûlée une chambrière des religieuses de St-Jean en ce lieu, qui avoit fait périr son enfant.

— Audit an 1578, au mois de novembre, Philippe Gallié, de la paroisse de Villy [1], pour l'assassinat par luy commis sur le chemin de Caudebec, en la personne du nommé Adam, fut pendu et étranglé.

— En l'an 1579, le 13e aoust Estienne Chauvin [2], marchand de Dieppe, le grenetier Engren, le controlleur le Roy, le procureur Marois [3], Me Antoine Picart, Vincent Mouchard, premier syndic de cette ville, furent, par arrêt de la cour des aydes de Roüen, condamnez, à sçavoir, lesdits Chauvin [4] en 900 liv. d'amende 150 liv. [5] d'intérêt envers les habitans dudit Neufchâtel, et 400 liv. pour autre intérêt du sel vendu à un prix exorbitant, et 30 liv. pour la tapisserie;

---

plus haut, p. 19. « Dans un aveu du 3 janvier 1607, figure Catherine Miton, religieuse de l'abbaye de Bival. » Communication de M. Lefebvre.

[1] Peut-être « Gallie » ou « Gallye », nom qu'on retrouve à Dieppe. Voir *Histoire de la Réformation*, etc. — Est-ce aussi *Villy-le-Bas*, arrt de Dieppe?

[2] « Le nom est surchargé; il semble qu'on a changé « Chauvin » en « Chamin. » C. — « Chauvin » est plus bas et la famille Chauvin figure dans l'*Histoire de la Réformation à Dieppe*, II, 18 et 187.

[3] Plus haut la « Bailive Marois » (p. 25). Ici il y a le « Pr (procureur) Marois. » C.

[4] « Ici Chauvin est bien écrit. » C. — *Premier* est pour *Procureur*.

[5] Les chiffres romains ont été remplacés par des chiffres arabes.

lesdits Engren et Marois eu chacun 300 liv. d'amende, et 60 liv. d'intérêt, 30 liv. pour la tapisserie ; ledit le Roy controlleur, 900 liv. d'amende, 150 liv. d'intérêt, et 30 liv. pour la tapisserie, ledit Mouchard en 400 liv. d'amende, 120 liv. d'intérêt envers lesdits habitans, et 30 liv. pour la tapisserie ; ledit Picard greffier 150 liv. d'amende, 30 liv. d'intérêt, et 15 liv. à la tapisserie de la cour [1], pour lesquelles, ils furent constitués prisonniers en la conciergerie de ladite cour des aydes, et outre condamnez aux espices dudit procès, et aux dépens desdits habitans, duquel procès furent les motifs et poursuivans, Me Pierre Vassagne, et Leconnet [2] le Clerc, lequel procès ayant été revû au grand conseil, par requête civile, instance dudit Chauvin, avoit esté par arrest donnée en la ville de S. Diez, pres Orléans [3], ledit arrest cassé pour le regard du dit Chauvin, et lesdits habitans condamnés à la restitution desdites amendes et deniers, et condamnés à ses dépens, néanmoins que lesdits Vassagne, et le Clerc eussent reçu tous lesdits intérêts et dépens, desdits Chauvin, Engren, le Roy, Marois, Mouchard et Picard, et dont néantmoins du depuis les héritiers desdits Vassagne, et le Clerc avoient intenté action contre lesdits habitans, pour leur être fait raison des deniers par eux frayez [4] à la poursuite dudit procès et ce en la cour des aydes qui est encore indécis, dont j'ay laissé mémoire parmy mes papiers pour empêcher les poursuites, et que tant s'en faut, sont condamnables à rendre compte de tous lesdits deniers qu'ils ont reçus des dessusdit, vû comme dit est que lesdits habitans n'ont jamais

---

[1] Ces amendes étaient infligées, suivant l'habitude, pour la décoration de la Cour des Aides.

[2] Il l'appellera bientôt : « Leonnet, » diminutif de Léon, p. 34.

[3] Saint-Dyé-sur-Loire (Loir-et-Cher.)

[4] « Frayer », vieux mot qui signifiait : « Fournir aux frais et à la dépense de quelque chose. » Le simple a disparu, mais le composé « défrayer » subsiste encore.

rien reçu, et néantmoins avoient payé et restitué audit Chauvin lesdites amendes et interests que ledit Vassagne avoit reçûs de luy.

— *Nota* [1]. Que feu Mᵉ Isaac Vassagne, depuis le décedsdudit Mᵉ Pierre Vassagne, son père, a reçû de Mᵉ Antoine Picard, d'Aumalle, fils et héritier dudit Mᵉ Antoine Picard, la somme à quoy se montoit l'interêt pour ladite condamnation et en avoit composé avec luy, lesdits interêts ont été reçus par ledit Mᵉ Pierre, tant desdits Chauvin, le Roy, Engren, Marois, que dudit Mouchard, ce qui est à noter, afin qu'il ne tienne compte que des dépens, chacun pour sa part, en cas que leurs héritiers voulussent remuer le procès qui est pendant en la cour des aydes.

— Audit an 1579, Mʳᵉ Antoine de Mascarel [2] chevalier de l'ordre, baron d'Hermanville, prit possession du gouvernement de la ville du Neufchâtel, vacant par le décedsdu sʳ du Quesnel.

— En l'an 1580, le 8ᵉ avril, dernière feste de Pâques [3], environ sur les six heures après midy, il se fit un grand tremblement de terre qui dura fort peu, et qui étonna fort le peuple de cette ville du Neufchâtel, qui eut recours aux prières, chacun alla prier Dieu dans sa paroisse, le lendemain il se fit une procession générale où le Sᵗ-Sacrement fut porté,

---

[1] Ce paragraphe était renvoyé à la page suivante, dans la copie, mais il a été placé ici, comme étant la suite nécessaire du précédent.

[2] Antoine II de Masquarel ou plutôt de Masquerel, baron du Boscgeffroy, seigneur de Bailleul, etc. Hermanville est dans l'arrondᵗ de Dieppe.

[3] Le mardi de Pâques, troisième jour de cette fête. — En 1580, Pâques tombant le 3 avril, ce serait le 5 et non le 8. On a le : « Discours merveilleux et effroyable du grand tremblement de terre advenu ès villes de Rouen, Beauvais, Pontoise, Mantes, Poissy, Saint-Germain en Laye, Calais et autres environs de ce royaume. » Paris, J. Coquerel, 1580. Brochure in-8º.

et ensuite la prédication par le frère Michel Michel [1], Augustin.

— Audit an 1580, le 7e avril, ma femme accoucha sur les 8 heures du matin d'une fille, qui fut tenuë sur les fonds de baptême par le s^r de Creny de Vailly en Champagne [2], et par Me Jacques Besoche, receveur des tailles audit Neufchâtel, par la fille du s^r de Neuville-Ferrières, à présent femme du s^r de Beromesnil [3], et par la femme du lieutenant Bourgoise, et fut nommée Anne, par ladite Anne Douller [4].

— En l'an 1579, le 20e octobre, Pierre Bougler, s^r du Cazier, mourut âgé de 68 ans.

— En 1580, le 13e avril, Me Adrien Bridou, naguères vicomte, décéda, étant de la nouvelle opinion.

— Il convient icy noter, que par la paix concluë par le Roy, avec les huguenots, en l'an 1570 [5], les officiers qui avoient été privés de leurs offices, étant rentrés en l'exercice d'icelles, au même instant avoient résigné iceux offices, à sçavoir Me Nicolas Bourgoise de son état de lieutenant à Me Christofle Bougler, Me Adrien Bridou, de son office de vicomte, à Me François Avisse, Me Jacques du Mesnil, à Me Antoine Marois, son état de procureur du Roy, Me Jean Tricotté son état de grenetier à Me Jean Lasnier, et pour les autres s'étoient rendus catholiques.

— Convient aussi noter, que avant à la place du château

---

[1] Le second « Michel » paraît inutile.

[2] Jean de Crény, seigneur de Bailly-en-Campagne, hameau de la commune de Fresnoy-Folny, cant. de Londinières. Une cloche de ce hameau portait : « Louis de Crény, seigneur de Bailly-en-Campagne. » *Les Cloches du pays de Bray*, par M. Dergny, I, 209.

[3] Baromesnil ou Bermesnil ?

[4] « Ou Doublet. » C. — La fille de Doullé, sieur de Neuville-Ferrières.

[5] La paix de Saint-Germain conclue le 8 août 1570. — Voir plus haut, p. 21.

de ce lieu [1], une maison royale bâtie de bois à trois étages, où il y avoit neuf à dix chambres en haut, une salle, four et cuisines et offices fort commodes pour la maison, et faute de couverture et d'entretien, étoit tombée en décadence et ruinée, et avoient été les matériaux vendus et aprofités au profit du Roy, par les trésoriers de France de Roüen jusques à 750 l. liv. Il y avoit aussi une belle chapelle fondée en l'honneur de St-Louis [2], où il se célébroit jadis, chaque semaine, trois messes, et à présent rien, d'autant qu'il n'en est passé à la chambre, par an que 24 liv. [3], et a été depuis ladite chapelle démolie avec les murailles dudit château [4], laquelle venduë de bois s'est faite en ladite année 1580 [5].

— Audit an 1580, le 19e avril exécution fut faite de Jean le Long Daubin [6], qui eut le poing coupé, et par après pendu et estranglé à Roüen, convaincu d'avoir assassiné le sr d'Arcelaine, près de Beaucamp le jeune [7].

— Audit an 1580, durant le mois de juillet, le sr de

---

[1] Le mot « était » a été omis, et il est nécessaire. — Dans son *Histoire de Neufchatel-en-Bray* (manuscrite), Dom Bodin réfute l'erreur que D. Toussaint Duplessis avait commise sur ce passage, écrit par Miton, après la destruction du château et des divers bâtiments qu'il renfermait.

[2] Cette chapelle n'est mentionnée ni par T. Duplessis, ni ailleurs. — Dédiée à S. Louis, elle était contemporaine de la maison, ou bâtiment intérieur.

[3] « Le texte est exactement copié. » C. — Mais que veut-il dire ?

[4] La démolition des murailles du château, eut lieu, par deux fois, en 1595, et en 1615. Voir plus loin, p. 134.

[5] La vente des matériaux provenant des bâtiments construits à l'intérieur du château.

[6] « Daubin » pour « d'Aubin », nom d'une ancienne commune de l'arrt de Rouen ?

[7] En Picardie, sur la rive droite de la Bresle, entre Aumale et Senarpont.

Hocourt [1] étant au siège mis devant Lafere, en Picardie, fut tué d'une arquebusade étant aux tranchées.

— Audit an 1580, le 17e septembre, Pierre Petit Bourgeois de ce lieu, pour exécution des reniemens, et blasphêmes exécrables du nom de Dieu, par jugement donné en ce lieu, fit amende honorable au prétoire [2] de ce lieu, et devant le portail de l'église de N. D., nud de pieds et de teste, tenant une torche ardente en ses mains, criant mercy à Dieu, au Roy et à la Justice.

— Audit an 1580, le 11e novembre Me Vincent de Fry qui avoit été le passé seigneur, mourut étant demeuré redevable de beaucoup de deniers pour les affaires de la ville, et du revenu de St-Jean [3], dont il avoit eu longtems le maniement.

— Audit an 1580, au commencement de décembre, la Chambre des comptes de Normandie fut établie à Roüen [4], et tinrent leur bureau à St Lô [5].

— Au mois de janvier 1581, Messire François de Pimont deceda en son château de Bailly en Rivière [6].

---

[1] François de Mailly, seigneur d'Haucourt, canton de Forges, près de Gaillefontaine. Il était dans l'armée du maréchal Matignon, pour reprendre La Fère, dont le prince de Condé, chef des protestants, s'était emparé par surprise, en novembre 1579.

[2] Au « prétoire », parce que l'ancien siège de la justice avait été détruit.

[3] La maladrerie de Saint-Jean. Il a été déjà question de sa mauvaise administration. Voir, plus haut, p. 6.

[4] La chambre des comptes, établie à Rouen, en 1380, supprimée par François I, en 1543, avait été « rétablie » par l'édit de Henri III, donné à Saint-Maur-les-Fossés, en juillet 1580.

[5] Elle se tint dans le logis prieural de Saint-Lô, de 1580 à 1591, époque où elle fut transférée dans la rue des Carmes.

[6] Il avait été gouverneur de la ville de Neufchâtel, en 1567. Voir plus haut, p. 10. — Bailly-en-Rivière, arrondt de Dieppe. La majeure partie du château, propriété de M. Feuilloy, existe encore.

— Au mois de septembre 1580, Richard Tardieu, s^r de Mouchy[1] deceda à Eu.

— Les lundy et mardy gras de ladite année 1581[2], fut joüée la tragédie de Romer et Jalliette[3] au château du dit lieu, et ce par Me Robert Hallin, Louis Cosset (Collet?), Jacques Miton, Jean Vassagne dit Varengo, Archambault le Bon, Jacques Lasnier, Abel Cognain, Nicolas Cossard, Pierre le Carpentier, et Daniel de Monpelet[4] et Vincent de Louvault, laquelle fut représentée et tenuë la plus belle qui se soit vûe de longtems, avec la musique et les instrumens, et y assista tous les deux jours, plus de trois mille personnes, chacun étant libre d'y entrer et de sortir; y joüa aussi Me Louis Collet[5] fort bravement.

— Fondation à Eu, par le s^r duc de Guise, audit an 1581, d'un collège de jésuites[6], au lieu appelé L'hôpital le Nor-

[1] Mouchy, aujourd'hui Mouchy-le-Preux, hameau de Campneuseville, arr. de N.

[2] Les 7 et 8 février.

[3] Voilà comment le premier copiste lisait les noms propres. Il s'agit de « Roméo et Juliette », tragédie de Côme de la Gambe dit Châteauvieux, valet de chambre de Henri III et du duc de Nemours. Il l'avait tirée des *Nouvelles* du conteur italien, Mathieu Bandello, devançant Shakspeare, qui traita le même sujet, en 1595. « Le dit lieu » est « Neufchâtel », et non « Eu », dont le château ne fut construit qu'en 1583. Voir plus loin, p. 45.

[4] « Montpellé ». Cette famille possédait la terre de Martigny, et un « David de Montpellé était maire de la ville d'Eu, en 1554 ». M. Dergny, *Les Cloches du Pays de Bray*, I, 69. — Voir aussi *La Réformation à Dieppe.*, etc. par M. Lesens, 141 et 248.

[5] « Louis Collet » a l'air d'être le même que « Louis Cosset », ci-dessus.

[6] « Par un acte passé avec le père Claude-Mathieu, provincial de la compagnie en France, le mardi 9 janvier 1582 (nouveau style), le duc (Henri de Guise, le Balafré) et Catherine de Clèves, son épouse, fondèrent et dotèrent le collège d'Eu qui devait être confié à la direction de vingt-cinq pères de la compagnie. » *Histoire des comtes d'Eu*, par L. Estancelin, 436. — Il le fit pour combattre les progrès du protestantisme, dont les adhérents avaient été expulsés d'Eu, et récompenser le P. Ma-

mand, auquel étoit deux ou trois religieuses qui en sortirent, et leur fut bâty par ledit duc les bastimens qui s'y voyent à présent [1].

— Le 28e mars [2], audit an 1581, jour de Pâques, survint un vent si horrible et impetueux, que plusieurs châteaux, temples et bâtimens furent ruinez et abatus, et plusieurs arbres arrachés, ce qui étonna fort le peuple pendant sept à huit heures que ce vent dura [3].

— Audit an 1581, mourut Jean Marqués, teinturier, et icy convient noter qu'en ladite année, fut vitrée et pavée la nef de l'église N. D. de ce lieu, ainsi qu'elle se voit à présent, laquelle nef auroit été bâtie et édifiée comme il est cy devant dit dès l'an 1556 [4].

— Audit an 1581, le 27 mars, Me Toussaint Tibout, docteur en théologie, abjura publiquement en la chaire de St-Oüen, l'hérésie de Calvin qu'il avoit prêchée et enseignée longtems en Gascogne [5].

— Audit an 1581, le 9e avril, ma femme accoucha d'un fils qui fut tenu sur les fonds de baptême par Me Guillaume

---

thieu, que la Ligue avait dépêché vers lui, quand il vint à Eu, pour la première fois, en 1578. Id., *Ibid.*, 138. — Veuve du prince Porcien, le 15 mars 1567, elle s'était remariée au duc de Guise.

[1] « Il paraît que tous les bâtiments (du collège) qui existent aujourd'hui furent édifiés à cette époque. » Id., *Ibid.*, 437. Il faut excepter la chapelle bâtie, de 1622 à 1624, par la même Catherine de Clèves.

[2] Encore une mauvaise lecture, car, en 1581, Pâques tombait le 26 mars.

[3] « Le jour de Pâques (26 mars), les vents soufflèrent avec violence, et causèrent de nombreux désastres à Rouen et dans les environs. » *Histoire de la ville de Rouen*, par Nicétas Periaux, 332.

[4] Page 8, mais avec la date de 1554-1559.

[5] « L'an 1581, le 3e jour de mars, M. le Cardinal de Bourbon, archevêque de Rouen, en son église de Notre-Dame, en présence de son clergé, du Parlement et de plusieurs gentilshommes, reçut l'abjuration d'hérésie que fit publiquement M. Toussaint Tiboult, docteur en théo-

de Mussy, sr d'Aulage [1], Richard Miton, fils aîné du receveur Miton d'Eu, mon cousin, et par la femme du grenetier Miton, aussi mon cousin, et fut nommé Guillaume par ledit de Mussy.

— Le 7e may audit an 1581, Leonnet le Cleco [2] étant à Paris contre Estienne Chauvin, de Dieppe, mourut [3].

— En ladite année 1581, durant les mois de may et de juin, passerent par ces quartiers les régiments de Chamois et de la Rochepot, et de Rambouillet, qui revinrent tous [4].

— Nôces de Jean le Heurteur, fils de Jean, et de Jeanne

logie de la faculté de Paris. » *Chronique de Dieppe*, par l'abbé Guibert.

« Tiboult, autrefois ministre de l'esglise de Dieppe, où il auoit aporté beaucoup de mal, comme il a esté dit cy deuant, continua toujours depuis de brouiller et troubler les esglises, jusques à ce que par ses mauuais comportemens il fut suspendu des sacremens et de sa charge au colocque de la classe de Caux, en l'an 1580. Enfin ayant leué le masque, il retourna à son vomissement et se reuolta en mars 1581, et prescha le jour de Pasques, le 26 dudit mois, à Rouen, la première fois après sa reuolte ; jour signalé par vne effroyable tempeste qui abattit plusieurs edifisses, et entr'autre une muraille à St Remy ; apres quoy estant reuenu à Dieppe, il ne suruequit que jusques au mois de décembre suiuant. » *Histoire de la Réformation à Dieppe*, etc. I, 124-125. — Miton place cette prédication, le 27 mars, le lendemain de Pâques. — Tiboult, appelé Giboult par Desmarquets, était de Criel près Dieppe.

[1] Aujourd'hui hameau dépendant de Mesnières.

[2] « Probablement erreur de copie pour Le Clerc. » C. — Plus haut, p. 27, il y a : « Leconnet Leclerc ». Il faut lire ici, et plus haut : « Leonnet Leclerc. »

[3] « Il s'agit du procès dont il était appelant auprès du Grand Conseil, et qu'il gagna. Voir, plus haut, p. 27.

[4] Ces troupes se rendaient à l'armée du duc d'Alençon, qui devait marcher sur Cambrai, assiégé par le duc de Parme. Il entra dans cette ville, le 18 août, prit quelques autres places dans le même mois. Au lieu de « qui revinrent tous », Dom Bodin a lu : « qui ruinèrent tout. » Cette lecture doit être la bonne, car les mêmes mots se retrouvent plus haut, p. 25.

Mallet, fille du receveur Mallet d'Aumalle, le 7e aoust audit an 1581.

— Nôces de Jacques de Boullainvillez, sr de Forges [1], avec la fille puinée du sr de Neufville Ferrière, le 7e d'aoust, audit an 1581.

— Déceds d'Anne de Camonville [2], abesse de Vinal *(sic)* [3], le 17e d'aoust, audit an 1581.

— Déceds de Me Antoine Guellard, controlleur des tailles du Neufchâtel, étant à Roüen, le dimanche 5e septembre audit an 1581.

— Trépas de Me Antoine Miton mon père, âgé de 67 ans, lieutenant des eaux et forêts du Neufchâtel, qu'il avoit exercé trente ans et plus, et commandé en cette ville comme lieutenant qu'il avoit été des srs de Pimont, du Quesnel, et d'Hermanville, gouverneurs successivement de ladite ville, et est enterré en l'église de St-Jacques dudit lieu, et qui arriva le jeudy 5e jour d'octobre, sur les dix heures et demie du soir, en l'an 1581, et succeday audit état de lieutenant des forêts, à raison de la supression qui s'étoit ensuivie l'année précédente des élections érigées en l'an 1572, à la requeste des états de Normandie [4], et que j'étois privé de l'exercice de

[1] Ce titre est donné bien gratuitement à François de Boulainvilliers, en 1560, et à Louis de Boulainvilliers, en 1575, ailleurs que dans l'ouvrage de M. Dergny, II, p. 345 et 146 ; car Forges, franc-alleu, ne reconnaissait point de supérieur en féodalité. — Le père est Antoine Doullé.

[2] Il faut lire « Aimée de Canonville ». — « Amata de Canonville », dans la *Gallia Christiana*.

[3] Bival, aujourd'hui hameau de Nesles-en-Bray, était sur le territoire de Neuville-Ferrières, avant la révolution, comme le dit T. Duplessis. Il y avait une ancienne abbaye de femmes, de l'ordre de Citeaux. Il n'en reste plus que quelques bâtiments et les murs dans une ferme appelée Bival.

[4] Les Etats de Normandie demanderont encore la suppression des Elections, en trop grand nombre, en 1595 et 1598. Voir les *Càhiers des Etats de Normandie sous Henri IV*, par M. Ch. de Beaurepaire, I, 78 et 110.

l'estat d'eslû en cette élection par le moyen de ladite suppression, lequel état de lieutenant des forêts je resignay à Charles de Diville du Mont d'Aulage¹, deux ans après.

— Décèds de la damoiselle veuve du sʳ de Trefforêt, en ce lieu, âgé de 78 ans, le 20ᵉ octobre 1581.

— Le 4ᵉ octobre audit an 1581, la veuve du contrôleur Darendel² décéda, âgée de 84 ans.

— Audit an 1581, le 7ᵉ décembre, Marion le Brumen, femme d'Alexis Rivier, décéda en ce lieu.

— Décèds de Marie Hérichon d'Oysemont, première femme de Mᵉ Jérôme le Roy, le 15ᵉ novembre 1581, lesquels s'étoient mariez le 10ᵉ juillet précédent.

— Décèds de noble seigneur François de Boullainvilliers, sʳ de Sᵗ-Serre, et de Besencourt ³, étant de la nouvelle opinion, le dimanche 7ᵉ de janvier 1582.

— Nôces de Mᵉ Jacques Besoche, receveur des tailles de cette élection du Neufchâtel, avec Louise le Grand, veuve de Mᵉ Pierre le Carpentier, avocat du Roy, lesquelles furent célébrées le mardy 20ᵉ de février 1582.

— Trépas de Mᵉ Christofle Dumesnil, sʳ de Berville, en son Manoir de la Haine ⁴, âgé de 70 ans ou environ, le samedy 24ᵉ mars 1582.

— Décèds de Jean Marginet, teinturier, âgé de 88 ans, le 21ᵉ avril, audit an 1582.

— Le 24ᵉ juin audit an 1582, jour du Sᵗ-Sacrement, environ sur les onze heures du matin, ma femme accoucha

---

1 Hameau dépendant de la commune de Saint-Martin-l'Ortier.

2 On cite un « Mathias d'Arundel, » nommé aussi « d'Arendel », seigneur de Guémicourt, vers 1623. M. Dergny, *Ibid.*; II, 118.

3 Saint-Saire et Bezancourt, arrᵗ de Neufchâtel. François de Boulainvilliers avait épousé Charlotte de Mouchy, d'après Moréri.

4 Le mot est difficile à lire. Il peut y avoir « Hanie ». C. Est-ce « La Haie » ou « La Haye », nom commun à plusieurs localités de la Haute-Normandie ?

d'un fils, qui fut tenu sur les fonds de baptême par M⁰ Nicolas Larcher, conseiller en la cour des aydes à Roüen¹, Louis Engren dudit Roüen, et la femme du sʳ de Mussy² et d'Aulage, et fut nommé, par ledit conseiller, Nicolas.

— En l'année 1581, la nef de N. D. de ce lieu étant achevée, et la tour et bien couverts, les paroissiens de cette église la firent paver et vitrer, comme on la voit à présent, puis furent rompus les séparations et entredeux, et l'orgue placé près les cloches, et tiré du chœur de ladite église ³.

— Sur la fin de juin, audit an 1582, fut fustigée et foüettée, par trois jours de marché, en ce lieu une chambrière qui fut trouvée avoir jetté près le Gaillon ⁴ son enfant mort le long d'une haye.

— Audit an 1582, le penultième de juillet, Mᵉ Isaac Vassagne, fils de Mᵉ Pierre, épousa une fille de Roüen, nièce du sʳ Cocheret ⁵, conseiller aux requêtes.

— En l'an 1578, fut érigé en chacune élection, un président, où Mᵉ Jerôme le Roy se fit pourvoir, qui ne put être reçû ny à la cour des aydes, ny par les trésoriers, et joüit seulement de la chaire, jusqu'à ce qu'il en fut privé par la suppression de ladite élection d'autant que ledit le Roy s'étoit fait recevoir par un maître des requestes.

— Les Etats généraux tenus à Blois, en l'an 1578 ⁶, fut

---

¹ Nommé en 1570.

² Voir plus haut, p. 34, note 1.

³ Détails nouveaux sur l'état ancien de N.-D. de Neufchâtel. — Voir plus haut, p. 8 et 33.

⁴ Dans la commune de Quiévrecourt, tout près des Pénitents et de Neufchâtel. Il en a été déjà question, p. 4.

⁵ Jean Le Prévost, sieur de Cocherel, nommé conseiller au Parlement de Rouen, en 1568. — Le premier copiste a souvent pris des *l* pour des *t*.

⁶ L'ouverture des premiers Etats-Généraux de Blois est du 6 décembre 1576 et non 1578.

trouvé qu'il n'y avoit en France que 27400 paroisses, comprenant la plus grande ville pour une paroisse.

— Le 14e aoust audit an 1582, environ l'heure de midy, l'on vit au ciel une estoille fort grande, et un croissant qui paroissoient n'être qu'à deux pieds l'un de l'autre: tout le monde en fut surpris, parce qu'il étoit nouvelle lune pour lors, et cela dura environ un quart d'heure.

— Edit du Roy, publié au mois d'aoust de ladite année 1582, par lequel pour éviter au mal qui arrive à cause de la vénalité des offices, à l'avenir vacation avenant, il seroit pourvû d'hommes capables qui seroient élûs par les trois états, en chacune vicomté royale, et leur seroient, à cette fin, mis en leurs mains les provisions à ce requis, sans payer aucune finance.

— Audit an 1582, depuis le commencement du mois de juin, jusqu'à la fin de décembre ensuivant, la peste travailla infiniment la France; en plusieurs endroits, elle fut presque universelle [1].

— Audit an 1582, le 3e octobre, décéda Me Robert Grelain, prêtre chapelain au temple de St-Jacques du Neufchâtel, âgé de 90 ans.

— Nôces d'Adrian Bridou, sr de la Houperie [2], fils du feu vicomte Bridou, avec Madeleine Soier de Dieppe [3], en la presche de Palcheul [4], le 10e septembre audit an 1582.

[1] Le 28 juillet et le 4 août de cette année, le Parlement de Rouen rendait des arrêts « pour obvier à l'inconvénient de la peste. »

[2] Hameau de Neuville-Ferrières, à 2 kilom. S.-E. de Neufchâtel.

[3] Elle était fille d'Adrien Soyer, sr d'Intraville, neveu du premier président Claude Groulart qui lui fera obtenir le poste important de lieutenant-général du bailif de Caux, qu'il occupait en 1607. Voir *La Réformation à Dieppe*, I, pages 173 et 254.

[4] Le fief de Pallecheulle ou Pallecheux dépendait de Martin-Eglise, arrt de Dieppe. « L'esglise de Dieppe rappela les sieurs Cartault et Paris, ses pasteurs, et retablit l'exercice sous l'autorité de Robert de Rocquigny, escuier, sieur de Pallecheul, viron à vne lieuë de Dieppe, le 1er de

—· Déceds de Messire André de Bourbon, chevalier de l'ordre du Roy, sr de Rubempré, âgé de 70 ans, au mois de juin 1580[1].

— En l'an 1582, le 28e septembre, un jeune homme de Chartres, fils du procureur du Roy, faisant sa demeure en la maison de Me Jean le Bailly, président en la chambre des comptes à Paris, abusa de la fille dudit président, et contracta mariage avec elle, ce qu'étant découvert, et qu'il couchoit secretement avec elle, fut saisi et procédé extraordinairement contre eux par le parlement, à sçavoir, ledit clerc à être pendu et étranglé en la grève, et ladite fille à être voilée et enfermée durant sa vie au monastere de Montmartre, pour l'exécution duquel arrêt, fut ledit clerc, ledit jour et an, conduit par l'exécuteur en ladite place dedans un tombereau, où étant monté à l'eschelle, et sur le point d'être jetté, les escoliers, et une bonne partie des habitans qui étoient là présens, entendant le sujet de la condamnation dudit clerc, fut rescoüé[2] par eux et sauvé, et le prévost Tanchon qui y

decembre 1577, auquel fut donné de grands empeschements par les officiers de la vicomté d'Arques, pensant que le fief de Pallecheul ne fust plus de haubert..... Le 19e d'auril en suiuant, ledit sieur ayant obtenu arrest en sa faueur, et tout empeschement estant leué, l'exercice s'y fit publiquement et librement pour tous venans..... Il s'y fit depuis l'edit de 1577 jusques à celui de 1585. » *La Réformation à Dieppe,* etc. 123 et 144. — M. l'abbé Decorde a mal interprété ce passage, quand il a dit que « Palecheul avait en 1582, un prêche à Neufchâtel. » *Essai sur le canton de Neufchâtel,* p. 31. Miton a parlé d'un lieu et non d'une personne et pas du tout de Neufchâtel, qui n'aura un prêche qu'en 1590. V. p. 72.

[1] « Fils de Jacques, bâtard de Vendosme et de Jeanne de Rubempré (Somme), fut capitaine de cinquante hommes d'armes, gouverneur d'Abbeville et capitaine de Beauquesne, en 1547. Il se trouva aux batailles de Cerizolles et de S. Quentin, où il porta la cornette blanche. » De Limiers, *Histoire généalogique de France,* 184. Il ajoute : « Il mourut après 1576. » Miton donne la date exacte.

[2] Plus ordinairement : « rescous » ou « recous », participe de « rescourer », venant de « recousse » ou « rescousse » : « Action par laquelle

estoit avec ses archers, contraints de se retirer hors de la presse.

— Faut icy noter que suivant les mémoires tombés en mes mains, fut la ville du Neufchâtel prise d'assaut le 24ᵉ septembre 1449, par Charles d'Artois, comte d'Eu, et le comte de Sᵗ-Paul [1], et quinze jours après le château de Hicourt [2], par composition, et toutes les deux fois brûlée et arsée entièrement [3].

Fut aussi ladite ville, continuant la guerre contre la France, reprise d'assaut par le duc de Bourgogne, en l'an 1472 [4], et brûlée et arsée du règne de Louis XI en

on rattrape, ou reprend ce qui avoit été enlevé, où l'on sauve une partie de ce qui étoit en danger de se perdre. » *Dict. de Trévoux*. — En 1559 et en 1560, Protestants et Catholiques avaient déjà sauvé, à Rouen, quelques-uns des leurs par la *rescousse*. Voir M. Floquet, *Hist. du Parlement*, II, 285, 339, etc.

[1] Louis de Luxembourg, comte de Saint-Pol, décapité plus tard sous Louis XI, 1475, et qui aida puissamment Charles VII pour recouvrer la Normandie sur les Anglais. Cette prise de Neufchâtel sur les Anglais est antérieure d'un mois à l'entrée de Charles VII dans Rouen, le 26 octobre 1449.

[2] Pour « Nicourt, » que le P. Daniel, relatant le même fait, appelle « Neufchâtel d'Elicourt. » La prise du château serait donc du 11 octobre 1449.

[3] « Entièrement brûlée » se conçoit, après la prise d'assaut de la ville et du château ensuite, ce qui aura nécessité un double siège, et deux incendies successifs, d'où la ruine totale de Neufchâtel. Mais « toutes les deux fois entièrement » ne se comprend guère.

[4] Charles-le-Téméraire venait de lever le siège de Beauvais, le 22 juillet. — Quand Sᵗ-Valery et Eu lui eurent été rendus, incapables de se défendre, il songea à Neufchâtel, dans le courant du mois d'août. « Et illec depuis y séjourna bien grant pièce sans riens conquerir, sinon le Neufchastel de Nicourt où ils se bouterent, pour ce que dedens ny trouuerent aucun qui leur contredist, et y furent par l'espace de trois iours, puis s'en alerent, et au partir y bouterent le feu et brulerent la ville et chastel, qui fust un moult grant et piteux dommaige, car c'estoit vne moult belle ville de guerre et grande. » *Les Chroniques du Roy*

France, après avoir[1] fait par ledit duc la même chose aux villes de S*t*-Vallery sur Somme, Eu, Dieppe, Auffay, Cailly et autres villes et châteaux du pays de Caux[2].

— Décèds de M*e* Louis de la Vespiere[3], curé de N. D. de ce lieu, le 20*e* octobre 1582, âgé de 76 ans.

— En l'an 1580, les habitans de Blangis *(sic)* prétendant empêcher le logement des gens de guerre qui paroissoient[4] d'ordinaire par leur bourg, assistés de la dame de Guise, comtesse d'Eu[5], il leur fut permis de se clore de murailles, comme il se voit à présent[6].

— Au mois de juillet, audit an 1582, les Nonnains de ce lieu la donation à elles faite par le Roy du revenu de la maladrerie de S*t*-Jean de cette ville du Neufchâtel, leur fut

---

Louis XI, par Jean de Troyes. Neufchâtel fut donc livré et non pris d'assaut, en 1472.

[1] « Il semble qu'il faudroit « avoir [été] fait. » C.

[2] « Et en apres fist mettre et bouter ledit Bourguignon le feu à Longueville, au Faley (Auffay de *Fagus*), et aultres plusieurs lieux et villaiges du Bailliage de Caulx, que pour tout son vaillant n'eust sceu reparer. Et plus ne aultre vaillance ne fist que de bouter les dits feux depuis son partement de ses pays jusques au premier Decembre 1472. » Jean de Troyes, *Ibid.* — Il échoua devant Dieppe, Arques et Rouen, et rebroussa vers Abbeville. Parmi les « autres villes et châteaux du pays de Caux » qu'il assiégea, pilla ou brûla, il faut citer Gaillefontaine, Haucourt, Gamaches, Blangy, Bellencombre et le château de Torcy.

[3] Pour « La Vessière ; » voir, plus haut, p. 11.

[4] « Il y a bien « paroissoient, » il semble qu'il faudroit « passoient. » C. — Il faut aussi lire « Blangy. »

[5] Catherine de Clèves, épouse de Henri de Guise le Balafré, voir plus haut, p. 32. Elle lui avait apporté le comté d'Eu en dot.

[6] Blangy, détruit de fond en comble par Charles-le-Téméraire, en 1472, comme on vient de le voir, n'avait pas relevé ses anciennes fortifications. La description s'en trouve, sous cette date, dans l'*Histoire de la ville de Blangy-sur-Bresle*, par M. De Lérue, 18 et 19.

accordée entièrement, par arrêt du parlement [1], faute par lesdits habitans d'avoir rendu compte de la gestion et memement dudit revenu [2].

— Faut icy noter en passant qu'en 1581 [3] le siège étant devant la ville de Roüen, que Montgomery tenoit contre le Roy, Edme de Mailly, sr de Hocourt, ayant le commandement de 300 hommes à pied, fut tué en un assaut qui se donna au fauxbourg Ste-Catherine [4], et la ville fut prise d'assaut la veille de la Toussaint [5].

— Le 2e octobre 1564 *(sic)*, Charles Bodin sr de Blangies [6], épousa Jacqueline Baudin, en ce lieu du Neufchâtel.

---

[1] « Il y avait, près de Neufchastel, au faubourg de la Porte des Fontaines, anciennement dite la Porte de la Chaussée, une Maladrerie sous le nom de S.-Jean Baptiste, laquelle après avoir été desservie sur la fin du xiiie siècle par un Maître, par des Frères, et par des Sœurs, et avoir acquis ensuite le droit de Paroisse, n'étoit plus, vers l'an 1550, qu'un benefice simple à la présentation des habitants. Le roi Charles IX la donna aux Cordelières..... par lettres patentes du 13 août 1563. » D. T. Duplessis, *Ibid.*, I, 150.

[2] « En vain les habitants s'y opposèrent : les religieuses obtinrent contre eux au mois de juillet 1582 un Arrêt du Parlement. » Id. *Ibid.* — Le motif a déjà été signalé, pages 6 et 7.

[3] Il faut lire 1561, vieux style, c'est-à-dire 1562, nouveau style. Charles IX y vint en personne, le 18 septembre. « Monsieur d'Aumale l'auoit assiegee quelque temps auparauant accompagné de monsieur de Villebon bailly de Rouen, le seigneur de Clere, le seigneur d'Allaigre, d'Auzebosc, de Haucourt. » *Chronique de Nagerel.* — « Lesquels s'estoient campez pres le fort Sainte Catherine, au mont de Rouen, le jour du S. Sacrement au dit an. » Id. *Ibid.* Ce fut le 28 mai 1562.

[4] « De rechef est venu ledit seigneur (d'Aumale), le 29 de Iuing auec vnze grosses pieces d'artillerie, batre le dit fort..... et y eut plusieurs vaillans capitaines tuez, entre autres le seigneur de Haucourt. » Id. *Ibid.* — Il n'y avait pas de faubourg, mais un fort Sainte Catherine, à Rouen.

[5] Rouen fut pris, par François de Guise, le 26 octobre 1562.
[6] Blargies ou Blargie.

— Le 4e novembre l'an 1582, mourut en ce lieu Marie le Clerc femme de Vincent de Fry, grenetier de ce lieu.

— Le 8e novembre audit an 1582, le sr de Sigognet [1], gouverneur de Dieppe, mourut s'étant précipité en une fondrière près de la mer, où il fut suffoqué [2].

— Audit an 1582, sur la fin du mois de décembre, publication fut faite d'un calendrier par le commandement du pape [3], par le moyen duquel furent retranchés dix jours du mois de décembre commençans du 9e au 24 [4], à cause que la révolution des astres qui se fait de VIII siècles en VIII siècles [5], étoit accomplie, et devoit commencer en l'année 1583.

[1] René de Beauxoncles, sieur de Sigognes, le premier qui ait porté, en 1564, le titre de gouverneur de Dieppe.

[2] « Sigongne venant de visiter sa nouuelle conqueste de Pouruille, qui n'est guere qu'à vn quart de lieuë de la ville de Dieppe, accompagné de quelques gentilshommes et monté sur le cheual de bataille de feu M. de Linebœuf, qu'il auoit eu de la confiscation de ses meubles, lequel quoy que deia vieux estoit neanmoins vigoureux, passant la riuière, se mit en vne fondriere et le renuersa en l'eau : le dit cheual se debattant pour s'en retirer, luy donna vn coup de pied dans l'estomac, dont estant retiré palpitant et presque déià mort, on le rapporta à Dieppe, où ayant vecu encore trois à quatre jours, enfin il expira, le 7 de nouembre 1582. » *La Réformation à Dieppe*, etc., I, 126-127. Desmarquets donne la date du 5 novembre, et Miton le 8. Les Daval, protestants ont vu, dans cette mort, « la justice de Dieu. »

[3] Des lettres patentes de Henri III, 12 novembre 1582, avaient ordonné l'observation du nouveau calendrier, d'après la réforme prescrite par le pape Grégoire XIII.

[4] « Tel est bien le texte. » C. — Tout y est faux. « Le pape Grégoire XIII a réformé le calendrier la nuit du 4 d'octobre; et le lendemain au lieu du 5. on compta le 15. du même mois de l'année 1582, en retranchant dix jours qui s'etoient glissés de trop dans la supputation ordinaire, depuis le Concile de Nicée tenu en 325. » *Dictionnaire de Trévoux*, au mot : CALENDRIER.

[5] Au lieu de VIII, nous pensons qu'il y avait IIII sur le manuscrit de Miton, altéré par son premier copiste. — Sosigène s'étant trompé d'un peu plus de 11 minutes, en fixant la durée de l'année solaire, à 365

— Décéds d'Antoinette Normand, veuve de feu Pierre Normand, que le sr de Vimont entretenoit en lubricité, arrivé le 5e janvier 1583.

— Le 15e janvier, audit an 1583, frere Edme de la Mothe, moine à l'hôpital, déceda.

— Nôces de Roger le Blond, fils aîné de Nicolas, et de Catherine Engren, fille puînée de Jacques Engren, le 14e février 1583.

— Contagion et peste violente audit Neufchâtel, en ladite année 1583, et en moururent tous ceux qui en furent surpris [1].

— Entrée magnifique du duc de Joyeuse, en la ville de Roüen, le 25e mars, audit an 1583, étant gouverneur de Normandie [2], moy étant present.

— Décéds de Joachim Ruaut [3], sr de Gamaches, en son château de Beauchene, le 12e mars 1583.

— Nôces de Jacques Miton, fils de Jean Miton, valet-de-chambre du Roy, et de la fille de Me Jean Varin, avocat, le deux may audit an 1583.

---

jours et 6 heures, « le pape Grégoire XIII ordonna que la 100e année de chaque siècle seroit sans bissexte, excepté la 100e du IVe siècle, c'est-à-dire qu'on fait un retranchement de trois jours bissextes dans dans l'espace de quatre siècles, à cause des onze minutes qui manquent aux six heures dont on compose la bissexte. » *Ibid.*

[1] La peste sévit de même, à Dieppe et à Rouen, où les malades affluaient dans les hôpitaux. On fut obligé de prendre des mesures extraordinaires, en 1583 et 1584.

[2] Anne, duc de Joyeuse, amiral de France, nommé gouverneur de Normandie par lettres patentes du 21 mars 1583, fit son entrée magnifique à Rouen, le 25 mars suivant, en remplacement du sieur de Carrouges, Tanneguy le Veneur, comte de Tillières, qui ne conserva que le gouvernement de la ville. Cette entrée a été publiée par M. C. de Beaurepaire, dans les *Miscellanées* de la SOCIÉTÉ DE L'HISTOIRE DE NORMANDIE.

[3] En 1562, on cite un « Nicolas Rouault, sieur de Gamaches. » *Hist. du protestantisme*, par M. Le Hardy, 109.

— Nôces secondes de Me Jerôme le Roy, avec une fille de Blois, le 26ᵉ avril 1583.

— Construction du château de la ville d'Eu, par le duc de Guise, en l'an 1583 [1].

— Ladite année 1583, seiche et aride, à cause de quoy on fit une procession à St-Saen, pour invoquer les prières de ce saint, afin d'avoir de la pluye; elle fut faite le 1ᵉʳ may 1583, où il se trouva grand nombre de personnes.

— Processions continuelles en ladite année 1583, par les paroisses de Saint-Saen, Saint-Martin-le-Blanc, Maucomble, Bonmesnil et Bresmontier, en la ville du Neufchâtel [2], le 11ᵉ juin 1583, à cause de la seicheresse, après lesquelles Dieu fit pleuvoir.

— Incendie et brûlement du bourg de Foucarmont, le 8ᵉ septembre audit an 1583 [3], dont le commencement prit en la maison d'un brasseur. Les mêmes jour et an, et à pareille heure, le feu prit aux bourgs de Criel et Ault [4], près d'Eu, où il y eut un grand nombre de maisons brûlées.

— Durant les mois de septembre et octobre de ladite année 1583, les peuples des frontières d'Allemagne, qui avoit reconnu deux montagnes brûler du feu du ciel,

---

[1] En 1578, le duc Henri de Guise visita le comté d'Eu, que sa femme, Catherine de Clèves, lui avait apporté en dot. « Il fut si content de la position et des habitants de la ville d'Eu, qu'il résolut d'y faire un château à la place du simple bâtiment de bois et fort commun, qui en tenait lieu. Les plans furent dressés; leur exécution commencée en 1578 par Claude Leroi, de Beauvais, fut suspendue et reprise en 1581, mais on n'acheva pas les travaux. » M. Vatout, *Château d'Eu*, p. 244. Le château actuel n'était qu'une aile du projet primitif.

[2] Toutes ces paroisses sont dans l'arrondt de Neufchâtel, avoisinant la route de Neufchâtel à Rouen. — « Bonmesnil » est pour « Boscmesnil, » à 12 kilom. S.-O. de Neufchâtel.

[3] Cet incendie n'est pas relaté dans les diverses notices sur l'arrondt de Neufchâtel.

[4] Somme, arrt d'Abbeville. On dit aujourd'hui : « Bourg d'Ault. »

s'assembla [1], par troupes, jusqu'à trois à quatre mille personnes, tant hommes, femmes et enfants, étans vêtus de linge blanc et couverts entièrement, s'étoient acheminés un cierge à la main en divers endroits en processions, chantans hymnes et cantiques à la loüange de Dieu, et vinrent jusques aux Ardennes, portant le saint Sacrement à saint Hubert, saint Nicolas en Lorraine, et ailleurs, à l'imitation desquels dans le pays qui se sentoit infiniment affligé et menacé de l'ire de Dieu, chacun se mit en devoir d'en faire autant, de sorte que les habitans de la Picardie, la Champagne, la Haute-Normandie, passèrent l'été de ladite année en processions, vêtus comme j'ay déjà dit [2].

— Décéds du s^r de Tilly [3], grand personnage, conseiller au parlement, au mois d'octobre 1583.

— Nôces de Nicolas Mouchard, drapier, fils puîné de Vincent Mouchard, et de la fille aînée de Me Jean Tricotté, étant dans le huguenotisme en 1583.

— Secondes nôces de Me Louis Collet, avocat, et de Françoise le Roy, fille puînée de Me Jean le Roy, contrôleur, le 21e novembre audit an 1583.

— Décéds de Me Emery Bigot [4], président au parlement de Roüen, le 13e octobre audit an 1583, âgé de 58 ans.

— Décéds de Jean Miton, grenetier de Mers [5], chantre et vallet-de-chambre du Roy, en sa maison à Eu, le 11e décembre 1583.

— Décéds de Me Jean de Clery, prêtre doyen et curé de N. D. du Neufchâtel, le 14e novembre 1583.

---

[1] « Il y a bien : les « peuples » et « s'assembla ». » C.

[2] « En l'an 1583, au mois de mars, le Roy institua une nouvelle confrérie qu'il fit nommer des penitents..... leurs accoutrements, étoient de blanche toile de Hollande. » *Mémoires de P^r de l'Estoile.*

[3] Robert le Roux, sieur de Tilly, nommé en 1554.

[4] Emery Bigot, sieur de Tibermesnil, nommé en 1578.

[5] Départem^t de la Somme, arr^t d'Abbeville, canton d'Ault.

— Décéds de Me Nicolas Mallot [1], bailly d'Aumalle, le 7e janvier 1584, âgé de 55 ans.

— Nôces de Gieffroy Carpentier, et de Marguerite de la Coudre, fille de feu Me Robert de la Coudre, avocat, le 23e janvier 1584.

— Le Vendredi Saint, 30e mars audit an 1584, sur les trois heures du matin, ma femme accoucha d'une fille, qui fut tenuë sur les fonds baptismaux à Saint-Jacques du Neufchâtel, par le sr de Claville, mon cousin, et par la femme de Jean le Heurteur le jeune, et Nicole Bougler, fille du lieutenant Bougler, et nommée, par ladite Nicole, Marguerite.

— Décéds de Me Pierre Beauvais, avocat en cette ville du Neufchâtel, le 18e avril 1584, âgé de 74 ans.

— Construction d'une chapelle en l'église d'Aullage [2], par Me Guillaume de Mussy, seigneur dudit lieu d'Aullage, conseiller, notaire et secrétaire du Roy en la chancelerie de Roüen, en l'an 1583 [3], laquelle fut dédiée par feu Monseigneur de Rosse *(sic)* [4], évêque suffragant de Roüen et d'Amiens, le dernier jour d'avril 1584.

— En ladite année 1584, le 21e may, lendemain de la Pentecôte, se firent des processions, tant du Neufchâtel, q[ue] des environs au bourg de Blangy, où il se trouva, selon l'opinion commune, plus de 25,000 personnes.

[1] Mallet ? Un Robert Mallet était échevin d'Aumale en 1556. *Hist. d'Aumale*, par M. Semichon, I, 77.

[2] Ancienne paroisse, à 3 kilom. N.-O. de Neufchâtel, réunie aujourd'hui à Saint-Martin-l'Ortier ou l'Hortier.

[3] Son nom ne figure pas parmi ceux que donne Farin, *Histoire de Rouen*, éditions de 1668 et 1731.

[4] Jean Lesley ramena Marie Stuart en Ecosse, en 1561, après la mort de François II, son mari, et fut nommé par elle évêque de Ross, dépendant de l'archevêché de St-André, en Ecosse. Il composa : *'Du droict et tiltre de la séréniss. princesse Marie, royne d'Ecosse, et de tr. illustre prince Iaques VI, roy d'Ecosse son fils, à la succession du royaume d'Angleterre*. Ce plaidoyer, écrit d'abord en latin et en anglais, fut publié, à Rouen. chez G. Loyselet, en 1587, et traduit en français par l'auteur, qui mourut en 1596.

— Décéds de Nicolas de la Ville, avocat en ce siege, étant à Paris, le 27ᵉ may 1584, étant de la nouvelle opinion.

— Décéds de Mᵉ Jacques de Bauquemare, premier président à Roüen, qui étoit un grand personnage, et qui prononçoit un arrêt intelligiblement, et avec une grande autorité, le 12ᵉ juin 1584 [1].

— Le mercredy, 11ᵉ juillet 1584, fut faite la procession de cette ville à Gaillefontaine, par les habitans de ce lieu étant vêtus en blanc, où il se trouva près de 2.000 personnes.

— Décéds de Thomas Brumen, hostellier de la Tête-Noire de cette ville, ayant été trouvé mort au bois du Mont-Ricard [2], où il étoit allé à la chasse; il fut enterré par la procession en blanc, au retour de Saint-Antoine [3], où il se trouva beaucoup de monde, le 22ᵉ juillet 1584.

— Nôces de Mᵉ Jean Vassagne dit Barengo [4], et de Nicole de la Coudre, fille puînée de feu Mᵉ Robert de la Coudre, avocat, le 17ᵉ septembre 1584.

— Décéds de Mᵉ Philippe le Roux, sʳ de Touffreville [5], lieutenant général au bailliage de Caux, étant en cette ville pour tenir les assises, le 29ᵉ novembre 1584, âgé de 55 ans, ou environ.

— En ladite année 1584, conformément à l'édit de création des lieutenants généraux, en chacun siege, Mᵉ Pierre de

---

[1] Il était sieur de Bourdeny, et fut remplacé, l'année suivante, par le fameux Claude Groulart. Son épitaphe, dans l'église paroissiale de S.-Lô, à Rouen, portait: « Il mourut le 28 Juin 1554. » Farin, *Hist. de Rouen* (1668), II, 83. — M. Floquet dit : « Il mourut en mai 1584. »

[2] Hameau au N.-E. de Neufchâtel, dont il dépend.

[3] Presque en face du Mont-Ricard, de l'autre côté de la route d'Aumale, autrefois ermitage, aujourd'hui ferme de St-Antoine.

[4] « Ailleurs Varengo ou Varengot. » C. — « En 1682, 5 mars, inhumation de Ch. Mitton, sieur de « Varengo », avant, bailly de la Rosière, marié à Catherine Lefebvre. » — Communication de M. Ch. Lefebvre.

[5] En 1588, Jacob Le Roux, sieur de Touffreville, entrait conseiller au Parlement de Rouen.

Fry, fils aîné de defunt Thomas de Fry [1], se fit pourvoir à l'état de lieutenant général de cette vicomté du Neufchâtel.

— Possession prise de l'état de maître particulier des forêts de Caudebec et Neufchâtel, par Claude Avisse, sr de Niantor *(sic)* [2], suivant l'édit de création dudit office, le 29e octobre 1584.

— Décéds de damoiselle Nicolle de la Mothe, veuve de feu Me Nicolas Grouchy, sr de Mathonville, avocat du Roy, le 20e novembre 1584.

— En ladite année 1584, Me Jean Calique, procureur commun au siege du Neufchâtel, étant en apparence infecté de lèpre, après avoir été visité par les médecins et chirurgiens, ils trouverent qu'il étoit lépreux; ainsi ledit Calique, sans attendre ny jugement, ny sentence, se retira à Halicourt [3], d'où étoit sa femme, et y mourut quelque tems après.

— 1585. Recherche faite des financiers, par le nommé Maillard, maître des requêtes, et Michon, maître des comptes à Paris, pour la Normandie, lesquels ayant fait les informations en la Chambre royale pour les juges ; en quoy il se commit beaucoup d'abus, d'autant que les gros larrons étoient pendus par leurs bourses, et les petits par leurs cols ou ruinés d'amendes [4].

— Décéds de Me Jean [5] Damours, président au parlement, le 15e janvier 1585, âgé de 78 ans.

---

[1] Voir plus haut, p. 6, 23, 31, 45, d'autres membres de cette famille.

[2] Plus loin la seigneurie devient un sobriquet : « Claude Avisse, dit Mantor. » P. 69.

[3] Pour Halecourt, Halescourt, Hallescourt, hameau dépendant de Saint-Michel, canton de Forges, d'où le nom actuel de Saint-Michel-d'Hallescourt.

[4] « Cet alinéa est conforme au manuscrit. » C.

[5] Il est appelé « Nicolas » par Farin, qui place sa réception en 1574.

— Au mois de mars audit an 1583, la place devant l'église de N. D. de ce lieu fut pavée de pierres, prises de la démolition du château, par Jean Berengier, maçon, dit le Groulleur.

— Me Claude Groulart, s^r de la Cour, conseiller au grand Conseil, fut pourvû par commission à l'état de premier président au parlement de Roüen pour trois ans, à la fin desquels fut confirmé audit état [1], et retably pour sa vie par la faveur du duc de Joyeuse [2], qui impetra du Roy cet état, et ce le 4e avril 1585, n'étant âgé pour lors que de 30 ans [3].

— Ladite année 1585 abondante en vin, cidre et grains assez suffisamment.

— Le 8e avril 1585, je fûs nommé par la communauté du Neufchâtel pour commander en la place du château, qui étoit lors clos et fermé de murailles [4], d'un pont levis, et d'une porte; le s^r de Hermanville étoit alors gouverneur de ladite ville [5].

— Jubilé solemnisé en la ville du Neufchâtel, contenant remission plénière de tous péchez, octroyé par le pape Sixte,

[1] Telle était sans doute la teneur des lettres de provision; mais les chambres du Parlement de Normandie, qui avaient reçu Claude Groulart, le 6 avril 1585, premier président par commission, le recevaient en titre d'office, le 13 novembre suivant, en vertu de lettres patentes du 19 octobre précédent. M. Floquet, *Hist. du Parl. de Normandie*, III, 180 et 211.

[2] Il était alors gouverneur de la Normandie, et dut contribuer à faire obtenir cette nouvelle faveur à Groulart qui, en mai 1585, avait apaisé une sédition assez violente à Rouen. Id., *Ibid.*, 211.

[3] Né en 1551, à Dieppe, il avait alors 34 ans; mais l'ordonnance de Blois, de 1579, exigeait quarante ans révolus pour être reçu président dans un Parlement.

[4] « La demolition du château », rappelée plus haut, se bornait donc à une partie des bâtiments renfermés dans son enceinte. C'est plus tard que les murailles de cette dernière seront démolies comme on le verra plus loin, p. 146.

[5] Il l'était depuis 1579, comme Miton l'a dit plus haut, p. 28.

à son avenement à la papauté [1], et fut ladite solennité, le Dimanche 28e juillet 1585.

— Suppression de la Chambre royale à Paris, au moyen de 200.000 liv. que les financiers fournirent au Roy, et 20.000 liv. pour les frais des commissaires de ladite Chambre; ce qui fut publié au mois d'avril 1585 [2].

— La réformation de la coûtume de la Normandie qui avoit été faite par les srs de Beauquemare, premier, de Tibermesnil, second présidents au parlement de Roüen, de Tilly, et Martinbosc conseillers, et Vauquelin, avocat général en ladite cour de parlement, commissaires députez par le Roy en cette partie [3], assistés d'un grand nombre d'ecclésiastiques, nobles et autres du tiers Estat, eslûs et choisis de chacune vicomté royale, fut vûë par la cour de parlement et vériffiée pour avoir lieu, du 23e juillet 1585 [4].

---

[1] Sixte-Quint avait été élu le 24 avril 1585.

[2] Il a été question de cette « chambre royale » plus haut, p. 49.

« 1583. En ce mois de may, le Roy composa avec tous les Tresoriers et Financiers de France, leur donnant l'abolition de tous les vols qu'ils luy auoient fait, moyennant la somme de deux cent mil ecus pour le principal, et de 40 mil pour les frais de justice, pour lesquelles sommes payer tous ceux qui avoient manié peu ou prou les finances du Roy, tant innocents que coupables, furent par teste cottisez, à la charge de mieux derober qu'auparavant et donner courage à ceux qui avoient été fideles au Roy de faire comme les autres, y ayant plus d'acquest à être larron qu'homme de bien. » Pierre de l'Estoile, *Mémoires*.

[3] Demandée aux premiers états de Blois de 1576, cette réformation avait été promise par des lettres patentes de Henri III, du 22 mars 1577, qui avait nommé commissaires Jacques de Bauquemare, sieur de Bourdeny; Emery Bigot, sieur de Tibermesnil; Robert Le Roux, sieur de Tilly; Marian de Martinbosc, sieur du Busc; enfin Guillaume Vauquelin, sieur de Sacy. Ils dressèrent un cahier général, par chapitres et articles, qui fut lu aux Etats de Normandie, réunis à Rouen, en octobre 1582. — M. Floquet, *Hist. du Parlement de Rouen*, III, 199.

[4] 1583 paraît plus exact que 1585 pour le fait relaté. Voir M. Floquet, *Ibid.*, III, 203-205. — Les noms et les faits relatés dans le para-

— Edit du Roy par lequel Sa Majesté accordoit le délay de six mois [1] pour ceux qui avoient embrassé la nouvelle opinion, et leur donnoit ce tems pour rentrer en eux-mêmes, afin de rentrer dans l'église, et d'aller à la messe, comme ils avoient fait cy-devant, sinon de sortir du royaume, lequel tems ayant été diminué et réduit à quinze jours, ceux qui ne voulurent pas revenir de leur erreur, la plûpart se retirerent en Angleterre, ce qui fut publié au mois d'octobre 1585 [2].

— Audit an 1585, au mois de septembre, Me Raoul Bretel, conseiller en la cour du parlement [3], fut pourvû à un état de président en ladite cour, vacant par le décèds d'Emery Bigot, seigneur de Tibremesnil, jà longtems y avoit [4], d'autant que lesdits Etats n'avoient esté jusqu'alors exercés que par commissions.

— Nôces de Richard Miton, lieutenant général au comté d'Eu, et de la fille aînée de feu Richard Roussel, vivant

graphe prouvent que Miton a confondu les dates; mais il a eu raison de dire que « la réformation de la coutume, avait été faite » par le personnes qu'il a citées. Pour le principal de l'œuvre, le rôle de Groulart, nommé premier président en 1585, se borna à l'accomplissement des dernières formalités et à la proclamation de la coutume réformée. Bientôt il contribuera directement à la compléter, comme on le verra plus loin, p. 53.

[1] L'édit de Nemours du 7 juillet 1585 interdisait, dans le royaume, « sous peine de mort », l'exercice de toute autre religion que de la religion catholique, apostolique et romaine.

[2] C'est par un édit du 7 octobre 1585 que fut imposée la limite de « quinze jours, pour sortir du royaume ». L'Angleterre profita du départ des protestants, comme la Hollande et l'Allemagne en profiteront, cent ans plus tard, lors de la révocation de l'édit de Nantes.

[3] Raoul Bretel, sieur de Grémonville, était conseiller depuis 1552. La date de 1585 se trouve dans la première édition de Farin, *Ibid.*, I, 205, tandis que celle de 1731, donne 1584, à tort.

[4] « Tibremesnil » est pour « Tibermesnil, ou Thibermesnil, » hameau du bourg d'Yerville, arr^t d'Yvetot. — Ce président était mort en 1584.

contrôleur du magazin à sel d'Eu, et d'Antoinette Tardieu, le 15e septembre 1585.

— Ladite année 1585 fort pluvieuse, et qui empêcha la maturité et récolte des grains, et de la vendange; cela causa une grande chereté.

— Décèds de Me Robert du Crettay, premier éslû d'Arques, duquel l'estat fut donné à son dernier fils, en considération de la fidelité dont son fils aîné avoit usé à la conservation du château d'Arques, au service du Roy, contre la Ligue; ledit décèds arriva le 9e février 1585 [1].

— Décèds de Me Guillaume le Mercier, dit Poteret, curé de Saint-Pierre du Neufchâtel, le 18e avril 1585. Me Nicolas Miton, prêtre, fut son successeur.

— En l'année 1585, les grains furent chers, le bled valoit 15 liv. la mine; l'avoine 6 liv. et l'orge 10 liv.

— Possession prise de l'état de lieutenant particulier des forêts de la vicomté du Neufchâtel, par Charles de Biville, suivant la résignation que je luy en avois faite au précédent, le 1er de juillet 1585.

— Arrivée en ce lieu du Neufchâtel, des présidens Groulart et de Gremonville [2], et de Me Jean Thomas [3] avocat général, pour mettre fin à ce qui restoit à réformer en la coûtume pour le bailliage de Caux, pour le regard des puînez qui n'avoient auparavant que le tiers aux héritages scitués hors de Bourgaige, et pour la coûtume localle, où il fut arrêté que lesdits puînez auroient le tiers desdits héritages en propre, sauf le droit du préciput attribué à l'aîné, avec les deux autres tiers, qui fut le 15e septembre 1586 [4].

---

[1] Il n'en est pas question dans l'*Histoire du château d'Arques*, par M. Deville.

[2] Raoul Bretel, président, cité plus haut, p. 52.

[3] Premier avocat général, depuis 1578. — Farin dit : « Nicolas Thomas, sieur de Verdun. »

[4] Des commissaires, nommés par lettres patentes du 14 octobre

— Trépas de Me Christofle Engren grenetier, mon beau-frere à Paris, le 7e novembre 1586, après que l'eus assisté et sollicité[1] en sa maladie 21 jours, il fut enterré vis-à-vis le portail du Temple des Innocens, âgé de 38 ans.

— Audit an 1586, sur la fin de novembre, Me Noël Boivin[2], au précédent général des finances à Roüen, et par après second président en la chambre des comptes dudit Roüen, décéda âgé de 60 ans, et grandement riche; ayant auparavant fait trafic de vins et de laines.

— Au même mois et an, mourut Me Guillaume de Mussy sr d'Aulage[3], secrétaire du Roy à Roüen, âgé de 60 ans, étant fort riche et pécunieux, ayant cy-devant fait marchandises de pots de terre et de beurre.

— Décéds de Jean le Heurteur de Saint-Vincent[4], âgé de 65 ans, le 15e décembre 1586.

— Mort de damoiselle Barbe Carpentin[5], d'une plurésie, âgée de 38 ans, femme de Me Percheval de Grouchy, avocat du Roy, sr de Mathonville, le 25e décembre 1586.

— Simone du Val, 2e femme du lieutenant Bodin, âgée de 50 ans, décéda le 29e décembre, d'une plurésie.

1585 et envoyés dans les bailliages et les vicomtés, avec mission de faire rédiger les « usages locaux », avaient délégué les baillis pour préparer la besogne. C'est à la fin d'août 1586 qu'ils se mirent en route, de leur personne, pour procéder, sur les lieux, à la rédaction finale de ces « usages locaux », destinés à être joints à la « coutume générale. »

[1] « SOLLICITER, se dit des soins qu'on prend des personnes ; les assister, les secourir, et leur fournir tout ce qui leur est nécessaire, des médecins et même de l'argent. » *Dict. de Trévoux.*

[2] « Messire Noël de Boyvin, Ecuyer, Seigneur de Tourville, Saint-Ouen, Claville et du Boisguillebert, qui étoit de plus Tresorier General des Finances. » Farin, *Ibid.*, édit. de 1731, I, 2e partie, 87.

[3] Il en a été question plus haut, p. 34 et 47.

[4] Paroisse voisine de Neufchâtel, au N.-O. — Une partie de la ville de Neufchâtel dépendait de son territoire, avant la Révolution.

[5] Voir plus haut, p. 19.

— Rétablissement des élections nouvelles, qui avoient été suprimées en 1580, et érigées par édit de 1572; et la vérification dudit édit en la cour des aydes à Roüen, au mois de juillet, audit an 1586, suivant lequel Me Isaac Vassagne fut pourvû à l'état d'eslû, Me Léon de Fry à l'état de receveur, le Valois de Saint-Martin, et le Blanc contrôleurs [1], et Jean Baillard greffier pour l'élection de ce lieu du Neufchâtel.

— Edit de création d'un lieutenant général en longue robbe, en chacune élection, publiée en la cour des aydes de Roüen, au mois de janvier 1587.

— Nôces de Me Jacques Fresnoy, et de Marie Héritier, de Gournay, le 1er février audit an 1587.

— Levée excessive de deniers en Normandie, durant les mois de novembre et décembre 1586, qui étoit faite par force et contrainte, sur toutes personnes de quelque qualité qu'ils fussent, et leur étoit rendu intérêt au denier dix, des deniers qu'ils étoient contraints de payer, par le moyen de laquelle fut levé jusqu'à cinquante mille écus de rente, dont Me Robert Dambray [2], receveur général des finances de Roüen, faisoit la recette, pour en faire tenir les deniers au duc de Joyeuse qui étoit gouverneur de la province, et de nouveau amiral, laquelle levée incommanda fort le peuple à cause de la chereté des grains; la mine de bled valoit 25 liv., l'orge 15 liv., et les riches s'affranchissoient de ladite charge par le moyen de leurs amis.

[1] Ce passage nous inspire des doutes, parce que nous ne savons pas s'il y avait plusieurs contrôleurs, et que, plus loin, p. 50, vient un « Lebon, contrôleur. » Est-ce « Saint-Martin-le-Blanc, » paroisse au sud de Neufchâtel ?

[2] Ailleurs on trouve, comme receveur général des finances, à Rouen, « Henry » Dambray, sieur de Montigny. — Les registres du Parlement de Rouen sont remplis des refus qu'il fait de tous les édits fiscaux inventés par Henri III, pendant les années 1585, 1586 et 1587. En juin 1586 et en août 1587, Claude Groulart protesta contre eux, en face même de la cour, à laquelle il fit connaître le triste état de la Normandie. — Voir M. Floquet, *Ibid.*, III, 230-238.

— Exécution faite à Neufchâtel de 28 soldats appellez aventuriers, le 12ᵉ avril, veille de Pâques fleury, en l'an 1521 [1], qui voloient dans la forest de Hellet [2], et aux villages des environs, par jugement du Prevost des mareschaux [3].

— Le sʳ de la Pierre [4] ayant envoyé à Aubin le Borgne, Cossard de cette ville pour reconnaître la compagnie qu'avoit le sʳ Duc, qui y estoit, et ce qu'il faisoit, et dont avis en estant donné audit sʳ Duc, envoya quelques uns des siens le trouver, entre lesquels le sʳ Disaucourt *(sic)* [5] en estoit, qui l'ayant trouvé et assailly finalement le tuerent, près du village d'Illois [6] où il fut enterré en un champ près du chemin et depuis déterré par ses parens et inhumé au village de Restonval, par l'abbé de Sary, son oncle [7], le 19ᵉ de mars 1587, et étoit ledit sʳ de la Pierre huguenot.

[1] Le millésime de 1521 est évidemment faux ; ce doit être 1585. — Cette année, Pâques tombait le 21 avril. Il faudrait aussi changer le quantième de 12 en 13 avril, pour la date du samedi des Rameaux. — « Les gens de guerre (disait Groulart à Henri III, en 1587), continuent de pis en pis à ravager ce qui reste encore pour payer les charges de V. M. » — M. Floquet, *Ibid.*, III, 239.

[2] La forêt du Hellet existe encore, au N.-O. et aux portes de Neufchâtel, s'étendant de l'Ermitage de St-Antoine jusqu'à Croixdalle.

[3] Ce juge d'épée connaissait, entre autres, des crimes ou délits commis par les gens de guerre ; des vols sur les grands chemins, des désertions et assemblées illicites avec port d'armes. Ses sentences étaient en dernier ressort et sans appel.

[4] Il y a un hameau de ce nom, dépendant de Grandcourt, canton de Londinières, autrefois La Pierre-sur-Yères, paroisse et seigneurie, au xiiiᵉ siècle.

[5] Est-ce « Iaucourt » ou « Yaucourt » ? Il y a une « Marie d'Yaucourt, femme de Charles Iᵉʳ Martel », qui est dite, dans le contrat de sa fille Charlotte, « Marie Diaucourt. » *Les Martel de Basqueville*, 164.

[6] Canton d'Aumale, sur la route de Neufchâtel à Aumale.

[7] Jean VII de Fautereau, abbé commendataire de Séry, monastère du diocèse d'Amiens. Il était situé dans une portion de terrain appelée autrefois « Sery », dépt de la Somme, arrᵗ d'Abbeville, canton de Gamaches, sur la rive droite de la Bresle, près de Bouttencourt. Il ne

— Environ le mois de may 1586, les monnoyes étant altérées et rognées, le peuple murmura, parce que toutes les pièces d'or et d'argent étoient toutes rognées et plusieurs s'en trouverent chargés. Le Roy qui avoit fait édit pour interdire lesdites pièces fut contraint de faire publier et permettre l'exposition d'icelles, ayant égard à la chereté du tems [1], jusqu'à la Sainte-Remy ensuivant, après lequel tems elles furent décriées totalement, ce qui causa bien des pertes, et fit renchérir les vivres.

— Le 28e avril 1587, furent batus de verges neuf pauvres coquins, par les carfours de cette ville, qui avoient volé et enfondré la nuit des maisons pour vivre, à cause de la chereté des vivres, et furent marqués de la fleur-de-lys.

— Décéds de Me Jacques Dumesnil, en sa maison de la Goullere [2], le 9e juin 1587.

— Décéds de Me Pierre Martin, prêtre curé de Quieuracourt *(sic)* [3], le 21e may 1587, âgé de 58 ans.

reste rien du monastère, que le nom de *Sery*, sur la carte de l'Etat-Major. Le *Dict. des Communes* donne encore Bouillancourt-en-« Série ». — « Jean de Fautreau était prêtre, d'une famille noble du comté d'Eu, portait le titre d'écuyer et avait pour armes : *D'azur à trois croissants montants d'or*. Il faisait sa résidence habituelle à Rétonval (village du canton de Blangy), lieu de sa naissance, et était connu sous le nom de Mr de St Cypriant. » *Notice historique sur l'abbaye de Sery*, par M. Darsy, 5, 7, 97.

[1] « 1586. En ce mois de May le septier de froment fut vendu sept et huit ecus aux halles de Paris, où il y eut une si grande affluence de pauvres mandians par les rues, même des pays étrangers, qu'on fut contraint de lever des bourgeois une aumosne pour leur subvenir : deux deputés de chaque paroisse alloient quester par les maisons où chacun donnoit ce que bon luy sembloit. » *Journal de P. de l'Estoile.*

[2] Ou plutôt « La Goullée », que Cassini appelle : « La Goulaï », et la carte de l'Etat-Major : « La Goulée. » Hameau dépendant de Lucy, au N. et à peu de distance de Neufchâtel.

[3] Quièvrecourt.

— Décéds de Me Nicolas Roussel, prêtre curé de Saint-Vincent [1], âgé de 78 ans, le 10e juin 1587.

— Décéds de Pierre de Noüilles, marchand de draps, de 80 ans, le 10e juin 1587.

— Décéds de Péronne, femme de Me Christofle Bodin, enquesteur, le 21e may 1587, âgée de 22 ans.

— Audit an 1587, le 16e juin, Jacqueline Baudoin, femme de Charles Bodin sr de Blargies décéda, âgée de 40 ans.

— Audit an 1587, le 15e juillet, mourut Anteaume Charles [2], tripotier, âgé de 38 ans.

— Audit an 1587, le 24e juillet, mourut Me Pierre Grumel, prêtre curé de Saint-Jacques du Neufchâtel, âgé de 72 ans, homme docte, et qui avoit été marié avant de se faire prêtre.

— Audit an 1387, le 12e aoust, mon cousin de Claville, faisant sa résidence au village de Roquemont [3], fut tué par un nommé Dumesnil, capitaine de cent arquebusiers à cheval, au village de Bosorogier [4] étant de la maison de Hocourt, ledit Claville âgé de 50 ans.

— Continuation de la chereté des grains en ladite année 1587, la mine de bled ayant valu jusqu'à 30 liv.; et sans des bleds qui vinrent du Dannemarc et de la Pologne, il y auroit eu en France une famine générale [5].

[1] Paroisse tout près de Neufchâtel, au N.-O., dont il a été déjà question.

[2] On pourrait lire : « Anteaume Charlet Tripotier. » C.

[3] Sur la route de Rouen à Neufchâtel, canton de St-Saens. — Il a été question de lui, plus haut; p. 47.

[4] « Le nom est ainsi écrit au mscr. Probablement pour « Boscrogier. » C. — Bosc-Roger, canton de Buchy, sur l'ancienne route de Rouen à Amiens.

[5] A Rouen, la disette de blé et la crainte de la famine avaient fait prendre des mesures extraordinaires pendant toute l'année 1587. — Voir N. Periaux, *Histoire de la ville de Rouen*, 339. — « 1587. Le Mercredy 3 juin, le bled se vendit à Paris 30 l. et aux villes circonvoisines jusqu'à 40 et 45 l. » *Journal de P. de l'Estoile.*

— Déceds de Jeanne Paillas (sic), femme de Nicolas Bouchard, avocat, le 18e aoust 1587, âgée de 45 ans.

— Déceds de Me Louis de Varenne, lieutenant particulier en la forest Deauny[1], âgé de 50 ans, le 24e aoust 1587.

— Trépas de la femme de Pierre Herleuc[2], chaussetier, âgée de 50 ans, étant de la religion, l'an 1587.

— Après la chereté des grains pendant deux ans entiers, il y eut beaucoup de maladies en ladite année 1587, et en moins de 10 mois il mourut, au Neufchâtel, plus de 500 personnes, tant riches que pauvres.

— Le 5e octobre 1587, ma femme accoucha d'un fils qui fut tenu sur les fonds de baptême par Me Jean Drouet avocat, Nicolas le Bon, mesureur, Michelle de la Boe, femme de Jacques Engren, mon beaupere, et par la femme du controlleur le Bon, et nommé par ledit Drouet, Jean.

— Le 20e décembre audit an 1587, je pris possession de l'estat de président en cette élection.

— Déceds de Me Nicolas de Hasteville, enquesteur, âgé de 45 ans, le dernier jour d'octobre 1587.

— Secondes nôces de Me Vincent de Fry, grenetier, avec la fille d'un nommé Guillats de Dieppe, le 16e novembre 1587.

— Nôces de Me Vincent Carpentier, avocat, fils puiné de me Gieffroy, avec la fille unique de Jean Mensire, brasseur, le 16e novembre audit an 1587.

— Mort de Laurence Bourgeoise, femme de Me Gieffroy de la Place, avocat, de la contagion, âgée de 55 ans, le 3e décembre 1587.

---

1 Pour « Deauuy », ou plutôt « d'Eauuy », mis pour « Eawy », forêt située le long de la vallée de la Varenne, à partir de Saint-Saëns et se prolongeant vers Dieppe.

2 Plutôt Herlens ou Herlent.

— Le duc d'Espernon nommé et établly gouverneur pour le Roy en Normandie, vacant par la mort du duc de Joyeuse[1], et en la dignité d'amiral de France, en ladite année 1587[2].

— Grande mortalité en plusieurs endroits de la France, à cause de la contagion, qui causa la mort de presque la moitié du monde, et au mois de décembre 1587, on découvrit que cela provenoit de la peste.

— Nôces secondes de Pierre Herleuc[3], chaussetier, avec Nicole Félix, veuve de feu Jean Trente, le 18e janvier 1588.

— Nôces de Jacques le Blond, fils puîné de Nicolas le Blond, drapier, avec la fille puînée de feu Thomas de Fry, le 12e janvier audit an 1588.

— Le dimanche 17e janvier 1588, Me Panthaléon le Heurteur, fils puîné de feu Jean le Heurteur, chanta sa première messe, au temple de Saint-Vincent[4].

— Décéds d'Isabeau Cocherel, femme de Me Isaac Vassagne, eslû en ce lieu, étant accouchée d'un fils, le 15e février 1588.

— Me Pierre Bougler, avocat, pourvû de l'estat de bailly d'Aumalle, dont il prit possession audit lieu, au mois de janvier 1588.

— Jubilé célébré en ce lieu du Neufchâtel, le dimanche

---

[1] Tué le 20 octobre 1587, à la bataille de Coutras, où l'armée catholique fut complètement défaite par Henri, roi de Navarre.

[2] Jean-Louis de Nogaret et de La Valette, duc d'Epernon, nommé amiral de France, par lettres du 7 novembre 1587, et gouverneur de la Normandie, fit son entrée à Rouen le 3 mai 1588, et se démit de cette dernière charge le 26 mai suivant, en faveur de son frère aîné.

[3] Herlent ou Herlens.

[4] Paroisse voisine de Neufchâtel, dont il a déjà parlé plus haut. — Le Heurteur fut député aux Etats de Normandie en 1603 et 1605, pour l'église, par le Bailliage de Caux.

13e mars, audit an 1588, octroyé par le pape Sixte, pour rendre actions de graces à Dieu, de la victoire qu'il avoit donnée aux François, contre les Reîtres, et les huguenots du Royaume[1].

— Déceds de Me Jean le Roy controlleur au magazin à sel de ce lieu, âgé de 81 ans, le 17e mars 1588.

— Secondes nôces de Me Isaac Vassagne, eslû, avec Nicole Bougler, fille aînée du lieutenant Bougler, le 16e may audit an 1588.

— Déceds de Me Jean de Clery, prêtre, curé de N. D. du Neufchâtel, et doyen dudit lieu, le 2e juin 1588; et lors se trouvèrent toutes les trois paroisses de ladite ville en dépôt[2].

— Garnison reçûë au Neufchâtel de la compagnie d'ordonnance du sr Do[3], par commandement du duc d'Espernon, gouverneur de Normandie, le 18e may 1588.

— Jubilé solemnisé en la ville du Neufchâtel, contenant absolution de tous péchez, pour l'extirpation des hérésies, le jour de la Sainte-Trinité, 12e juin 1588.

— Nôces secondes de Me Nicolas Bouchard, avocat, avec la

---

[1] « Le jeudi 29 (octobre 1587) à Vimory près Montargis furent deffaits les Reistres par les Ducs de Guyse et du Mayne. » — « Le Mardy 24 novembre, le Duc de Guyse qui toujours talonnoit les Reistres et Lansquenets, les surprit deslogeans du bourg d'Auneau (Eure-et-Loir), en tua grand nombre, print leurs chefs prisonniers et remporta un grand butin; après cette deffaite signalée, il n'y eut prédicateur à Paris qui ne criast que Saül en avait tué mil et David dix mil, dont le Roy fut fort mal content. » Pierre de l'Estoile, *Ibid.*

[2] Mauvaise lecture pour « Déport. » — « Droit que les archidiacres ou les évêques ont, en plusieurs diocèses, de jouir une année durant d'une cure qui est vacante par mort, en la faisant desservir, et aussi d'en jouir pendant le litige, si elle est contestée. » *Dict. de Trévoux.*

[3] François d'O, seigneur de Fresnes et de Maillebois, l'un des mignons de Henri III, comme Joyeuse et d'Epernon.

fille d'Antoine Dufils, étant de la nouvelle opinion, le 6e may 1588.

— Secondes nôces de Pierre Fresnoye, fils de Guillaume, avec Barbe Bodin, fille aînée de Charles Bodin, sr de Blargies, le 18e juillet 1588.

— Secondes nôces de Me Christofle Bodin, enquesteur, avec Suzanne Tricotté, fille puînée de Me Jean Tricotté, le 13e juin 1588.

— Les états généraux de ce royaume, étans termez tenir à Blois, en ladite année 1588, je fus nommé [1] pour le tiers estat de cette vicomté du Neufchâtel, avec l'abbé de Sery [2], pour l'église, et le sr de Viermes pour la noblesse, pour nous trouver à Caudebec, et le sr de la Meilleraye [3] ayant fait choses qui étoient au mécontentement de tout le monde aux dits estats, furent nommés pour l'église, le curé d'Auseboc [4] le comte de Brissac [5] pour la noblesse, et le nommé le Vasseur, simple laboureur, pour le tiers estat, ce qui arriva le 13e aoust audit an 1588 [6].

[1] C'est là un exemple de l'élection à deux degrés, sous l'ancien régime. — Dès le mois de mai 1588, à Chartres, Henri III avait annoncé la réunion des Etats généraux à Blois, pour le 15 septembre suivant; ils s'ouvrirent le 16 octobre.

[2] Jean VII de Fautereau. Voir plus haut, p. 56.

[3] Jean de Moy, sieur de la Mailleraye, chevalier des ordres, conseiller du roi en son conseil d'État, capitaine de cent hommes d'armes de ses ordonnances et vice-amiral de France.

[4] Aux Etats de Normandie de 1595 figure « Me Estienne Vion, prebstre, curé d'Ausebosc, délégué pour l'église du bailliage de Caux. » M. Ch. de Beaurepaire, *Cahiers des Etats de Normandie sous Henri IV*, I, 231.

[5] Après la mort du duc de Joyeuse, le duc de Guise avait demandé à Henri III, pour le comte de Brissac, en 1587, la charge d'amiral donnée au duc d'Epernon.

[6] Les seconds États de Blois s'ouvrirent le 16 octobre 1588.

— Déceds de Me Jean de Bedet[1], avocat, âgé de 80 ans, étant de la nouvelle opinion, audit an 1588.

— Nôces de Jean de Nouilles, drapier, avec la fille aînée de feu Me Jean de Bedez, avocat, le 14e novembre 1588.

— Me Pierre de Fry pourvû en l'estat de lieutenant général en la ville du Neufchâtel, fut reçû conseiller en la cour des aydes à Roüen, le 21e décembre 1588.

— Prodige étrange arrivé audit Neufchâtel, le 4e janvier 1589, de la femme de Christofle le Clerc, boucher, demeurant sur la paroisse de N. D. dudit lieu, laquelle accoucha de deux enfans mâles jumeaux, et se tenans ensemble, ayans chacun deux testes, quatre bras, quatre jambes, un ventre et deux natures masculines, dont l'un vint sur la terre mort, et l'autre vif, qui vécut environ une heure et demie, ce qui fut vû le même jour 4e janvier 1589.

— Déceds de Charles de Biville, lieutenant des forêts, en sa maison du Mont d'Aulage[2], le 23e janvier audit an 1589, âgé de 55 ans ou environ.

— Revolte de la ville de Roüen causée par les gens d'église dudit lieu, assistés des habitans, contre les services du Roy[3], prenans les armes, ce qui commença le 5e février audit an

---

[1] « Ou Bedel ». Plus loin : « Bedez » C. — Ce sont les « de Bedez », ou « de Bèdes », que l'on retrouve dans l'*Histoire de Gournay*, de M. Potin de la Mairie, I, 306.

[2] Hameau de la commune de St-Martin-l'Ortier. — Voir plus haut, p. 36, où il avait été parlé de lui.

[3] Après le meurtre des Guise, à Blois, les 23 et 24 décembre 1588, après la formation d'un conseil de la Ligue à Paris, et la déclaration de la Sorbonne, que tous les sujets étaient déliés du serment de fidélité, il y eut, dans toutes les chaires de Rouen, des prédications séditieuses, pour exciter le peuple à ne plus reconnaître Henri III. — Voir M. Floquet, *Ibid.*, III, p. 288.

1589 [1], et forcerent le s‍r de Carrouges, gouverneur, de leur donner les clefs du Château, et du Vieil Palais [2].

— La même chose arriva en cette ville, aussi causée par les prêtres et quelques habitans, mais on apaisa cette mutinerie, le 18ᵉ février audit an 1588.

— Meurtre commis en la personne de Mᵉ Charles Moinet, sr Desnoyers, verrier de la forest de Lency [3], par Mᵉ Jacques le Roy, prêtre curé de Fiesques [4], le 21ᵉ de février 1589, ledit Moinet âgé de 45 ans.

— Décéds de Mᵉ Jacques Moges [5], sr de Buron, conseiller en la cour de parlement de Rouen, subitement du chagrin qu'il prit de la révolte de Roüen, contre le service du Roy, le 4ᵉ février [6] audit an 1589.

— Le dernier jour de mars, jour du Vendredy Saint 1589, ma femme accoucha d'un fils qui fut tenu sur les fonds de baptême par le sr de Hermanville, gouverneur de cette ville, Mᵉ Isaac Vassagne eslû, et par Nicole de la Coudre, femme

---

[1] M. Floquet place « la Journée des Barricades à Rouen, » le 4 février 1589, III, *Ibid.*, 285, date préférable au 5, comme on le verra plus loin.

[2] Tanneguy le Veneur, comte de Tillières, sieur de Carrouges, etc., avait vu les ligueurs maîtres de Rouen, le 9 février. — Il se démit de sa charge de lieutenant du roi, le 10 février, et fut chassé de Rouen peu de temps après. Id., *Ibid.*, 290-294.

[3] Lucy, à 6 kilom. N. de Neufchâtel. — Il n'y a plus de forêt de ce nom, et sa verrerie ne figure pas parmi toutes celles que cite M. Vaillant de la Fieffe dans *les Verreries de la Normandie et les verriers normands*.

[4] Fesques, commune qui touche à Lucy.

[5] Farin l'appelle « Pierre Desmoges. » *Ibid.* Édit. de 1731, c'est De Moges, et le vrai prénom.

[6] Cette date montre que celle du 5, donnée plus haut, n'est pas exacte. — Le Premier président, Claude Groulart, avait quitté Rouen pour se rendre à Caen, la veille, 3 février 1589.

— 65 —

de Mᵉ Jean Vassagne, avocat, dit Varengot, et nommé par ledit sʳ D'hermanville, Antoine.

— Permission donnée par le conseil de l'union de Roüen, aux paysans, de prendre les armes, dont arriva qu'il ne s'osoit presenter gens de guerre pour manger le peuple, ce qui fut ordonné au mois de mars audit an 1589 [1].

— Meurtre commis en la personne de Roger le Blond, mary de Catherine Engren, par Christofle Calletot, le 1ᵉʳ may 1589.

— Décéds de Mᵉ Pierre Marois, avocat, âgé de 78 ans, le 4ᵉ may audit an 1589.

— Revolte des habitans du Neufchâtel contre le sʳ de Hermanville, leur gouverneur, à cause qu'il s'estoit emparé de la place du château, et qu'il prétendoit lever des troupes pour s'y maintenir contre les réalistes [2], de sorte que le vicomte Auisse, suivy de Vincent Bernard, et de plusieurs autres, même ayant attiré à sa cordelle [3], ou pour mieux l'entendre, dans son party, trouvèrent moyen de s'emparer dudit château, d'où ils chasserent les gens dudit gouverneur, de quoy encore non contens s'amasserent en troupe, la caisse battant, et s'en allerent au lieu où ledit gouverneur étoit logé, et le siegerent [4] pour le faire sortir indignement de cette dite ville, ce qui arriva le 29ᵉ may 1589.

---

[1] C'est le 7 février précédent qu'avait eu lieu l'établissement, à Rouen, d'un Conseil de l'Union pour la province, à l'exemple de celui de Paris.

[2] Le gouverneur était donc pour la Ligue, en faveur de laquelle il voulait lever des troupes contre les Royalistes, non pas de la ville, mais de l'extérieur.

[3] Ce proverbe « ne se prend qu'en mauvaise part et d'une société vicieuse de gens de sac et de corde. » *Dict. de Trévoux.*

[4] « C'est une faute familière à de certaines provinces, et particulièrement à la Normandie, où l'on use du simple au lieu du composé, comme

— Décéds d'Antoinette Vassagne, femme de Mᵉ Jean Tricotté, grenetier, qui s'étoit retiré auparavant à Dieppe [1], comme étant huguenot, le 13ᵉ juin 1589.

— Arrivée en ce lieu du duc d'Aumalle [2], accompagné de douze enseignes de gens de pied, et de deux compagnies de cavalerie légère, et de deux d'arquebusiers à cheval, d'où il sortit le 2ᵉ juin 1589, pour aller à Roüen [3].

— Le 3ᵉ juillet 1589, la ville du Neufchâtel pensa être surprise par le sʳ d'Alègre [4], suivy de cent chevaux et de cinq cens hommes de pied, d'une pièce de campagne, et d'une

---

« siéger une ville » pour « assiéger une ville ». Vaugelas, *Remarques sur la langue françoise*. — Ici la faute est plus grave, puisqu'il se dit d'une personne.

[1] Dieppe fut, à cette époque, une sorte de place de sûreté pour les Protestants, au milieu de toutes les villes de la Haute et de la Basse-Normandie, qui s'étaient déclarées pour la ligue. On les tolérait dans cette ville royaliste, dont Aymar de Chastes était alors gouverneur.

[2] Charles de Lorraine, duc d'Aumale, l'un des chefs les plus ardents de la Ligue, venait sans doute pour soutenir les ligueurs. Il était gouverneur de la Picardie pour la ligue, et le duc de Longueville, pour le roi. C'est de la Picardie qu'il venait.

[3] En juin 1589, « un complot avait été tramé entre le duc de Montpensier, gouverneur légitime de la province, et plusieurs habitans de Rouen pour introduire dans la ville ce prince (Henri III) et ses troupes. » M. Floquet, *Hist. du Parlement de Rouen*, III, 331. C'est la conspiration de l'hôtelier des Trois-Sauciers, qui échoua le 7 et le 8 juin.

[4] Christophe II d'Alègre, seigneur de Blainville, dont le château était entre Neufchâtel et Rouen, y soutenait vigoureusement la cause royale contre les ligueurs. Le 16 juin 1589, il donnait une « commission de sergent-major au régiment d'Allègre », parce qu'il lui avait été commandé par Henri III « de mettre sus le plus grand nombre de gents de guerre pour son service qu'il luy seroit possible, tant de cette province et duché de Normandie que aultres. » Etc. Il adressait cette commission « à Jehan de Dampierre, escuier, sieur de Mont Landrin », dont le nom figure dans ce *Mémoire*. Voir p. 12. — Elle a été publiée par la Société de l'Histoire de Normandie, *Bulletin*, II, 189-190.

chartée d'eschelles; mais ce stratagème ayant été découvert, il fut contraint de tourner le dos honteusement, et de dire en s'en allant : J'ay vû le Neufchâtel[1].

— Mᵉ Antoine Gaignon, prêtre, pourvû à la cure de Saint-Jacques de ce lieu du Neufchâtel, prit posssession ladite, année 1589.

— Le 8ᵉ septembre 1589, revenant de Roüen, je fus prisonnier par des cavaliers en garnison au château de Blainville[2], et mené en iceluy; j'y restay cinq jours, et ensuite relâché et remené à Roüen, sans payer rançon.

— Prise de la ville du Neufchâtel, par le sʳ du Hallot[3], suivant la composition arrêtée avec les habitans, vie et bagues sauves, après toutefois la défaite de Catillan[4] qui

[1] Le château de Blainville tomba entre les mains des ligueurs de Rouen, dans les premiers mois de 1589, et d'Alègre se retira à Dieppe, auprès d'Aymar de Chastes, gouverneur de cette ville, qui lui confia le commandement d'une compagnie. Aussi prend-il, dans la commission ci-dessus, le titre de « cappitaine de cinquante hommes des ordonnances du roy. » *Ibid.*, p. 189. C'est de Dieppe qu'il vint pour surprendre Neufchâtel.

[2] Henri IV, dans sa marche sur Rouen, ayant repris, en passant, sur les ligueurs, le 22 août 1589, le château de Blainville, dut y rétablir d'Alègre, royaliste et propriétaire du château.

[3] François de Montmorency, sʳ du Hallot, baron de Chantemerle, assassiné par d'Alègre, en 1592.

[4] « Ou « Catillau ». Quel est ce personnage ? A l'une des pages suivantes : « Catillon ». C. — Son vrai nom était : « de Chastillon », ou : « de Châtillon », transformé par la prononciation normande et picarde en : « Catillon », que le premier copiste a lus : « Catillan ». Une note de la *Satyre de Ménippée* en fait : « Un seigneur picard; » (édit. de 1696, p. 326) et le P. Daniel en fait : «Un gentilhomme du pays de Caux. » (*Histoire de France*, XI, 534.) M. d'Estaintot l'appelle : « le sieur de Castillon, » (*La Ligue en Normandie*, 46) et cite un texte qui montre que les capitaines de la Ligue étaient assez indépendants les uns des autres. « Escript aux sieurs de Fontaines-Martel, de Grillon, Bosrozay et de Castillon, pour les inviter de se unyr entre eux et rendre l'obéissance qu'ils doivent au sieur de Villars, gouverneur. » Registres du Parlement, 21 décembre 1591. Id., *Ibid.*, 288.

étoit venu au secours desdits habitants [1], étant suivy de plus de 4000 païsans; ce qui arriva le 12ᵉ septembre 1589 [2].

— Rendition de la ville et château du Neufchâtel, par le sʳ d'Alégre [3], au chevalier d'Aumalle [4], le 20ᵉ septembre 1589, vie et bagues sauves.

[1] C'est bien le rôle qu'il dut jouer contrairement à la note de la *Satyre Ménippée*. Edit. de Ratisbonne en 1696, 326, sur les « Catillonnois ». « L'auteur entend icy ceux d'entre eux qui en 1589 vinrent au secours d'un seigneur picard, nommé Châtillon, en patois du pays Catillon « assiégé dans Neufchâtel » par les sieurs de Givry et Hallot, lesquels en défirent sept cens et prirent la place. » Catillon n'était pas alors dans la place qu'il paraît avoir occupée pour la ligue, d'après de Thou.

[2] Ailleurs, on donne la date du 6 septembre 1589. Elle n'est pas plus exacte que le 12, d'après le récit de Desmarquets : « Le lendemain de l'arrivée du Roi (Henri IV, à Dieppe, 26 août 1589), M. de Chates lui demanda la permission d'aller prendre la ville de Neufchâtel en Bray, qui tenoit pour la Ligue : c'étoit la seûle petite ville des environs que les Dieppois n'avoient pas encore prise. Sa Majesté approuva ce dessein, et permit à Messieurs de Montmorency du Hallot, et de Givry d'être de la partie. M. de Chates se mit à la tête de trois cents cavaliers et de trois compagnies bourgeoises, ainsi que de trois autres soudoyées, avec quatre canons. Le Neufchâtel, vivement pressé, se rendit le second jour, et les vainqueurs revinrent à Dieppe le troisième. » *Mémoire pour servir à l'histoire de Dieppe*, I, 267. Tout était donc terminé le 30 ou le 31 août au plus tard.

[3] En qualité de gouverneur, pour le roi, depuis la prise de Neufchâtel par les troupes du roi, d'Alègre avait frappé la ville d'une contribution de guerre de 500 écus. Voir nos *Recherches sur les sires et le château de Blainville*, 45.

[4] Claude, chevalier d'Aumale, frère du duc d'Aumale, et, comme lui, l'un des plus chauds partisans de la Ligue. — Une mauvaise lecture paraît avoir substitué 20 à 10 septembre pour la reddition de Neufchâtel, que Palma Cayet place immédiatement après la prise de Gournay, qui eut lieu, d'après lui « le septieme septembre. » Il dit, en effet : « Cependant le duc de Mayenne, ayant repris les lieux de Neuf-chastel et d'Eu, cheminoit avec asseurance d'en faire le semblable d'Arques, et d'en deloger le Roy et son armée. » *Chronologie novenaire.* Dans ce dessein, le 16 septembre, il était, avec son armée, au Pollet et à Martin-

— Secondes nôces de Charles Bodin, s^r de Blargies, avec Austroberte de la Coudre, le 9ᵉ aoust 1589, elle étoit veuve du s^r Raolgaland [1] de Blangy.

— Déceds de Mᵉ Claude Auisse, dit Mantor, maître particulier des forêts au Neufchâtel, étant à Dieppe, à cause d'une blessure qu'il avoit reçûë d'une pièce de canon qui s'étoit crêvée au mois d'octobre 1589.

— Assassinat du s^r de Forges [2], et de cinq à six personnages, eux étans en l'abbaye de Tresport, par des ligueurs, au mois d'octobre 1589.

— Trépas de Mᵉ Georges Langlois, s^r de Plainbosc, trésorier général de France [3] étant à Dieppe, le jour de Noël, 1589.

— Déceds d'Adrien Bridou, s^r de la Houperie [4], en sa maison du Neufchâtel, le 17ᵉ février 1590, âgé de 33 ans, étant de la nouvelle opinion.

— Déceds de Mᵉ Antoine de Cléry, prêtre, doyen et curé de N. D. du Neufchâtel, au mois de may 1590 [5].

Eglise, en face d'Arques. — Ce n'est donc pas le 20, la veille de la bataille d'Arques, qu'il prit Neufchâtel. Dom Bodin donnera une autre date, plus voisine du 10 septembre dans son *Histoire de Neufchâtel*, à l'année 1589.

1 « Je crois qu'il faut séparer les deux mots : Raol (ou Raoul) Galand. » C.

2 Il a donné ce titre à Jacques de Boulainvilliers. Voir, plus haut, p. 35.

3 Pour la généralité de Rouen. Il avait suivi la Cour des Aides, établie à Dieppe, depuis que Rouen était au pouvoir de la ligue. On le trouve parmi les commissaires qui devaient assister aux Etats généraux d'avril. Aussi Groulart dit dans ses notes : « Tous les dis commissaires se trouvèrent à Caen au jour assigné (15 avril), excepté le sieur de Plaimbos qui était décédé depuis l'expédition de la commission. » *Etats de Normandie sous Henri IV*, I, 205. Édit. de M. Ch. de Beaurepaire.

4 Voir plus haut, p. 38.

5 Plus haut, il a signalé, en 1588, la mort d'un « Jean » de Cléry, ayant les mêmes titres, p. 61.

— Mort du sieur de Viermez, maître des eaux et forêts en Normandie, étant en la compagnie du sieur duc de Mayenne, sur le chemin du Pondremy [1] à Abbeville, âgé de 50 ans; cela vint par une dispute qu'il eut avec le sieur de Villars, gouverneur du Havre [2], qui le tua d'un coup d'épée, en présence dudit seigneur duc de Mayenne, le 8e novembre 1589.

— Mort d'Antoine de Glesquin [3], sieur de la Bruière, qui arriva en la forêt de Héllet, par une dispute entre luy et Claude Turquet, sergent en ladite forêt, lesquels s'étant batus longtems à coups d'épée, et ledit Turquet s'étant apperçu que ledit de la Bruière étoit couvert et que son intention étoit de le tuer, ledit Turquet luy sauta au collet, et le poignarda et tua sur la place; ce qui arriva le 19e février 1690.

— Le 19e desdits mois et an, un nommé Louis, orfèvre à Roüen, auquel avoit été baillé la garde du château de ladite ville, étant convaincu d'avoir intelligence avec le sr d'Alegre, réaliste, et luy ayant livré la place, et permis l'entrée à 60 soldats, sans que personne en eût connoissance, fut pendu, et ladite place assiégée, et reprise [4] avant que le secours, pré-

---

[1] Miton a dû mettre : « Pontdormy », comme on disait au XVIe siècle, c'est-à-dire : « Pont de Remy », aujourd'hui : « Pont-Rémy », au S.-E. d'Abbeville.

[2] André de Brancas, sieur de Villars, le futur gouverneur et défenseur de Rouen pour la ligue.

[3] « Charles de Bonnechose (un aïeul du cardinal) avait épousé Anne de Glesquin, fille et seule héritière de Antoine de Glesquin, vivant sieur de la Brière et de dlle Flourence de Biville. » *Excursion dans un arrière-fief* (de M. l'abbé Paris), publié dans le MAGASIN BRAYON, 15 novembre 1866. Communication de M. Ch. Lefebvre.

[4] D'Alègre fut assiégé, le mardi 20 février 1590, par le sergent-major de la ville de Rouen, Bigards de la Londe, puis, le 21 et le 22, par le chevalier d'Aumale, qui se disposait à y entrer par la brèche, quand les assiégés capitulèrent.

tendu, par le gouverneur de Dieppe, fût arrivé [1]; les complice dudit Louys furent condamnés comme luy à être pendus et étranglés [2], le 23e février 1590.

— Surprise d'emblée du bourg d'Aumalle, par Palcheul, gouverneur du Neufchâtel [3], qui fut pillé, le 18e may, audit an 1590 [4].

[1] Aymar de Chastes. — D'autres ont dit : « qu'il attendoit du secours du roi de Navarre, qui devoit y venir en personne. » *Discours véritable*, etc., sur cette affaire.

[2] Les capitaines Jean-Louis, Pierre du Roussel dit Lacave, Godefroy Ury, Jean-Alexandre, et René Le Franc. « Le vendredy vingt troisiesme jour de fevrier, Mgr Le Chevallier fit pendre et estrangler les quatre autres capitaines avec celuy qui s'étoit pendu en la prison. » *Discours veritable de l'execution faicte de plusieurs traystres et sedicieux de la ville de Rouen*, etc. — M. Floquet parle d'un sixième condamné, « un orfèvre aussi nommé Jean-Louis. » *Ibid.*, III, 348. — D'Alègre eut la vie sauve et rentra paisiblement dans son château de Blainville. Le 6 juin 1590, il y donnait à Pierre Houel, escuyer, sieur du Tremblay, un certificat attestant « que tenant garnison pour sa maiesté en son château de Blainville, il avait commandé au sr du Tremblay de descouvrir l'ennemy et il y fit perte d'un roussin tué d'un coup de pistolet. » *Bulletin de la Société de l'Histoire de Normandie*, II, 193.

[3] Neufchâtel pris par les royalistes, le 29 août 1589, avait été repris par les ligueurs, vers les 9 ou 10 septembre, et Henri IV le reprit peu de temps après la victoire d'Arques, qui est du 21 septembre 1589. « La ville de Neufchatel, quy est à sept lieuës de Dieppe tenoit le party de la Ligue. Le Roy s'y achemina au leuer du siege de Dieppe, la remit en son obéissance et y posa pour gouuerneur M. de Pallecheul, gentilhomme de sa religion. » *Hist. de la Réformation à Dieppe*, I, 144. L'auteur veut parler du semblant de siège que l'armée de Mayenne mit devant Dieppe, après la défaite d'Arques, et qu'elle leva brusquement le vendredi 6 octobre. Neufchâtel fut repris par le roi, quelques jours plus tard. — Ardent huguenot, il avait ouvert un prêche à Palcheul (Voir plus haut p. 38), et il songea à faire de même à Neufchâtel, quand il en fut nommé gouverneur. « Il pria l'église de Dieppe de luy donner vn pasteur pour faire le presche en son gouuernement, par lettre qu'il leur escriuit, le 22 auril 1590; mais n'ayant alors d'autre pasteur que M. de la Ruë, quy estoit sur son depart, pour retourner en son esglise de Caen, on ne luy peut accorder sa demande, et on luy conseilla d'escrire

— Possession prise de la cure de N.-D. du Neufchâtel, par Me Antoine Denise, prêtre, le 20e may 1590.

— Mort du sr de Sorquainville [1], fils aîné du sr de Neufville-Ferrière, causée par une arquebusade qu'il reçut à la prise du bourg d'Aumalle, le 22e may 1589 [2], âgé de 24 ans.

— Le 25 desdits mois et an, le sr de Palcheul étant suivi de 250 chevaux, et de 300 hommes de pied, avec deux coulevrines, alla assiéger Catillon dedans sa maison [3], lequel après quelques canonades qui luy furent tirées, et qu'il vit

à la Rye pour auoir M. de Vateblé quy y estoit, jusques à ce que Dieppe estant fourny de ses pasteurs, on luy en peut prester quelquefois. » *Hist. de la Réformation*, I, 144-145. « M. Anthoine Gueroult, quy de curé deuint proposant, fut enuoyé de l'esglise d'Angleterre à Dieppe, où il proposa, le 17 aoust au dit an (1590), et fut receu ministre le 20 du dit mois, et presté à M. de Pallecheul, gouuerneur de Neufchastel, pour s'en seruir jusques à ce que l'esglise de Luneray, à laquelle il auoit esté affecté, en eut affaire. Il y alla le dernier jour d'aoust 1590. » *Ibid.*, I, 146? La note dit : « Il fut donné pour chapelain à M. de Pallecheul que Henry IV avoit donné pour gouverneur à Neufchâtel, après la prise de cette ville. » *Ibid.*, 256.

4 (*de la page précéd.*) Ce fait nous paraît avoir causé une confusion, quand M. Semichon dit : « Le sieur Palcheul ardent huguenot, gouverneur de Neufchâtel, avait tenté, au mois de mai 1589, d'enlever Aumale aux ligueurs. » *Hist. d'Aumale*, II, 288. La date serait 1590.

[1] Commune à 20 kilom. N.-O. d'Yvetot.

[2] C'est la mort qui est du 22 mai, quatre jours après la prise d'Aumale, mais en 1590 et non en 1589, comme on vient de le voir, et comme le prouvent les paragraphes suivants.

[3] On verra plus loin qu'il demeurait à Argueil, à 24 kilom. S. de Neufchâtel. « Les habitans de Neufchâtel firent part à ceux de Dieppe des inquiétudes que leur donnoit un gentilhomme nommé du Catillon, qui faisoit journellement des courses aux portes de leur ville. Ce capitaine de la Ligue avoit fortifié sa maison, située dans le pays de Bray, et y avoit 200 hommes de pied et 100 cavaliers avec lesquels il ravageoit tout le pays. » Desmarquets, *Mémoires pour servir à l'histoire de Dieppe*, I, 291. Chez lui le chef de l'expédition est M. de Chastes.

ses granges et estables en feu, se rendit par composition, vie et bagues sauves, avec la liberté de faire la guerre à qui bon luy sembleroit.

— Le mardy 12e mai 1590, ma femme accoucha d'un fils sur les 7 heures du soir, et fut tenu sur les fonds de baptême par Me Pierre Bougler, bailly d'Aumalle, Me Leonnet de Fry, receveur des Tailles, damoiselle Judith du Mesnil, fille de feu Me Jacques Dumesnil, sr de la Goullaye, et de Françoise Engren, fille aînée du grenetier Engren, et fut nommé Adrien, par ledit bailly d'Aumalle.

— Le 14e juin, audit an 1590, Catillon ayant eu avis que Palcheul étoit sorti avec sa troupe du Neufchâtel, pour aller trouver le comte de saint Pol[1] à Gisors, pour faire la guerre, s'achemina accompagné de 200 soldats, en sa maison, que ledit Palcheul faisoit garder par 25 soldats, laquelle lui fut renduë par lesdits soldats, de quoy encore non content, ledit Catillon donna assaut au fort de la Ferté-en-Bray[2], qui étoit aussi gardé au party du Roi, qui lui fut de même rendu faute de secours; de là il alla attaquer la maison de Betencourt[3], forte et environnée d'eau, qui avoit été cy devant surprise par le capitaine la Trape[4], qui se rendit de même.

[1] François d'Orléans, comte de Saint-Paul. Henri IV en parlait à la fin d'une lettre à M. de la Vérune pour lui faire part de la victoire d'Ivry. « Je suis toujours à la poursuite de la victoire avec mes cousins les princes du sang, duc de Montpensier, comte de Saint-Paul, maréchal d'Aumont, grand prieur de France, la Trémouille, les sieurs de la Guiche et de Givry, et plusieurs autres seigneurs et capitaines. » Du camp de Rosny, ce 14 mars 1590.

[2] La Ferté (*Firmitas*, château-fort) située à quelques kilomètres au Nord d'Argueil. Il ne reste plus que l'emplacement du fort, d'où l'on a une vue admirable sur tout le pays de Bray.

[3] Nom d'une famille et d'une paroisse sur l'Andelle, aujourd'hui hameau réuni à la commune de Sigy, au sud et à peu de distance de la Ferté.

[4] Le 6 juin 1591, il accompagnera Sully, avec cinq ou six autres

— Retraite du duc d'Aumalle de la ville de Roüen, où il gouvernoit, en la ville d'Amiens, pour commander pour la ligue de Picardie; et en sa place fut envoyé audit Roüen, pour commander le vicomte de Tancennes[1], ce qui se fit dès le commencement de mars 1590 [2].

— Rencontre de Catillon sur le chemin de Roüen, par Ravillet [3], gouverneur du Pont-de-l'Arche, qui le défit et prit prisonnier, le menant audit Pont de l'Arche, le 5e juillet 1590.

— Nôces de Gieffroy le Heurteur, fils puiné de Jean le Heurteur, de Saint-Vincent, et de Madelaine Vassagne, fille de Me Pierre Vassagne, le 26e juillet 1590.

— Rencontre d'un surnommé Gosselin, qui étoit sergent-maire [4] en cette ville, et de la garnison de Gournay qui tenoit le party de la ligue, fut tué près le village de Ronchoy [5] avec neuf soldats de sa troupe, et le reste mis a vauderoute, étant rapporté ledit Gosselin mort en cette ville, le 28e juillet 1590.

— En ladite année 1590, l'esté fut si chaud et aride, que

capitaines, pour la surprise de Louviers, où il eut sa part du butin. Celle de Sully fut de « quelques mille écus. » *Economies royales*.

[1] « Ce nom paraît altéré; probablement Tavannes, bien écrit plus bas. » C. — Jean de Saulx, vicomte de Tavannes.

[2] « Tavannes avait été accrédité comme gouverneur de Rouen, par lettres du duc de Mayenne, datées de Pontoise, 17 mars. Il avait le titre de « mareschal des camps et armées catholiques, commandant en Normandie assisté du sieur de la Londe (Anthoine de Bigars). » M. d'Estaintot, *laLigue en Normandie*, note de la page 107.

[3] Encore un nom propre mal lu. Le ms. devait porter : « Raollet », c'est-à-dire Le Blanc, sieur « du Raullet », gouverneur du Pont-de-l'Arche, qui en avait remis les clefs à Henri IV, le 22 août 1589.

[4] « Probablement sergent-major. » C. — Ce dernier titre était donné aussi, à Rouen, à Bigars de la Londe. Ses fonctions étaient fort importantes.

[5] Ronchois, commune à 10 kilom. à l'est de Neufchâtel.

tous les menus grains périrent presque, qui affligea infiniment le peuple, avec ce qu'il étoit fort peu de bled, parce qu'on n'avoit pû semer ny labourer, pour les volleries qui se faisoient par l'un et par l'autre parti des chevaux, bœufs, vaches, moutons et autres bestiaux, et que les laboureurs étoient tous fugitifs et retirés de leurs maisons, pour éviter la capture et saisie de leurs personnes, et aussi que la justice n'avoit de lieu, et n'étoit administrée avec autorité aucune, ny respect, et le pire étoit qu'il n'y avoit de fidélité aucune, voire du pere au fils, du frere au frere, et que chacun conjuroit la ruine des uns et des autres.

— Assassinat commis en la personne de la dame de Saint-Sevre [1], en sa maison dudit lieu, par sept hommes masqués et inconnus, sur les 7 à 8 heures du soir, étant nouvellement arrivée de Paris, par la faveur d'un passeport[2]; cela arriva le

---

[1] Pour : « Saint-Serre », et mieux : « Saint-Saire » (*Sanctus Salvius*), à 4 kilom. S.-E. de Neufchâtel. On trouve souvent aussi : « Saint-Cere », et même : « Saint-Ceré ». Cette dame de Saint-Saire était Marie de Presteval, ou Pretteval, ou Préteval, femme de Samuel de Boulainvilliers, seigneur de Saint-Saire, de Nesle, de Beaubec-la-Ville et du Mesnil-Mauger, gentilhomme de la chambre de Henri IV, et qui était de la religion réformée, comme son père, François de Boulainvilliers, mort en 1582. — Voir plus haut, p. 36. Voir aussi : APPENDICES I-2, p. 218-219.

[2] Mayenne était entré dans Paris, le 18 septembre 1590, quand, réuni à Farnèse, il avait contraint Henri IV à en lever le siège. Ce dernier dissémina alors une partie de ses troupes en Normandie. Les faits de ce paragraphe, dénaturés par la tradition, peuvent expliquer la légende que voici : « La chronique locale, appuyée nous ne savons sur quel fondement, rapporte le fait suivant..... On prétend que, dans le moment que le preux et joyeux Henri bataillait à Arques, il s'avisa, un beau matin, d'adresser à M. de Boulainvilliers cette trop piquante plaisanterie, en présence de ses officiers : « Ta noble dame est en joie et santé. » — Le comte comprit et garda le silence ; mais, dans la journée même, il accourut au château de Saint-Saire et poignarda la vertueuse chatelaine. » *Essai sur le canton de Neufchâtel*, par M. l'abbé Decorde,

jour de Saint-Michel, penultiesme de septembre 1590.

— Décedz du sʳ de Pierrecourt, lieutenant pour le roy au bailliage de Caux, étant à Paris, au mois de septembre 1590, lequel étoit partisan de la ligue [1].

— Décedz de Marie du Flo, seconde femme de Mᵉ Nicolas Bouchard, avocat, étant de la nouvelle opinion, le 9ᵉ octobre 1590, âgée de 30 ans.

— Décedz de frere Pierre de Bedez, prêtre, religieux de l'hôpital de ce lieu, étant curé d'Angerville, près Fescamp [2], au mois de novembre 1589, âgé de 88 ans.

— Décedz de frere Nicolas L'Escuyer, prêtre, religieux de l'hôpital du Neufchâtel, après pourvû à la cure de Bully [3] par la mort dudit frere Pierre de Bedez, un an auparavant, le 24 novembre 1590, âgé de 30 ans, et est enterré audit Bully [3].

— Puisque mon dessein a été de faire mémoire de ce qui est venu à ma connoissance, de ce qui s'est passé en la ville du Neufchâtel, ces derniers jours, je n'ai pas voulu laisser passer sous silence ce que j'ay appris de la reine Marguerite, laquelle vint au château de Nicourt (*sic*), de ladite ville, faire sa résidence, et demeure pendant très-longtemps [4].

225. — C'est le 29 septembre 1590, plus d'un an après la campagne d'Arques, qu'eut lieu cette sanglante tragédie.

Mais si Samuel de Boulainvillers ne vint pas lui-même à Saint-Saire, il put bien envoyer ces « sept hommes masqués », pour venger son honneur outragé par la conduite de sa femme.

[1] Dès 1589, il s'était rallié à de Brissac, qui commandait l'armée de la Ligue. Il s'était donc renfermé dans Paris avec elle, lors du siège par Henri IV.

[2] Angerville-la-Martel, arrondᵗ d'Yvetot, canton de Valmont. La place occupée par ce fait, dans le *Mémoire*, donne à penser qu'il faut lire 1590 au lieu de 1589.

[3] A 6 kilom. O. de Neufchâtel.

[4] Rentrée en France en 1475, elle mourut à Dampierre, près de Saumur, le 25 août 1482. Ce serait tout au plus 7 années.

Cette princesse fut fille de René duc d'Anjou, de Calabre, de Bar, comte de Provence, roy de Sicile, de Naples et de Jérusalem, et de madame Élizabeth, fille de Charles, duc de Lorraine, laquelle fut mariée à Henry VI, roy d'Angleterre[1], fils de Henry V, aussi Roy, et de madame Élisabeth de France, lequel Henry, et ladite Marguerite furent faits prisonniers par Édoüard[2], qui fit étouffer ledit Henry en la tour de Londres[3], et par ce moyen s'empara de la couronne Angloise, et ladite princesse demeura captive en la dévotion dudit roy Édoüard. René, pere de ladite princesse, la retira moyennant 50,000 écus qu'il paya audit Édoüard; enfin, étant en liberté, elle s'en revint en France[4]. Le roy Louis XI, alors regnant, luy donna sa demeure audit château de Nicourt, avec 2,000 liv. de pension à prendre sur le comté de Provence, dont le prince René l'avoit chargé, par la vente qu'il en avoit faite audit seigneur roy ; ce qui se fit en l'an 1476.

Ce château étoit très-logeable; il y avoit une chapelle dédiée en l'honneur de saint Louis, où l'on disoit la messe tous les jours; il y avoit un donjon fort haut, des murailles très-épaisses, et des fossez tout autour assez larges, avec des pont-levis[5], et faute d'avoir été bien entretenu, il estoit tout en ruine; et les matériaux, comme l'on verra cy après, furent vendus très-peu de chose.

— Nôces d'Anne Lasnier, avec un soldat logé chez elle, nommé la Pierre, et fut le mariage promis au temple de

[1] A Nancy, en 1444. Elle était née le 23 mars 1429.
[2] Edouard IV, de la maison d'York, à la bataille de Tewkesbury, 14 avril 1471.
[3] Le 21 mai suivant.
[4] Avant le 7 mars 1475.
[5] Miton décrit l'état intérieur du château, au temps où la reine d'Angleterre, Marguerite l'habitait, et cet intérieur, de son temps, « estoit tout en ruines. » Voir plus haut, p. 50.

Quieuvecourt[1], le mardy 27 novembre 1590; laquelle Lasnier étoit veuve de Roger du Chesne, hoste du Lievre de ce lieu, qui estoit décédé le premier may précédent.

— Décedsde frere Jean Mauger, prieur de l'Hostel-Dieu de ce lieu du Neufchâtel, le 4e octobre 1590, âgé de 85 ans, et avoit joüi dudit prieuré, vacant par la mort du frere Anteaume[2] Mansel, prieur depuis l'an 1587 jusqu'alors.

— Décedsde Me Jean Patte, prêtre, le 20e décembre 1590, âgé de 26 ans.

— Décedsde Nicolas le Blond, dit Coru, drapier, le 9e janvier 1590, âgé de 68 ans.

— Décedsde Me Antoine Picard, avocat, le 12e janvier 1591, âgé de 68 ans.

— Frere Noël Caulle, religieux de l'hôpital du Neufchâtel, pourvû à la cure de Bully, vacante par la mort de frere Nicolas L'Escuyer, le 3e décembre 1590.

— Exécution d'un soldat des gardes du sr de Tavennes[3], par jugement de Palcheul, lequel soldat étoit venu pour livrer la place du château, avec un nommé le Chesne, soldat en la garnison dudit Neufchâtel, avoit vendu audit sr de Tavennes[4]; ce que toutefois ledit le Chesne n'accomplit point; au contraire ayant découvert audit Palcheul cette entreprise, fit pendre ledit soldat, en ce lieu du Neufchâtel, le 6 avril 1591, veille de Pâques fleury.

— Décedsde Me Louis Collet, avocat, le 21e juin 1591, âgé de 60 ans.

— Arrivée de Henry IV, roy de France et de Navarre, au

---

[1] Quièvrecourt. — « Hoste du Lievre », c'est-à-dire : « Le maître de l'hôtellerie du Lièvre. »

[2] Plus haut, p. 14, il est question d'un Antoine Mansel, prieur de l'hôpital.

[3] Le comte de Tavannes, gouverneur de Rouen pour la Ligue.

[4] « La phrase est conforme au manuscrit; elle est fort irrégulière. » C.

Neufchâtel, le 21 juin 1591. Il prit son logement en la maison du vicomte Anisse [1]; tous les habitans armés furent au devant de luy sur le chemin de Saint-Vincent [2]; le clergé avec la croix et la bannière, et Me Antoine Gaignon [3] luy fit une harangue au nom dudit clergé, qui alla aussi au-devant de luy. Me Antoine Marois, procureur du roy, en fit une autre pour tout le corps de la ville; il n'y coucha qu'une nuit, et s'en retourna le lendemain vers France [4].

— Décéds de Jean Saonnier, étant détenu captif ès prisons de Dieppe, avec Me Vincent de Fry, grenetier, comme pleige et caution dudit de Fry, étant demeuré redevable de grande somme de deniers envers les marchands et adjudicataires du grenier à sel de cette ville, le 13e juillet 1591, ayant été prisonnier un an et demy, âgé de 43 ans.

— Exécution audit Neufchâtel, le 17e aoust 1591, d'un nommé Ferret, par jugement de Palcheul, gouverneur dudit lieu, pour avoir violé une fille, ledit Ferret étant soldat de la compagnie dudit Palcheul, et ce nonobstant son appel.

— Excommunication faite par le Pape [5] des François qui

[1] Le mscr. porte bien « Anisse ». C. — C'est pour « Auisse », c'est-à-dire : « Avisse », comme on le voit ailleurs. Une famille de ce nom habitait Dieppe, il y a quelques années.

[2] Paroisse, aux portes de Neufchâtel, N.-O. — Il en a été souvent question. C'était le chemin de Dieppe, d'où il venait, à cause des munitions de guerre, et des troupes qu'il attendait de l'Angleterre, de l'Allemagne et de la Hollande. « Le 15 juin de cette année (1591) les citoyens eurent la satisfaction de recevoir le Roi dans leur ville. Sa Majesté, au grand regret des habitans, ne put y séjourner que jusqu'au 22. » Desmarquets, *Mémoires pour servir à l'histoire de Dieppe*, I, 293.

[3] Curé de Saint-Jacques, de Neufchâtel. — Voir plus haut, p. 67.

[4] L'Ile-de-France. On dit encore, dans le pays de Caux, quand le vent souffle de l'Est, qu'il vient « de France. »

[5] A l'imitation de Sixte V, qui avait excommunié Henri III, le 9 septembre 1585, son successeur, Grégoire XIV, excommunia Henri IV, et ses adhérents en mars 1591. C'est le 30 mai que les brefs d'excommunication avaient été apposés à Paris.

reconnoîtroient Henry IV pour roy de France, en ladite année 1591, dont le Parlement de Roüen, transféré à Caën pour le roy, en ayant reçû avis, par son arrêt du 3 de septembre [1], audit an 1591, fut fait deffenses de ne plus reconnoître le Pape, à peine de crime de Leze-Majesté, et que la bulle dudit Pape seroit brûlée par l'exécuteur de la haute justice publiquement.

— Exécution en ce lieu du nommé Eustache de Vérité, natif de Borrocourt en Picardie, étant soldat de la garnison de Liomes [2], accusé d'avoir tué un laboureur à sa charrüe, et pris ses chevaux, fut condamné par Palcheul, gouverneur, à être rompu sur une roüe, le 7e septembre 1591 ; lequel Vérité étant sur l'eschaffaut, prêt d'être rompu, demeura constant, et dit qu'il mourroit injustement, et qu'il n'avoit point commis ce fait, et mourut en cette opinion, moy étant présent.

— Décéds de Me Jean de Moy, seigneur de la Meilleraye, étant à Roüen, et avoit été lieutenant pour le roy aux bailliages de Caux et de Gisors ; mais il s'étoit rendu partisan de la ligue, âgé d'environ 63 ans, le 22e septembre 1591 [3].

— Exécution du nommé Brossin, jacobin à Gournay, par commandement du maréchal de Biron, après avoir réduit ladite ville en l'obéïssance du Roy [4], lequel trouvé avec les

[1] L'arrêt de la Cour de Caen est du 13 août 1591. — La date du 3 septembre est peut-être celle de l'expédition aux Bailliages de la Normandie.

[2] Liomer, départemt de la Somme, canton d'Hornoy. — Borrocourt est peut-être pour Brocourt, même canton.

[3] « Messire Jean de Mouy (ou Moy), chevalier de l'ordre du Roy, vice amiral de France et lieutenant de sa Majesté au bailliage de Caux et de Gisors, sous compromission du 21 aoust 1563. » *La Réformation à Dieppe*, I, 58.

[4] Le maréchal de Biron fit investir la place, dans la nuit du 28 septembre 1591 ; les travaux se poursuivirent jusqu'au 6, jour où la batterie ouvrit la brèche, et Gournay capitula le 7 octobre. M. d'Estaintot, *la Ligue en Normandie*, 199-203.

soldats au sortir de la ville en habit déguisé, fut reconnu et amené audit sr Maréchal, qui le fit condamner à être pendu et étranglé, pour avoir dit en ses sermons que le roy étoit bâtard et illégitime, et incapable de tenir la couronne de France, et ce le 7e octobre 1591 [1].

La même chose fut faite à Lizieux, par Mr de Montpensier, dit saint Picot, d'un cordelier [2], pour avoir dit en public que le Seigneur Roy étoit excommunié, et tous-ceux qui tenoient son party, et pour ce sujet fut condamné à être pendu et étranglé au mois de may de ladite année.

— Exécution d'Antoine le Tellier, dit la Chesnaye, en ce lieu du Neufchâtel, ayant été en prison 4 mois auparavant, au bourg de Cayeu, près d'Eu, où il faisoit sa demeure par la garnison de cette ville du Neufchâtel, pour l'homicide par luy commis à une vieille femme de Criquieres [3], six à sept ans auparavant dont il avoit été condamné par contumace au siege de Gaillefontaine, à être pendu et étranglé, dont ne s'étant pû ensuivre aucun effet à cause des troubles ; les srs de Pontrencart et de Montigny [4], ses ennemis, et luy voulant du mal, et se ressentant des offenses qu'il leur avoit faites durant les troubles, avoient obtenu une Commission du Parlement, tenu à Caën, adressante à Me Adrien le Soyer, lieutenant-général au bailliage de Caux, pour lui faire et parfaire son procès, lequel ayant ouy ledit de la Chesnaye, et fait apporter ledit procès dudit Gaillefontaine, fut con-

---

[1] Le même fait est rapporté par Valdory. « Charles Brossin, prédicateur de l'ordre des Iacobins, par le commandement du Mareschal de Biron et de son Conseil, fut pendu et estranglé, etc. » *Discovrs du Siege de Roven*, f. 11, ro. Il prenait le titre de : « Scientifique personne frère Charles Brossin, Docteur en théologie, prédicateur ordinaire de Monseigneur le Duc de Mayenne et abbé de Bellosanne. »

[2] Un cordelier, dit saint Picot?

[3] Criquiers, arrondt de Neufchâtel, à 24 kilom. S.-E. de cette ville.

[4] Un membre de la famille de Milleville était seigneur de Pont-Trancart et François de La Grange d'Arquien, sr de Montigny, né en 1554, mort en 1617.

damné[1] à avoir le poing coupé, et pendu et étranglé, et la tête portée sur le chemin dudit Gaillefontaine; plus est à noter en cette exécution, est que l'exécuteur l'ayant jetté et pensé fouller sur ses épaules, les deux cordes rompirent, et ledit de la Chesnaye tomba sur un pourceau qui étoit au pied de la potence; à l'instant il ouvrit les yeux, parla et demanda graces, disant qu'il avoit accompli sa condamnation; à quoy n'ayant égard, il fut derechef monté à ladite potence, et jetté comme cy devant par ledit exécuteur, où la chantrelle rompit derechef, et peu s'en fallut qu'il n'en arrivât de même qu'auparavant et eut grande peine à mourir. Ce qui fut fait audit Neufchâtel, le lundy 8e novembre 1591.

— La ruine et dégradement de la nef de l'église de Saint-Jacques du Neufchâtel, par Palcheul, gouverneur dudit lieu, pour fortifier le château, où ladite nef et clocher de ladite église commandoient fort; et la ruine totale de ladite église, en l'an 1591 [2].

— Brûlement de deux belles maisons que j'avois aux environs dudit château, qui fut fait par le commandement dudit Palcheul, après la rendition de ladite ville [3], et néant-

[1] « La phrase est conforme au manuscrit. Il faudrait aussi ajouter : Il fut condamné, etc. » C.

[2] Elle était dans la rue St-Jacques, à droite, en montant, à la place du pâté de maisons qui sépare aujourd'hui cette rue de la place Marquis, appelée alors : « Le Marché aux Vaches. » Le château était sur la même ligne, de l'autre côté de la rue St-Jacques. — On la répara plus tard.

[3] La reddition de la ville est du 12 février 1592, et Palcheul tenait encore dans le château, quand il brûla les maisons de Miton. Il en avait été question, entre Palcheul et Henri IV, qui lui écrivait, le 26 janvier 1592 : « Je suis bien ayse du bon commencement que vous avez donné à vostre fortification, et vous prie la continuer en toute diligence, vous asseurant que vous n'aurez pas faulte de secours de tout ce qui vous sera besoin pour vous conserver ; et partant ne demolissez

moins ayant perdu le courage sans attendre le secours du Roy qui le venoit trouver se rendit vie et bagues sauves. Au même jour fut aussi mon autre maison brûlée qui étoit sur le chemin qui menoit audit château, en 1592 [1].

— Le s[r] de Villars, gouverneur du Havre, étably gouverneur de Roüen, au lieu du vicomte de Tavannes, au mois de juin 1591 [2].

— Le 5e novembre, audit an 1591, deux soldats de Catillon ayant été surpris vollans aux champs [3], furent pendus et étranglés audit lieu du Neufchâtel, devant les halles, et un autre nommé le Clerc, natif de Copainville, fils d'un riche païsan, ayant été pris avec eux, fut condamné à être présent à l'exécution, la corde au col.

— Décéds de Me Gieffroy Carpentier, avocat, âgé de 70 ans, le 10e novembre 1591.

point encore les maisons desquelles vous me servez, jusqu'à l'extrémité, car j'espère vous en donner le loisir. » *Lettres missives*, édit. de M. Berger de Xivrey, VIII, 441. — On voit que Palcheul s'était conformé aux ordres du roi, puisque, pour la sécurité du château, il brûla les maisons, quand l'ennemi était déjà maître de la ville.

[1] Ce chemin s'appelait alors « Rue du Château », comme aujourd'hui. Ce paragraphe se trouve ici par anticipation et forme une répétition avec ce qui sera dit plus loin, p. 86.

[2] André de Brancas, seigneur de Villars. Dès le 8 juin 1591, il était question, à Rouen, de son changement.

[3] On les appelait les « Catillonnais », et la *Satyre Ménippée* ne les a pas oubliés. Dans la description intitulée : « Les pièces de Tapisserie dont la sale des Estats (de la Ligue) fut tenduë », on lit : « La neufiesme faisoit voir au naturel une grande Géante, gisante contre terre, qui avortoit d'une infinité de viperes et monstres divers, les uns intitulez Gaultiers, les autres Catillonnois, Lipans, Ligueurs, Catholiques zelez, et Chateauverds. » *Abrégé des Etats de la Ligue*, au début. — Une note, peu exacte dans ses détails, dit qu'il s'agit « d'un seigneur picard nommé Châtillon ou en patois du Païs Catillon. » Elle parle aussi du siège de Neufchâtel par « les sieurs de Givry et du Halot. » Pages 29 et 326 de l'édition de Ratisbonne, 1696.

— Décéds de Me Nicolas Bouchard, avocat, le 19ᵉ novembre, audit an, âgé de 53 ans, étant de la nouvelle opinion.

— Arrivée du Roy en cette ville[1], accompagné du prince d'Anhalt, Allemand[2], conducteur de 6,000 reîtres et de 12,000 lansquenets[3], s'acheminant devant la ville de Roüen[4], que le maréchal de Biron avoit investie le 21ᵉ novembre 1592[5]; lequel siege fut peu après renforcé de 3,000 Anglais conduits par le comte d'Essex[6], et 15,000 Flamans conduits par le comte Philippe, frère du comte Maurice[7].

— Mᵉ Jean Vassagne, dit Varengo, avocat, pourvû à l'Estat de lieutenant du Neufchâtel; il en prit possession le 20ᵉ janvier 1592.

[1] Le 21 novembre 1591, Henri IV était avec les Allemands à Oisemont (Somme). *Chronologie novenaire* de Palma Cayet. C'est donc le 23, au plus tard, qu'il passait par Neufchâtel; car ses marches étaient des plus rapides, parce qu'il avait beaucoup de cavalerie dans son armée.

[2] Christian I, prince d'Anhalt-Bernbourg.

[3] Palma Cayet, qui donne le détail de ces troupes allemandes, les fait monter à 5,500 reîtres, et l'infanterie à 10,000 hommes. *Ibid.*

[4] « Le Roy arriva le 24 du dit mois (novembre) à Dernétal, grand bourg qui estoit de quinze cents feux, à demie lieuë de Rouen. » Id., *Ibid.* — Il ne devait pas avoir été suivi par toutes ses troupes.

[5] Ces deux dates ont été mal lues par le premier copiste.
« Le Lundy jour de la feste Sainct Martin vnziesme de Nouembre, mil cinq cens quatre vingts et vnze, sur les sept à huict heures de matin, les ennemis se presenterent sur le mont de la Iustice regardant la porte Beauuoysine. » *Discovrs dv Siege de Roven* (par Valdory), fᵒ 22, recto.

[6] Robert Devereux, comte d'Essex. C'est avant l'investissement que le maréchal de Biron avait « pourmené les Anglois et leur Millord, conte d'Essex », dans quelques petites expéditions autour de Rouen. Id., *Ibid.*, fᵒ 9, recto. Ils étaient logés au Mont-aux-Malades.

[7] Philippe de Nassau était « cousin » et non « frère » de Maurice. « Le premier jour du mois de mars, arrivèrent à Dieppe deux mille hommes, que le comte Maurice envoyoit de renfort au Roy par son cousin Philippe de Nassau. » *Mémoires de Groulart.*

— Secours donné au duc du Maine, chef de la ligue, par le duc de Parme, Espagnol, pour faire lever le siège mis par le Roy devant Roüen, lequel duc de Parme s'avançant avec son armée composée de 18,000 hommes, tant de cheval que de pied [1], de nations italiennes, espagnoles et françoises, et étant assisté dudit duc du Maine, du duc de Guise, du duc d'Aumalle, du duc de Palmerie *(sic)*, du marquis de Pont-Lorrain, et autres, et étans rencontrés par le Roy, près d'Aumalle, assisté seulement de mille chevaux, il se donna une charge, où le Roy fut blessé aux reins d'une arquebusade, et contraint de rebrousser chemin, faisant sa retraite en ce dit lieu [2], où il estoit arrivé le jour précédent [3]; cecy arriva le 5e février 1592 [4].

— Siege de la ville du Neufchâtel par le duc de Parme, le mardy gras 12e février 1592 [5], où commandoit, dans la ville

---

[1] Palma Cayet dit : « Lesquels tous ainsi assemblez faisoient un corps d'armée de cinq mille chevaux et dix-huict mille hommes de pied. » *Ibid.*

[2] Quand il eut descendu les pentes de la côte rôtie, blessé dans la vallée et près de la rivière de la Bresle, Henri IV se replia sur Aumale, en repassant la rivière et en s'engageant dans l'étroite chaussée qui conduisait à la porte de la Longue-Rue.— Voir M. Semichon, *Histoire d'Aumale*, II, 304. — Voir aussi la gravure du combat d'Aumale dans l'ouvrage du P. Dondin, jésuite : *De rebus in Gallia gestis ab Alexandro Farnesio*, etc., in-4, Rome, 1675.

[3] Davila dit que « le roi vint à Aumale le 4 février, » comme Miton. Mais le *Journal militaire de Henri IV*, par le comte de Valori, dit que : « Sa majesté arriva enfin à Aumale le premier jour de ce mois (février) et y séjourna jusqu'à l'arrivée de l'armée ennemie à Poix, qui n'en est qu'à quatre lieues. » P. 209.

[4] « Le mercredi, cinquième jour de ce mois, elle fut avertie par les batteurs d'estrade, que la dite armée avoit touché à Poix; à deux heures devant le jour elle avoit battu aux champs résolue à ce qu'on a vu depuis de venir loger au dit Aumale. » Id., *Ibid.*, 210.

[5] En 1592, le mardi gras tombait le 11 février et non le 12 qui était le mercredi des Cendres. Aussi Palma Cayet dit : « Le 11 février qui

le s^r de Givry [1], et Palcheul dans le château ; la batterie étoit de 10 pièces de canon si forte et si violente, qu'après avoir enduré 800 coups de canon, et la brèche assez grande près la porte des fontaines, sur le point de l'assaut, fut la composition arrêtée audit s^r de Givry par ledit duc de Parme, vie et bagues sauves, de ses gens de guerre et des habitans, par le moyen du s^r de la Chartre [2] qui étoit beaupere dudit Givry, et près du s^r Dumaine [3] (Du Maine).

Le lendemain de ladite rendition [4], on assiégea le château où Palcheul commandoit, lequel perdant courage et les siens, sans attendre un seul coup de canon, quoyque le Roy qui étoit au bourg d'Auffay luy eût mandé qu'il luy envoyeroit du secours, et qu'il eût brûlé mes deux maisons,

estoit le jour de mardy gras ou caresme-prenant, il (le duc de Parme) y fit acheminer (à Neufchâtel) en un instant toute l'armée et son artillerie. » *Chronologie novenaire.*

[1] Anne d'Anglure de Givry. « Or le Roy avoit mis dans la ville de Neufchastel M. de Givry avec la cavalerie legere, qui pouvoient estre trois cents bons chevaux. » Id., *Ibid.* Il avait aussi des Reîtres et deux régiments d'infanterie.

[2] « De la Chastre », un des capitaines de la Ligue. — « M. de Givry commit cest affaire au sieur de la Motte, et le duc de Mayenne à M. de La Chastre, beau père du dit sieur de Givry. » Id., *Ibid.* Palma Cayet ajoute : « Pour ce jour (11 février), à cause de la proximité de la nuict, cette composition ne peut venir à exécution. Le lendemain dez le matin, ils observèrent les uns et les autres ce qu'ils avoient promis. » C'est donc le mercredi, 12 février 1592, le jour des Cendres, que la ville seule de Neufchâtel (et non le château) fut rendue au duc de Parme. — Pendant ce temps, Henri IV resta, du samedi 8 au lundi 10 février, à Saint-Aubin-le-Cauf ; le mardi 11, il était à Auffay, et le mercredi 12, à Buchy, comme on le voit par ses *Lettres missives.*

[3] Voir plus loin, APPENDICES, I-3, p. 219-225.

[4] La reddition de la ville ayant eu lieu le 12, le mercredi des Cendres, le siège du château, distinct du siège de la ville, serait donc du jeudi, 13 février 1592. Mais un autre récit dit que la résistance se prolongea pendant quatre jours, c'est-à-dire jusqu'au 16. — Voir APPENDICES, I-3, pièces 2 et 3, p. 220-225.

et autres qui étoient aux environs dudit château, rendit la place qui étoit bonne, à l'Espagnol, vie et bagues sauves [1]; quinze jours après étant allé à Dieppe, fut saisi et arrêté prisonnier, et auroit été exécuté, sans la priere que le duc de Boüillon en fit au Roy, à la poursuite des ministres et huguenots qui étoient à Dieppe [2], pendant lequel temps ledit duc de Parme resta au Neufchâtel et aux environs 17 jours [3],

[1] Palma Cayet dit au contraire que : « Le duc de Parme fâché de ceste resistance, qu'il appelloit témérité, fit travailler incontinent à la mine et à la sappe, fit dresser ses batteries et tirer si furieusement que la bresche estant faicte il vouloit donner l'assaut. » *Chronologie novenaire.* — Ces détails nous paraissent faux. Il y a bien, dans les *Lettres missives de Henri IV*, une lettre datée : « Offy (comme on prononce encore quelquefois le nom de « Auffay ») 11 febvrier 1592. » Mais elle est adressée au duc de Nivernais, sans aucune mention de Neufchâtel. C'est à celle du 26 janvier précédent qu'il est peut-être fait allusion ici. — Voir, plus haut, une citation de cette lettre, p. 82.

[2] « Ce même jour (5 mars 1592), Mr de Cusson conduisit au château de Dieppe le sieur de Pallecheul suivant l'ordre du Roy, parce qu'il avoit rendu lâchement le Neufchâtel, dont il estoit gouverneur. » *Les Antiquitez de Dieppe* par Asseline, 1874, t. II, p. 95. — Claude Groulart, premier président du Parlement royaliste, séant à Caen, dit : « Nous voulusmes faire le procès à Palleseuil pour sa lâcheté; mais M. de Bouillon, qui a esté fait maréchal de France, y résista, d'autant qu'il étoit huguenot, et qu'ils se sçavent parer les uns les autres à point nommé. » *Mémoires.* Henri de la Tour d'Auvergne, vicomte de Turenne, duc de Bouillon, fut fait maréchal de France le 9 mars 1592. — Palma Cayet a donc eu tort de dire, d'après l'historien Campana : « L'accord de la reddition fut arrêté à condition que ledit gouverneur seroit conduit en lieu de sûreté; mais il fut, ce dit l'historien Campana : « tué après « avoir été conduit sous bonne escorte en lieu convenu. » *Chronologie novenaire*, année 1592.

[3] Le duc de Parme serait donc resté à Neufchâtel jusqu'à la fin de février, et peut-être le commencement de mars 1592, si ces 17 jours sont comptés à partir des deux sièges ou de la reddition de la ville et du château. — Ailleurs, on trouve « dix jours seulement », chiffre plus vraisemblable. APPENDICES, I-3, p. 222. Une mauvaise lecture du premier copiste est présumable.

ruina tout le païs, brûlant tous les arbres fruitiers et maisons, pour chauffer toute sa gendarmerie.

— Après le départ du duc de Parme, la ligue établit un nommé la Pinelière [1], gouverneur dudit Neufchâtel, avec un régiment de gens de pied, que les habitans furent contraints de nourrir bien longtems.

— Décéds de sœur Anne de Bergny, dite la Moyenne [2], Mère des sœurs grises de ce lieu, le 18e mars audit an 1592, âgée de 88 ans. C'était une femme qui disoit ce qu'elle vouloit avec un grand cœur.

— Mort de Gieffroy Carpentier, fils de Me Gieffroy Carpentier, avocat, d'une arquebusade qu'il reçut à la tête, durant le siège du Neufchâtel, le 12e février 1592 [3], âgé de 30 ans.

— Décéds de Me Antoine Gaignon, curé de Saint-Jacques de ce lieu, le 18e avril 1592, âgé de 44 ans.

— Décéds de Me Georges le Maître, avocat le 25e mars 1592, âgé de 68 ans.

— Décéds de Me Jean Cognain [4] l'aîné, apoticaire, le 2e may 1592, âgé de 65 ans.

— Durant le mois de may 1592, moururent Nicolas Caron, sr du Lion, les femmes de Me Jean Bit, avocat, de Me Adrien le Boullengier, procureur, et Marguerite Hiesse, veuve de Me Robert de la Coudre, avocat, et autres, etc.

— Décéds de Richard Miton, receveur du comté d'Eu, âgé de 68 ans, le 27e juin 1592.

— Décéds de Me Jean Lasnier, audit an 1592.

---

[1] Un auteur de ce nom, né à Angers, donnera une tragédie d'*Hippolyte*, en 1635. Corneille fera un sonnet en son honneur.

[2] Voir plus haut, p. 7.

[3] Plutôt le 11, comme on l'a vu ci-dessus, p. 85, note 5.

[4] « C'est Cognain » c'est-à-dire : « Congnain ». On trouve « Connain ». — V. Guibert : « le sr Nicolas Connain, sieur de Radiolles. » Communication de M. Lefebvre.

— Grande cheretée de cidre, en ladite année 1592, en la ville du Neufchâtel et aux environs, à cause des dégâts causés par l'armée, l'année précédente; le poinçon valoit. 60 l. et le pot 12 s., et la viande y étoit aussi fort chère.

— Décéds d'Antoinette le Grand, femme de Me Jean de Hasteville, le 24e juillet 1592, âgée de 88 ans.

— Décéds de Marie Vassagne, fille de Me Pierre Vassagne et femme de Vincent Bernard, le 16e aoust 1592.

— Arrivée au Neufchâtel de la maréchale de Joyeuse [1], accompagnée du s^r de Villars, gouverneur de Roüen. On leur refusa la porte, par l'ordre de la Pineliere, commandant pour la ligue audit lieu [2], et furent contraints de se retirer et d'aller prendre refuge au château de Meinieres, où j'étois alors. Cela arriva le 17e aoust 1592.

— Vente, faite par la Pineliere, à Fontaine-Martel [3], du gouvernement du Neufchâtel, moyennant huit mille livres, duquel il prit possession, le 22e août 1592.

— Le s^r de Villars, gouverneur de Roüen, pourvû à l'estat d'amiral de France, par le duc de Mayenne, fut reçu

[1] Marie de Batarnay, que Guillaume, IIe du nom, vicomte de Joyeuse et maréchal de France, avait épousée vers 1561. — De Brancas, seigneur de Villars, tenait cependant, comme lui, pour la ligue, à Rouen, où il soutenait vaillamment un siège contre Henri IV. — Voir plus haut, page 83.

[2] « Jacques Hervyeur, dit le capitaine Lion, fut, sous les ordres de M. de la Penelière, commandant pour la ligue, au château de Neufchâtel, en août 1592. » (Arch. de la Seine-Inf.). Cité par M. Lesens, *Hist. de la Réformation à Dieppe*, I, 241.

[3] François I Martel, seigneur de Fontaine, aujourd'hui hameau de Bolbec, avait été gouverneur de Louviers. — Voir *Essai historique sur les Martel de Basqueville*, 239-244 et *passim*. Ce fameux ligueur y est appelé, comme ici, « Fontaine-Martel. »

et prêta le serment au Parlement, le 12ᵉ aoust, audit an 1592 [1].

— Décéds de Pierre Trousse [2], et de Jean Moland, les 20ᵉ mars, et 2 juillet 1592.

— Peste véhémente à Dieppe, en 1592, qui fut aportée au Neufchâtel peu de tems après par des draps qu'on y avoit achetés.

— Décéds de Guillaume Fresnoye, le 27ᵉ aoust 1592.

— Décéds de sʳ de Bully, réfugié au Neufchâtel, le 14 may audit an [3].

— Décéds de Nicolas le Vacher, syndic de cette ville, le 7ᵉ septembre 1592.

— Décéds de Mᵉ Jean Cognain le jeune, apoticaire, causé par la contagion, le 9ᵉ novembre audit an.

— Décéds de Michel de Lormel, drapier, le 14ᵉ desdits mois et an.

— Décéds de Jean de Noüilles, drapier, le 8 desdits mois et an.

— Décéds de Mᵉ Jean de Hasteville, le 20ᵉ desdits mois et an.

— Décéds de Mᵉ Jérôme de Bedez, greffier du vicomte, huguenot, s'estant réfugié à Dieppe, à cause des troubles, le 18ᵉ septembre 1592.

— Décéds de Laurent le Fèvre, dit Guion, tanneur, le 26ᵉ septembre audit an 1592.

— Secondes noces de Jacques de Pimont, tabellion de Saint-Saen, et de Nicole le Heurteur, veuve du grenetier Engren, le 19ᵉ octobre.

---

[1] La dignité accordée par Mayenne à de Villars, et ratifiée par le parlement ligueur, de Villars l'exigera bientôt impérieusement de Henri IV, pour prix de sa soumission.

[2] C'est « Troussé. » Un « Michel Troussé » figure dans un contrat de vente du 18 janvier 1610. *Recueil sur la commune de Bully*, par M. Foncin, p. 182.

[3] Loys de Lestendart, Id., *Ibid.*, p. 549.

— Déceds de Charles Bellet, causé par la peste, le 24 octobre 1592.

— Déceds de Jean le Heurteur de Saint-Vincent, le 2e novembre 1592.

— Déceds de Me Jean Morot, prêtre, le 5e avril 1592.

— Déceds de Jeanne Herlent, veuve de Me Jean Cognain, et[1] Colette Bremen, toutes deux de la peste, les 13 et 14 novembre 1592.

— Exécution de deux soldats, nommés la Barriere et la Vigne, lesquels, pour plusieurs volleries et meurtres, furent condamnés à être pendus et étranglés le 19e novembre 1592.

— Déceds de Diane de Servia[2], dame d'Hermanville, le 18e juin 1592.

— Nôces de Vincent Cossard, apoticaire, et de Nicole Cognain, le 7e janvier 1593.

— Lesdits jour et an, Nicolas le Bon, mesureur, épousa en secondes noces Jeanne Bernard, veuve de Pierre Trousse[3].

— Déceds de Me Bertrand Bodin, lieutenant du vicomte de ce lieu, le 13e dudit mois de janvier 1593.

— États généraux de ce royaume, termés à tenir à Paris, pour la ligue, par le commandement de Mr de Mayenne, et publiés au commencement du mois de février 1593[4].

---

[1] « Il faudrait ajouter « de ». La copie est conforme au ms. » C.

[2] Antoine de Masquerel, IIe du nom, baron de Boscgeffroy, seigneur de Bailleul, avait épousé, en secondes noces, en 1547, une Diane de Serviat. — M. Dergny, *les Cloches du pays de Bray*, I, 207.

[3] « Troussé », comme plus haut, p. 90.

[4] « Le Mardi 26 janvier (1593) l'ouverture des Etats fut faite ». *Mémoires de P. de l'Estoile*. — *La Menippée* dit « qu'ils furent convoquez à Paris, au dixième février, 1593. » Ce doit être une erreur, comme ici.

— Déceds de Reverend Père en Dieu, Guillaume de Fautreau, abbé de Sery [1], étant réfugié à Amiens, le 3e septembre 1593.

— Déceds de Jean Saonnier, étant prisonnier à Dieppe, au mois de septembre 1573 [2].

— Le 27e mars 1593, se trouvèrent deux soldats de Fontaine-Martel, lesquels ayant dénié l'obéissance à Morgny [3], sergent-maire en cette ville, furent par luy condamnés à être pendus et étranglés; il y en eut un qui le fut, l'autre étant sur le point d'être attaché à la potence, fut redonné aux soldats par ledit de Fontaine, et eut la vie sauve.

— Le lundy penultiesme de mars 1593, un nommé Cressanville, soldat dudit de Fontaine-Martel, ayant épousé Françoise le Roy, veuve de Me Louis Collet, avocat, accusé de volleries et larcins, fut pendu et étranglé en cette ville.

— Saisie et emprisonnement, fait par le commandement de Fontaine-Martel, de Vincent Bernard, Nicolas le Bon, mesureur, Simon Lasnier, etc., qui furent menez au château pour être oüys sur une lettre missive, que Me Jean Bouchard, étant à Dieppe, avoit envoyée audit Bernard, le 26e mars, audit an 1593.

— Le premier jour d'avril 1593, le nommé la Coudre, qui avoit épousé la fille de Gieffroy le Blond, et un autre

---

[1] Miton paraît s'être mépris sur sa qualité; car « *l'abbé* » était alors Jean Fautereau, comme il le dira plus loin, en parlant de sa mort, à une autre date que celle-ci. — Voir p. 98.

[2] « Le mscr. porte bien 1573, probablement pour 1593. » C. — Les motifs de sa détention ont été donnés plus haut, p. 79.

[3] Parmi les gentilshommes qui s'étaient renfermés dans Rouen, avec de Villars, en novembre 1591, était « le sieur de Morgny auec quinze cheuaux legiers, et quelques harquebouziers à cheual. » *Discovrs dv siege de Rouen*, par Valdory (éd. de 1592), page 14, verso. Il paraît avoir été détaché de Rouen, pour remplir cette fonction à Neufchâtel.

qui étoit maréchal ferrant, accusés de volleries, furent pendus et étranglés en cette ville.

— Siège du château de Bacqueville, par Fontaine-Martel et le commandeur Grillon [1], dans lequel s'étoient réfugiés grand nombre de huguenots, très riches, qui étoient sortis de Dieppe, lesquels ayant avis que secours venoit dudit Dieppe, à la dame dudit Bacqueville [2], les avoient devancez pour les surprendre, comme de fait, lesdits de Dieppe ne se trouvans pas assez pour combattre lesdits de Fontaine, et Grillon, s'étoient retranchés au village d'Offrainville [3], et les assiégez pour éviter le péril où ils se voyoient, avoient capitulé en promettant de payer 100,000 liv. [4] dans trois ou quatre jours, et avant que ces jours fussent expirés, arriva de la cour le s^r de Chatte [5] avec 150 chevaux fort fatigués, à l'ayde desquels, et de ce qu'il pût avoir d'ailleurs, alla attaquer devant le jour Grillon et de Fontaine qui estoient à Offrainville, et lesdits Grillon et de Fontaine, sans reconnoître quelles étoient les forces de leur ennemy, s'enfuirent, croyant que le baron de

[1] Berton des Balbes, seigneur de Grillon, dit Le chevalier de Grillon ou Crillon, champion de la Ligue. On trouve indifféremment les deux noms dans les Mémoires de cette époque.

[2] Jehanne de Segrestain, veuve de Nicolas II, Martel. *Les Martel de Basqueville*, 182, 200.

[3] Offranville, bourg à 6 kilomètres S.-O. de Dieppe. — L'affaire se passa dans un de ces clos, sorte de redoute fermée de tous côtés par une levée de terre, improprement appelée *fossé* et plantée d'arbres.

[4] « L'ennemi demandait 40,000 écus ; on lui en offrit 3,000. » Guibert, *Mémoires sur la ville de Dieppe*, II, 198.

[5] Aymar de Chastes, gouverneur de Dieppe. « Mr de Cusson, qui avoit pensé aux moyens de tirer les Dieppois à meilleur marché hors du danger dont ils estoient menacez, en donna avis à Monsr de Chaste, lequel estoit alors à Mantes auprès du Roy. » Asseline, *Ibid.*, II, 99.

Biron étoit de la troupe; cecy arriva au mois de May 1593 [1].

— Continuation de la cheretée du cidre en ces quartiers, en l'année 1593, le poinçon 55 liv. le pot 10 s.

— Exécution de Cauchois, de Sainte Beuve en Rivière [2], et d'un appelé Mireville, en ce lieu par commandement de Fontaine-Martel, à cause que lesdits Cauchois et Mireville, étoient soldats, tenant le party du Roy, et qu'ils détroussoient ceux qu'ils rencontroient apporter des vivres en cette dite ville du Neufchâtel; cette exécution fut faite le 13e aoust 1593.

— Le lendemain, 14 desdits mois et an, furent pendus deux autres soldats, l'un nommé la Forest, et l'autre Chevalier, étans d'Alihermont et Foucarmont, pour avoir vollé des munitions qui se portoient après la trève expirée.

— Décèds de R. Père en Dieu, Me Guillaume Martel, abbé commandataire des Abbayes de Saint-Josse et de Brembet [3], le 21e octobre 1593, âgé de 65 ans.

— Possession prise par Me Cesar du Mesnil de l'estat de maître particulier des forests du Neufchâtel et de Caudebec,

---

[1] Armand de Gontaut, baron de Biron. — Vers le milieu du mois de mai.

[2] A huit kilomètres N.-E. de Neufchâtel, dans la vallée d'Eaulne.

[3] « Ou Brembel ou Brember. » C. — On jugera combien la lecture du premier copiste a été défectueuse, quand on saura qu'il s'agit de : « Guillaume Martel, abbé et comte de Saint-Josse-sur-Mer et abbé de Beaubec. » *Les Martel de Basqueville*, 164. Comment deviner l'abbaye, située entre Neufchâtel et Forges, sous un pareil travestissement de nom? Ami des arts, il y fit faire, vers 1580, le logis abbatial et « représenter sur la boiserie de son cabinet Venus et Adonis, Psiché, l'enlèvement de Proserpine, etc. » Toussaint Duplessis, *Descript. de la Haute-Normandie*, I, 153. Son neveu, Charles Martel, prit sa succession sous bénéfice d'inventaire. M. Hellot, *Ibid.*, p. 201. — Saint-Josse, Pas-de-Calais.

par la résignation à luy faite par Me François Auisse [1], le 20e octobre 1593.

— Le dimanche 14e novembre 1593, le sr de Bernapré [2], abbé claustral de Foucarmont, chanta sa première messe audit lieu.

— Le 18e décembre 1593, furent pendus en cette ville deux soldats, l'un Suisse, et l'autre appellé la Serpe ; ledit Suisse, pour avoir déserté de sa garnison, et avoir reçu sa paye, et ledit la Serpe, pour avoir violé et vollé.

— Décèds de Jacques Engren, mon beau pere, ayant été auparavant attaqué d'apoplexie, âgé de 75 ans, le 29e décembre 1593.

— Nôces de Me Ildemest [3] de Malheue [4], de Gournay, avocat, et d'Anne Dromet [5], fille aînée de Me Jean Dromet, avocat, le 7e février 1594.

— Le 14e février, audit an, ma femme accoucha d'un fils qui fut tenu sur les fonds de baptême, par Georges de Fautreau, fils puiné du sr baron de Cretot [6], et du fils aîné du

---

[1] « Ou Avisse. » C. — *U* est pour *v*. — Comme on l'a déjà vu.

[2] « Antoine de la Rue de Bernapré succéda à son oncle (Pierre de la Rue, doyen de Gerberoy) ; avec lui, l'abbaye revint à des abbés réguliers. Il résigna à son neveu et s'en repentit bien et longtemps. Il mourut au mois de mars 1636. » *Gallia Christiana.*

[3] « Ou Ildemert. » C. — « Ildevert » ou « Hildevert », nom de baptême assez commun dans le pays de Bray, à cause de St Hildevert, en grand honneur à Gournay-en-Bray, où se trouve une église fort remarquable dédiée à ce saint dont elle possède les reliques.

[4] Le nom de « Malheue » revient souvent dans l'*Histoire de Gournay*, par M. Potin de la Mairie. « Toussaint Malheue, sieur d'Abancourt, fut avocat fiscal, à Gournay, en 1570. » II, 300. *Ibid.*, 89.

[5] « Ou Dromel. » C. — « Drouet », dont il est question plus bas, p. 97.

[6] « Noble homme André de Fautereau, baron de Crestot », avait été désigné, comme député de la noblesse, pour assister aux Etats généraux de la Ligue, par délibération du 7 février 1593. Archives municip. de Rouen. *La Ligue en Normandie*, 276. — Crétot est aujourd'hui un hameau de Goderville.

sʳ de Boitillan[1], et par la femme du capitaine Ricarville, auquel on donna le nom de Georges.

— Secondes noces du sʳ de Saint Serre[2] et de la fille unique du sʳ de Troqueville[3] qui furent solemnisées à la Prêche de Dieppe, le 8ᵉ février 1594.

— Nôces du sʳ de Godarville[4], avec damoiselle Madelaine de la Mothe, fille unique du sʳ de Vimont, en l'église catholique, le 20ᵉ février audit an 1594.

— Nôces de Jean Langlois, soldat, et de Catherine Engren, veuve de feu Roger le Blond, le 4 février audit an.

— Procès extraordinaire fait par Mᵉ Jean Vassagne, dit Varengo, par commandement de Fontaine-Martel, allencontre de Vincent Bernard, sur la lettre de Mᵉ Jean Bouchard, étant à Dieppe, adressée audit Bernard, par laquelle il luy mandoit qu'il eût à s'assurer de ses amis, et se trouver au quartier duquel il lui faisoit mention par icelle, au jour et heure, afin de sa part de luy faciliter l'entrée de ladite ville avec les gens de guerre qu'il y meneroit, ce qui donna la

---

[1] « Le sʳ de Botillan » représentait la noblesse, aux États de Normandie, en novembre 1595. *Cahiers des Etats de Normandie sous Henri IV*, I, 223. — Aux mots : « et *du* fils aîné, » etc., il faut substituer : « et *le* fils aîné. » L'usage de deux parrains n'était donc pas encore aboli.

[2] Samuel de Boulainvilliers, seigneur de Saint-Saire, de Mesle, de Beaubec-la-Ville et du Mesnil-Mauger, dont la première femme eut une fin tragique. — Voir plus haut, p. 75. Plus loin il dira : « Sieur de Tocqueville-en-Caux, p. 149. »

[3] Tocqueville-en-Caux, arrᵗ de Dieppe. — « Les sieurs de Tocqueville-en-Caux étaient des Levasseur. » (M. Lefebvre) Tel serait le nom de la seconde femme de de Boulainvilliers.

[4] Aujourd'hui Goderville, Seine-Inf., arrᵗ du Havre, mais anciennement on disait Godarville plus voisin de l'étymologie du mot. « Originairement les « Godard », seigneurs de Goderville, portaient le nom de De Vaux (*De Vallibus*); mais ils avaient fini par prendre le nom de leur fief principal, comme celui-ci le leur à l'origine. » *Les Martel de Basqueville*, 106 et 107.

peur audit Fontaine d'être surpris, comme il avoit été à Ronaires[1], où il avoit été pris; et prétendant être éclaircy de la sinistre entreprise, et que ladite lettre étoit suffisante pour convaincre ledit Bernard, fit venir le bourreau de Roüen, fit planter une potence au Pilory, et mettre le procès en délibération en son château, où ayant appelé Me Percheval de Grouchy, avocat du Roy, maîtres Jean Droüet, Robert Hullin, Jean Bit, Antoine Collet et autres avocats, fut trouvé, par leurs avis, que vû qu'il n'y avoit preuve, conjecture, ny apparence aucune, pour condamner, ledit Bernard fut délivré sans condamner ny absoudre, contre la volonté et au grand regret dudit Fontaine, lequel néantmoins composa[2] ledit Bernard, et fut contraint luy payer cent écus, pour sortir d'un trou où il était mis au fond de la cave de son dit château, et si fut ladite potence en son être[3] audit Pilory depuis plus de deux ans, étant vulgairement appelée la potence de Bernard ; ce qui fut fait au mois de juillet 1593.

— En l'an 1594, le 25e février, ledit Fontaine-Martel alla attaquer Catillon qui faisoit sa demeure au bourg d'Orgnies[4], au manoir seigneurial, où ayant fait jeter une

---

[1] Au lieu de « Louviers ». — Fontaine Martel en était gouverneur, lorsque du Raulet, gouverneur du Pont-de-l'Arche, prit la ville, le 6 juin 1591, ses hommes entrant par une porte, pendant que Fontaine Martel sortait par une autre pour aller à la chasse. « Fontaine Martel rentra et demeura prisonnier du Roy, avec M. de Sainctes, évesque d'Evreux. » Palma Cayet, *Chronologie novenaire*, année 1591.

[2] « Rançonna ». — C'était son habitude. On en cite un curieux exemple au sujet des habitans de la ville d'Eu, en 1594. — Voir *Cahiers des Etats de Normandie sous Henri IV*, I, 219.

[3] « De fait et réellement. »

[4] « Orgnies », lecture doublement fautive pour « Orguiel », ou plutôt « Orgueil », nom donné encore aujourd'hui, dans le pays de Bray, à « Arguel », chef-lieu de canton de l'arrt de Neufchâtel, à 24 kilom. sud de cette ville.

saucisse et un pétart dedans la salle dudit manoir, l'effet s'en suivit tellement, et avec un si grand tintamarre, qu'il fit trébucher les poutres et planchers[1], sous lesquels ledit Catillon fut attrapé et matrassé[2], et par ce moyen une infinité de voleurs qu'il avoit maintenus durant les troubles de la ligue, et ruiné le pays de dix lieuës en la ronde, furent éparts et contraints de faire retraite, n'ayant ledit Catillon, durant lesdits troubles, fait aucun acte de guerre digne d'être récité.

— Décéds de R. Pere en Dieu, Me Jean de Fautereau, abbé de Sery, étant en la ville d'Amiens, le jour du Vendredy saint, 8e d'Avril, 1594, âgé de 78 ans[3].

— Décéds de Michelle de la Boe, veuve de Jacques Engren, laquelle étoit ma belle-mère, le 8e juillet 1594.

— Cruauté grande exercée par un nommé Horcholle, accompagné d'un surnommé Lancien, du Mesnil Mauger, à l'endroit de sa belle-mère ; étant à la Balloterie[4], lieu de sa demeure, laquelle il tua à coups de couteau, dont étant convaincu par conjectures, furent l'un et l'autre condamnés

---

[1] « Le château, construit en très grande partie en pierre blanche, est un carré long avec tourelles rondes aux angles, absolument comme au XIIIe siècle ; mais le style qui apparaît le plus est celui du XVIe. Les fenêtres de pierre et les tourelles en encorbellement indiquent cette époque : le XVIIe siècle a fait à cet édifice des retouches malheureuses. » M. l'abbé Cochet, *Répertoire archéologique de la Seine-Inférieure*, 157. — La destruction partielle de 1594 en a été la cause.

[2] « Assommé de coups ». Le matras, ancien dard, meurtrissait et ne perçait pas.

[3] L'auteur de la *Notice historique sur l'Abbaye de Sery*, M. Darcy, dit : « 32e (abbé) Jean VII de Fautreau (1569-1593 ?). » P. 95. La date exacte serait *1594*. La guerre l'avait forcé de se réfugier à Amiens, comme Guillaume de Fautereau, mort une année auparavant, mais qui n'était point abbé de Sery. — Voir plus haut, p. 92.

[4] La Hallotière, arrt de Neufchâtel, canton d'Argueil. — Le Mesnil-Mauger, même arrt, canton de Forges.

à être rompus sur la rouë en ce lieu, dont apel étant interjetté au Parlement par ces méchans, fut la sentence confirmée et exécutée à Roüen, où ils confessèrent la vérité.

— Reduction de Fontaine-Martel, et la ville du Neufchâtel au service du Roy, le 2e octobre 1594 [1].

— Nôces de Fontaine-Martel, et de la fille unique du sr de Mons, le 15e décembre 1594.

— Décéds de Madelaine Duval, abesse de Bival [2], sœur du sr de Fontenay, prévôt de l'Hôtel du Roy, le 10e décembre 1594.

— Le 25e janvier 1595, Me Jacques le Carpentier, de la ville d'Eu, prit possession de l'estat de second eslû de l'élection du Neufchâtel.

— Décéds de Me Jean la Vache, Président de l'élection d'Arques, le 18e juin 1595.

— Décéds de Me Nicolas Bignon, lieutenant-général civil et criminel de la vicomté d'Arques, étant en Flandres, en 1595.

— Secondes nôces de Vincent Bernard, et de la fille du sr Pesant, bailly de Longueville, veuve du nommé Buhotte, lieutenant particulier du vicomté [3] de Roüen, en 1595.

---

[1] Moyennant finances, comme tant d'autres gouverneurs. Dans l'État des sommes que Henri IV dut payer pour acheter leur soumission, on lit : « Au sieur de Fontaine-Martel, pour le Neufchastel 16,000 escus. » *Mémoires de Groulart*. Il avait acheté ce gouvernement 8,000 livres. — Voir plus haut, p. 89. Son avidité lui suggéra une réclamation lors de la tenue des Etats de Normandie, en 1617, et Louis XIII la repoussera. — Voir *Cahiers des Etats de Normandie sous Louis XIII*, etc., t. I, 149. — Cette date exacte ne se trouve pas dans la *Ligue en Normandie* ni ailleurs.

[2] Est d'accord avec la *Gallia Christiana* qui dit : « Magdalena III Duval..... Obiit IV. id. Dec. anno 1594, ex commentariis domesticis. » — « Ces mémoires particuliers » peuvent bien être le *Mémoire de Miton*.

[3] « Il y a un accent sur l'e dans le mscr. » C.

— Prise de possession de l'Estat de tiers Eslû, en l'élection du Neufchâtel, par M⁶ Louis du Plis, en 1595.

— Nôces de M⁶ Nicolas le Bon, avocat, fils de M⁶ Archambaut le Bon, contrôleur, avec une fille de Beauvais, en 1595.

— Le 4ᵉ novembre, audit an, le nommé Guerraut, soldat, convaincu d'avoir tué le frere du sʳ de Belleville-sur-Mer, sur le chemin d'Aumalle, fut rompu sur la roüe, par jugement du prevôt Morel ¹.

— En ladite année, par jugement dudit prévôt, furent pendus trois soldats, en cette ville du Neufchâtel, de la compagnie du capitaine la Boucherie pour le service du Roy, pour avoir volé un marchand de porcs, et composé ² leurs hôtes.

— Décedš de Catherine Bougler, femme de M⁶ Antoine Marois, procureur du Roy, en cette ville du Neufchâtel, en 1592.

— Décedš de M⁶ Vincent Carpentier, avocat, en 1595.

— Audit an, par jugement du prevôt Morel, furent Racinet, et le cadet Brinville, soldats de la ligue, insignes voleurs, condamnés à être pendus et étranglés en une roüe, et leurs langues coupées pour avoir proféré d'horribles blasphêmes.

— Vœu de religion prêté par Nicolas Miton, l'un de mes enfans, au prieuré de Longueville, en 1598, âgé de 18 ans ³.

¹ « Louis Morel de la Tour, sʳ de Gaulle, dit ordinairement La Tour Morel, prévôt provincial.... C'était un homme d'un caractère violent et plus propre au métier de la guerre qu'aux fonctions judiciaires. » — Voir les *Cahiers des Etats de Normandie sous Henri IV*, II, 362-364.

² « Rançonné », comme on l'a vu plus haut, p. 97.

³ Ce fils était né le 24 juin 1582. — Voir plus haut, p. 36. Miton anticipe un peu sur l'ordre chronologique, et il faudrait 16 ans pour arriver à 1598.

— Exécution de Robert de Bremaulieu, du Boscgieffroy¹, au Neufchâtel, par jugement du prevôt Morel, lequel prévenu de vollerie et assassinats fut rompu, en 1598.

— Autre exécution par jugement dudit Morel, du nommé Pachou, de Boüelles², lequel, pour voleries et enfondremens de maisons, fut pendu et étranglé audit Neufchâtel, en 1596.

— Autre exécution du sʳ Douville, escuyer, capitaine de gens de pied, audit Neufchâtel, par jugement dudit prevost Morel, lequel prévenu de volleries, assassinats et violements de filles, fut décapité, et son corps mis en quatre quartiers ; ce qui fut exécuté, en 1596.

— Audit an, Simon et Jacques Dites, pour voleries et meurtres, furent rompus, par jugement dudit Morel.

— Audit an, autre exécution, par jugement dudit Morel, du nommé Lamandier, lequel convaincu d'avoir venu³ aux Catillonnois⁴ plusieurs laboureurs, et montré comme il les falloit tourmenter, fut pendu et étranglé.

— Décéds de Mᵉ François de Bourbin⁵, chevalier de l'ordre du Roy, seigneur de Rubempré, en 1595.

— En 1596, Nicolas Pennier, soldat de Fontaine-Martel, de sainte Beuve Aux Champs⁶, prévenu d'avoir volé et

1 Bosc-Geoffroy, commune de l'arrᵗ de Neufchâtel, à 14 kilom. au N. de cette ville.

2 Bouelle, même arrᵗ, à 4 kilom. S.-E. de Neufchâtel.

3 « Le mscr. porte bien *venu*. Il faudrait un autre mot, peut-être *vendu*. » C.

4 Les partisans du fameux ligueur Catillon, dont Miton a souvent parlé. Ce nom figure dans la *Satyre Ménippée*. Voir, plus haut, p. 83.

5 « Bourbon. » — Ce doit être « Charles de Bourbon-Vendôme, seigneur de Rubempré (Somme), gouverneur de Ruë, mort sans alliance, en 1595. » — Voir le P. Anselme, I, 379. Il était fils d'André de Bourbon, dont il a été question plus haut, lequel n'eut pas de fils du nom de « François », au moins d'après le P. Anselme et de Limiers.

6 Réuni au Caule-Sainte-Beuve, canton de Blangy, arrond. de Neufchâtel.

affligé, durant les troubles, les laboureurs, fut par jugement dudit Morel, pendu et étranglé en cedit lieu, et est icy à noter qu'ayant dérobé par trois ou quatre fois, à Sainte-Beuve en Rivière, une truye d'un meûnier, qui la rachetoit dudit Pennier, fut ladite truie appellée du commun la Truie Pennier.

— Autre exécution faite audit Neufchâtel, en 1598, du nommé Jean Marinte [1], convaincu d'avoir volé un marchand, sur le chemin de Roüen, fut rompu par jugement de M⁰ Cristofle Bougler, lieutenant.

— Exécution faite de trois soldats de la ligue audit lieu, en 1596. Il y en eut deux pendus et l'autre rompu, accusés de meurtres et vols, par jugement du prevost Morel.

— Autre exécution faite audit Neufchâtel, audit an, de deux soldats pour meurtres et vols, l'un pendu et l'autre rompu, et un petit goujat [2] foüetté, par jugement dudit Morel.

— En ladite année, le sr de Montpensier, gouverneur de Normandie, arriva en cette ville, en allant vers Calais, que les Espagnols avoient prise [3].

— Exécution d'un soldat, audit lieu du Neufchâtel, condamné à être pendu et étranglé, par jugement dudit prevost Morel, en ladite année 1596.

— En l'année 1596, décéda M⁰ Jacques Carpentier [4], esleu en l'élection du Neufchâtel.

Secondes nôces de M⁰ Antoine Marois, procureur du Roy, avec Anne de Casaux fille d'Antoine Casaux [5], sr de Saint-Germain, en ladite année.

---

[1] « Ou Mavinte. » C.

[2] Nom donné aux valets d'armée.

[3] L'archiduc Albert, gouverneur des Pays-Bas, s'étant jeté, par surprise, sur Calais, l'avait forcé de capituler, le 17 avril 1596.

[4] Plus haut, Le Carpentier, 99.

[5] « En 1578, janvier, Anthoine de Casault, ecr, sr de St-Germain, épouse (à St-Germain) dlle Anthoynette le Senechal, demoiselle de Crou-

— Exécution faite de trois soldats en ce lieu, audit an 1596, pour vols, par jugement du prevost Morel.

— Autre exécution, en ladite année, d'un soldat nommé Blangremont, convaincu de plusieurs vols, condamné d'être rompu.

— Autre exécution, audit an, de Pierre le Tellier, berger à Saint-Vincent, pour vols de nuit, condamné à être pendu et étranglé par le prevost Morel.

— Décéds de Me Christofle Bougler, lieutenant de M. le bailly de Caux, audit Neufchâtel, étant en la ville de Roüen, en l'an 1596.

— Nôces de Jacques Engren avec Marie Bougler, fille du bailly d'Aumalle, en ladite année 1596.

— Exécution du nommé Hazard, soldat, natif de cette ville, en ladite année, accusé de vols, par jugement dudit Morel.

— Nôces de Guillaume le Fèvre, fils de Jean le Fèvre, marchand, et d'Antoinette Carpentier, fille de feu Me Pierre Carpentier, avocat du Roy, en 1597.

— Exécution du nommé Grenier, pour vols et meurtres, par jugement dudit prevost Morel, audit an 1597.

— Exécution d'une femme qui avoit périr [1] son enfant, laquelle fut condamnée à être penduë et étranglée, et après sa mort brûlée et ses cendres jettées au vent, par jugement dudit Morel, en 1597.

— Autre exécution de trois voleurs qui furent pendus, pour avoir volé des chevaux à un gentilhomme de Saint-Pierre de Senicourt [2], en Picardie, par jugement dudit Morel, audit an 1597.

telles (Cauchy?). » Communication de M. Lefebvre. — Vraisemblablement Saint-Germain-sur-Eaulne.

[1] « Telle est la leçon du mscr. Il faut lire probablement « avait péri » pour « avait fait périr. » C.

[2] Selincourt? département de la Somme, arrondt d'Amiens, canton d'Hornoy.

— Décedsde Me Jacques de la Coudre, avocat, attaqué par la peste, en 1598.

— Exécution faite de deux voleurs, dont l'un avoit volé près de Fromerye[1], au lieu dit la Marre aux joncs, et l'autre dans la forest d'Eu, furent pendus par jugement dudit Morel, en 1598.

— Autre exécution de Pierre le Grand, nâtif de Jets [2](*sic*), accusé d'avoir voulu tuer son pere, violé des filles, et volé en plusieurs endroits, par jugement dudit Morel, en 1598.

— Déceds d'Ysabeau le Pesant[3], deuxième femme de Vincent Bernard, en couches, âgée de 38 ans, en 1598.

— Déceds de Françoise le Carpentier, femme de Me Jean Droüet, avocat, en ladite année.

— Exécution de Jean Langlois, de cette ville, à Caudebec, prévenu d'avoir falsifié de la monnoye, condamné d'être pendu et étranglé.

— Estienne L'Escuier, dit la Chapelle, pendu et étranglé, à Paris, à la Grève, pour avoir violé une demoiselle, en 1598.

— Nôces de Baptiste Godefroy, sergent royal en ce lieu, avec Catherine Denise, en 1598.

— Ladite année 1598 fort chère; la mine de bled valoit 12 liv. et l'orge 8 liv.

— 1598. — Foudre, tonnerre, tempeste et pluye, sur la fin de juillet de ladite année, beaucoup d'édifices renversés, et bien des arbres déracinez, brisés et tors, la grêle qui

---

[1] Pour « Formerie », par une interversion de lettres encore assez fréquente, commune du dép. de l'Oise, arr. de Beauvais, sur la limite de la Normandie.

[2] Nous ne savons quel est ce nom défiguré.

[3] En 1599, un Louis Le Pesant était curé du Thil, près Gaillefontaine, et la mère de Corneille avait nom, Marthe Le Pesant, tout court, et non Le Pesant « de Boisguilbert », comme on l'a imprimé à satiété.

tomba en quelques endroits; il s'en trouva des grains qui pesoient une livre, elle endommagea les bleds, et tua beaucoup de gibier.

— Exécution au Neufchâtel, en ladite année, du nommé Lapostole, lieutenant du bailly de Lignieres, en Picardie [1], pour vols et meurtres, par jugement dudit prevost Morel, et fut pendu et étranglé.

— Ladite année fort infertile de cidres et de vins.

— Audit an, décéda Louise le Grand, femme de Me Jacques Besoche, contrôleur général des finances à Roüen, de la peste, et son mary s'en trouvant infecté en mourut aussi, la même année.

— Décèds de Me Pierre Cognain, apoticaire, en ce lieu, audit an.

— La même année, la femme de mon fils aîné accoucha d'un fils qui mourut peu de temps après.

— Décès de Nicole Commere, femme de Me Nicolas Bernard, procureur, audit an 1598.

— Décès de Me Jean de la Ville, en ladite année.

— Décès de Me Pierre de Fry, prêtre, en ladite année 1598.

— Nôces de Nicolas de Fautreau [2] et de Clémence de Hedin, de laquelle ayant abusé près de 18 ans et eu d'elle cinq enfans, tant mâles que femelles, l'épousa en l'église catholique, le 15e février 1599, et par ce moyen furent légitimez, comme de fait les enfants sortis de luy ont succédé à la baronnie de Meinieres, de Villers et autres provenans de la succession de leur pere [3].

[1] Départ. de la Somme, arr. et canton de Montdidier.

[2] « Ou Fautereau? » C. — On trouve ce nom écrit des deux manières.

[3] Fils de François de Fautereau et de Françoise de Gouvis, chevalier, baron de Villers et marquis de Mesnières. Il fut le père de Nicolas de Fautereau qui forma la branche des barons de Mesnières, et d'Anne de Fautereau, baron de Nolleval.

— Troisièmes nôces de Catherine Engren, veuve de feu Roger le Blond, avec Nicolas le Blond, laboureur, demeurant à Semis¹, en ladite année.

— Recherche faite en ce lieu par les s⁽ʳˢ⁾ de Memicourt, trésorier de France², et Dautrelaise, avocat général en la cour des aydes³, des abus commis par les eslus et grenetiers, et de ceux qui faussement prenoient la qualité de nobles pour s'exemter de la taille, en 1599.

— Troisièmes noces de Vincent Bernard, avec Jeanne du Pliet⁴, en 1599.

— En ladite année, les loups étoient furieux, ils mangeoient les enfants qu'ils rencontroient, ils en mangeoient qui avoient 15 à 16 ans, les paysans portoient des bâtons ferrés pour se deffendre de ces bêtes féroces et avides, cette année, de sang humain.

— Nôces de M⁽ᵉ⁾ Léonnet de Fry, receveur des tailles avec Marie de Bormès, de Roüen, en ladite année.

— Déceds de M⁽ᵉ⁾ Robert Denise, âgé de 71 ans, en 1599.

— Déceds de damoiselle Madelaine de Mussy, veuve du feu s⁽ʳ⁾ de Buran, conseiller à Roüen⁵, damoiselle d'Aulage, audit an 1599.

— Fertilité de bled et d'autres grains; la mine ne valoit

---

¹ « Ou Semi ». C. — C'est « Sevis » ou « Sévis », commune de l'arr. de Dieppe, à 2 kilom. O. de Bellencombre.

² « Guillaume le Prêtre, chevalier, seigneur de Mernicourt, créé par édit du mois de juin 1586. » Farin, *Histoire de Rouen*, édit. de 1731, II⁽ᵉ⁾ partie, 99. Il était attaché au Bureau des Finances de la ville de Rouen.

³ « Gaspard Le Marchand, s⁽ʳ⁾ d'Outrelaise, avocat général, en 1572, à la cour des Aides de Rouen. » Farin, *Ibid.*, 92.

⁴ Ou Du Pleiz? hameau de la commune de Thérines, cant. de Songeons, arr⁽ᵗ⁾ de Beauvais. On prononçait Duplis?

⁵ Pierre de Moges, sieur de Buron, conseiller au Parlement de Rouen en 1572. — Voir Farin, *Ibid.*, 62.

que cent sols, le vin et le cidre étoient chers, le vin valoit 12 sols le pot, et le cidre 6 sols en ladite année 1599.

— Le 12e septembre, audit an, il parut au ciel plusieurs signes comme des lances de feu, qui sembloient s'entre-battre, cela dura environ 3 heures ; ces signes avoient déjà paru, les années précédentes, et sûrement cela présageoit tous les malheurs qui sont arrivés depuis ; c'est ce qui fait que j'en ai dit un mot en passant.

— Exécution du nommé Billet, de Lignieres, en ce lieu, en 1599, pour avoir brûlé une maison appartenant au baron de Creseques [1] (sic), par jugement du prevost Morel, et étranglé.

— Nôces célébrées en ce lieu de Me Jean Denise, avocat, avec Anne Miton, ma fille puînée, le jour de Sainte-Cécile, audit an 1599.

— Possession prise de l'estat de vicomte de ce lieu du Neufchâtel, par Me Jean Bodin, par la résignation à luy faite par Me François Avisse, le 18e octobre 1599.

— Célébration du grand jubilé, à Rome, en 1600, où le pape Clément VIII présidoit, auquel lieu Me Nicolas le Clerc, avocat, Me Vincent Métau, et Pierre le Monnier, prêtre de cette ville, se transporterent, le 14e octobre 1599, et revinrent le 5e mars ensuivant.

— Décéds de Percheval de Biville, au mont d'Aulage, en 1600.

Le 15e may 1600, le pere Ange de Joyeuse [2], capucin,

---

[1] Est-ce « Criquiers », arrt de Neufchâtel, canton d'Aumale ? On écrivait autrefois : « Crequieers, Crequiers, Criquehers ». — C'est la dernière exécution du prévôt Morel, dont l'état fut supprimé ou réuni à celui du prévôt général. Sa violence fut cause de sa mort, comme on le verra plus loin, p. 127.

[2] Henri de Joyeuse, comte du Bouchage, puis duc de Joyeuse, s'était fait capucin, le 15 de septembre 1587, vingt-six jours après la mort de sa femme, Catherine de la Valette. Il demeura dans cet ordre jusqu'en

auparavant duc, passant par cette ville du Neufchâtel pour aller à Amiens, après avoir célébré une messe en ce lieu, prêcha impromptu, à la priere que lui en firent les habitans, et commença son thème, *Sequere deum*, etc [1].

— Exécution à Rouen, de Charles Bellet, joüeur de Luth de Monseigneur de Montpensier, le 9e juin 1600; lequel Bellet pour l'assassinat par luy commis en la personne du sr Langlet gentilhomme près de Caën, étant à Rouen; ledit Bellet a été couvert d'un jaque de maille, et fut décapité, et le poing coupé auparavant, par arrest du Parlement.

— Voyage par moy fait à Saint-Mathurin de L'archant [2] en Gastinois, où je restay huit jours.

— Le 18e juin, audit an 1600, la femme de mon fils aîné accoucha d'un fils qui fut tenu par Louis Engren, drapier de Rouen, et par Me Jacques Baillard, premier huissier, de la Cour des Aydes dudit Roüen, et par Madelaine Baillard, et fut nommé Adrien.

— Décèds de Catherine Bourgoise, ma mère, étant absent, âgée de 78 ans, en 1600.

— Exécution en cette ville, en ladite année, d'un voleur

1592. C'est alors qu'avec des dispenses il se mit à la tête des ligueurs. En 1596, il fit sa paix avec Henri IV, qui lui donna le bâton de maréchal de France, et, touché par les larmes de sa mère, il rentra aux capucins de Paris, en 1599. *Dict. de Moréri*.

On pourrait lui appliquer ces deux vers de Boileau pour marquer l'inconstance de l'homme :

> Il tourne au moindre vent, il tombe au moindre choc,
> Aujourd'hui dans un casque, et demain dans un froc.
>
> Satire VIII, vers 53-54.

[1] C'est la confirmation de ce que dit Moréri : « On le vit quelques jours après prêcher avec un zèle, qui le fit plus considérer que sa naissance et ces dignitez. »

[2] Larchant, Seine-et-Marne, arrt de Fontainebleau, canton de la Chapelle-la-Reine.

qui guettoit les chemins, vers les bois d'Aumale, par sentence de Me Jacques de Fry, lieutenant, fut pendu le 22e juin.

— Décéds de Me Louis Bretel, Président en la cour de Parlement de Roüen, audit an 1601[1].

— Audit an, Me Nicolas[2] Maignard, sr de Bernieres, prit possession de l'estat de président audit Parlement par la résignation que luy en avoit faite le sr de Lainquetot[3].

— En ladite année, Me Simon Varnier, peintre, fils de Marin, peignit ma salle et mon estude, moyennant 13 liv. que je luy payay.

— Secondes nôces de Me Nicolas le Clerc, avocat, avec Anne de la Coudre, fille de Me François de la Coudre, aussi avocat, sans solemnité aucune, en 1600.

— Le 13e octobre de ladite année, Me Charles Bodin, prieur de Ste Radegonde[4], chanta sa premiere messe, aux Capucins de Paris.

— Ma fille Anne[5] accoucha d'un fils, qui fut tenu sur les fonds de baptême, par Me Jacques de Fry, lieutenant, Germain Baillard, Greffier, et par Catherine Baillard femme de mon fils aîné, et nommé par ledit de Fry, Jacques.

— En ladite année 1600, le sr de Baignoles prit possession de l'estat de receveur des tailles alternatif de cette élection.

— Décéds de Catherine Guillats, deuxième femme de Me Vincent de Fry, grenetier, en ladite année.

— Trépas de Catherine Denise, audit an, femme de Godefroy, sergent.

---

[1] Mort le 29 juin 1600, d'après son épitaphe, en l'église de Saint-Cande-le-Jeune, à Rouen. Farin. *Hist. de Rouen.*

[2] « Charles », d'après Farin.

[3] « Il y a bien « Lainquetot », probablement pour « Lanquetot ». C. — C'est le même que Louis Bretel, dont il vient de parler, et qui était sieur de « Lanquetot, » arrt du Havre.

[4] Hameau de Neufchâtel, au S.-O.

[5] Epouse de Jean Denise. V. p. 107.

— Décéds de Jérôme Trente, étant de la nouvelle opinion, en 1601.

— Nôces de Gieffroy Horcholle, avec Françoise le Blond, audit an 1601.

— Nôces de Vincent Cauchon [1], fils aîné et héritier de feu Jean Canchon, dit Canchonnet, tanneur, et de Charlotte Vassagne, fille aînée de M⁰ Isaac Vassagne, eslû, audit an 1601.

— Grande seicheresse en ladite année, à raison de quoy les habitans de cette ville, mûs de dévotion, s'acheminèrent avec le clergé, en procession, au bourg de Saint-Saen [2], au mois de may.

— Le 9ᵉ may audit an 1601, Nicole de la Coudre, veuve de feu M⁰ Jean Vassagne, dit Varengo, accoucha d'un fils secrettement, du fait de M⁰ Nicolas-Jean Maillard, prêtre chapelain à Saint-Jacques.

— Le grand jubilé [3] étably pour la Normandie à Pontoise, pour être célébré ès mois d'avril, may et juin, en ladite année 1601. Pour l'Isle de France, à Orléans. Pour la Picardie, à Amiens.

— Décéds de Jean Bernard, drapier, en 1601.

— L'hyver de l'année 1599, très-rigoureux, dura depuis

---

[1] C'est « Canchon » et non « Cauchon. » Il y a encore des « Canchon » dans le pays de Bray.

[2] A 12 kilomètres S.-O. de Neufchâtel. Le pèlerinage au Bienheureux Saint Saens, pour les biens de la terre, existe encore. On y visite une fontaine située au Catelier, au pied d'un petit oratoire, où se trouve aujourd'hui une statue qui n'est point celle du saint.—D'autres paroisses y viennent encore. Bully y venait dès l'an 1400. « Dans les grandes et longues sècheresses, les habitans de ce bourg se rendent en procession à une mare située près de l'ancien donjon du Catelier, à Saint-Saens, et ils ne reviennent jamais sans pluie. » M. Potin de la Mairie, *Recherches sur le Bray normand*, etc., I, 350.

[3] Celui qui, depuis le pape Paul II (1464-1471), revenait tous les vingt-cinq ans.

le 12e décembre jusqu'au 25 may; la vigne et les fruits furent fort endommmagés[1].

— L'année 1601, abondante en grains; la mine de bled ne valoit que 5o sols, et sur la fin de ladite année 32 sols; mais il n'y avoit presque pas de vin ny cidre.

— Déceds de Me Antoine Marois, procureur du Roy en ce lieu, en ladite année, âgé de 88 ans.

— Me Jacques de la Boc[2] pourvû à l'estat de grenetier de cette ville, par la résignation de Me de Fry, et en prit possession, en ladite année 1601.

— Processions generales, en cette ville, du clergé et des habitans, en ladite année 1601, en actions de grâces de la naissance de Monseigneur le dauphin à Fontainebleau[3].

— Nôces de Me Jacques de Fry, lieutenant, et d'Anne de Casaux, veuve de Me Antoine Marois, procureur du Roy, en 1601.

— Mort, en duël, du fils du sr d'Imbleville, près le village de Somermesnil[4], avec le sr de Duanville[5], lesquels s'estans battus à pied avec l'épée, ledit sr d'Imbleville demeura sur la place, audit an 1601. Ce qui arriva à cause d'une querelle qui étoit entre le sr Baron de Boscgieffroy[6] oncle dudit Imbleville, et ledit Dranville.

[1] On voit par là que la vigne était encore cultivée en Normandie.
[2] Partout ailleurs on lit « de la Boe. » C. Tel est le vrai nom.
[3] Le futur Louis XIII, né le 27 septembre 1601.
[4] Aujourd'hui « Smermesnil », et autrefois : « Semermesnil », d'après la carte de Cassini. — Le fils de Me Antoine Le Camus, sieur d'Imbleville et président à Paris?
[5] « Ce nom est surchargé et difficile à lire : « Duanville », « Dranville »? Plus bas « Dranville. » C. — Peut-être « Drauville ». Le nom d'un marquis de Sarcus, « baron de Drauville », en 1680, figure sur la cloche de Sainte-Beuve-aux-Champs. *Cloches du pays de Bray*, I, 105, par M. Dergny.
[6] François de Masquerel avait formé la tige des barons de Bosc-Geffroi. Un de ses ancêtres était seigneur d'Hermanville et d'Imbleville.

— Possession prise de l'estat de procureur du Roy, par Me Christofle Bougler, qui luy avoit été résigné par Me Antoine Marois, l'an 1601.

— Autre possession de lieutenant d'eslû par Me Jacques Engren, audit an 1601.

— Décéds de Me Jean Rossignol, procureur commun en ce lieu, en l'année 1602.

— Trépas de Me Nicolas Boulengier, greffier de Londenières (sic)[1], audit an 1602.

— Nôces de Me Louis Brumen, greffier du vicomte, et de Marie Bernard, fille unique de Vincent Bernard, audit an.

— Décéds de Me Pierre Vassagne, cy-devant eslû subsidiaire du Neufchâtel, audit an 1602.

— Nôces de Me Christofle Bougler, procureur du Roy, et de Marie Bigot, fille du sr Derteville (sic), bourgeois de Roüen, audit an 1602.

— Nôces d'Anne de Lestendart[2], seigneur et baron de Bully, et de la fille du feu sr de Hémont, demeurant en Artois, près la ville d'Arras, audit an 1602.

— Possession prise par Me Guillaume le Fevre de l'estat de contrôleur de cette élection, le 7e octobre 1601.

— Possession prise, par le sr de Cauquigny[3], de l'estat de lieutenant-général civil et criminel du bailliage de Caux en cette ville, en 1602, suivant la résignation qui luy en avoit été faite, par Me Adrian le Soyer de Dieppe.

— Audit an 1602, fut réparée, l'arcade au-dessus du crucifix du Temple de Saint-Jacques de ce lieu, qui avoit été

---

[1] Londinières, arrt de Neufchâtel.

[2] Le nom primitif des L'Estendart ou Lestendart était de Baynes. — Bully est à 6 kilomètres O. de Neufchâtel.

[3] Messire Pierre de Cauquigny, sieur de Cauville, plus tard président à la Cour des Comptes de Rouen, en 1629. Farin, *Ibid.*

ruinée durant les troubles de la Ligue[1], et coûta plus de 600 liv.

— En l'an 1699 [2], les bancs et sieges de ladite église, qui avoient été rompus et brûlez, durant les troubles de la Ligue, en l'an 1592, que les Espagnols avoient assiégé cette ville, furent refaits comme ils se voyent aux dépens des paroissiens.

— En 1602, la grande porte de ladite église, qui avoit été ruinée pendant les troubles, fut réparée, et les murs de ladite église et de l'église de N.-D. de ladite ville [3].

— Trépas de Me François de la Coudre, avocat, audit an 1602.

— Décéds de Me Jean Droüet, audit an 1602.

— Possession prise par Mre de Boutereaud [4] *(sic)*, Mes Nicolas le Roux, et Jean Thomas [5], de chacun un estat de Président au Parlement de Roüen, lesquels estats étoient de nouvelle création, audit an 1602 [6].

— Reglement des monnoyes publié par édit du Roy du 14 octobre 1692 (1602), par lequel l'écu eut cours à 65 s.,

---

[1] Par Fontaine Martel, gouverneur du château de Neufchâtel pour les besoins de la défense. — Voir plus haut, p. 82.

[2] Cette date est évidemment fausse. Ce doit être 1602.

[3] Le cimetière de St-Jacques était autour de l'église, et celui de Notre-Dame, du côté N.-O., sur toute la longueur de l'église, d'après le plan du Neufchâtel ancien, dressé par M. Brasseur, conducteur des Ponts et Chaussées. Ce devait être un petit mur, avec chaperon en grès, comme on en voit encore autour des anciens cimetières des églises de campagne, surtout dans le pays de Bray.

[4] Au lieu de « Bourgtheroulde », que l'on prononçait, « Boutheroude. »

[5] La phrase ainsi construite a l'air d'indiquer trois présidents; il n'y en a que deux : « Nicolas Le Roux, baron de Bourgtheroulde, et Nicolas Thomas, sieur de Verdun, du pays de Caux. » Farin, *Ibid*.

[6] Ils en prirent possession, le 29 juillet, d'après Farin. Le Parlement avait fait de vives remontrances au sujet de cette nouvelle création d'offices. M. Floquet, *Hist. du Parl. de Normandie*, IV, 172-175.

le pistolet[1] à 63 s., le franc à 21 s. 4 d., le quart d'écu à 16 s., et le teston[2] à 15 s. 6 den[3].

— Réduction des rentes hypotéquées, qui étoient cy-devant au denier dix, au denier 14, par édit et arrest du Parlement, et ce pour cent, si bien que pour 10 liv. de rente, il convenoit fournir 140 liv[4].

— Nôces de M⁰ Pierre le Boulenger avec Marguerite le Vacher, fille unique de défunt Nicolas, en 1602.

— 1603. — Rétablissement de la chambre royale[5], pour la

---

[1] « Les écus d'Espagne et d'Italie ayant été réduits à une plus petite forme que ceux de France ont été appelés *pistolets*. » DICTIONNAIRE DE TRÉVOUX. C'est-à-dire « petite pistole ».

[2] Monnaie d'argent fabriquée sous Louis XII, où se trouvait l'effigie du roi en petit, d'où « teston » (petite tête).

[3] L'augmentation du prix des espèces d'or et d'argent (1602), « afin d'arrêter le furieux transport qui s'en faisoit (Sully, *Economies royales*, IV, 169)..... ramenait ces variations de numéraire dont on avait plus d'une fois apprécié les dangers. » M. Chéruel, *Hist. de l'Administration monarchique en France*, I, 243.

[4] L'intérêt, en passant du denier 10 au denier 14, se trouvait réduit de 10 % à 7 % et une fraction. — Il faut remarquer qu'en septembre 1601 avait été présenté l'édit des rentes qui réduisait l'intérêt de l'argent du denier 10 au denier 16 (de 10 % à 6 1/4 %). « Cet édit rencontra dans le parlement (de Paris) une opposition qui ne fut vaincue que par l'intervention personnelle du roi. Sully rendit ainsi au commerce et à l'agriculture des capitaux considérables. Sully en donne la raison. « Cet intérêt empêchoit le trafic et commerce auparavant plus en vogue en France qu'en aucun autre Etat de l'Europe, et faisoit négliger l'agriculture et manufacture, aimant mieux plusieurs sujets du roi, sous la facilité d'un gain à la fois trompeur, vivre de leurs rentes en oisiveté parmi les villes, qu'employer leur industrie avec quelque peine aux arts libéraux et à cultiver leurs héritages. » *Economies royales*, t. IV, p. 62. M. Chéruel, HIST. DE L'ADMINISTRATION MONARCHIQUE EN FRANCE, I, 242-243.

[5] La première chambre royale, établie en 1601 ? chargée de poursuivre les crimes de péculat, de concussion et toute dilapidation des deniers de l'Etat, « se termina, dit Sully, par des brigues, menées et abondance

recherche des financiers, suivant l'édit du Roy, pour l'exécution duquel arriva en ce lieu le sr Sauzelle[1], Me des Requêtes et un appellé Mercier de Paris, lesquels ayans été informés par les mémoires que leur bailla Me Jacques de Hasteville, lieutenant du vicomte de ce lieu, informerent contre moy, le receveur de Fry, Vassagne eslû et autres, et firent oüyr plus de 200 témoins, et ne trouverent que redire que contre ledit de Fry, receveur, et quelques autres qui furent condamnés au Pont-au-Demer (sic) en viie liv. d'amende, ledit de Fry, receveur, rendu fugitif.

— Le 20e février, audit an, le sr du Viquet fut reçû avocat général au Parlement de Roüen, par la résignation du sr de Verdun[2].

de présents des plus riches aux courtisans et favoris, tant hommes que femmes ». *Econ. royales*, IV, 62.

[1] Me René Le Beau, sr de Sauzelles. « Ce commissaire avait charge de rechercher les abus et malversations commises aux finances. Il avait même mission de poursuivre les villes, communautés, maires, échevins, pour raison des deniers communs et d'octroi. Son pouvoir fut réduit en ce qui concernait les villes par arrêt du Conseil du Roi du dernier décembre 1601 et lettres patentes sur icelui, et notification en fut faite aux baillis de la province et par le Bureau des Finances au sr de Sauzelles, pour lors à Rouen, 13 janvier 1602. » (Arch. de la S.-Inf., C. 1121.)

Tout le monde s'occupa de lui. Le 8 août 1602, le procureur général se plaignait au parlement de ce qu'il exerçait sa commission, sans l'avoir présentée à la cour. Aux Etats de Normandie, 24 octobre 1602, on demande qu'il soit défendu « aux déléguez de la chambre royale de rechercher aucunement certains pauvres taillables » pour des cas particuliers. Enfin l'Hôtel-de-Ville de Rouen comprend, parmi ses propositions à faire aux Etats, celle de : « Révoquer toutes commissions extraordinaires qui sont à la foulle du peuple, et, entre autres celle du sieur de Sauzelle..... » *Cahiers des Etats de Normandie sous le règne de Henri IV*, II, pages 16, 211 et 227.

[2] Robert du Viquet, premier avocat général, en 1603, successeur de Nicolas Thomas, sieur du Verdun, qui l'était depuis 1578, et nommé président en 1602. — Voir plus haut, p. 113.

— Grande seicheresse en 1602. On fit une procession en cette ville à Saint-Saen.

— Erection d'un lieutenant criminel en chacune vicomté royale, en 1604 [1].

— Décéds de damoiselle Louise Dumesnil, femme de Me François Avisse, cy devant Vicomte, en 1603.

— Apparition manifeste de trois soleils au ciel, le 17e juin 1603, environ un demy quart d'heure apres midy, jusque sur les 4 à 5 heures du soir.

— Nôces de Me Jean Bodin, vicomte du Neufchâtel et de damoiselle Suzanne de Remy, fille du s^r de Montigny, en 1603.

— Nôces de Me Baptiste Godefroy, receveur des tailles, et de Catherine Vassagne, fille puînée de Me Isaac Vassagne, eslû, l'an 1603.

— Nôces de Me Pierre de la Coudre, avocat, et de Perrette Mouflet, niece de Me François Avisse, audit an 1603.

— En ladite année je fis faire, à mes dépens, les bancs de l'église de Saint-Jacques, où les prêtres s'asseyent pour chanter le service, il m'en coûta 18 liv. 10 s.

— Nôces de Me Charles Baillard, avec Ysabeau de Fry, fille aînée de Me Pierre de Fry, conseiller en la cour des Aydes, le jour de Saint-Michel, audit an 1603.

— Nôces de Pierre le Clerc et de Nicole de la Coudre, audit an 1603.

— Trespas de Me Vincent Cossard, apoticaire, audit an 1603.

— Exécution à Paris, à la croix du Tiroir [2], de Me Jerôme

---

[1] Le parlement dut voir d'un mauvais œil ces nouvelles créations d'offices, vendus à beaux deniers comptants, lui qui avait si vivement protesté contre la création des deux présidents, rappelée plus haut, p. 113.

[2] On trouve aussi « Trahoir ». Sur cette place, située rue St-Honoré, avait lieu l'exécution principalement des faux-monnayeurs.

Le Roy, conseiller notaire et secrétaire du Roy, et procureur de la Connestablie de France, âgé de 53 ans, convaincu d'avoir falsifié le sceau du Roy, fut pendu et étranglé, le 13ᵉ décembre 1603.

— Frere Guillaume Boulenger, moine à l'hôpital de ce lieu, célébra sa premiere messe, en 1604.

— Déceds de dame Catherine de Blument [1], femme du seigneur de Neufville, en 1604.

— Ladite année fort fertile en vin, cidre, orge, avoine, poix, fèves, foins, glands, etc. Il y avoit plus de 50 ans que le peuple n'avoit été si à son aise.

— En 1605, décéda Nicolas le Fèvre, avocat, âgé de 74 ans.

— Grêle de la grosseur d'un esteuf [2], sur la fin de juin de ladite année, dont les grains furent fort endommagés.

— Audit an 1605, mourut Mᵉ Charles de la Mothe, seigneur de Vimont, âgé de 65 ans.

— En ladite année 1605, la voute du chœur du Temple de N.-D. du Neufchâtel fut refaite avec grande habileté par Philippe Grumel, charpentier, moyennant 800 liv. payées par les chartreux de Gaillon [3].

— Déceds de Marie Bigot, femme de Mᵉ Christofle Bougler, procureur du Roy, âgé *(sic)* de 30 ans.

— Homicide commis en la personne de Nicolas Caron, jeune homme à marier, étant en ce lieu, âgé de 22 ans, qui

---

[1] Catherine de Bavent, mariée à Antoine Doullé, seigneur de Neufville-Ferrières.

[2] « Eteuf », balle dure dont on se servait pour jouer à la longue paume.

[3] Le payement eut lieu, parce que « les Chartreux de Gaillon présentoient à la cure de Notre-Dame au droit de l'ancienne abbaïe de Saint-Catherine de Rouen ». Toussaint Duplessis, *Descript. de la Haute-Normandie*, I, 613.

fut tué d'un coup d'épée par Pierre Denise, en ladite année 1605.

— Jubilé solemnisé au Neufchâtel, en ladite année 1605, contenant pleine remission, octroyé par le Pape Paul V[1].

— Trépas de Me Claude Cossart, apoticaire, en ladite année.

— Nôces de Me Antoine Piart, avocat, et de damoiselle Marguerite de Grouchy, fille de Me Parcheval de Grouchy, avocat, en 1606.

— En 1606, il fit un vent impétueux, qui dura depuis le matin jusqu'à 4 heures du soir, de sorte que personne n'étoit assuré dans sa maison.

— Trépas d'Antoine Doulle, chevalier de l'ordre du Roy, s^r de Neufville Ferrière, en 1606[2].

— Décèds de Michel Caquelard, prêtre, chapelain de N.-D. du Neufchâtel, en ladite année 1606.

— Nôces de Jacques Piart et de damoiselle Nicole de Hemont, niece de l'avocat du Roy Mathonville, audit an 1606.

— Par sentence du s^r Baillard [3], lieutenant criminel au Neufchâtel, deux bergers, accusés de sortileges, furent pendus et étranglés, et ensuite leur corps brûlez, en ladite année 1606.

---

[1] A cause de son avènement à la papauté.

[2] « Doullé ». Le 21 novembre 1606, il désignait, à Rouen, les députés qui devaient porter au Roi le cahier des Etats de Normandie et procéder à l'audition des comptes. Il est qualifié : « Noble seigneur Anthoine Doulle, chevalier, s^r de Neufville-Ferrières, député pour la noblesse du Bailliage de Caux. » *Cahiers des Etats de Normandie sous Henri IV*, II, 278. — Voir plus haut, p. 29.

[3] « Par lettres-patentes du roi Henri IV, du dernier jour de juillet 1603, Charles Baillard, sieur de Flamets, lieutenant criminel du Bailli de Caux, à Neufchâtel, fils de Germain Baillard, élu en l'élection de Neufchâtel et de Madeleine Garin, avait été maintenu dans sa noblesse, comme membre de la famille de Jeanne Darc. » *De la noblesse de Jeanne Darc et de sa famille*, par M. Le Vaillant de la Fieffe, REVUE DE LA NORMANDIE, année 1862, 560. — Voir plus haut, p. 116.

— Possession prise de lieutenant particulier des eaux et forêts de Neufchâtel, par Mᵉ Louis Tricotte[1], en 1606.

— Exécution d'un nommé Morisse, âgé de 16 ans, en la ville du Neufchâtel, en 1606, pour s'être couplé indiscrètement avec une vache, au bourg de Saint-Saen, fut par sentence de Mᵉ Charles Baillard, lieutenant ciminel, pendu et étranglé, et ensuite brûlé ; la vache fut assommée et brûlée par l'exécuteur.

— En ladite année 1606, un berger, convaincu d'avoir épousé trois femmes, condamné par le lieutenant criminel du Neufchâtel à être pendu ; il en appela au Parlement, qui ne le condamna qu'à faire amende honorable, nud en chemise, tenant une torche ardente entre ses mains, et ensuite aux galères pour le reste de ses jours.

— Nôces de Mᵉ Christofle Bougler, procureur du Roy en ce lieu, avec Marie Febvrier de la ville de Roüen, en 1606.

— Assassinat commis en la personne de Charles du Quesnel[2] par le sʳ de Maubuisson, par une querelle qu'ils eurent ensemble à la fin des troubles de la Ligue, audit an 1606.

— Nôces d'Alexis Rivière et de Françoise de Hasteville, en ladite année 1606.

— Décèds de Mᵉ Thomas Vincent, commis au greffe du bailliage de ce lieu, en 1607.

— Exécution du nommé Gueule de Raye, nâtif du Neufchâtel, par sentence du lieutenant criminel, fut pendu et

---

[1] C'est « Tricotté, » comme plus haut.

[2] « Messire Charles de Quenel, chevalier, sʳ du lieu, député pour la noblesse audit bailliage de Caux », aux Etats de Normandie, en 1602. Le 29 octobre, il y fut nommé commissaire des comptes. *Cahiers des Etats de Normandie sous Henri IV*, II, 203, 205, 207, 208. — Il y avait « un fief du Quesnel, sis en la paroisse de Sommery. » M. Foncin, *Recueil sur Bully*, note de la page 357.

étranglé, pour avoir assassiné à coups de coûteau la femme de Jean Gascoin, en ladite année 1607.

— Audit an, le nommé Roger, meûnier de cette ville, fit amende honorable, et conduit ensuite au pilory[1] par l'exécuteur de la haute justice, pour s'être servi de fausses mesures, lesquels furent brûlées aussi par l'exécuteur.

— Nôces de François du Quef de la ville[2], sergent-royal, et d'Antoinette Boullengier, le 22e janvier 1607.

— Possession de l'estat de commissaire-examinateur du Neufchâtel prise par Me Thomas Bodin, en 1607.

— Exécution de Thomas le Prevost, sergent-royal audit Neufchâtel, en ladite année 1607, convaincu d'avoir fait de faux exploits, condamné à être pendu et étranglé.

— Décéds du sr de Corvodon[3], président au Parlement, âgé de 78 ans, auquel le sr de Boisnormand, son fils aîné, avocat général au Parlement[4], succéda à ladite charge, audit an 1607.

— Décéds de Me Leonnet de Fry, receveur des tailles de ce lieu, audit an 1607.

[1] Le pilori de Neufchâtel était en face des Halles, situées devant le grand portail de l'église Notre-Dame.

[2] Pour « Chef de Ville », comme on disait en patois du pays, « Quief de Caux » pour « Chef de Caux ». Un Jehan de Chefdeville fut plusieurs fois député du Tiers-Etat, à cette époque, pour la vicomté de Lyons aux Etats de Normandie. — Voir *Cahiers des Etats de Normandie sous Henri IV*, Table des noms d'homme, II, 411.

[3] « 1581. François Anzeray, sieur de Courvaudon, de Caën, conseiller, fut reçu le 17 juillet sur la résignation de Nicolas Damours son beau-père. » Farin, *Histoire de Rouen*, 1731, I, 2e partie, p. 51. Mort le 22 mars 1607 et enterré aux Carmes de Rouen.

[4] « 1607. Gilles Anzeray, sieur de Courvaudon, fils de François Anzeray. Il avait été conseiller aux Requêtes (1595) et ensuite avocat général (1599) ». Farin, *Ibid.*, 52. Du vivant de son père, il s'appelait de Boisnormand; car Groulart dit, dans ses *Mémoires*, lors d'un voyage à Caen, le 29 avril 1602 : « Et vint avec nous M. Gilles Anzerey, sieur de Boisnormand, second avocat général. »

— Déceds d'Adrien du Chesne, huissier en cette élection, âgé de 30 ans, le 19º avril 1607.

— Débordement de la rivière du Neufchâtel, le 2ᵉ may audit an 1607.

— Nôces de Nicolas le Bon, avec Nicole Bougler, fille du bailly d'Aumalle, en ladite année 1607.

— Nôces de Pierre Denise avec Françoise le Blond, en 1607.

— Nôces de Simon Lasnier, avec Françoise Engren, le 17ᵉ juillet 1607.

— Déceds de Mᵉ Jean Bouchard, avocat, étant emprisonné en ce lieu, pour 200 liv. d'amende, en quoy le Parlement l'avoit condamné, pour un crime de faux dont il avoit été prévenu et privé de tous estats publics, ce qui arriva le 16ᵉ septembre, audit an 1607.

— Nôces de Charles de Fontaine, de Saint-Saen, et d'Adrienne Bougler, le 2ᵉ décembre 1607.

— Trépas de Mᵉ Claude Groulart, premier président du Parlement de Roüen, en 1607[1].

— Trépas de Jacqueline Doublet, veuve de feu Mᵉ Nicolas le Boullengier, greffier de Londenières *(sic)*, âgée de 66 ans en 1608.

— Mort d'Abel Herlent, fils d'un chaussetier huguenot, tué d'un coup de coûteau, en cette ville, par Archambaut de Semoullinie[2], boucher, dans une querelle qu'ils eurent entr' eux, le 8ᵉ février 1608.

— Possession de l'office de premier président de Roüen par le sʳ de Riez[3], auparavant président aux Enquestes au Parlement de Paris, en 1608.

---

[1] Mort le 1ᵉʳ décembre 1607.

[2] « Le mot est surchargé. On pourrait lire « Semoullins », ou « Semoulline ». C. — Septmoulins Sept-Meules ? dans l'arrondissement de Dieppe.

[3] « Il y a bien « Riez », probablement « Rys » ou « Riz ». C. —

— Grand hyver, en ladite année 1608, qui commença au mois de décembre 1607, et finit au mois de mars 1608.

— En ladite année, dom Nicolas Miton, religieux au prieuré de Longueville [1], mon fils puîné, chanta sa première messe, aux enseignes que je fus de la feste à mes dépens [2].

— Décéds d'Anne Carpentier, âgée de 40 ans, n'ayant jamais été mariée, en 1608.

— Nôces de Me Thomas Bit, avec Anne du Fresnoy, en 1609.

— Possession prise par Me Vincent Canchon de l'estat de second président de l'élection de ce lieu, en 1609.

— Miracle arrivé à l'abbaye de N.-D. de Soissons, en 1609, le jour de l'Annonciation, à l'endroit de Marie Héricourt, laquelle avoit une jambe et une cuisse mortes, marchoit avec des béquilles ; elle eut recours à la sainte Vierge, et ses prières furent exaucées ; elle revint de cet endroit parfaitement guérie.

— Arrivée en cette ville du Neufchâtel de M^r le cardinal de Joyeuse, archevêque de Roüen [3], au mois de juillet 1609. Le lendemain, il donna la confirmation à une infinité de p^{sses} [4], dont je fus du nombre [5], par la grâce de Dieu, à N.-D.

— Décéds de Me Jacques Vincent, prêtre, chapelain de ladite église, audit an 1609.

« 1608. Messire Alexandre de Faucon, sieur de Rys, parisien. » Farin, *Ibid.* — Il fut installé le 15 mars 1608.

[1] Voir plus haut, pages 36 et 100.
[2] C'est généralement le contraire pour des invités : de là sa remarque.
[3] François I de Joyeuse occupa le siège archiépiscopal de Rouen de 1605 à 1614.
[4] Ou p^{snes} : « Personnes ou paroissiens ». C.
[5] Né le 21 juillet 1551, Miton avait donc 58 ans quand il fut confirmé.

— Nôces de Pierre Bougler avec une fille de Blangy, en 1609.

— Déceds de Jacques de Pimont, tabellion, audit an 1609.

— En 1610, mon fils aîné fut reçu conseiller assesseur certifficateur de décrets de cette vicomté.

— En ladite année Me Antoine Piart fût reçu avocat du Roy, en cette vicomté, par résignation du sr de Grouchy, son beaupere 1, et prêta serment devant le lieutenant de Fry.

— Le lundy 6e avril 1610, la mort et assassinat d'Henry IV, surnommé le Grand2, arriva à Paris, rüe de la Feronnerie, par le nommé Ravaillac, et étant besoin de conserver cette place au service du Roy, le maréchal de Fernasques 3, gouverneur de Normandie, manda aux principaux de cette ville du Neufchâtel, d'élire un homme d'entr'eux capable de leur commander, et, du consentement unanime de tous les habitans de cette ville, je fus nommé, moy Miton, président en ladite charge de commandeur, et tous promirent m'obéïr. J'avois été nommé par feu monsieur de Montpensier, Gouverneur de ladite province, lors de la surprise

---

1 Percheval de Grouchy, avocat, dont il avait épousé la fille Marguerite, en 1606. — Voir plus haut, p. 118.

2 Triple erreur : Henri IV fut assassiné le vendredi 14 mai 1610. Ceci prouve que la rédaction du *Mémoire* est postérieure à certains faits qui s'y trouvent consignés.

3 « Il y a bien « Fernasques » pour « Fervacques ». C. — Guillaume de Hautemer, chevalier de l'ordre du roi, sieur de Fervacques (Calvados), nommé lieutenant général au gouvernement de la Normandie le 3 mars 1608. Arrivé de Paris à Rouen, avec le premier président, Faucon de Ris, aussitôt après l'attentat, il disait dans le Parlement, le 17 mai 1610 : « Je veux concerter mes actions avec celles de la compaignye, et n'avoir avec elle qu'un mesme but et intention, pour s'opposer aux mauvais desseins et remuements contre le service de sa Majesté et le repos public. » *Hist. du Parlem. de Norm.*, par M. Floquet, IV, 274.

d'Amiens par les Espagnols, 12 ans auparavant [1]. Le tout passé devant le lieutenant de Fry.

— Audit an 1610, Mr Gieffroy Guerout, chapelain de Saint-Jacques, chanta sa première messe.

— Décedes de Me Georges de la Porte [2], président au Parlement de Roüen, âgé de 68 ans, audit an 1610.

— Nôces de Jean Ango, mercier, avec Nicole Bodin, audit an 1610.

— Nôces de Jean Cœullet *(sic)* [3], fils du procureur fiscal de Gaillefontaine, avec Madelaine Baillard, audit an 1610.

— Décedes de Marguerite Le Fèvre, âgée de 50 ans, audit an 1610.

— Audit an 1610, les bancs du chœur de N.-D. furent refaits de neuf.

— Exécution du s^r de Caqueray, gentilhomme verrier [4], en cette ville, l'an 1611, convaincu d'avoir volé le nommé Regnard [5], abbé de Bellozane, près Gournay, fut décapité par sentence de Me Charles Baillard, lieutenant criminel, en cette dite ville, et s'appelloit la Sale Hediart.

— Grande seicheresse, en ladite année; il fut sans pleuvoir depuis la my-mars, jusques à la my-juin, que commença la pluye, et les grains, qui étoient presque secs et brûlés, reprirent une nouvelle vigueur par une pluye abondante qui dura plusieurs jours sans cesser.

— En ladite année 1611, comme je revenois de Lucy [6],

---

[1] Le 11 mars 1597, c'est-à-dire 13 ans et deux mois avant cette élection.

[2] Sieur de Montagny.

[3] Plus loin « Cœüillet », qui est le vrai nom. Voir p. 131.

[4] Est-ce Nicolas de Caqueray, qui bâtit un four à la Saussaye, à la fin du xvie siècle? *Les Verreries de la Normandie et les gentilshommes verriers normands*, par M. O. Le Vaillant de La Fieffe.

[5] Antoine II Renard, élu abbé en 1599 et mort en 1626.

[6] A 6 kilom. N. de Neufchâtel.

une ondée de grêle tomba si subitement et de la grosseur d'un petit éteuf, dont je fus bien blessé, et l'aurois été davantage sans un manteau que je pliay, et mis sur ma tête; j'étois en plein champ, quand cela commença, et à force de marcher je gagnai une cavée, environnée de buissons et de creux au-dessous, où je fus à l'abry.

— Exécution au Neufchâtel de deux soldats natifs de Fromerye, accusés de vols, furent pendus par sentence du s^r Baillard, lieutenant criminel, en ladite année 1611.

— Décèds de Me Estienne Poislancs [1], procureur commun en ce lieu, et de Marguerite de Fry, sa femme, audit an 1611.

— Nôces de Pierre Bodin et de Marguerite Bout, fille de Charles Bout, dit [2] la Gaillarde, en 1611.

— Nôces de Me Pierre Cognain, apoticaire, et de Nicole Herlent, fille d'un chaussetier, en 1612.

— Nôces de Gieffroy Mouchard, et de Marguerite Forestier, en l'an 1612.

— Exécution de deux voleurs de Picardie, audit an, l'un nommé d'Estrées, et l'autre, François, convaincus de vols, furent condamnez à être pendus et étranglés, par sentence du s^r Baillard, et de Tunes *(sic)* [3], vice bailly de Caux, en ladite année 1612.

— En ladite année 1612, mon fils chanta sa première messe, à Paris.

— Audit an, prise de possession de l'estat de second

---

[1] « Plus loin il y a bien « Poisblanc ». C. — Poisblanc. p. 148, C'est le vrai nom, qu'on retrouve encore aujourd'hui en Normandie.

[2] *Dite* la Gaillarde?

[3] Hector de Tunes figure comme lieutenant de robe courte, pour le bailliage de Caux, « dans un rôle de la Revue qui fut passée en la place de Bihorel-lès-Rouen, le 18 novembre 1606, de la compagnie du s^r de Raullet ». *Cahiers des Etats de Normandie sous Henri IV*, II, 372.

avocat du Roy en ce siège du Neufchâtel par Nicolas le Clerc.

— Déceds de M⁰ François Avisse, cy-devant vicomte du Neufchâtel, âgé de 76 ans, en l'an 1611.

— Exécution d'un Quidam de Fromerye, accusé de plusieurs vols par luy faits en Normandie, condamné par le lieutenant criminel de ce lieu à être pendu et étranglé, en 1612.

— Autre voleur condamné à être pendu et étranglé, audit lieu, en ladite année; on le nommoit Jean le Sueur, de Roncherolles [1].

— Possession par M⁰ Guillaume le Fèvre de l'estat de président en cette élection, par la résignation que luy en fis, audit an 1612.

— Déceds de M⁰ Jean Bit, avocat, audit an 1612.

— M⁰ Jacques de Hasteville, après avoir été privé de son estat de lieutenant de vicomté, fut remis en place par la faveur de ses amis, entr'autres par un nommé de la Porte, conseiller au grand Conseil.

— Nôces de M⁰ Louis Morel [2], âgé de 69 ans, prevost de de la conestablie de France, avec Damoiselle Marie de Fautereau, fille aînée de Nicolas Fautereau, baron de Villers [3], âgée de 22 ans, en l'an 1612.

— Déceds de Nicolas Fautereau, baron de Meinières [4], âgé de 62 ans, assez subitement, étant en sa maison de Villers.

---

[1] Roncherolles-en-Bray, arrᵗ de Neufchâtel, à 18 kilom. S. de cette ville.

[2] On a vu, à Neufchâtel, un prévôt de ce nom, dont Miton ne donne pas le prénom. Pages 100-107.

[3] Villers-sous-Foucarmont, arrᵗ de Neufchâtel. « Nicolas I, l'aîné des enfants de François de Fautereau et de Françoise de Gouvis, ne fut connu, du vivant de sa mère, que par le nom de baron de Villers. » *Notice sur Mesnières*, par M. l'abbé Paris, p. 23. Cette fille *Marie* n'y est pas mentionnée.

[4] Il était devenu baron de Mesnières par la mort de sa mère, en 1608.

— Déceds de Pierre Bodin, drapier, en 1612.

— Déceds de Madelaine Baillard, audit an 1612.

— Exécution d'un berger, demeurant à Freminville [1], audit an 1612, pour avoir tué un autre berger dans les bois de Bailleul [2], condamné par sentence du lieutenant criminel à avoir le poing coupé et ensuite pendu, ce qui fut exécuté.

— Ladite année 1612, abondante en vin, cidre, bled, etc; il n'y eut que les menus grains qui étoient rares, à cause de la seicheresse de l'esté.

— L'hyver de ladite année fort doux, ce qui avança beaucoup les arbres fruitiers, etc.

— En 1613, pluyes continuelles, foudres, tempêtes et vents impétueux, qui renversèrent plusieurs édifices, et déracinèrent les arbres.

— Nôces de Me César Dumesnil, maître particulier des forêts, avec la fille du sr de Beaufresne, en 1613.

— Déceds de Simon Lasnier, arrivé à Paris, audit an 1613.

— Assassinat commis en la personne du sr Morel, prévost, par un de ses archers nommé le Grand, étant pour lors ledit Morel près le sr connétable [3] au Languedoc. Ce malheur arriva audit sr Morel, parce qu'il avoit envie de tuer ledit archer, mais celuy-cy le prévint et le tua lui-même; le connétable, ayant appris comme les choses s'étoient passées, donna la grâce audit le Grand.

— En 1613, l'été fort pluvieux, et la vigne qui étoit belle [4]

---

[1] Fremainvillle, Seine-et-Oise?

[2] Cinq kilom. S.-E. de Londinières, arrt de Neufchâtel.

[3] Henri de Montmorency. — On a vu qu'en sa qualité de prévôt, Morel avait prononcé une foule de condamnations à mort, à Neufchâtel.

[4] Encore une preuve de la culture de la vigne, à une latitude supérieure à celle de Rouen.

et qui promettoit beaucoup, coula presque entièrement; il y eut assez de bled, des foins, et des menus grains.

— Audit an 1613, décèds de Jacques Miton, mon cousin, grenetier, demeurant à la ville d'Eu.

— Décèds du sr de Lisores [1], procureur général du Roy au Parlement, en 1613, âgé de 50 ans, auquel succéda le sr de la Bertinière [2], lors procureur des Estats de Normandie.

— Décèds de Henry Clausse, grand maître des eaux et forêts de France [3], étant à Paris, auquel succéda son fils, et en tous ses biens, le sr Fleury, son fils, juge très sévère [4].

— Décèds de Me Isaac Vassagne, premier eslû de cette élection, audit an 1613.

— Audit an 1613, Me Jacques de Mis [5] *(sic)*, prêtre,

[1] Nicolas le Jumel, sieur de Lisores (Calvados), reçu le 15 avril 1597.

[2] « Me François de Brétignières, avocat en la cour de Parlement et procureur sindicq des Estats » (de Normandie). Son nom devait se prononcer comme il est écrit ici; car, Dupont, député des Eschevins de Caen aux Etats de Normandie d'octobre 1607, leur écrivait, le 27 du même mois pour leur annoncer que « Monsieur de la Bertinière avoit été nommé procureur syndic au grand contentement de tous. » *Cahiers des Etats de Normandie sous Henri IV*, II, 290 et 296.

[3] Seigneur de Fleury en Bierre, fut établi grand maître et général réformateur des Eaux et Forêts de France. Henri III le destitua, et il fut rétabli dans sa charge, en 1598, par Henri IV.

[4] « Nicolas Clausse, sr de Fleury, conseiller du roi en son conseil d'Estat, nommé à l'office de grand maître enquêteur et général réformateur des eaux et forêts de France, aux départements de l'Ile-de-France et de Normandie, sur la résignation de son père, 17 octobre 1611. » Cette sévérité est cause qu'aux Etats de Normandie de 1616, fut « arresté qu'il sera employé article au cayer contre le grand maistre des Eaux et forêts. ». Il en est question dans l'article XIII du cahier des Etats de 1616. *Cahiers des Etats de Normandie sous Louis XIII*, etc., I, 300 et 133.

[5] Peut-être « Demi » ou « Demy », nom qui se trouve encore en Normandie.

chanta sa première messe en l'église Saint-Jacques de ce lieu.

— Décéds de Mᵉ Archambaut le Bon, receveur du domaine du Roy du Neufchâtel, étant prisonnier en la chambre des Comptes, depuis 17 ans en çà, pour les comptes dudit domaine [1], âgé de 87 ans, en 1613.

— En 1613, Mᵉ Pierre Bougler fût reçu en cette élection elû, vacant par la mort du sʳ Vassagne.

— Audit an, Mᵉ Jean Angissieur[2] fut reçu contrôleur au magasin de sel de ce lieu, Mᵉ Vincent de la Boe luy ayant resigné.

— Audit an, nôces de Mᵉ Baptiste Gavin[3] et de Marie le Normand; le sʳ Devise[4], prêtre, curé de N.-D., luy donna son mariage.

— Secondes nôces de Mᵉ Jean Caullet[5], avocat, et de Marguerite Bailleul, audit an 1613.

— Nôces de Mᵉ Nicolas le Blond, avec Marguerite Pimont, audit an 1613.

— Nôces de François Bernard, et de Marie le Villain, en 1613.

— Possession de l'état de receveur alternatif des tailles de cette élection, par Mᵉ Jacques Bradechat, en 1613.

---

[1] Son cas paraît être le fait d'un de ces commissaires royaux, institués par Sully, au début du règne de Henri IV, grands « apureurs de compte » et « régaleurs de taille », envoyés, vers 1596, dans presque toutes les généralités de la France. — Il était suspendu de ses fonctions en 1596.

[2] « Ou Augissieur ». C.

[3] « Ou Garin ». C.

[4] Denise, nom qui se retrouve plusieurs fois, plus haut et plus loin, lors de son décès, p. 145.

[5] « Cœullet » pour « Cœuillet », comme plus haut, p. 124.

— Élection faite de Me Vincent Métau, au bénéfice de Saint-Jean [1], par la communauté de cette ville, en 1614.

— Décèds de Martin de Fry, en 1614.

— En ladite année, l'hyver fut sec, et il gela continuellement, depuis la Toussaint jusqu'à Pâques [2].

— Décèds de Marguerite Engren, ma femme, âgée de 63 ans, le jour du Vendredi Saint [3], audit an 1614.

— Décèds de Remy Vocor (sic), mercier, audit an 1614.

— Troisièmes nôces de Pierre le Clerc et de Caterine le Vilain, audit an 1614.

— Nôces de Me Jacques Bradechat [4], receveur des tailles de cette élection, avec Louise Besoche, fille de Jacques Besoche, contrôleur général des finances de la généralité de Roüen, en 1614.

— En ladite année, Me Claude Hannin fut reçu eslû en cette élection, à la place de Me Jean Grandeau qui s'estoit sauvé du royaume et emporté l'argent du Roy.

— Élection faite en cette ville, audit an, d'un prêtre, d'un noble, et d'un tiers estat, pour assister aux États Généraux qui devoient se tenir à Paris, par ordre du Roy [5]. Mr de Saint-Serre fut nommé pour la noblesse [6].

---

[1] La maladrerie de S.-Jean, simple bénéfice, depuis 1550, à la présentation des habitans, avait été donnée aux Cordelières de Neufchâtel, sur la prière du premier président Claude Groulart. — Voir, plus haut, p. 7.

[2] Le 30 mars, c'est-à-dire cinq mois consécutifs.

[3] Le 28 mars.

[4] François de Braidechal avait été nommé, en 1613, receveur des tailles à Neufchâtel.

[5] Les députés du Bailliage de Caux furent : « Clergé. Antoine de Banastre, seigneur et curé d'Harcanville ; Guillaume Hélie, docteur en théologie, profès à Sainte-Catherine-du-Mont, aumônier du Roy, prieur de Cleuville. Noblesse. Samuel de Boulainvilliers, sieur de Saint-Cère. Tiers-Etat. Constantin Housset, habitant de Flamanville. » Indiqués d'abord pour le 10 septembre 1614, à Sens, ces Etats furent remis au

— Nôces deuxièmes de moy, Adrien Miton, sr de Hodent, Gromesnil, avec Claude Bodin, veuve de Me Jean Bit, avocat, en 1614 [1].

— En 1615, un soldat, nommé Lafontaine, fut pendu en cette ville pour vols, par sentence du sr Baillard, lieutenant criminel.

— Audit an, le sr de Bretinieres fut reçu procureur général du Roy, au Parlement de Roüen [2].

— Nôces de Pierre Boutin, mercier, avec Simonne de Zequembourg [3], du bourg de Blangis Gamaches [4], audit an 1615.

— Nôces de Me Jacques de Hasteville, lieutenant du vicomte, avec Madelaine Vassagne, audit an 1615.

— Nôces de Me Nicolas Bernard, procureur commun au Neufchâtel, avec Jeanne Cœüillet, fille de Jean Cœuillet, procureur fiscal de Gaillefontaine, en 1615.

— Nôces du sr Dauviller, avec la veuve du feu prévost Morel [5], audit an.

10 octobre, à Paris, où ils s'ouvrirent le 27. — Voir *Histoire de Normandie*, par de Masseville, 1737, t. VI, p. 78-81.

6 (*de la page précéd.*). — La noblesse du Bailliage de Caux envoya Messire Samuel de Boulainvilliers, chevalier, sieur de Saint-Saire, qu'elle avait déjà député aux Etats de Normandie de 1610.

[1] « Hedenc » ou « Hodeng ». Il y a trois localités de ce nom, près de Neufchâtel. — « Grumesnil, » arrt de Neufchâtel, plutôt que « Gros-mesnil », arrt du Havre?

[2] « Francois de Brétignières fut reçu procureur-général, le 26 novembre 1615, moins de trois mois après l'arrêt qui, sur sa plaidoirie, avait donné gain de cause à Bassompierre. » *Hist. du Parl. de Normandie*, par M. Floquet, IV, 283. Farin a donné, à tort, la date de 1613.

[3] « Peut-être Hequembourg. » C.

[4] « Le ms. est exactement copié. » C.—Blangy-sur-Bresle, aujourd'hui.

[5] Marie de Fautereau (p. 126), dont le vrai prénom était *Charlotte*. « Charlotte, l'ainé des filles de Nicolas I, de Fautereau, épouse Jacques de Montsures, sieur d'Auvilliers. » M. l'abbé Paris, *Mesnières*, p. 24. — Ce fut en secondes noces. Voir p. 149.

— L'hyver de ladite année 1615, très rigoureux.

— Édit du Roy, portant décri de toutes les monnoyes étrangères, excepté le pistolet de Castille[1], fixation de l'écu à 75 s. et le pistolet à 72 s.[2], ce qui interrompt le commerce en ces quartiers, pendant quelque temps[3]; cela arriva à la fin de janvier 1615[4].

— Construction du monastere de Bernesaut[5], comme il se voit aujourd'huy, étably pour une famille de pénitens réformez du tiers ordre de s^t François, en 1615. Lesdits s^{rs} de s^t Saire[6], de Boscgieffroy, de Bully et de Neufville Ferriere, en poserent les premieres pierres, et y fut établi le pere Vincent Mussart[7], religieux dudit ordre, et provincial, grand et celebre prédicateur.

[1] Les écus d'Italie, d'Espagne, de Savoie, de Bourgogne et de Suisse étaient appelés « pistolets », et toutes ces monnaies étrangères étaient mises hors d'usage, à l'exception du « pistolet » d'Espagne. — Aux Etats de Normandie de 1611, 1612, 1613, 1614, on voit les députés demander un « Règlement sur le faict des monnoyes. » *Cahiers des Etats sous Louis XIII*, I, 37, 53, 80.

[2] La valeur de l'Ecu était donc augmentée, en treize ans, de 10 sous, et celle du Pistolet, de 9 sous. — Voir plus haut, le Règlement des Monnaies de 1602, p. 113.

[3] Aux Etats de Normandie, les députés disaient que, au fait des monnaies, « le désordre y est si grand, qu'il n'en court plus que d'estrangères : cela ruine le commerce public. » — Voir *Cahiers sous Louis XIII*, I, 102.

[4] « Le Parlement enregistra, le 12 décembre 1614, la déclaration du roi qui fixait la valeur des espèces d'or et d'argent. » *Histoire sommaire de Rouen*, par M. N. Periaux, 401.

[5] Aux portes de Neufchâtel, au S.-O., appelé aujourd'hui les Pénitents.

[6] Samuel de Boulainvilliers. — Voir plus haut, p. 96 et 130.

[7] Vincent Mussart, parisien, avait commencé la réforme du Tiers-Ordre de St-François, vers 1595; mais elle ne fut approuvée à Rome qu'en 1603. — « La maison des *Penitens de Neufchâtel*, au diocèse de Rouen, avoit été fondée l'an 1389. Les Reformez du Tiers-Ordre y urent appellez par les Habitans l'an 1614. Et ils eurent entre leurs

— La table d'autel, qui se voit à l'hôtel-Dieu du Neufchâtel, vient de ce couvent de Bernesaut [1], et à la place on y mit deux tableaux, l'un representant la Ste Vierge, et l'autre s[t] Louis, audit an 1615.

— Ladite année, le pignon du temple de s[t] Jacques [2] fut construit de pierres et de briques, en ladite ville du Neufchâtel.

— En ladite année 1615 stérile en tout, à cause d'une grande sécheresse; il n'y eut que très-peu de grains, et encore moins de fruits.

— En ladite année 1615, il tomba de la grêle en divers endroits du royaume, grosse comme une bâle *(sic)* de laine, qui fit bien du dégât.

— Décéds de Me Bontemps Roussel, prêtre, chapelain de s[t] Jacques du Neufchâtel, audit an 1615.

— Décéds d'Antoinette le Roy, femme de Me Pierre Caruette, grenetier au Neufchâtel, audit an 1615.

— Audit an, Me Jacques du Pleis [3] fut reçû eslû en cette élection, à la place de Me Louis du Pleis, son père.

— Décéds de dam[lle] Isabeau de Fry, femme de Me Charles Baillard, lieut. criminel, en 1615.

bienfaicteurs, les seigneurs de Launoy, de Fourmery, de Bully, et de Saint-Saire, le sieur de Brinon, conseiller au Parlement et les sieurs de Boscgefroy, de Neuville et de Rauville. » *Histoire sommaire de Normandie*, par de Masseville, VI, 338 et 352. — Voir APPENDICES II-4. François-Vincent Mussart est l'auteur de l'ouvrage intitulé : *Le Fovet des ivrevrs et blasphematevrs dv nom de Dlev, par vn des Pères de la congrégation des pénitens régvliers dv troisième ordre de Saint-François*. Lyon, 1615, 1 vol. in-16.

[1] Le premier couvent, construit en 1389, et détruit pendant les guerres de religion, fut remplacé par celui de 1615. Ils seront l'objet du poème latin de Percheval de Grouchy, publié plus loin : *Saliberna*.

[2] On a vu que cette église avait été détruite par Palcheul, pour les nécessités de la défense du château, en 1591. Le « pignon » était en face du château et complétait la restauration antérieure de l'église.

[3] Ou « Du Plis », comme plus haut, p. 106.

— Nôces de Nicolas Mouchard et de Catherine le Blond, en 1615.

— Audit an 1615, Fontaine-Martel, s'étant rétably à Neufchâtel [1] par la faveur de ses amis, fit rebâtir une maison à la place du château ancien qui avoit été démoly, par le commandement du Roy, en l'an 1545 [2]. Il avoit envie d'environner de murailles ce nouveau bâtiment, comme l'ancien, pour avoir la même liberté qu'il avoit auparavant; ce que voyant, lesdits habitans s'opposèrent à ses desseins, et s'estant pourvûs au conseil du Roy, lesdits bâtimens et murailles furent rasez, et les matériaux donnés aux pères pénitens dudit Bernesaut [3].

— Décèds de frere Noël Caule, prêtre, curé de Bully, âgé de 56 ans, en 1618.

— Serment prêté par George Miton, avocat, en 1618.

— Nôces deuxièmes de Me Charles Baillard, lieut. criminel du Neufchâtel, avec la niece du baron de Bully, en 1618.

— Décèds de Me Estienne Besuel, procureur, en 1618.

— Adjudication faite pour la démolition des murailles

---

[1] Comme gouverneur.

[2] 1545 pour 1595, peu de temps après que Fontaine Martel eut rendu le château à Henri IV. — Voir plus haut, p. 99. Il n'oubliait pas non plus l'argent, qu'il parvint à obtenir, au grand mécontentement de tous. Aussi, aux Etats de Normandie, en novembre 1617, « Du lundy, 20e jour dud. moys et an, a esté mis en desliberation s'il sera pas employé, dans le Cayer des remonstrances, article touchant la levée de 12,000 l. pour le Sr de Fontaines Martel, mentionnée dans les patentes de S. M. affin d'en demander la revocation. » Tous les Bailliages ont été de cet avis. *Cahiers des Etats de Normandie sous Louis XIII*, etc., I, 314.

[3] C'est donc avec les matériaux des constructions élevées sur l'emplacement du château par Fontaine Martel, que les Pénitents purent bâtir une partie de leur couvent, en 1615.

du chasteau ¹, remplage des fossés, et vuidange d'un autre fossé, et réédification d'une autre muraille qui environne la ville, par commission du Roy, pardevant les trésoriers généraux de France, moyennant 22200 livres, qui furent levées sur les élections de Caux, audit an 1616.

— Décèds de Vincent Bernard, drapier, âgé de 63 ans, en 1616.

— Nôces d'Adrien de Bailleul avec Gillon le Clerc, fille de Mᵉ Nicolas le Clerc, avocat du Roy, en 1617.

— Décèds de Mathieu Bourgeois ², sʳ de Pommereval, âgé de 70 ans, en 1617.

— Décèds de Mᵉ Adrien Boullenger, procureur commun, en 1617.

— Garnison ordonnée de deux compagnies de chacune cent hommes de pied, commandées par les capitaines Colincourt et de Morlancourt, Picards, en cette ville du Neufchâtel, par ordonnance du marquis d'Ancre ³, lieutenant au gouvernement de Normandie, lesquelles y séjournerent depuis le 15ᵉ mars 1617 jusqu'au 10ᵉ avril ensuivant ⁴.

— Nôces de George Miton, avocat, l'un de mes puînez, et de Anne Bodin, fille de Charles Bodin, sʳ de Blargies, le 13ᵉ avril 1617.

— Publication de la paix arrêtée par le Roy, avec les princes de Nevers, de Vendôme, de Mayenne, le maréchal

---

¹ Celles que Fontaine-Martel venait d'élever (p. 134), puisque l'ancien château avait été démoli, en 1595. Le périmètre est encore bien visible aujourd'hui, ainsi que les fossés.

² « Bourgoise ? », nom de famille de la mère de l'auteur.

³ Miton ne l'appelle pas « maréchal d'Ancre », bien qu'il le fût depuis 1614. Nommé en 1616, lieutenant-général en Normandie, il avait fait son entrée à Rouen, en 1616.

⁴ Ces deux compagnies partirent 14 jours avant l'assassinat du maréchal d'Ancre par de Vitry.

de Boüillon, et autres, et publiée audit Neufchâtel, le 12ᵉ may 1617 ¹.

— Décéds de Mᵉ François Carpentier, procureur commun audit Neufchâtel, en ladite année 1617, comme aussi du sʳ de Dorlencourt *(sic)*, demeurant à Graval ², d'excès de boisson, selon le bruit commun.

— Par arrêt du Parlement de Roüen, du 3ᵉ juillet 1617, par lequel avoit été ordonné que six des parens, du côté paternel et maternel, de la fille de feu François Horcholle et de Antoine Commere ³, prétendoient eux marier, soient oüys sur la pertinence dudit mariage, je fus, audit Roüen, le neuf dudit mois de juillet, audit an, avec Jacques et Jacquet, dit le Blond, père et fils, Mᵉ Louis le Blond, prêtre, curé de Sᵗᵉ Beuve, Mᵉ Jacques le Blond, avocat à Roüen, Mᵉ Jacques Engren, lieut. des Eslûs en cedit lieu, où nous fûmes tous oüys pardevant le sʳ de Bollebec ⁴, et de Brendent ⁵, conseillers, et fûmes tous d'avis que ledit mariage n'étoit convenable, à cause que ledit Commere avoit engrossi *(sic)*, et eu la compagnie charnelle avec Charlotte Engren, cousine germaine de ladite Horcholle.

---

¹ Le traité de Loudun, du 6 mai 1616, entre les princes et la cour. « En moins de dix ans on donna à Condé, Longueville, Mayenne, Vendôme, Epernon, Bouillon, etc., plus de douze millions, sans les appointements de leurs charges ». *Mémoires de Richelieu*, I.

² 6 kilom. est de Neufchâtel.

³ « Le mot *qui* paraît omis ; il n'est pas dans le mscr. » C.

⁴ En 1617, c'était un bien vieux conseiller, d'après la date de sa réception. « 1570. Adrian Martel, sieur de Bollebec, conseiller-clerc ». Farin, *Hist. de Rouen*.

⁵ « Le nom est bien écrit » « Brendent », probablement pour « Brevedent ». C. — Il y avait, dans le ms. : « Breudent », pour « Brevdent », nom abrégé de Marc-Antoine de « Brèvedent », reçu conseiller en 1600.

— Décès de Guillaume Bit, tavernier du Plat d'estain [1] en 1617.

— Décèds de M⁰ Jacques François Bougler, bailly d'Aumalle, âgé de 29 ans, en 1617.

— Décèds de M⁰ Jacques de Hasteville, lieutenant du vicomté *(sic)* du Neufchâtel, en 1617.

— Nôces de Germain Huesse [2] et d'Anne Cossard, fille de deffunt Vincent Cossard, apoticaire, et de Nicole Cognain, en 1617.

— Nôces de M⁰ Pierre de Lormel [3], medecin, avec la fille du nommé Dorlens, marchand à Gamaches, audit an 1617.

— Nôces du nommé Crucifix [4], de la ville de Dieppe, avec Marie de Fry, audit an 1617.

— Ladite année 1617 auroit été très fertile en grains, sans une grande quantité de mulots, que produisit la terre qui rongeoient les germes, l'on fut contraint, en plusieurs endroits, de semer une seconde fois les terres ; cela vint de ce que l'hyver avoit été très doux.

— Décèds de M⁰ Abel Cognain, excellent médecin, âgé de 34 ans, en ladite année 1617.

— Constructions et bastiment des palis et volière de la deuxième court de ma maison [5], et de la vuidange des terres, faisans la separation de mon jardin, où j'employay cent écus,

---

[1] Plus loin, viendra : « Pierre Bit hostellier du Plat d'Estain. » On disait « Pot » et Plat d'Etain ». Une rue de Neufchâtel porte encore le premier nom.

[2] Ailleurs « Hiesse », p. 88.

[3] En 1620, un Vincent de Lormel sera député aux Etats de Normandie pour le tiers-état de la vicomté de Neufchâtel. *Cahiers des Etats de Normandie sous Louis XIII*, I, 352.

[4] Un Guillaume Crucifix figure dans l'*Histoire de la Réformation à Dieppe.* — Voir l'édition de M. Lesens, I, 141, 154.

que je payay pour cet effet à Claude Morin, charpentier, qui fournit tous les matériaux et peine d'ouvriers, réservé le bois que je baillai, provenant de mon herbage de Quieurecourt [1], en ladite année 1617.

— Nôces de Jean Patris, huissier en l'election, et de Margueritte Bout, en ladite année.

— Nôces de Mᵉ Jean Dimare, apoticaire, et de Nicole le Bon, fille d'un mesureur de grains, en 1618.

— Décèds d'Antoine Bourgeoise [2], sʳ du Mesnil Pommereval, audit an 1618.

— Décèds de Mᵉ Pierre de la Coudre, bailly de Londeniers *(sic)* [3], audit an 1618.

— Décèds de Mᵉ Jean Cœüillet [4], procureur fiscal de Gaillefontaine, étant à Paris, audit an 1618, âgé de 60 ans.

— Arrivée du sʳ de Chamalon *(sic)* [5], archevêque de Roüen, en cette ville du Neufchâtel, au mois de may 1618, lequel confirma le lendemain une infinité de personnes, en l'église de N.-D. dudit lieu.

— Exécution d'un quidam de Mortemer [6], en cette ville du Neufchâtel, audit an 1618, pour assassinat par luy commis à un porte-bannette [7], dans la haye et buisson de Mor-

---

[1] « Quieurecourt » pour « Quiévrecourt, » *u* pour *v*, à un kilom. O. de Neufchâtel. On l'appelle quelquefois : « Quieuvrecourt », encore aujourd'hui.

[2] « Plus haut, Bourgeois ». C. — C'est « Bourgoise », comme on l'a déjà vu, p. 135.

[3] Londinières.

[4] C'est d'après ce nom qu'ont été faites les rectifications ci-dessus.

[5] Miton a dû écrire : « Chanuallon, » pour indiquer François I de Harlay, fils de Jacques de Harlay, marquis de Chanvallon, et archevêque de Rouen depuis 1615.

[6] Sur Eaulne, à 6 kilom. E. de Neufchâtel.

[7] Le « Porte-Balle », aujourd'hui.

temer [1], fut par jugement du lieut. criminel rompu sur la roüe, devant les halles dudit lieu.

— Audit an 1618, fut dorée la table d'autel de l'hôpital par Jean Bertrand peintre, laquelle table étoit de pierre blanche taillée comme elle se voit par un religieux de Bernesaut, plus de 80 ans auparavant ; ladite dorure faite moyennant 80 livres, qui furent payées et données par frere Pierre Noël, sous-prieur dudit hôpital.

— Audit an 1618, fut peint, par ledit Bertrand, le chœur du temple dudit hôpital, aux dépens communs de tous les religieux dudit hôpital, qui donnerent chacun un portrait des images qui s'y voyent de present [2].

— Décèds de Me Vincent de la Boe, contrôleur du magazin à sel du Neufchâtel, âgé de 76 ans, en 1618.

— Grande fertilité et abondance de vin, cidre et autres biens, en ladite année 1618, et l'automne fort commode pour l'approfitement [3] des grains.

— Décèds de Me Nicolas Bernard, procureur commun, âgé de 68 ans, en ladite année, lequel avoit perdu la vûë, 4 ans auparavant.

— Décèds de Gieffroy Mouchard, en ladite année.

— En ladite année, on vit une comète cheveluë, au ciel, pendant les mois de novembre et décembre, et elle paroissoit, tous les jours, depuis 5 heures du matin jusqu'au jour.

— Me George du Val chanta sa première messe, à N.-D. du Neufchâtel, en 1619.

---

[1] En 1055, dans la surprise de Mortemer-sur-Eaulne, « les Normands tuèrent et prirent beaucoup de Français par haies et par buissons. » *Historiens de la Gaule et de la France,* par les Bénédictins.

[2] Ce membre de phrase a été ajouté par l'auteur au texte primitif, qui paraît avoir été rédigé, le plus ordinairement, à l'époque même des événements.

[3] Formé du verbe « approfiter, tirer parti de ». *Dict. de Littré.* Ici, « la facilité de bien récolter les grains » ?

— Décedz de damoiselle Madelaine de la Motte, fille du sr de Vimont, et femme du sr de Godarville [1], âgée de 46 ans, audit an 1619.

— Nôces de Me Nicolas le Boulangier, avocat au Parlement, et de Françoise Hercholle [2], audit an 1619.

— Décedz de Me Nicolas de Bétencourt, bailly de Gaillefontaine, en ladite année 1619. Son fils luy succéda [3].

— Décedz de Me Jean Cœüillet, audit an 1619.

— Décedz de Claude de la Coudre, âgé de 75 ans.

— Nôces d'Antoine Miton, l'un de mes enfans puisnez, et de Françoise Roussel, audit an.

— Décedz de Pierre Herleue [4], enterré avec son pere, au haut de son jardin, il étoit chaussetier, audit an.

— Décedz de Michel le Chevalier, de la contagion, audit an.

— Décedz de Jacques Pardieu, seigneur de Bailly en Riviere, Sémeulles, Grattepanche et Maucoble (sic) [5], audit an.

— Audit an, la maison du bailly de Bures fut surprise de la peste, dont son fils et sa fille, et sa chambriere [6], et voyant cela le reste sortit, crainte de danger.

— Nôces d'Isaac le Heurteur, procureur commun en ce lieu, avec la fille aînée du procureur Vincent, audit an.

---

[1] Voir plus haut, son mariage en 1594, p. 96.

[2] Ailleurs « Horcholle ». C. — C'est le vrai nom.

[3] « François de Bethencourt, sieur de Toupré, juge en la vicomté de Gaillefontaine, était fils de Nicolas, sieur de Saint-Samson, issu de la famille de Jean de Béthencourt, roi des Canaries. » M. Dergny, les Cloches du Pays de Bray, I, 56.

[4] « Herlent ». — Voir plus haut, p. 60.

[5] Jacques de Pardieu, Ier du nom, châtelain de Bailly-en-Rivière, seigneur de Maucomble, Grattepanche, Saint-Aignan, Sept-Meules, etc. Arrondissement de Dieppe et de Neufchâtel.

[6] « Moururent, mot passé au mscr. » C.

— Résignation faite par Mᵉ Jacques de Fry, lieutᵗ. de M. le bailly de Caux, de son office en cette ville du Neufchâtel, à Mᵉ Louis le Brumen, cy-devant greffier du vicomté dudit lieu, en 1620, à la reception duquel fut couchée opposition en la cour du Parlement par le nommé Falaise, qui bailla articles contre luy, et fut dite à bonne cause ladite opposition, et enjoint audit le Brumen, qui avoit été privé de l'exercice dudit état, de s'en défaire dedans six mois, et condamné en 300 livres d'amende avec dépens.

— Décèds de Mᵉ Jacques Fresnoye, avocat, âgé de 66 ans, en 1620.

— Grêle, foudre et tonnerre, qui endommagerent les grains en divers cantons, en ladite année 1620.

— Jubilé célébré en cette ville du Neufchâtel, en 1620.

— Nôces de Gabriel Roinard, fils de Jean Roinard, sergent en cette election, avec la fille du sʳ Godefroy, receveur des tailles en ladite election, en l'an 1620.

— Mort subite de Jean Carmelle [1], grenetier du magasin de cette ville, audit an 1620.

— Sera icy remarqué qu'audit an 1620, le Roy étant à Roüen [2], Fontaine-Martel poursuivoit pour se rétablir au gouvernement de cette ville, dont il avoit été, trois ans auparavant, privé par arrêt du conseil d'Estat [3], furent députés

[1] Caruette? qui vient plus loin, p. 142.

[2] Louis XIII arriva à Rouen, le vendredi 10 juillet. Il y tint un lit de justice, le 11, et en repartit, le 12. Il était à la tête d'une armée pour déjouer les intrigues de la reine-mère et du duc de Longueville, gouverneur de la province.

[3] Les députés des Etats de Normandie, en novembre 1617, avaient protesté contre « une surcharge de vingt-quatre mil livres pour le sieur de Fontaines-Martel, pour la récompense de ce qu'il a rendu le Neufchastel, dont desjà, par arrest du Conseil, il a reçu trois mil livres, outre quarante huict mil livres, qu'il en avoit des-jà eubz, encore qu'il n'eust achapté le gouvernement que cinq cens escus, et pour lequel il n'a jamais eub que vingt livres de gages. » Le roi décida qu'il se contenterait

par la communauté de cette ville du Neufchâtel, Me Louis le Brumen, l'enquêteur Bodin, et Me Nicolas le Blond, avocat, vers Sa Majesté, lesquels oüys, presence dudit Fontaine, fut privé de sa demande, et au même instant, le sr Baron de Bully [1] pourvû audit gouvernement et envoyé audit Neufchâtel pour en prendre possession, qu'il a gardé contre la ville de Dieppe, où il y avoit pour lors plus de 3,500 hommes de pied et 600 chevaux, contraires et ennemis dudit Neufchâtel [2].

— Décends de François Maquerel [3], baron du Boscgieffroy, d'une hydropisie, audit an 1620.

— Nôces de David de Guierceau, sr de Coupigny, fils du feu capitaine Behen, avec Isabeau Baillart [4] lieut. criminel, en 1620.

— Décends de Me César Dumesnil, maître particulier des forêts de Caudebec, au Neufchâtel, en 1620.

— En ladite année 1620, est icy à noter que moy, Adrien Miton, Pierre Caruette, et Nicolas le Bon, ayant été nommés et élûs pour eschevins de cette ville du Neufchâtel, avec Alexandre de Lamarre pour procureur-syndic et receveur des deniers communs de ladite ville, pour l'invalidité et

de douze mille livres en tout. *Cahiers des Etats sous Louis XIII*, I, 149. — C'est pour cela qu'il voulait « se rétablir au gouvernement de Neufchâtel ».

[1] Jean de l'Estendart. A partir de 1620, cette charge de gouverneur de Neufchâtel restera comme héréditaire dans sa famille jusqu'au milieu du XVIIIe siècle.

[2] Le duc de Longueville fuyant de Rouen, à l'approche de Louis XIII et de l'armée royale, avait fait de Dieppe sa place d'armes, malgré les habitants.

[3] De Masquarel ou Masquerel : il forma la tige des barons de Boscgieffroy. — Voir plus haut, p. 111.

[4] « *Fille du :* ces mots sont omis dans le mscr. » C. — « De Guierceau » est-il pour « De Guerreau », ou « de Guerreaux », nom d'une famille du Pays de Bray?

— 143 —

carence [1] de biens d'iceluy, furent (fûmes) contraints de rendre compte, à la chambre des comptes, du revenu des octroys et impôts, dont il avoit eu le maniement, ès années 1613, 1614 et 1615 et depuis les espices desdits comptes par avance, et de tous les frais ; ce qui ne s'étoit jamais vû, en ladite ville, considéré que, lors de l'élection desdits eschevins et dudit Delamarre, moy dit Miton, n'y avoit (sic) esté present, et étois lors absent ; d'ailleurs qu'il ne se trouvoit que j'y eusse [2] ny lesdits Caruette et le Bon, que eussions de rien ordonné, ny eu le maniement desdits octroys, ce qui me coûta en mon particulier de perte de plus de xx$^\text{m}$ liv. [3], d'autant que lesdits le Bon et Caruette n'ayans grands moyens, et [4] s'adressoit-on à moy.

— Décedz de M$^\text{e}$ Charles Bodin, prêtre, prieur de S$^\text{te}$-Radegonde et curé de Beaulne en Gastinois [5], âgé de 48 ans, en 1620.

— Nôces d'Antoine Commere, neveu de Gieffroy le Fevre, tavernier du Chapeau rouge du Neufchâtel [6], avec Marie Mouchard, en 1621.

— Décedz de Guillaume Auger, mercier audit lieu, en 1621.

— Au commencement de mars, audit an 1621 [7], fut la paulette, qui avoit été abolie et supprimée, rétablie [8], n'a-

[1] Terme de pratique : « Défaut, manque ».
[2] A pour complément : « de rien ordonné », qui vient après.
[3] Vingt mille livres, si nous lisons bien l'abréviation qui sert d'exposant.
[4] « *Et* est au mscr. et semble inutile. » C.
[5] Aujourd'hui Beaune-la-Rolande, dépt du Loiret, arrt de Pithiviers.
[6] Il y a encore un hôtel de ce nom à Neufchâtel.
[7] M. Floquet place son rétablissement en 1620, puisqu'il en est question dans le registre secret du Parlement de Rouen, à la date du 15 juillet 1620. *Histoire du Parlem. de Normandie*, IV, 364.
[8] Grâce à un impôt du soixantième du prix de leur charge, établi en 1604 par Sully, les magistrats devenaient propriétaires de leurs offices

guères en l'Assemblée des notables faite par commandement en la ville de Roüen [1].

— Décéds de Charles de Mailly, s[r] de Hocourt [2], étant à Paris, âgé de 38 ans, audit an 1621.

— Audit an 1621, par arrêt de la chambre des enquestes de Roüen, laquelle [3] par attribution et pouvoir donné par arrêt du conseil d'Estat du Roy, fut l'arrêt donné par la Grand-Chambre, au profit d'un surnommé Falaize [4], par lequel Me Louis Brumen avoit été privé d'exercer Estat Royal, cassé et annullé, et l'opposition dudit Falaize mise au néant.

— Décéds de Me Jacques Cœurderoy, curé de Quieurecourt *(sic)*, en revenant de Meinieres, qui se noya près du moulin dudit lieu, audit an 1621, âgé de 55 ans. Nicolas Bougler, prêtre, fils de Jean Bougler du Neufchâtel, luy succéda.

— Jubilé solemnisé en cette ville du Neufchâtel, au mois d'aoust 1621, que le pape Grégoire accorda à son avenement au pontificat [5].

— Claude le Roux, président et lieut. général au siege présidial de Roüen, fut fait président en ce Parlement, par

---

et en disposaient comme bon leur semblait, eux ou leurs héritiers, au grand mécontement de tout le monde, sauf des magistrats.

[1] Ouverte à Rouen, le 4 décembre 1617, il y fut question « de la vénalité des offices, qui rendait les charges héréditaires ». Mais, en présence des intérêts engagés, on ne supprima pas immédiatement la paulette. Elle le fut par un édit du 19 janvier 1619. *Assemblée des Notables tenue à Rouen*, en 1617, p. 29. Edit. de M. de Bouis.

[2] « François » de Mailly, seigneur d'Haucourt, de Saint-Léger, etc., mourut le 30 mars 1621 ». *Dict. de Moréri*.

[3] « Mot omis? Le mscr. est exactement reproduit ». C. — Laquelle « siégeant, agissant, jugeant » ?

[4] Voir, plus haut, p. 141.

[5] Le 9 février, 1621 Grégoire XV.

la résignation à luy faite par Me Nicolas le Roux, son pere, audit an 1621 [1].

— Déceds de Me Charles Maignard, sr de Bernieres, président en la cour de Parlement de Roüen, âgé de 53 ans, audit an 1621, auquel estat son fils luy succeda [2].

— Nôces de Denis le Couturier, commis à la recette des deniers de la gabelle d'Eu, avec Anne de Fry, fille du lieutenant du bailly de Caux, en 1621.

— Déceds de Me Antoine Denise, prêtre, curé de N.-D. du Neufchâtel, âgé de 59 ans, en 1622, auquel Pierre le Blond, prêtre, succeda à ladite cure.

— Nôces d'Antoine Petit avec la fille de Guillaume le Fevre, président en cette élection, audit an 1622.

— Déceds de Me Percheval de Grouchy, sr de Mathonville, audit an 1622.

— Nôces de Me Robert Denise, avocat, avec la fille de Me Jacques de la Boe, grenetier audit Neufchâtel, audit an 1622.

— Déceds de Me Jean Jacques [3] Thomas, sr de Verdun, président au Parlement de Roüen, âgé de 75 ans, auquel succeda Me Raoul Bretel, sr de Gremonville, coner audit Parlement [4].

— Déceds de Me Hector le Guerchois, avocat général au Parlement de Roüen, âgé de 60 ans, en 1622.

— Déceds de Me Jean Cauchois, vicomte d'Aumalle, âgé de 60 ans, audit an 1622 [5].

---

[1] « Claude le Roux, sieur de Saint-Aubin, succéda à Nicolas le Roux, son père, le 29 juin 1621 ». Farin, *Hist. de Rouen*.

[2] Il mourut le 20 juillet 1621. Son fils, Charles Maignard, aurait été reçu à la charge de son père, le même jour, d'après Farin, *Ibid*.

[3] Son prénom est « Nicolas ». — Voir Farin, *Ibid*.

[4] Il était conseiller au Parlement, lorsqu'il prit la charge de Nicolas Thomas, le 4 avril 1622 ». Farin, *Ibid*.

[5] Vicomte d'Aumale et capitaine de la ville, il fut le principal instru-

— Décéds de M⁰ Vincent de Fry, grenetier, âgé de 78 ans, en 1622.

— Impôt accordé par le Roy aux habitans du Neufchâtel, destiné pour la reparation des murailles de leur ville, et pour le payement des dettes, en quoy ils étoient demeurés redevables, des troubles de la Ligue, à la poursuite et faveur du s⁰ Baron de Bully, leur gouverneur, pour six ans, sçavoir 12 d. pour chaque pot de vin vendu en détail, 6 d. pour un pot de cidre, et 3 d. pour un pot de poiré, à commencer à joüir du premier de janvier 1621, et finissant lesdits six ans révolus et accomplis, et à la charge que lesdits deniers ne seroient destinés à autre effet.

— Réparation des murailles de la ville du Neufchâtel, commencée en 1620, depuis la Porte de Bas jusqu'à la Porte Cauchoise [1], et ce des deniers qui provinrent dudit impôt, et de ce que ledit s⁰ de Bully fit prest auxdits habitans.

— Il est icy à noter que de [2] la pierre devant auroit esté construits et édiffiés les ediffices et bastiments du monastere de Bernesaut, seroient provenuës de la démolition des murailles, et du donjon du Neufchâtel [3], et par les dons et aumônes qui auroient été faites aux pauvres religieux de chênes charpente et autres matériaux, seroient provenus des libéralités des s⁰⁰ Baron de Boscgieffroy, de Hocourt, du

ment de Henri IV, dans la journée du 5 février 1592, lorsqu'il fit abaisser le pont-levis de la place devant le roi blessé. *Histoire d'Aumale*, par M. Semichon, II, 305 et suivantes.

[1] A peu près le tiers de l'enceinte, dans la partie O.-N.-O. La Porte de Bas, à l'ouest, était voisine de la Béthune, et la Porte Cauchoise, au nord, donnait sur le chemin de Dieppe.

[2] « Le mscr. est exactement reproduit ; mais il semble défectueux. *De* a été ajouté en interligne ». C. — Nous pensons qu'il y avait : « les pierres dont auroient…, » à cause du reste de la phrase : « seroient provenues. » Le conditionnel passé est là pour le parfait indéfini, comme cela a lieu quelquefois encore dans le style juridique.

[3] Voir plus haut, la même mention, p. 134.

sr de Bully [1], et autres gens de bien, faites ès années 1615 1616, 1617, 1618, 1619 et 1620, et auroit été quêté le 8e may 1616 [2].

Comme aussi noter que ès années subsecutives, les réparations des murailles de ladite ville auroient été continuées, comme elles se voyent de present, des deniers provenans d udit impôt [3].

— Déceds de Me Baptiste Garin, adjoint aux enquestes, et sa femme au même tems, morts de la contagion, le 12 aoust 1622.

— Déceds de Me Charles le Fevre, procureur [4] de la Gaillarde, n'aguères conseiller en la Cour de Parlement, en 1622.

— Déceds de Me Guillaume Dumarché, prêtre, chapelain de Saint-Jacques de Neufchâtel, en 1622.

— Déceds de Me Pierre le Monnier, prêtre, chapelain de l'église de Saint-Pierre, audit an 1622.

— Déceds de Pierre Fresnoye, l'un des eschevins de ladite ville, mort de la contagion, et sa femme, un jour auparavant, audit an 1622,

— Déceds de Me Jacques Carpentier, prêtre, chapelain de ladite église de Saint-Jacques, aussi de la peste, et plusieurs habitans s'y trouvèrent aussi enveloppés.

— Déceds de Me Jean Angesseur (sic) [5], contrôleur du magasin, d'une hydropisie, audit an 1622.

---

[1] C'est-à-dire : De Masquerel, François de Mailly et Jean de l'Estendart.

[2] La quête n'eut lieu qu'une seule fois, tandis que les libéralités se répétèrent pour la reconstruction des murailles de Neufchâtel.

[3] Comme la durée en était fixée à « six ans révolus », l'impôt prit fin le 1er janvier 1627.

[4] Il faut « sr », c'est-à-dire : « sieur. » — « Charles Le Febvre, sieur de la Gaillarde ». Farin. Il avait été nommé en 1573; la Gaillarde est une commune de l'arrt d'Yvetot.

[5] Plus haut « Angissieur », p. 129.

— Décéds de M⁰ Estienne Poisblanc, contrôleur eslu des tailles en cette élection du Neufchâtel, en 1623.

— Ladite année 1623 très-fâcheuse aux pauvres, à cause de la cherté de ce qui est le plus nécessaire à la vie.

— Décéds de Michel Acard, tavernier du Neufchâtel, à l'enseigne du Lievre, audit an 1623.

— Possession prise, audit an, par M⁰ Adrien de Bailleul, fils de feu Adrien Bailleul, lequel fut reçû à l'état de lieutenant général du Vicomté par la faveur du sieur président de Cornodon [1], l'estat étant vacant par la mort de M⁰ Jacques de Hasteville.

— Nôces de Jean Canchon, avec Madelaine Bernard, audit an 1623.

— L'hyver de ladite année fut très rude, et commença le 10ᵉ décembre et dura jusqu'au 10ᵉ février ensuivant.

— Je commençay à faire une cave sous le foyer de ma maison, audit an 1623. Cela fut fait en onze jours, ce que je fus contraint de faire, à raison que ma cave ancienne fut percée de l'eau de la pluye, nonobstant le ciment, et ce que j'y pûs faire me coûta, tant en façon, vuidange de terres et matériaux, bien 120 l., sans comprendre les poutres et solliveaux.

— Nôces de M⁰ Charles de Saint-Oüen, avocat à Gournay, et d'Anne le Clerc, fille du sieur le Clerc, avocat du Roy, audit an 1623.

— Nôces de Marc-Antoine Piart et de Marie de Grouchy, fille de feu M⁰ Percheval de Grouchy, sieur de Mathonville, en 1623.

— Nôces de Jean Miton, mercier de la ville d'Eu, et de Nicole Bodin, en 1623.

---

[1] Gilles Anzeray, sieur de Courvaudon, président en 1607. Il en a été question plus haut, p. 120.

— Nôces de Mᵉ Nicolas Bernard, avocat, et de Marie Maleheme [1], en ladite année 1623.

— Je n'ay ici fait mention des nôces cy devant solemnisées, à diverses fois, à sçavoir du sieur de Saint-Saire avec la fille du feu sieur de Tocqueville en Caux [2]; du sieur de Neuville-Ferrière avec la fille du sieur de Clere; du sieur de Bully avec la fille du feu sieur de Hemont, en Artois [3]; du sieur de Villers avec la fille du sieur de Prestreval *(sic)*[4]; du sieur d'Auvillers avec la fille du sieur de Villers, veuve du feu prevost Morel [5]; du sieur de Graval avec la fille et héritière dudit sieur de Graval; et du sieur de Quieuvrecourt avec la fille du sieur de Gausseville [6]; ny du temps qu'elles avoient été consommées, à raison que cela se seroit fait hors de la ville de Neufchâtel, et que la visée où j'avois tendu n'étoit que pour faire mention de ce qui se seroit passé en ladite ville, et pour ceux qui habitent en icelle.

— Le mercredy, 8 mars 1623, environ sur les 9 à 10 heures du soir, Mᵉ François Bréart, avocat au Parlement de Roüen, faisant sa résidence, depuis deux ans, au village de Boüelles, s'en allant mettre au lit pour y prendre son repos, fut tiré d'une arquebusade par aucuns inconnus, étans hors de sa maison qui le guettoient, de laquelle il fut atteint à la mamelle et tué en la place. Cestuy Bréart étoit diffamé, et

---

[1] Maleheue ou Malheüe? comme plus haut, p. 95.

[2] Il en a fait mention, en 1594, p. 96. Il y avait aussi Tocqueville-sur-Eu.

[3] Voir aussi, en 1602, p. 112.

[4] « Nicolas II de Fautereau épousa en 1617 Jacqueline de Prestreval, marquise de Vatan en Berry. » *Notice sur Mesnières* (1884), par M. l'abbé Paris, p. 24.

[5] Il en a fait mention, en 1615, p. 131.

[6] Gansseville, aujourd'hui, Ganzeville, arrᵗ du Havre. Il est souvent question de cette terre et de cette famille dans les *Martel de Basqueville*. — Voir l'Index des noms de personne et de lieu.

tenu receler un sien frere bâtard qui voloit les chevaux, vaches et pourceaux de ses voisins.

— Exécution faite audit Neufchâtel de deux soldats mandians, lesquels ayant apperçû (faisant leur quête au temple de Saint-Jacques) que la fille qui faisoit la cueillette du plat de la Vierge [1], avoit mis ledit plat (qui étoit de bon argent) dedans un coffre dans ladite église, étoient venus la nuit ensuivant et avoient rompu et passé par une vitre, et rompu ledit coffre, et pris ledit plat; ce qu'ayant été découvert, furent lesdits soldats poursuivis et trouvés à Gisors, d'où ils furent amenés à Neufchâtel et condamnés à être pendus, et étranglés en la place publique, par jugement donné par Me Charles Baillard, lieutenant criminel et par le vice-bailly de Caux par concurrence [2], en 1623.

— Possession prise d'un estat de controlleur du magazin à sel de ce lieu, par Jacques le Blond, vacant par le décèds de Jean Angesseur, en ladite année 1623.

— Autre possession prise de l'estat alternatif de controlleur dudit magazin, par Germain Hiesse, audit an.

— Audit an, la compagnie des chevaux légers du Roy, conduite par le sieur de Contenant, rentra en garnison en cette ville du Neufchâtel [3].

— Décèds de Me Jean Tricotté, grenetier en ce lieu, en son lieu *(sic)* de la Houperie [4], proche de Neufville-Ferrieres,

---

[1] « Cueillette du plat » est encore le nom donné, dans certaines églises du Pays de Bray, à la quête pour un saint ou pour une confrérie quelconque. Un coffre, déposé dans l'église, en reçoit le produit.

[2] Avec « l'assistance ». Ils siégeaient ensemble.

[3] « Le baron de Contenant fut gouverneur de Gournay en 1594. » M. Potin de la Mairie, *Hist. de Gournay*, II, 148. — Sa compagnie tenait garnison à Neufchâtel depuis 1610, sauf quelques interruptions, comme on le verra plus loin, p. 154.

[4] Plus loin Samuel Tricotté sera qualifié : « sieur de la Houperie », hameau de Neuville-Ferrières, 2 kilom. S.-E. de Neufchâtel. Voir p. 166.

étant de la religion prétenduë, âgé de plus de ix^{xx}vj ans [1], lequel avoit été contraint de resigner sondit estat, dès l'an mv^{c}lxxij [2], et fut enterré à Dieppe, dans le cimetière des huguenots.

— Il faut icy noter que je n'aurois fait icy mention des trépas cy devant arrivés aux sieurs de Senarpont, de Besencourt [3], de Forges, de Neuville, d'Auviller, de la Salle, de Bully, de Villers, de la Bequerie [4], de Saint-Germain, de Hocourt, de Belleville, de Saint-Marin, de la Belliere, de Rigny, de Vimont, de Canchy, de l'Estendart, de Roncherolles, de Pommereval, de Ricarville, de Gratepanche, de Maucomble, de Dompierre, de Pimont, de Moulandrin, de Montieraullier, de Hemie [5], de Hasteville, Mesnil-Bourdet [6], de Pontrencart, de Milleville, de Sainte-Agate [7], de Dampierre, de Villy, de Nellette [8], de Drainville, de Quesnel, Hagranville, de la Fosse, Hastevillette, de Heron, de Viteaux, de la Forest, d'Ambreville, et de plusieurs autres, encore qu'ils soient tous décédés, de mon tems, attendu que les uns sont morts en lieux hors de ma connoissance, étant de la nouuelle opinion, et les autres hors des environs de

---

[1] « Tel est bien le texte ; il paraît altéré. Cet âge de neuf vingt et six ans (186 ans) est inadmissible. Il faudrait, je crois, lire : IV^{xx} V (86). » C.

[2] MV^{c}LXXII ou MDLXXII.

[3] « *Sic* pour Betencourt. » C. — Il y a deux hameaux de ce nom dans l'arr^t de Neufchâtel, communes de Sigy et de Dancourt.

[4] « De la Berquerie ». Famille dont un membre sera député aux Etats de Normandie de 1629. *Cahiers des Etats sous Louis XIII*, II, 379.

[5] Montlandin, Montérollier et Hesmy, arr^t de Neufchâtel.

[6] Nous supprimons la virgule du texte, entre *Mesnil* et *Bourdet* Mesnil-Bourdet est un hameau de la commune de Sommery, canton de S.-Saens, arr^t de Neufchâtel.

[7] Ste-Agathe-d'Aliermont, arr^t de Neufchâtel.

[8] Neslette, sur la Bresle, confins de la Normandie, dans la Somme arr^t d'Amiens, canton d'Oisemont?

cette ville, et ainsi que mon dessein n'estoit que de faire mémoire de ce qui se seroit passé dedans cette dite ville du Neufchâtel, et ès environs [1].

— Possession prise de l'estat de controlleur eslû par Guillaume Boschier, laboureur, demeurant à Mesnouval [2], dont il avoit été pourvû par vacation de feu Me Estienne Poisblanc, en 1623.

— Audit an 1623, Me Louis Brumen fut reçu en l'état de lieutenant de M. le Bailly de Caux, et en prit possession, en ce lieu du Neufchâtel, nonobstant les oppositions des sieurs de Rosay [3], de Falaise, et le sieur curé de Bremotier (sic) [4], lesquels accusoient ledit le Brumen de crimes de faux et de concussions; enfin par differens arrêts qu'il obtint, il se purgea de ces fausses accusations.

— Audit an 1623, par sentence du lieutenant criminel de ladite ville du Neufchâtel, un Quidam, nâtif du village de Beaussaut, fut pendu et étranglé, pour avoir volé un pauvre homme sur le chemin de Buchy et pour l'avoir voulu assassiner et tuer avec un pistolet.

— Décéds de Me Nicolas le Bon, mesureur de grains, audit an 1623.

— Exécution faite du nommé Cyprien le Roy, demeurant au Boscourdet [5], âgé de 23 ans, par sentence du lieutenant

---

[1] Comme pour les noces, Miton a cité plusieurs de ces décès.

[2] Ménouval, 4 kilom. N.-E. de Neufchâtel.

[3] « Le mscr. n'a pas de virgule ». C.— Il en faut une. Rosay est une commune de l'arr^t de Dieppe, voisine de Bellencombre, et Falaise est le nom d'un homme, qui a déjà paru plus haut, p. 141 et 144.

[4] « Brai-Montier-sur-Neufchâtel », Toussaint-Duplessis, *Description de la Haute-Normandie*, ou « Brémontier ». Hameau de la commune de Massy, au S.-O. et tout près de Neufchâtel.

[5] Bosc-Bourdet, nom qui reviendra plus loin. Nous n'avons retrouvé que le « Clos-Bourdet », hameau de la commune d'Haudricourt, arr^t de Neufchâtel. Peut-être « Bosc-Bourdel » pour « Bosc-Bordel », près Buchy, arr^t de Rouen.

criminel du Neufchâtel, assisté du vice bailly de Caux [1], pour vols de vaches et moutons, lequel fut pendu et étranglé, devant les halles, audit an 1623.

— Nôces de Thomas Vincent, drapier, avec Anne Petit, fille d'un mercier, audit an 1623.

— Audit an 1623, la peste fut en cette ville, laquelle fut apportée de Roüen par un nommé Videbout, tanneur, par des cuirs qu'il avoit achetés, et par un autre pauvre homme, surnommé Bault, qui avoit apporté de vieux drapeaux [2] de Saint-Saen, où ladite peste étoit fort vehémente, et de ce mal, la femme et quelques enfants de Me Nicolas Bernard, avocat, en moururent, et plusieurs autres.

— Nôces de Me Estienne Besuel, avocat, et d'Anne le Bon, fille de Nicolas le Bon, avocat, audit an 1623.

— Nôces du sieur de la Moissonnies (sic), et de damoiselle Marie de Mouchy [3], sœur du sieur de Mouchy Campeneuseville, 1623.

— Nôces de damoiselle Claude de Mouchy, veuve du sieur du Tournoy, Anglois, avec le sieur de Basdou, l'un des chevaux légers de la compagnie du Roy, en 1624 [4].

— Décéds de la femme de Pierre Denise, sergent royal, audit an 1624.

— Décéds de Pierre Goust, prêtre, chapelain de l'église de Notre-Dame du Neufchâtel, en 1624.

— Nôces d'Adrien Forestier, veuf, avec Françoise Mouchard, audit an 1624.

---

[1] Voir plus haut, p. 150, le mot « concurrence ».

[2] Vieux linges.

[3] Moréri donne « Monchy ». « Marie de Mouchy épousa Socrate Aubert, seigneur de la Moissonnière en Normandie. » Elle était sœur d'Isambart de Mouchy, seigneur de Campeneuseville. — Le P. Anselme, *Histoire des Grands Officiers de la Couronne.*

[4] « Claude de Mouchy, femme 1º de Guillaume du Tournoy, Anglois, gentilhomme de la chambre du Roi ; 2º de Simon de Badou, seigneur de Prunay, près Ably. » Le P. Anselme, *Ibid.*

— Nôces de Thomas Fresnoye avec Charlotte Riviere, en 1624.

— Déceds de la dame de Boscgieffroy, en 1624.

— Déceds de Mᵉ Jean Diel, conseiller du Roy en ses Conseils d'Estat et privé, et premier président en sa Cour des Aydes en Normandie, auquel son fils aîné, Maître des requêtes ordinaires de l'hôtel du Roy, succéda et prit possession, en 1624.[2]

— Déceds de Mᵉ Jean Huideron *(sic)* [1], prêtre, chapelain de l'église de Saint-Jacques du Neufchâtel, en 1624.

— Déceds de François de Fry, dit le Gaugeux *(sic)*, le samedy de Pâques fleury, en 1624.[2]

— La compagnie des Chevaux légers du Roy, composée de cent Maîtres, fut réduite à quarante-cinq, et sortit de garnison de cette ville, où elle étoit, dès l'an 1601, et étoit sortie et rentrée, à diverses fois, et s'en alla en garnison à Caudebec en 1624, ladite compagnie conduite par le baron de Coutenant [3].

— Déceds d'Alexis Riviere, sergent royal, en cette ville du Neufchâtel, en 1624.

— Déceds de Madelaine le Soyer, femme de Samüel Tricotté, sieur de la Houperie, en 1624.

— Déceds de dame Catherine de Hémont, femme de M. le baron de Bully, gouverneur du Neufchâtel, âgée de 40 ans, le jeudi absolu [4], le quatrième jour de mars xviᶜ xxiiij (1624.)

---

[1] Heuderon, Heudron ?

[2] Reçu à sa charge. le 28 février 1624 (Farin), il en prit possession le 31 mars suivant.

[3] Voir plus haut, p. 150. Sur le « Roolle de la compagnie des Gens d'armes de Monseigneur le duc de Longueville entré à Neuf-chastel le quatriesme septembre MDCXXI », on compte 74 noms. — Voir *Bulletin de la Société de l'Histoire de Normandie*, II, 186-188.

[4] Le Jeudi Saint.

— Secondes nôces de Jean Bourse, tavernier, avec Anne Boutin, audit an 1624.

— Audit an 1624, le malheur étoit si grand par toute la France que, néanmoins la rigueur de l'Edit fait par le Roy [1] portant deffenses de se battre en duël, à peine de la vie, et d'être prevenu de crime de leze Majesté, si est-il que il ne se parloit que de combats et massacres qui se faisoient de deux à deux, ou de plus grand nombre [2], de sorte que les Parlements où tels duëls arrivoient, conformément audit Edit, condamnoient tous ceux qui échapoient de tels combats à être décapités, et les corps morts portés au gibet, comme criminels de leze Majesté, avec confiscation de corps et de biens [3].

— En ladite année 1624, les fruits des arbres, pommes et poires, périrent en Normandie, presque partout, si bien que le poinçon de cidre, valut 24 liv., et fut la saison si seiche et aride qu'il ne plût que fort peu, depuis les Rogations [4] jusqu'à la my-aoust, et fut la seicheresse si grande que les mars demeurerent arrêtez, et avec fort peu de fruits, si bien que les orges, avoines, pois et autres menus grains, furent fort chers, le beurre étoit aussi très-cher, mais en récompense Dieu envoya quantité de bled et de vin.

— Le lundy, 22ᵉ juillet 1624, Adrien de Malgrange épousa une fille de la ville d'Eu, nommée Louison.

---

[1] Sous Louis XIII, des édits contre les duels furent faits en 1611, 1613, 1623 et 1624, le dernier dont il est ici question. Cette mesure annonçait l'entrée de Richelieu au Conseil, le 19 avril 1624.

[2] Un journal inédit du temps cite cinq duels, du 7 janvier 1614 au 13 février suivant. « Chaque page en annonce d'autres entre personnages de marque, et presque toujours l'issue en est sanglante. » *Histoire de l'Administration en France*, par M. Chéruel, I, 272.

[3] Le supplice de Montmorency-Bouteville et Des Chapelles, décapités le 21 juin 1627, par l'ordre de Richelieu, parviendra seul à calmer un peu la fureur des duels.

[4] 13, 14 et 15 mai.

— Audit an, Pierre Bodin, fils de Jean Bodin dit de la Bastille, épousa la fille de Jean Miton, de la ville d'Eu.

— En ladite année 1624, l'abbesse de Bival¹ et ses religieuses furent grillées, et privées de la communication du peuple, étant recluses et enfermées comme celles du Clair-Ruisset, de Saint-Saën, de Montiviller ², et autres lieux, qui se réformerent d'elles-mêmes, et se trouva que le peuple s'adonna fort à la piété et à une réformation de mœurs, comme de fait ; auparavant la dissolution étoit si grande à l'endroit des religieux et de la justice, que tout étoit déréglé et désordonné et sembloit que il se dût ensuivre une telle dissolution qu'on ne vouloit plus tenir aucune forme ny règle ancienne, ce qui occasionna que il s'établit, au lieu des Cordelliers ³, des Capucins, des Pénitens réformez, et des Récollets, comme de même au lieu des Jacobins furent institués autres religieux de cet ordre qui étoient sans chemises, sans draps et déchaussés, et des Carmes de même ⁴. Pour les filles de même ordre, des Capucines, des Ursulines, et des

---

1 Cette réforme eut lieu sous Louise Martin, religieuse du monastère de St-Amand de Rouen. Après avoir obtenu des bulles, le 5 octobre 1601, elle fut consacrée, le 22 juillet 1608, par François Péricard, évêque d'Avranches, et résigna son abbaye en 1658. *Gallia christiana*.

2 Clair-Ruissel, Saint-Saens et Montivilliers. — Le Clair-Ruissel, hameau de Gaillefontaine, cant. de Forges, arrt de Neufchâtel, avait un prieuré pour des religieuses de Fontevrault, ordre de St-Bernard. Il subsiste dans ses parties principales.

3 L'établissement des religieux de l'ordre de St-François, connus sous le nom de « Cordeliers », remonte au XIIIᵉ siècle, au règne de S. Louis. Les religieux cités ensuite s'établirent en France, à une date postérieure : les Capucins, en 1573 ; les Pénitents réformés, en 1595 ; les Récollets, en 1592.

4 Les Dominicains ou Frères prêcheurs, établis en France, en 1216, eurent pour réformateur de la congrégation de France, le P. Michaelis, en 1615, et les Carmes déchaussés entrèrent en France, en 1605.

Hiéronimites [1], bref, tout le débordement qui s'étoit vû aux maisons faisant profession de la religion, se réformerent sans y être contraints, et reprirent les austérités et regles de leur ancienne institution, ce qui arriva des déreglements et abus qui se commettoient par toutes les maisons faisans profession, des vœux de religion, et du murmure que le peuple en faisoit avec ce que les prétendus réformés n'avoient pour leurre et appuy de leur religion que le déreglement des prêtres et religieux des monasteres [2].

— Déceds de Jean Denise, fils aîné de Robert Denise, fils d'un marchand, en 1624.

— Déceds de Me Nicolas le Bon, avocat en ce lieu, en 1624.

— Nôces d'Antoine Quinton, sieur de Lobez, lyonnais, et de Marie Bougler, fille de Me Christofle Bougler, procureur du Roy en ce lieu, audit an 1624.

— La seicheresse continuant de plus en plus en cette ville et aux environs, les villages scituez sur les hauteurs étoient obligez d'aller plus de deux lieuës pour avoir de l'eau pour eux et pour leurs bestiaux; on fit des processions de tous côtez pour avoir de la pluye, et il en vint.

— Aux assises du Neufchâtel, tenuës par M. de Cauquigny [3], lieutenant général du bailliage de Caux, en 1624, les sieurs Louis Brumen, fils du lieutenant particulier, et Louis Bodin, fils de Me Jean Bodin, vicomte, prêterent le serment d'avocats.

---

[1] Les Capucines s'établirent à Paris, en 1606; les Ursulines en 1604; la réforme des religieux Hiéronymites, que les religieuses durent suivre, est antérieure.

[2] Ce fut là, en effet, l'un des motifs que Luther fit valoir dans sa lutte et dans sa rupture avec Rome, en 1517.

[3] « Messire Pierre de Cauquigny, sieur de Cauville, président de la chambre des comptes en 1629. » Farin, *Ibid.*

— Environ le 15 septembre [1], audit an, le feu prit à l'Hôtel-Dieu de la Madelaine de Roüen, dont une partie fut brûlée, avec neuf à dix maisons près dudit Hôtel-Dieu, et sans l'ordre donné par le sieur de Longueville, gouverneur de Normandie, qui y étoit pour lors, et la presence du Parlement, une bonne partie de la ville se fût trouvée en combustion.

— Déceds de Me Pierre Bougler, bailly du duché d'Aumalle, en 1624. Son fils luy succéda audit estat [2].

— Comme l'hyver de ladite année 1624 fut fort rude, l'esté fut trè-sec et aride; il n'y eut presque pas de foin, beaucoup de bœufs, vaches, moutons moururent, ce qui fut cause que la viande étoit extrêmement chere, la vollaille et le beurre à proportion.

— Déceds d'Anne Lasnier, femme de Me Robert Hullin, avocat, âgée de 66 ans, en 1623.

— Déceds de Thomas Poupart, drapier, en 1624.

— Déceds de Me Guillaume Sadet, receveur du Domaine au Neufchâtel, auparavant cordonnier, en 1624.

— Nôces du sieur de Nesle [3], fils aîné du sieur de Saint-Saire, avec la fille du sieur de Maucomble, de Gratepanche [4], en 1624.

---

[1] La date exacte est le 13 septembre 1624. « L'incendie dura près de dix jours, et il consuma pour plus de neuf cens mille francs de maisons et marchandises ». De Masseville, *Hist. de Normandie*, VI, 112.

[2] Les noms de ces deux baillis ne se trouvent pas dans l'*Histoire d'Aumale*, de M. Semichon.— Le père avait écrit sur le droit. Il existe une *Explication des articles et chefs du crime de lèze majesté*, par maistre P. Bougler, bailly d'Aumalle. *Paris*, 1622, in-8. Livre curieux où l'on trouve : *Arrest de la cour du parlement contre le très-mechant parricide François Ravaillac*.

[3] Jean de Boulainvilliers, fils de Samuel. — Voir plus haut, p. 96.

[4] Il faut une virgule entre le nom de ces deux fiefs. — Voir plus haut, pour le dernier, p. 140.

— Prise de possession de l'estat de Préeslû, de nouveau errigé en eslection, par Me Eustache Vetier, natif de la ville de Roüen, en 1624.

— Nôces de Jacques de la Fresnoye, fils de feu Pierre de la Fresnoye, et de Nicole Hucher, fille de Hubert Hucher, de Fromerye, en 1624.

— Déceds de Martin Laboure, demeurant à Lucy, en 1624.

— Déceds de Me Claude de Lestre, vicomte de Gournay, en 1624, auquel office son fils succeda [1], et à l'estat de lieutenant de Laferté [2].

— Déceds de Me Cyprien Malgrange, cy devant commis au greffe du bailliage de cette ville, en 1624.

— Déceds de Vincent Horcholle, tanneur, en 1625.

— Déceds de Vincent Mouchard, dit des Hallettes, en 1625.

— Nôces de Pierre de la Boe, fils de Jacques de la Boe, grenetier, avec Catherine Canchon, fille de Me Vincent Canchon, président en cette élection, en 1625.

— Nôces de Nicolas Sadet, fils de feu Me Guillaume Sadet, receveur du Domaine du Roy, au Neufchâtel, avec la fille du sieur Godefroy, receveur des Tailles dudit lieu, en 1625.

— Au mois d'avril 1625, Me Robert Hullin, fils puîné de Me Robert Hullin, avocat, chanta sa premiere messe au Temple de Notre-Dame de ce lieu.

---

[1] « Claude de Lestre, écuyer, sieur de Hodanger, fut lieutenant-général de Gournay, en 1609.

« Claude de Lestre, son fils, fut lieutenant-général en 1624 ». M. Potin de la Mairie, *Hist. de Gournay*, II, 283. — Miton en fait le « vicomte de Gournay ».

[2] A 25 kil. S.-E. de Neufchâtel, canton de Forges, La Ferté avait alors une haute-justice. On l'appelle aujourd'hui : « La Ferté-Saint-Samson », par la réunion de ces deux paroisses, comme cela a eu lieu pour bien des communes actuelles du département.

— Audit an 1625, grande seicheresse qui fut la cause que le vin, le cidre, le poiré furent chers; le bled ne valoit que cent sols la mine.

— Prise de possession de l'état d'assesseur [1], par Me Pierre Bodin, par résignation qui luy en avoit été faite par Me Vincent Canchon, en 1625.

— Exécution faite à Roüen d'un surnommé Martel, nâtif de Dieppe, prêtre, curé de Etren [2], qui avoit voulu établir l'ordre des Hiéronimites en ce pays, et bâty un monastere près le bois de Maubuisson, lequel convaincu d'avoir voulu attenter sur la personne du Roy et du péché de sodomie avec un sien serviteur fut rompu sur la roüe et puis jetté dedans le feu vif, et ledit serviteur pendu et étranglé, ce qui fut exécuté audit an 1625 [3].

— Le samedy, 17e may, audit an 1625, la pluye tomba en telle abondance qu'elle emporta jusqu'à trente maisons au village de Mesnil, aux Moines près Aumoy [4], et si parmy ce

[1] Les Assesseurs étaient vus d'un mauvais œil par les Etats de Normandie qui les jugeaient ainsi : « De tous les offices supernuméraires nouvellement érigez, il n'y en a point dont la conséquence soit tant périlleuse au public comme ceulx d'assesseurs. Les charges de judicature sont, par ce moyen, divisées en tant de parties et si infinies, que cela étouffe la vigueur de la justice, ternist son lustre et ravalle l'honneur et l'authorité des magistrats. Tel qui n'a jamais faict profession de lettres, qui sçait à grande peine discerner le juste d'avec l'injuste, se faict facillement pourvoir à ces petits offices, le vray reffuge des personnes de telle farine, pour distribuer aveuglement la justice à vos pauvres subjectz. » *Cahiers des Etats de Normandie sous Louis XIII*, année 1614, I, 107.

[2] Etran, à 2 kilom. S.-E. de Dieppe, aujourd'hui hameau de la commune de Martin-Eglise.

[3] L'exécution de François Martel, curé d'Etran, et de son domestique, Nicolas Galeran, eut lieu, à Rouen, le 27 janvier 1625.

[4] Il faut lire : « Mesnil-aux-Moines, près Osmoy, » aujourd'hui le Mesnil-Follemprise, cant. de Bellencombre, arr^t de Dieppe, dans un pays boisé et voisin de la Béthune. — Osmoy est à présent un hameau de la commune de St-Valery-sous-Bures.

désastre furent trouvées vingt-cinq à trente personnes mortes, qui furent emportées au courant de l'eau, de sorte même qu'avec toute difficulté pouvoit-on juger ny remarquer, par les propiétaires desdites maisons, les lieux où elles avoient été assises et bâties, et le débordement fut si grand au village de Mortemer[1], et la pluye si abondante qu'elle submergea entierement des pieces de grains, et noya des moutons, vaches, et autres bestiaux, de sorte qu'il y eut des personnes qui perdirent la valeur de plus de 1,000 liv.

— Au commencement du mois de may 1625, arriva à Calais un malheur insigne au monastere des Capucins, auxquels ayant été donné une bouteille de vin en la queste, avoit été au retour de ceux qui faisoient la queste, versée avec ce qui en avoit été apporté et donné par les autres habitants, dont en ayant été servi à la table du réfectoire pour le souper de cette compagnie, se trouva que ladite bouteille de vin étoit empoisonnée, qui occasionna la mort de quatorze d'iceux, la nuit ensuivant, même l'apothicaire et le chirurgien, dont ils se servoient, les étans venus voir le soir même, et goûté dudit vin, moururent pareillement, la même nuit ; de sorte que le lendemain deux de cette famille qui étoient aux champs, arrivans le matin sur les 8 à 9 heures, voyans qu'on ne leur ouvroit pas la porte de ce monastere, la firent rompre, se doutant bien de ce qui estoit, et étant entrés ils trouverent tous ces pauvres Peres sur la terre tous roides morts.

— Possession prise de l'estat de Me particulier des forests de Caudebec et Neufchâtel, par Me Michel Chrestien, en cette ville du Neufchâtel, laquelle possession Me Charles du Mesnil luy resigna, en 1624.

— La pluye dont on a parlé cy devant fit une infinité de ravages en plusieurs endroits et signamment au bourg de

---

[1] Mortemer-sur-Eaulne, à 6 kilom. E. de Neufchâtel.

Pavilly, où, par la ravine de l'eau, les maisons, moulins et arbres seroient allés à val de l'eau, et causé des pertes insignes [1].

— Audit an 1625, Adrien le Clerc, moine à l'hôpital de ce lieu, chanta sa premiere messe.

— Possession prise de l'estat d'avocat commun en ce siege du Neufchâtel, par Me Adrien Le Févre, ayant fait le serment au Grand Conseil, audit an 1625, et par Cezar le Boulenger aussi de l'estat d'avocat, ladite année, dont il avoit prêté le serment au siege présidial de Caudebec, le tout pardevant le lieutenant Bremen [2], qui leur bailla scéance au barreau du prétoire.

— Les assises dudit Neufchâtel tenuës, Me Jean Conterel [3] prêta le serment d'avocat, en 1625.

— Décéds de Me Robert Denise, avocat, en 1625.

— Décéds de honnête femme, Nicole Bougler, veuve de feu Isaac Vassagne, eslû, âgée de 57 ans, laquelle ayant été surprise de la peste, en la maison de Cardin de Lormel, en mourut subitement. Ladite contagion commença par ledit de Lormel, à cause des laînes qu'il avoit achetées au pays de Caux, où ladite maladie étoit, les enfants dudit Lormel moururent aussi. Ce qui fut cause que cette maladie vint audit Neufchâtel, c'est que l'on ne s'en donnoit pas assez de garde.

— Décéds dudit Cardin de Lormel, de la peste, en 1625.

— Mort du frere Gédéon Darendel, prieur de l'Hôtel-Dieu et hôpital de ce lieu, de la peste, en 1625.

— Frere Adrien le Clerc, moine audit hôpital, prit possession dudit prieuré, la même année 1625.

---

[1] Il en fut de même dans toutes les vallées des environs de Rouen. Voir *Histoire de Rouen*, par M. Periaux, 426.

[2] « Ailleurs « Brumen », qui paraît la véritable forme. » C. — Tel est bien le nom souvent répété dans le *Mémoire de Miton*. Voir p. 132.

[3] Plus loin, on lit : « Pierre Cointerel », p. 165, qui doit être le vrai nom de famille et peut être aussi le prénom.

— Déceds de frere Pierre Bit, religieux de l'hôpital dudit Neufchâtel, mort de la contagion, en 1625.

— Audit an 1625, de Lormel, fils du tabellion, fut reçu au serment d'avocat en ce siege, à la charge de le retirer *(sic)*[1], à l'assise prochaine.

— Audit an, mourut François Bougler, fils du procureur du Roy; ledit Bougler, étant novice à l'hôpital, fut surpris de la peste et en mourut.

— Trépas de Vincent Retel, sergent royal au Neufchâtel, le 14e septembre 1625.

— Serment prêté, à la Cour de Parlement, d'avocats, par Me Charles Ambrinhet [2], et Me Denis de Lormel, pardevant le lieutenant Brumen, en ce lieu, et la prise de possession desdites charges [3], assises dudit Neufchâtel tenuës le lundy 16e septembre 1625.

— Déceds de Me Pierre Caruette, cy devant grenetier au magazin à sel de ce lieu, étant demeuré aveugle, audit an 1625.

— Déceds de Me Pierre le Févre, prêtre, chapelain de l'église de Notre-Dame de ce lieu, cy devant curé d'Espinay, en 1625.

— Déceds de Gieffroy le Heurteur, dit Mantouret, âgé de 65 ans, en 1625.

— Déceds de Jean Acard, tavernier, à l'enseigne du Lievre, en 1625.

— Déceds de Pardillan [4], chevalier de l'Ordre de Saint-Michel, sieur de Launoy près Saint-Riquier, fut inhumé au

---

[1] « Probablement pour réitérer ». C.

[2] « Plus loin Ambruchet ». C. — C'est le vrai nom. Voir p. 165.

[3] « Il semble qu'il faudrait : *aux* ou *ès* assises. Cependant on supprime quelquefois la préposition dans le style juridique. » C.

[4] Il avait nom N. de Maurin, chevalier de Perdallian. Il était d'une famille normande qui possédait Aulnoy ou Launoy, hameau de St-Riquier-en-Rivière, canton de Blangy, arrt de Neufchâtel.

temple de Bernesaut, le visage découvert, vêtu d'un habit de frere pénitent, vis-à-vis du crucifix, en 1625.

— Décèds de Suzanne Tricotté, femme de Christofle Bodin, enquêteur, en 1625.

— Décèds de M⁰ Toussaint Valetier, prêtre, de la paroisse Saint-Jacques, en 1625.

— Décèds de Marguerite de la Coudre, en 1625.

— Décèds de M⁰ Noël Julian, prêtre de la paroisse de Notre-Dame, en 1625.

— Décèds de Catherine Baillard, femme de M⁰ Charles Miton, bailly de Bures, en 1625.

— Décèds de Marguerite Miton, femme de Jean Bodin, drapier, en 1625.

— Décèds de M⁰ Robert Hullin, avocat, âgé de 78 ans, en 1625.

— Décèds de Robert de Lormel, tabellion du Neufchâtel, en 1625.

— Décèds de M⁰ Jacques le Blond, controlleur au magazin du Neufchâtel, en 1625.

— Décèds d'Antoine Bodin, chaussetier, mort de la peste, en 1625.

— Nôces de Mathurin de Launoy et d'Adrienne Bodin, en ladite année 1625.

— Décèds de Robert le Heurteur, âgé de 54 ans, en 1625. Il avoit été auparavant condamné à être pendu et étranglé, par arrêt du Parlement de Paris, pour avoir été convaincu d'avoir faussement témoigné contre M⁰ Antoine Picart, d'Aumalle, d'avoir falsifié la monnoye.

— Décèds de M⁰ Vincent Métas [1], prêtre, curé de la chapelle de la Léproserie de Saint-Jean, en 1625.

— Décèds de Catherine de la Ville, veuve de feu Vincent Mouchard, en 1625.

---

[1] Plutôt « Métau » qui se trouve plus haut, p. 130.

— Nôces de Charles Hucher, de Fromerye, et de Marie Engren, en 1625.

— Déceds de Nicolas Restel, tanneur, âgé de 75 ans, en 1625.

— Déceds de Marguerite de Fry, veuve de feu Jean Sonnier [1], en 1625.

— Déceds de Pierre Bruhier, tailleur, en 1626.

— En 1626, Nicolas Bodin, fils de François Bodin, marchand de draps, se fit religieux à l'hôpital du Neufchâtel.

— Audit an 1626, Jean Bodin, fils de Jean Bodin, dit la Bastille, chanta sa premiere messe en l'église de Notre-Dame.

— Nôces de Jacques Mouchard avec Jacqueline Denise, en 1626.

— Audit an, Jean Bougler, âgé de 12 ans, fut reçû moine de l'hôpital de ce lieu, et Charles Baillard, fils du lieutenant criminel, y fut reçû, un mois auparavant.

— Nôces de Me Pierre Cointerel, avocat, et de Louise de la Boe, fille de Me Jacques de la Boe, grenetier, en 1626.

— Nôces de François de Lormel, fils du tabellion, et de Marie Godefroy, fille de Me Jean Godefroy, grenetier, en 1626.

— Nôces d'Estienne Campaigne, mercier en ce lieu, et d'Anne Canchon, fille puinée de Me Vincent Canchon, président en l'élection de ce lieu, en 1626.

— Nôces de Me Jean Picard [2], bailly d'Aumalle, et de Suzanne Brumen, fille du bailly de Caux, 1626.

— Nôces de Me Charles Ambruchet, avocat, et de Jacqueline de Lormel, fille de feu Robert de Lormel, tabellion, en 1626.

— Audit an, Me Pierre de la Boe fut reçû à l'estat de gre-

---

[1] Pour Saunier ou Saonnier? — Voir, plus haut, ce même nom, p. 72, 92.

[2] Noble homme, Jean Le Picard, seigneur de Saint-Ouen et du Montier.

netier au magazin à sel de ce lieu, par résignation à lui faite par Me Jacques de la Boe, son pere.

— Décès de Robert Denise, estainier [1], demeurant avec son fils, curé de Fesques [2], en son presbytere dudit lieu, en 1626. Il fut reporté au Neufchâtel et inhumé en l'église de Notre-Dame.

— Décèds de Jean de Cauchy, marchand, âgé de 68 ans, en 1626.

— Décèds de Jeanne Bernard, veuve de feu Nicolas le Bon, mesureur, en 1626.

— Nôces de Marie le Bon avec un nommé Bourgeoise, audit an 1626.

— Décèds de Catherine Bougler [3], femme de Me Leger Bloquel, controlleur eslû de ce lieu, en 1626.

— Nôces de Louis Morot, orfèvre, avec Anne Hiesse, en ladite année 1626.

— Décèds de Samüel Tricotté, subitement arrivé, étant en la ville de Roüen; ledit sieur Tricotté, sieur de la Houperie, étoit de la religion de Calvin, mort en ladite année 1626.

— Le samedi penultiesme de may, audit an 1626, arriva une si grande tempête, foudre, pluye et grêle, grosse comme un œuf, qui passa par Clays [4], où mon fermier fit perte de quinze acres de bled et d'une tonsure de pré et d'herbage, même rompit les greffes de plus de 200 entes [5], qui furent toutes perdües, lesquels foudre, grêle, pluye et tempête firent

---

[1] « Potier d'étain » ? C. — Vraisemblement ou peut-être « Etamier », celui qui fait des articles en « estame » ?

[2] A 4 kilom. N. de Neufchâtel.

[3] « Ordinairement Bouglet ». C. — C'est « Bougler », qu'il fallait lire partout.

[4] Clais, 8 kilom. N. de Neufchâtel, dans la vallée d'Eaulne.

[5] Au sens normand, les jeunes poiriers ou pommiers nouvellement greffés.

beaucoup de dégât à Baillolet, Mainieres ¹ et autres lieux, ce qui occasionna une perte inestimable.

— Nôces de Mᵉ Denis Lormel, tabellion de ce lieu, et de Jeanne de Dorlens, fille d'un marchand de Gamaches, en 1626.

— Rencontre du sieur de Nesle, fils unique du sieur de Saint-Saire ², et d'un surnommé Anceaulme, de Saint-Saire, près du village de Nesle, où après quelques propos de rigueur tenus l'un à l'autre, ledit sieur de Nesle, se sentant offensé par ledit Anceaulme, le tua d'un coup de pistolet, en 1626.

— Prise de possession d'un état d'eslû, de création nouvelle, par Antoine Commere, en 1626.

— Décèds de Roger le Blond, dit Boscbourdet, en 1626.

— Décèds de Madelaine Vassagne, veuve de feu Mᵉ Jacques de Gasteville ³, en 1626.

— Décèds de Madelaine Garin, femme de Mᵉ Germain Baillard, en 1626.

— Décèds de Jean Mensire, qui avoit été brasseur en sa jeunesse, et mourut subitement, en 1626.

— Décèds d'Alexandre Picart, fils de Mᵉ Antoine Picart, avocat du Roy, en 1626.

— Décèds de Pierre Petit, mercier, âgé de lvj ans, audit an 1626; après avoir soupé avec sa femme et enfans, comme il pensoit sortir de sa maison pour se promener, tomba par terre mort sans parler à personne, ny avoir été malade.

— Audit an 1626, Pierre Bit, hostellier du Plat d'estain, au Neufchâtel, épousa, à Saint-Aubin près d'Arques, une fille, servante de Madame de Torchy.

— En la même année, Alexis Sadet, commis au greffe de

---

1 Baillolet, au S.-O. de Clais, à peu de distance, et Mesnières, au N.-O. de Neufchâtel, dans la vallée de la Béthune.

2 Jean de Boulainvilliers, fils de Samuel de Boulainvilliers, seigneur de Saint-Saire. — Voir plus haut, p. 158.

3 Hasteville, lieutenant du vicomte. Voir plus haut, p. 131.

ce lieu, épousa Catherine Fresnoye, fille de deffunt Pierre Fresnoye de cedit lieu.

— Décéds de Massette [1] de la Frenoye, veuve de Jean le Fevre, en ladite année 1626.

— Décéds de Nicole Vassagne, fille de feu Me Pierre Vassagne, et veuve de feu Me Pierre Bougler, bailly d'Aumalle, en 1626.

— Le 7e janvier 1627, sur les 8 heures du soir, Louis Vassagne, âgé d'environ 22 ans, fils aîné d'Isaac Vassagne, fut assassiné et tué roide mort sur la place, d'un coup de pistolet, qui luy fut tiré au côté droit par Pierre Bougler, dit la Pie, son cousin germain; auquel meurtre furent compris comme complices, les nommés Jacques Engren, Hucher, son gendre, Leger Bloquel, eslû, et son fils aîné, et Me Christofle Bougler, avocat, frere dudit Pierre, tous deux enfans de feu Me Pierre Bougler, bailly d'Aumale; tous les dessus dits fugitifs ou absents.

— Marguerite Duplessis, veuve en premieres nôces de feu Vincent Bernard, et épouse en deuxiemes nôces de Nicolas de Saint-Ouen, sieur de Laferté, et mourut au village de Baillolet, en 1627.

— Nôces de Me André Bodin, avocat, et de Denise Petit, en ladite année 1627.

— Décéds de Madame de Neuville, de la maison de Claire (sic) [2], âgée de 58 ans, audit an 1627.

— Décéds de Catherine Vassagne, femme de Me Baptiste Godefroy, receveur des Tailles, audit an.

— Nôces de Jacques [3] Vassagne, fils de défunt Me Isaac Vassagne, elû, et de Marguerite Miton, fille aînée de

---

[1] Macette ?

[2] Anne de Clères, mariée, vers 1600, à Antoine Doullé, nommait avec lui, en 1608, la cloche de Neuville-Ferrières. M. Dergny, *les Cloches du pays de Bray*, I, 306.

[3] « On peut lire « Jacques » ou « Jacquet. » C. — Dans cette page, le mot *de* a été supprimé devant « Vassagne, » ne se trouvant nulle part ailleurs.

Me Charles Miton, conseiller assesseur du Neufchâtel et bailly de Bures, en 1627.

— Nôces de Martin Canchon, tanneur, fils de Martin, avec la fille de Jean Bernard, en 1627.

— Décéds de Marguerite le Vacher, femme de Me Pierre le Boulenger, greffier de l'élection du Neufchâtel, en 1627.

— Décéds de Jean Bougler, dit la Guisoire, audit an 1627, et est inhumé à Notre-Dame de ce lieu.

— Nôces d'un surnommé Mouton de Neufbosc, et de Marguerite Piart, en 1627.

— Décéds de Claude le Chevalier, tonnelier, mort de la contagion, en 1627.

— Décéds de Toussaint le Sage, tavernier, à l'enseigne du Soleil, âgé de 75 ans, audit an 1627.

— L'année 1627 fut très-chère; la mine de bled valoit 10 liv., l'orge 6 liv., le pot de vin 12 s., le pot de cidre 5 s., et surtout la chair à un prix excessif, étant le gigot de mouton vendu 35 s., l'épaule de veau 28 s., et la volaille à l'équipolent, et néantmoins la taille excessive, et impôts outre mesure [1].

— Décéds de Jeanne du Val, femme de (Petit?)[2] Jean Bernard, drapier, en 1627.

— Décès de Daniel de Saresailler, sieur de Brincoste? en 1627; il étoit de la religion nouvelle de Calvin.

— Décès de Charles de Monsures, sieur de Graval [3], en 1627.

---

[1] Les Etats de Normandie de cette même année se plaindront aussi de la lourdeur des impôts. « Le tiers ordre est le sommier sur lequel tout le fardeau de l'Estat se jette, les tailles, les tributz, impositions de toutes sortes; aux vieilles on en ajoute de récentes, et propose-t-on pris et loyer à ceulx qui inventent nouvelles daces, comme nouvelles gesnes et tortures pour vexer ce pauvre corps auquel il ne reste que la peau. » *Cahiers des Etats de Normandie sous Louis XIII*, II, 124.

[2] Voy. page 110, qui ne donne pas le mot « Petit ».

[3] La plus grosse des cloches de Sainte-Beuve-en-Rivière, consacrée

— Me Charles Bodin, fils de François Bodin, dit Varlouis, chanta sa première messe à Bernesaut, en 1627.

— Déceds d'Antoinette Commere, femme de Gieffroy le Févre, en ladite année 1627.

— L'année 1627 fut fort abondante de tous grains, de vin, de cidres ; mais, à cause de l'austérité de la saison de l'esté qui fut froide, les vins furent fort verts.

— Décès d'Anne Bodin, femme de Me George Miton, avocat, âgée de 31 ans, en 1627.

— Nôces de Vincent Cossard, apoticaire, et de Madelaine Miton, fille du sieur Miton, assesseur au Neufchâtel, et bailly de Bures, en 1627.

— Nôces de Me Adrien Miton, fils de Me Charles Miton, conseiller assesseur au Neufchâtel, avec Marie Bernard, fille de feu Vincent Bernard, en 1627.

— Nôces de Me Cézar Boulenger, avocat, fils du greffier de l'élection, et de Marguerite le Vacher, ses pere et mere, avec Catherine Riviere, fille de Me Alexis Riviere, greffier du vicomté, et de Catherine de Hasteville, ses pere et mere, en ladite année 1627.

— Décès de Messire Alexandre Faucon, seigneur de Ris, premier président de Roüen, qui fut prévenu d'une mort subite causée par une indigestion, en 1628 [1]. C'étoit un fort homme de bien, et un grand dommage pour la Normandie.

— Audit an 1628, le frere dudit sieur premier president, qui étoit Maître des requestes de l'hôtel du Roy, qui avoit la survivance dudit estat de premier president, en prit possession audit Parlement [2].

en 1617, porte le nom de Charles de Monsures, sieur de Graval. M. Dergny, *Ibid.*, I, 318. — Graval est à 6 kilom. E. de Neufchâtel, et Monsures est dans le canton de Conty, arrt d'Amiens.

[1] Le 10 février, à l'âge de 64 ans. Il fut enterré aux Carmes de Rouen.

[2] Messire Charles de Faucon, sieur de Frainville, qui avait obtenu

— Siege de la ville de la Rochelle par le Roy Louis XIII, qui commença au mois de septembre 1627 [1].

— Audit an, François de la Boe, fils de Me Isaac de la Boe, procureur, fut reçû au serment d'avocat, par Monsieur de Coquigny [2], les assises séans du Neufchâtel, ledit an.

— Décès de frere François Doullé [3], chevalier de Malte et commandeur de Seliper *(sic)*, en Flandres, le vingt unième juin, audit an 1628, étant en sa maison de Saint-Antoine [4], qu'il avoit acquise, de son vivant, et fut inhumé en l'église de Neuville Ferriere [5], la veille de Saint-Jean-Baptiste.

— Arrest donné au Parlement de Roüen contre François Martel, escuyer, seigneur de Fontaines et de Bellencombre [6], par lequel il avoit été condamné pour plusieurs actes inhumains commis à plusieurs personnes du païs de Caux, qui appartenoient aux sieurs de Monpinchon et de Dessemalle-

des lettres de survivance, fut reçu immédiatement après la mort de son frère, « sans attendre plus exprès commandement du Roy, qui étoit au siége de la Rochelle ». Farin, *Hist. de Rouen*.

[1] « Le duc d'Angoulême commença le siége de la Rochelle le 10 août 1627 », d'après le président Hénault. Les Anglais s'étaient emparés de l'ile de Rhé, dès le 22 juillet 1627. Le 9 décembre suivant, Anzeray, sieur de Courvaudon, fera une longue harangue aux Etats de Normandie sur les affaires de La Rochelle. *Cahiers des Etats sous Louis XIII*, II, 338-351.

[2] Voir plus haut, p. 157.

[3] Frère d'Antoine Doullé, escuyer, seigneur de Neufville-Ferrières, marié à Anne de Clères, vers 1600. François Doullé faisait partie de l'ordre de Malte, à titre de « frère servant d'office ».

[4] Vraisemblablement au « Manoir de la Montagne », appelé « Hermitage de St-Antoine », ou simplement « Saint-Antoine », à 3 kilom. N.-E. de Neufchâtel.

[5] Là étaient les tombeaux de la famille Doullé, qui possédait la terre de Neuville-Ferrières, dès la fin du XVe siècle.

[6] « François I Martel, dit Fontaine-Martel, Sgr de Fontaines, Bellencombre, Brétigny et Croixmare ». *Les Martel de Basqueville-en-Caux*, p. 241. — Voir plus haut, p. 89 et *passim*.

ville, ses neveux et cousins [1], à avoir la tête tranchée, ses biens acquis et confisqués au Roy, et que sa maison et édifices de ladite seigneurie de Fontaines [2] seroient rasés, et démolis, les arbres étant aux environs de ladite maison coupés par la moitié, et qu'à faute par ledit sieur de Fontaines d'avoir comparu, l'exécution en seroit faite par effigie; de quoy ledit de Fontaines s'estant pourvû au conseil du Roy, ledit arrêt avoit esté surcis *(sic)*; mais lesdits de Monpinchon et Desmalleville en ayant poursuivi la justice, ledit arrest du Parlement, donné au mois de mars 1628, fut confirmé par un autre arrêt donné audit conseil privé, et ordonné qu'il seroit exécuté suivant sa forme et teneur [3].

— Possession prise de l'office de lieutenant particulier des eslûs en l'élection dudit Neufchâtel, par Me Pierre de la Boe, auparavant grenetier dudit lieu, lequel estat il bailla en échange pour ledit état de lieutenant, aux gages de 300 liv., et au moyen de 1200 liv. qu'il bailla encore de supplément avec ledit état de grenetier, ladite possession en 1628.

— Solemnité du mariage encommencé d'entre Me Adrien le Févre, avocat, fils de Me Guillaume le Févre, président en l'élection du Neufchâtel, avec Madelaine Bodin, fille de Me Jean Bodin, vicomte dudit lieu, le jeudy 22e juillet, au-

---

[1] Les descendants de François Martel, Sg^r de l'honneur de Montpinçon et du Hanouard, son oncle; et ceux de son frère, René Martel, Sg^r d'Esmalleville. M. Hellot, *Ibid*. — Montpinson est un hameau de la commune d'Heugleville-sur-Scie, arr^t de Dieppe; Emalleville, autre hameau de la commune de St-Sauveur-d'Emalleville, arr^t du Havre.

[2] Fontaine-Martel près Bolbec, et aujourd'hui Fontaine, hameau de cette ville.

[3] L'arrêt ne fut pas exécuté, mais Fontaine-Martel, dont Miton a souvent parlé (dans son *Mémoire*), n'en périt pas moins de mort violente, trois ans plus tard. — 1631, 29 juin. Mort de François Ier Martel. « Son nepveu d'Esmalleville, (François, fils de René) estant allé pour luy contester quelques honneurs en la paroisse de....., ils y furent tous deux tués. » M. Hellot, *Ibid.*, 242.

dit an 1628, et la consommation dudit mariage accompli, le lundy ensuivant.

— Nôces de Pierre Poupart le jeune avec Suzanne de la Coudre, fille de feu Me Pierre de la Coudre, avocat, en 1628.

— Décès de Pieronne le Heurteur, fille de Gaston, audit an 1628, ledit décès arrivé de deux coups que Pierre le Heurteur, son frere, luy avoit donnés sur la teste, deux ou trois jours auparavant ; ladite fille se gouvernoit mal et étoit fort en détestation de ses parents, à cause de la vie lubrique qu'elle avoit menée de long-tems.

— Faut icy noter que le Roy, ayant reçû certains avis, que les Huguenots s'estant cy devant assemblez à la Rochelle et résolus entr'eux de se distraire de l'obéïssance du Roy, et former une république, à l'imitation des Hollandais, qui en avoient bâty une, et s'estoient distraits de l'obéïssance du Roy d'Espagne, leur vray et naturel prince, dès l'an 1567 [1], Sa Majesté très-chrestienne, par l'avis de son Conseil, pour rompre de tels desseins, avoit assemblé forces, et en premier lieu chassé le marquis de Force *(sic)*, gouverneur de Béarn [2], et rangé le païs en devoir, et un grand nombre des villes de la Guienne, du Languedoc, du Poitou, du Vivarets, d'Aunis, Dauphiné, et les pays adjacents, et particulièrement la Rochelle, qui fut contrainte d'implorer la miséricorde et se ranger au devoir, en 1628 [3]. Si bien que par ce moyen, s'é-

---

[1] Dès 1566, les Pays-Bas s'étaient révoltés contre Philippe II.

[2] « Monsieur le Marquis de la Force étoit gouverneur du pays ; mais comme il étoit des plus zelez pour le parti huguenot, il abandonna le service du Roy, et travailla à amasser tout le plus de monde qu'il pouvoit ». *Mémoires du sieur de Pontis*, rédigés par Thomas du Fossé. Louis XIII et le cardinal de Richelieu étaient arrivés au camp de la Rochelle, le 12 octobre 1627.

[3] Le siège, commencé le 10 août 1627, se termina par la capitulation de la ville, le 28 octobre 1628.

tant renduë absoluë et la puissance en la main, avoit rompu les desirs et desseins séditieux desdits Huguenots [1].

— Décès de Jérôme Denise, dit Bagage, et de sa femme, audit an 1628.

— Décès de Jean de Beauvais, en 1628.

— Convient icy noter qu'audit an 1628, Me Louis Brumen, lieutenant de M. le Bailly de Caux en la vicomté du Neufchâtel, ayant été accusé, par Leonnet de Hobert [2], d'avoir commis plusieurs larcins, falcitez [3] et crimes de péculat et reçû à bailler articles; enfin la cause ayant été dévolute, par commission du Roy, en l'hôtel des Maîtres des requestes, et sur ce fait plusieurs informations, enfin s'estoit ensuivi arrest du mois d'octobre audit an, par lequel ledit Brumen avoit été déclaré absous, et ordonné sur la requeste de Brumen qu'il étoit permis d'informer, tant par écrit que par témoins, de ceux qui auroient instigué [4] et incité ledit de Hobert à ladite poursuite, si bien, que par le moyen des censures [5], il étoit venu à la connoissance dudit Brumen que François Bernard, dit Beausejour, Me Charles Baillard, lieutenant criminel, et Alexis Riviere, tabellion et greffier dudit vicomté dudit Neufchâtel, auroient été prévenus et convaincus d'avoir sollicité ledit de Hobert de faire ladite poursuite, et baillé mémoires et instructions à cet effet, même subvenu de deniers. Au moyen de quoy lesdites informations faites sur ce, et rapportées au siege desdits sieurs les Maîtres des requestes, en leur siege et auditoire à Paris, avoient par leur jugement et arrêt, ordonné, le 10e janvier 1629, que lesdits

[1] C'est la dernière des guerres de religion.
[2] « L'o est surchargé; on avait d'abord écrit « Habert ». Plus loin, il y a toujours « Hobert ». C.
[3] Du latin « Falsitas », dans le sens de « Faux en écriture. » Pièces fausses?
[4] Du latin « Instigare », exciter, pousser.
[5] Informations, enquêtes?

Bernard, dit Beauséjour, Alexis Riviere, tabellion, et Me Charles Baillard, lieutenant criminel, demeureroient conjointement condamnés en 3000 liv. d'amende, 4000 liv. parisis de satisfaction civile, avec interests et depens; et qu'au regard de Leonnet de Hobert, accusateur, condamné à faire amende honorable, en chemise, la corde au col, et crier mercy à Dieu, au Roy et à la Justice; et pour lesdits Bernard, Riviere et lieutenant criminel, privés et suspendus de leurs estats et charges, pendant un an, et privés et bannis de leurs maisons et domicilles, durant l'espace d'un an, de ladite ville et prévôté de Paris, de la ville de Roüen, et de celle du Neufchâtel, condamnés à reconnoistre ledit Brumen, la jurisdiction séante dudit Neufchâtel, à homme de bien, la tête nuë, presence de six de ses amis, desquels il voudra faire élection.

— Décès de Messire Gilles Anseray, sieur de Corvodon, et président au Parlement de Roüen, en 1629 [1], lequel fut enterré à Notre-Dame du Neufchâtel [2], sans aucune cérémonie, où tous les officiers et principaux habitans dudit Neufchâtel s'y trouverent.

— Secondes nôces de Me George Miton, avocat, avec Marguerite Bailleul, veuve de feu Me Jean Cœuillet, en ladite année 1629.

— Nôces de Baptiste Godefroy, fils du receveur des Tailles du Neufchâtel, avec la fille d'un avocat de Roüen, laquelle étoit pour lors veuve, audit an 1629.

— Audit an, exécution du nommé Louis Huré, accusé de

[1] Gilles Anzeray, sieur de Courvaudon, mourut le 26 janvier 1629.
[2] Farin a tort de dire : « Il fut inhumé aux Carmes (de Rouen). » *Hist. de Rouen*, édit. de 1731, IIe partie, p. 52. C'est à Neufchâtel qu'il fut inhumé, et, comme Farin l'a dit plus loin, Gilles Anzeray doit être cité pour « avoir fait dresser un monument aux Carmes à son père François Anzeray, président au Parlement de Rouen. » VIe partie, 71.

plusieurs vols, condamné par Me Louis Brumen, lieutenant, avec le vice bailly, par concurrence; et fut pendu.

— Second mariage de Me Charles Miton, conseiller assesseur au siege du Neufchâtel, et bailly de Bures [1], avec Marie de la Boe, veuve de feu Me Robert Denise, avocat, le vingt deux avril, audit an 1629.

— Exécution, en cette dite ville du Neufchâtel, d'un voleur nommé Castel, demeurant à Bétencourt [2], lequel fut pendu et étranglé devant les Halles, par sentence du vice-bailly de Caux, en 1629.

— Exécution d'un jeune homme de Caule [3], qui fut pendu et étranglé, audit lieu, par sentence et jugement dudit vice-bailly, audit an 1629.

— Autre exécution de deux jeunes hommes accusés de vols, par sentence dudit vice-bailly de Caux, en 1629.

— Nôces de Marc Merlier, archer du vice-bailly de Caux, et de Jeanne Bit, fille de Me Thomas Bit, en 1629.

— Audit an, Nicolas Bodin, moine à l'hôpital, y chanta sa première messe.

— Décès de Charlotte Vassagne, femme de Me Vincent Canchon, président des eslus du Neufchâtel, en 1629.

— Par sentence donnée par le bailly vicomtal de Londenieres [4], l'exécution fut faite d'un berger, convaincu de sortileges, et d'avoir fait mourir le curé de Bailleul [5]; lequel

---

[1] Sa première femme avait nom Catherine Baillard, et deux de ses enfants furent baptisés à l'église Notre-Dame de Neufchâtel, en 1612 et 1614. Communication de M. Lefebvre.

[2] Bethencourt, hameau de la commune de Dancourt, à 20 kilom. N.-E. de Neufchâtel.

[3] Il faudrait : « du Caule. » — Le Caule est une paroisse voisine de Sainte-Beuve-aux-Champs, à 12 kilom. E.-N.-E. de Neufchâtel, connu aujourd'hui sous le nom de « Caule-Sainte-Beuve ».

[4] Londinières, chef-lieu de canton de l'arrt de Neufchâtel.

[5] Paroisse au sud de Londinières, aujourd'hui Bailleul-Neuville.

berger fut péndu et étranglé, et par après son corps brûlé et réduit en cendres, audit lieu de Londenieres, en 1629.

— Autre exécution d'un voleur public, au Neufchâtel, audit an, par sentence du vice-bailly de Caux, qui fut pendu et étranglé; il s'appeloit Jean le Tourneur.

— Mort subite de Robert Gressent, après avoir soupé, en bonne santé, avec sa femme et ses enfants, en 1629.

— Autre mort subite de Nicolas Vincent Soufrent [1], dit Gros yeux, âgé de 60 ans, après avoir dîné chez un sieur Cousin, en bonne compagnie, étant surpris d'un sommeil, en 1629.

— Célébration de la premiere messe d'un surnommé Valois, neveu de Me Charles Mindorge, en l'église de Notre-Dame, en 1630.

— Nôces de François Caper [2], laboureur, demeurant à Hambieres [3], paroisse de Clais, avec Cecile de la Boe, fille de Me Jacques de la Boe, grenetier, en 1630.

— Exécution faite à Londenieres, d'un berger, pour crime de sortileges, et convaincu d'avoir ensorcelé et fait mourir plusieurs personnes et bestiaux par sort, fut condamné à être pendu et étranglé, et par après son corps brûlé, par sentence de Me Nicolas le Clerc, bailly dudit lieu, en 1630.

— Décès du sieur duc d'Aumale, étant en la ville de Bruxelles, en Flandres, en 1630 [4].

---

[1] Un jésuite, le P. Suffren, confesseur de Louis XIII, était appelé, à la cour, « le Père Souffrant ».

[2] « Le nom est surchargé. On peut lire « Capes » ou « Caper ». Plus loin « Capes » est bien écrit. » C.

[3] « Hambures, » hameau de Clais, commune à 8 kilom. N. de Neufchâtel.

[4] Charles de Lorraine, duc d'Aumale, l'un des chefs les plus ardents de la Ligue, né en 1554. Pour avoir livré plusieurs places de Picardie aux Espagnols, après la conversion de Henri IV, il fut déclaré criminel de lèse-majesté et écartelé en effigie, le 25 juillet 1595. Il mourut, en 1631, à Bruxelles, à l'âge de 77 ans.

— Le jeudy, 4e avril 1630, les enfans revenans de la Houperie [1], à eux appartenants, à la compagnie du fils de Me Alexis Riviere, qui tous avoient pris leur contentement à boire du cidre, passant pour eux revenir sur les sept heures du soir par le moulin à tan [2], ledit Riviere tomba dedans la riviere, lequel pensant être secouru par le dernier fils dudit la Houperie, se noya de même avec l'autre.

— Prise de possession de l'estat de procureur du Roy en la vicomté du Neufchâtel, par Me Adrien le Févre, fils de Me Guillaume le Févre, président des eslus en l'élection dudit Neufchâtel, par résignation à lui faite dudit estat, par Me Christofle Bougler ès assises dudit Neufchâtel, tenuës par Me Charles Miton, conseiller assesseur, pour l'absence des lieutenants civil et criminel de M. le Bailly de Caux audit lieu, en 1630.

— Exécution faite à Londenieres d'un berger accusé de sortileges, par sentence de Me Nicolas le Clerc, bailly vicomtal dudit lieu, et confirmée par arrêt de la Cour, ladite exécution faite au mois de juin 1630. Ledit berger fut pendu et étranglé, et son corps ensuite brûlé. On ne parloit alors que de sortileges et de sorciers, même en ces quartiers [3].

---

[1] « Le mscr. est exactement reproduit; il semble altéré. ». C. — Après « les Enfans », il paraît nécessaire d'ajouter : « du sieur de la Houperie. »

[2] La Houperie ou la Houpperie, aujourd'hui hameau de Neuville-Ferrières, à 2 kilom. S.-E. de Neufchâtel. Pour rentrer en ville, ils durent passer sur la Béthuhe.

[3] « Les paroisses avoisinant Neufchâtel, Aumale, Londinières, paraissent l'avoir emporté sur les autres (pour le nombre des sorciers), au moins durant le xviie siècle. En 1618, la haute justice de Londinières envoyait à la potence huit sorciers; en 1638, à Neufchâtel, on exécuta de la même manière quinze de ces malheureux. » M. Gosselin, *les Petits Sorciers du XVIIe siècle.* REVUE DE LA NORMANDIE, 1865, pages 80-104. — Les sorciers, et surtout les possédés, jouèrent, plus

— Décès de Mᵉ Richard Miton, ancien bailly vicomtal du comté d'Eu, âgé de 66 ans, d'une rétention d'urine, s'estant fait couper, mourut six jours après.

— Nôces de Jacques Nicolas Doullet ¹, sieur de Sorquainville, fils aîné du sieur de Neufville Ferrieres, avec une demoiselle, près d'Orléans, au mois de juin 1630.

— Nôces du sieur de Tagny ², nâtif de Picardie, avec demoiselle de L'Estendart, fille unique d'Anne de L'Estendart ³, seigneur et baron de Bully, gouverneur du Neufchâtel, en 1630 ⁴.

— Prise de possession de l'estat de grenetier dudit Neuchâtel par Mᵉ Jacques François Capes, au mois d'avril 1630.

— Exécution de Jean le Bourgeois, nâtif de Gamaches, au mois de juillet audit an 1630, pour vols par luy faits, lequel fut condamné à être pendu et étranglé en la grande place de cette ville du Neufchâtel, par sentence et jugement du bailly de Caux, et exécuté le même jour.

— Audit an, Mᵉ Thomas Bodin, commissaire, âgé de 52 ans, mourut subitement d'une hémorragie de sang qui le suffoqua dans son lit.

— Nôces de Marie de Hasteville, fille unique de feu Mᵉ Jacques de Hasteville, avec le surnommé Trenet, qui

---

tard, un grand rôle à Bully. A cette occasion, M. Fourcin cite ce dicton conservé parmi les populations voisines.

Bully, Sigy, le Fossé et Saint-Saire
Sont les quatre piliers d'enfer.

Voir aussi les *Mémoires de du Fossé*, IV, 142-152.

1 Jacques Doullé, fils d'Antoine Doullé et d'Anne de Clères, épousa Claude Bondelot. — Sorquainville est une commune de l'arrᵗ d'Yvetot, à 20 kilom. N.-O. de cette ville.

2 Cagny, déptᵗ de la Somme, arrᵗ et canton d'Amiens.

3 Il eut de Catherine de Créqui six enfants, quatre fils, et deux filles, dont la demoiselle Anne de l'Estendart. — M. Fourcin, *Ibid.*, p. 363-364. Miton dit *unique*, parce que l'autre fille était morte?

4 A partir de 1620. Voir p. 142.

étoit au service de M. le Premier président de Roüen [1], audit an 1630, ladite Marie sortie dudit Mᵉ Jacques et de Madelaine Vassagne, sa mere.

— Secondes nôces de Mᵉ Vincent Canchon, président en cette ville du Neufchâtel en l'Election, avec une jeune veuve de 25 ans, fille du nommé Poisblanc de Dieppe, en 1630.

— Décès de la femme de Mᵉ Pierre de Fry, cy devant conseiller en la Cour des Aydes de Normandie [2], en 1630, et enterrée en l'église de Bernesaut [3].

— Exécution faite à Londenieres, du nommé Grongnet, berger demeurant à Parfondeval [4], accusé de sortileges et convaincu; fut par sentence de Mᵉ Nicolas le Clerc, bailly vicomtal dudit lieu, confirmée par arrêt du Parlement, pendu et étranglé, et après son corps brûlé et réduit en cendres, le 21ᵉ septembre 1630.

— Décès de Gieffroy Horcholle [5], brasseur en ce lieu du Neufchâtel, audit an 1630.

— Nôces de Jean Vincent Bernard avec Cecile Godefroy, fille de Mᵉ Baptiste Godefroy, receveur des Tailles de ce lieu, en 1630.

— Nôces de Mᵉ Nicolas le Clerc, avocat, fils du second

---

[1] Charles de Faucon, sieur de Ris et de Frainville.

[2] Nommé en 1588, il avait cédé sa charge, en 1616, à son fils Jacques de Fry, sʳ de Boisrobert. — Voir *la Cour des Aides de Normandie*, par M. d'Estaintot, p. 34.

[3] Le nom de Bernesault a fait place à celui des Pénitents. C'est aujourd'hui la propriété et l'habitation particulière de l'honorable M. Raoul de Fry, dont la famille figure souvent dans le *Mémoire de Miton*.

[4] Hameau de la commune de Smermesnil, à 10 kilom. N. de Neufchâtel.

[5] En 1650, l'église N.-D. eut un curé de ce nom, avec lequel saint Vincent de Paul fut en correspondance. En 1634, la congrégation de la Mission, dont « Monsieur Vincent » était directeur, fonda une confrérie à Neufchâtel.

avocat du Roy, avec Louise Brumen, fille du lieutenant de M. le Bailly de Caux, en 1630.

— Nôces d'un nommé de la Court, demeurant à Forges en Bray, messager de Paris [1], avec la fille de feu M⁰ Nicolas le Bon, avocat en ce lieu, en 1630.

— Prise de possession d'un état d'eslû en cette élection, par M⁰ Antoine Picart d'Aumale, en 1631.

— Prise de possession de l'estat de vicomte du Neufchâtel, par M⁰ Louis Bodin, par la résignation que faite luy en auroit été par M⁰ Jean Bodin, son pere, ladite possession, au mois de février 1631.

— Décès de Jean Pinguet, mercier, audit an 1631.

— Nôces de Gédéon Vincent, avec Marie Horcholle, audit an 1631.

— Décès de Nicole Vassagne, fille de feu M⁰ Isaac Vassagne, eslû, étant à Roüen pour plaider contre Jacques Vassagne, son frere, pour leur partage, laquelle est enterrée en l'église de Saint-Godart [2], en 1631.

— Trépas de Charles Bodin, sieur de Blargies, âgé de 90 ans, en 1631.

— Le 13ᵉ juillet 1631, par sentence du sieur vice-bailly de Caux, Nicolas Fieusselin fut condamné à être pendu et ensuite brûlé [3].

— Le 12ᵉ janvier 1632, Pierre Samüel fut condamné, par ledit vice-bailly, à estre pendu et étranglé.

— Le 27ᵉ janvier, audit an, Jean Sarvenier fut condamné à être pendu, par sentence dudit vice bailly.

---

[1] Les eaux de Forges, en raison de leur célébrité croissante, avaient donc déjà un service régulier de messageries avec la capitale. — En 1697, le *Nouveau Traité des Eaux minérales de Forges*, par M. B. Linand, « se vendait, à Forges, chez le sieur de la Cour ».

[2] Sa sépulture n'est pas mentionnée par Farin.

[3] Probablement comme sorcier ; car le supplice du feu leur était infligé, comme on l'a vu plus haut.

— Le 12e janvier, audit an, sentence dudit vice-bailly, Daniel le Prevost fut condamné à être pendu.

— Le 27e janvier, audit an, Hubert Lhoquet [1] *(sic)* fut condamné à estre pendu, par sentence dudit.

— Audit an 1632, Pierre Denise, sergent royal, décéda, le 13e janvier.

— Me Jérôme Digron [2], drapier, est décédé en ladite année, âgé de 58 ans. Il visitoit et assistoit les malades, et leur donnoit des remedes gratis, quoyque les medecins, apoticaires et chirurgiens de cette ville ayent obtenu plusieurs arrests contre luy, cependant tout le monde alloit à luy, persuadé qu'on étoit que ses remedes étoient bons.

— Décès de Gieffroy le Févre, maître du logis où pend pour enseigne le Chapeau Rouge [3] en cette ville du Neufchâtel, en 1632, âgé de 84 ans.

— Décès de Me Jacques Engren, lieutenant général en l'élection du Neufchâtel, en 1638.

— Audit an 1638, Me Christofle Bougler, procureur du Roy en l'élection et magazin à sel du Neufchâtel, décéda, et fut inhumé en la sepulture de ses prédécesseurs, en l'église de Notre-Dame de ce lieu, en la chapelle de Saint-Nicolas-du-Temple [4].

— Le dimanche 30e septembre 1640, Me Charles Baillard, âgé de 61 ans, lieutenant particulier, assesseur criminel en cette ville, mourut, et fut enterré au temple de Notre-Dame, en la chapelle Saint-Nicolas.

---

[1] Choquet?

[2] Digeon ou Digean? On trouve ce dernier nom dans Farin.

[3] Un hôtel de Neufchâtel porte encore aujourd'hui le nom de « Chapeau rouge ».

[4] Il faut entendre : « Le temple de Notre-Dame », comme on le voit aux deux paragraphes suivants. — Cette chapelle Saint-Nicolas, qui existait encore en 1748, n'existe plus.

— Le jeudy onzième octobre 1640, Me François Lenard, avocat, âgé de lxvij ans, sur les trois heures de relevée, rendit son esprit à Dieu, et fut inhumé le 12ᵉ dudit mois, au temple de Notre-Dame de cette ville.

BERNESAULT

OU

DESCRIPTION DE L'ORIGINE, DES PROGRÈS ET DU RÉTABLISSEMENT

DE CE MONASTÈRE,

PRÈS DE NEUFCHATEL-EN-BRAY,

Poème latin de Percheval de Grouchy,

Avocat du roi dans cette ville,
(xvie et xviie siècles.)

Dédié aux Pères pénitents, successeurs des premiers moines.

SALIBERNA[1],

Sive Anagraphe de Origine et Progressu et novissima fundatione monasterii salibernensis, prope Castrum novum, *opus dicatum patribus pœnitentibus in eodem loco commorantibus, per P.* Gruchium [2], *advocatum regium in eâdem urbe Novi Castri.* (In-fol. Gothique de 32 pages.)

---

[1] Le manuscrit portait : *Salisberna*. Mais une lettre de 1780, citée aux APPENDICES, II-1, donne *Saliberna* pour titre à ce poème, p. 226, et non *Salisberna*, qui ne se trouve pas dans le texte des vers. La quantité (deux brèves, au lieu d'une brève et d'une longue) a dû déterminer le choix du poète, qui met, dès le premier vers : « Salibernensis. » Il a donc certainement écrit *Saliberna*, comme l'exige la prosodie dans les vers où il se trouve, remplacé par *Salisberna*, sans souci de la quantité. — La même lettre ajoute, en marge, sur le même mot : « *Saliberna*, » en françois *Bernesault*, près le Neufchâtel. » C'était, au xviie siècle, le nom d'un couvent situé sur un terrain dépendant alors de la paroisse de Quièvrecourt, au S.-O. et aux portes de Neufchâtel. Réuni aujourd'hui à la ville, il a nom : « Les Pénitens, » établis dans l'ancien couvent de Bernesault.

[2] Pour nous, « P. Gruchium » n'est pas « Pierre de Grouchy, » comme l'a dit J.-A. Guiot, dans le *Moréri des Normands*. — Voir

Quis salibernensis jecit fundamina primùm
Cœnobii, vel qui primi coluere magistri,
Quique ruinosas ædes penitusque revulsas
Per fera bella patres instauravere recentes [1],
5 Dicere fert animus ternis rationibus actus :
Ne pereat celebris tantumvis [2] fama laboris,
Neu rapiantur aquis nostrûm pia dona parentûm,
Excitet et nostros devotio sancta nepotes,
Quo memoranda sequi valeant vestigia patrum.
10 Hæc est laudifugæ felix intentio Musæ.

Ergo age, tu Francisce pater, sator ordinis hujus [4],
Æmulus istarum cùm tu sis causaque rerum,
Dirige eremiloquos spirans afflamine versus,
Auspiciis concede tuis, sub nomine Christi,
15 Hoc opus ordiri et tenui deducere filo.

In Caletum vastis urbs est notissima campis,
Liligero Regi jamdudum dedita, cujus
Hactenùs ambigitur primordia quis dedit olim [5].

APPENDICES, II-3, p. 228. « Gaston de Grouchy, sieur de Mathonville, » ainsi que l'avait avancé; Jean-Marie de Vernon, cent ans auparavant. Voir APPENDICES, II-4, p. 237. C'est « Percheval de Grouchy, avocat du roi à Neufchâtel, » dont le nom et les fonctions sont donnés par le *Mémoire de Miton*. — Voir l'Introduction, p. XL-XLIV.

[1] Les guerres de religion et les personnes qui ont relevé le couvent des Pénitents. — Voir Miton, plus haut, p. 132.

[2] Peu usité.

[3] « Quo (negotio), » pourquoi ? Peut-être « quâ (devotione) » vaudrait mieux.

[4] Saint François d'Assise, fondateur, en 1208, à Portiuncula, près de Naples, de l'ordre des « Frères mineurs » ou « Minorites », appelés « Franciscains », de son nom.

[5] Depuis le début du XVIIᵉ siècle, on n'est pas plus fixé sur le nom du premier fondateur de Neufchâtel.

Hanc legimus castrum vocitasse *Nicurti* [1];
20 Sed nova ab Angligenis altæ constructio turris [2],
Quæ subversa fuit, civilis tempore belli,
Fundituṡ, Henrici quarti dùm regna manebant [3],
Nomen ab arce nova *Novi-Castri* reddidit urbi [4].
Limpidus, extremis sinuans in mœnibus, amnis
25 Agmine lenifluo per prata virentia serpit,
Occiduas Tethidos donec mergatur in undas [5].
Annosæ *salices* stant hìc in margine ripæ,
Olim sed plures multò crevêre per agrum,
Quo *Saliberna* domus nomen contraxit et ortum [6].
30 Nam memorant quondam concordi voce Mathæum,

---

[1] On l'appela « le château de Nicourt. » Le P. Duplessis dit que « l'ancien nom de cette ville était *Drincourt*, quoiqu'on trouve quelquefois, mais abusivement, *Nicourt* et *Lincourt*. » DESCRIPTION DE LA HAUTE-NORMANDIE, I, 146.

[2] La nouvelle construction de cette tour élevée (donjon ou château) serait due à Henri Ier, roi d'Angleterre et duc de Normandie (1100-1135). On lui assigne même la date de 1120.

[3] C'est bien Henri IV, roi de France, qui ordonna, en 1595, la démolition du château; mais, en 1615, une maison et des murailles furent relevées, dont Louis XIII ordonna la destruction et donna les matériaux aux Pénitents. — Voir plus haut le *Mémoire de Miton*, p. 134.

[4] On trouve, en effet, à partir de cette époque : « Le Neufchâtel de Drincourt, » puis le nom de « Drincourt » se perdit et on eut simplement : « le Château Neuf ou le Noëf Châtel. » — On voit qu'Eudes Rigaud, au XIIIe siècle, l'appelle toujours : « *Novum castrum*, Neufchâtel. » — *Novi Castri*, avec une faute de quantité.

[5] La Béthune, ou rivière de Neufchâtel, qui va se jeter à Dieppe, avec l'Eaulne et la Varenne, sous le nom de rivière d'Arques.

[6] C'est par la plus fausse des étymologies que, dans « Bernesault, » notre auteur fait venir « sault » de « salix, icis, saule. » Il vient de « saltus, bois, » comme « Beausault, » voisin de Neufchâtel, vient de « Bellus saltus, Beau Bois. » M. de la Mairie croit que ce nom venait d'une plantation d'aulnes, *alnorum saltus*. Berne ou Verne se sont dits autrefois pour « aulne ». RECHERCHES SUR LE BRAY NORMAND, II, 133.

Cui cognomen erat de *Brena* aut *Berna*[1] (nec aufert
Historicum minimè sensum dubitatio verbi) [2],
Qui sibi construxit cellam prope fluminis oram,
Et medias inter salices habitasse per annos
35 Complures. Vir pauper erat, qui, limine parvo
Contentus, siliquis, napis, tristique lupino
Vivebat, sicco jungens cum pane pudorem.
Fronde super viridi recubans vel stramine duro,
Esurie et vigiliis [3] corpus macerabat ovile,
40 Huicque tui potum latices, *Bethunna*, parabant.
Ipse cucullatus, tum pulla veste recinctus,
Cum baculo et pera pergebat ad ostia passim,
Quærens annonam, si quis concederet ultro.
Sæpe manus turgens nummis, et mantica frustis
45 Urgebat scapulas, largè donante popello.
Sed semel ad quæstum septenâ luce patebat [4],

[1] « Tout le monde s'accorde à dire que Mathieu, surnommé « de Brene » ou « de Berne, » se construisit une cellule sur le bord de la rivière. » La commune de « Berneval, » arrond. de Dieppe, prouve que « Berne » est préférable.

[2] Si le doute n'est pas permis sur le sens historique du surnom, il est légitime sur l'étymologie que de Grouchy donne à l'autre partie du mot. Il aurait dû dire : « Berne saltus, » ou « Bernonis saltus, » comme l'a déjà remarqué M. Ch. de Beaurepaire, *Bulletin de la Société de l'Histoire de Normandie*, III, 196. Ce nom de « Berne » (un nom d'homme?) se retrouve dans « Bernapré, » hameau voisin de Senarpont (Somme), et dans « Bernompré, » aujourd'hui hameau de Nullemont, avec château, dans l'arrondissement de Neufchâtel.

[3] La finale de « vigiliis » subit une crase peu usitée; sans quoi le vers serait faux. La construction semble exiger : « turget » ou « turgent, » au lieu de : « turgens, » et la grammaire : « frustis, » au lieu de « frusti. »

On verra, APPENDICE, II-5, la liste des autres corrections que nous avons cru devoir introduire dans la copie du texte qui nous a été communiqué, pages 238-240.

[4] « Il se mettait en quête une fois par semaine. »

Inde casam repetens, hanc obturabat et aures,
Nec se visendum cuivis præstabat amico,
Nunquam de cella, nisi causa urgente, recedens.
50 Simplicitas vitæque modus, devotio, victus,
Urbicolis merito acceptum fecêre Mathæum,
Quem patris titulo donârunt ac heremitæ [1];
Cellaque *Salbernæ* sortita est nomen eremi,
A *Salice* et *Berna* compactum rite vocablum [2].
55 Nomine disposito, jam te, Saliberna, saluto.
Salve, ô *Berna Salix*, salve, saliberna, decora
Mansio nunc patribus, quondam solitudo [3] saligna.
Salve, sancta domus, totum veneranda per orbem,
Casta quidem, luxuque carens, corruptaque nunquam,
60 Christique auspiciis primævum et amabile nobis
Conservans nomen, multum quod proficit urbi.
Et vos, ô patres, quibus est ea cura perennis
Restaurare domos, altaria, templa, sacella,
Et servire Deo jugiter populumque docere,
65 Quos urbs nostra suis amplectitur obvia palmis,
Et velut æthereos gremio felice recepit,
Quos pater, æterni Regis decreta secutus,
Franciscus misit Bernas reparare jacentes [4],
Vivite felices, ædesque per omnia vestræ
70 Sæcula permaneant, nec eas mavortia bella
Deturpent, nec vos civili cæde fatiget
Improba Francigenæ post hæc discordia gentis [5].

---

[1] « On lui donna le nom de l'Ermite Mathieu. »

[2] On vient de voir que son étymologie « de saule » et « de Berna » est fausse, au lieu d'être exacte, comme il s'en flatte.

[3] Faute de quantité.

[4] Il s'adresse aux Pénitens envoyés pour relever le couvent de ses ruines.

[5] Allusion aux maux que les premiers moines eurent à souffrir pendant les guerres civiles de religion.

Sed modò, qui restant versus, audite benigni, et
Prædecessores per me cognoscite vestros.

75 Postquam littoribus nostris heremita Mathæus
Æternum nomen sancte vivendo dedisset,
Defunctus tandem vita est, plenusqué dierum,
Cum gemitu populi, terrena luce migravit.
Illius erga omnes, ut fama est, tanta valebat
80 Gratia, ut extinctum clerus defleverit omnis,
Et velut exequias sit turba secuta parentis.
Ibant et gemini sexûs lamenta per urbem.
« Heu bonus interiit *Berna* et vir sanctus obivit! »
Per fora clamabat mœrenti voce popellus.
85 Sic fuit, ut referunt, majori inhumatus in æde,
A Clero et laïcis tali dignatus honore.

Jamjam sublato funesta morte Mathæo,
Mox succisa *Salix,* et inhospita cella remansit,
Ac sine myste fuit, bis denos circiter annos [2].
90 Attamen antiquum nomen servabat Eremi,
Sive heremitagii *Bernæ salientis;* et hæc sunt
Abjecti atque humilis quondam primordia tecti.
Pauperis et tugurî nunc exequar incrementum.

Candida virginei post incunabula partûs,
95 *Mille* supra elapsis *quingentis quattuor* annis,
Adventare patres Caleti de partibus orti [3],

---

[1] L'Ermite Mathieu, pleuré de tous, aurait été « inhumé dans la plus grande église » de Neufchâtel, d'après la tradition, c'est-à-dire dans l'église Notre-Dame, « étant jugé digne de cet honneur par le clergé et par la population. »

[2] « L'ermitage fut désert pendant environ vingt ans. »

[3] « En l'an 1504, des religieux, de l'ordre de la Pénitence ou du Tiers-Ordre de saint François, sortis de Calais, vinrent s'établir à Neufchâtel. » Ils avaient une province en Flandre et Louis XII confirma leur établissement, au mois de février 1511.—Voir APPENDICES, II-4, p. 235.

Religione senes, juvenes ætate, morati,
Devoti, vigiles, summâ probitate referti,
Carnibus abstemii, sobrii potuque ciboque,
100 Mensa quibus communis erat communis et archa,
Peraque cordigeros fratres prædulcis alebat,
Regula quos patris Francisci terna regebat [1],
Sed mage verus amor Christi et stellantis Olympi,
Qui *Bernæ* miserans nostras conduxit in oras
105 Tali corde viros, et tam pia vota ferentes,
Ne tam sancta domus dudum deserta maneret.
Namque erat in votis cellam reparare vetustam,
Atque novas propriis attollere sumptibus ædes,
Et monachis completa piis delubra replere,
110 Commoda si qua foret Bernæ residentia septis.

Horum primus erat frater Germanus Amicus [2],
Vir pius ac prudens, ac præstantissimus omni
Doctrinæ in genere, et præclarus in arte docendi,
Ascensâ cathedrâ doctoris munere fungens.
115 Sanctum nomen et felix cognomen habebat [3];
Augurium felix etiam portabat in omen,
Qui germanus erat sermone et pectore totus.
Multos præterea sibi conciliavit amicos.
120 Sic bona subjectis respondent nomina rebus.
Insuper aptus erat conceptis ponere finem
Rebus, et ad summa intentum fastigia ferre.
Ingenio siquidem magno pollebat et omnem

---

[1] L'Ordre de la Pénitence, ou bien encore Tiers-Ordre, parce qu'il fut le troisième que saint François d'Assise institua, en 1221, au bourg de Carnerio, dans la vallée de Spolète, proche la ville d'Assise, où le saint prêchait.

[2] Leur supérieur fut « Frère Germain l'Amy, Lamy ou Lami, » (Amicus.) — Voir APPENDICES, II-4, p. 237.

[3] Vers faux, incomplet.

Corporeæ vires poterant sufferre laborem.

125   Ergo tum primum fratres mercantur agellum,
Quem propriis solvunt nummis, ut fama vagatur [1].
Verum non emisse solum certissima res est,
Sed dedit ultro meus *Rogerus* sanguine avito
Nobilis à *Motta*, *Vismontis*, tum *Capricurti*,
130 Atque *Esclavellæ* [2] dominus, clarissimus unus
Qui fuit in Neustris, et servantissimus æqui.
Multaque præterea famulis donaria Christi
Contulit in vivis vir devotissimus iste,
Cujus adhuc magno vivunt in honore nepotes,
135 Qui proavi titulos servant nomenque decusque,
Illeque matris avus nostræ fuit [3] (attamen absit
Gloria jactanti genus in genitricis honore).

Jamque dies aderat quâ sospes Amicus [4]
Et socii artifices varii civesque frequentes
140 Aggrediuntur opus, dextrasque ad fortia ponunt [5].

[1] « La tradition répandue est qu'ils ont acheté le champ de leurs deniers. »

[2] « Mais, dit notre auteur, la certitude absolue est que, loin d'avoir été acheté, son noble ancêtre, Roger de la Motte, sieur de Vimont, de Quièvrecourt et d'Esclavelles, fut le premier à donner gratuitement le terrain aux moines de Bernesault. » — « Cyclavellæ » paraît une mauvaise lecture pour « Esclavellæ ». (Éclavelle ou Eclavelles). Au moyen-âge, on disait « Sclayellæ, arum. » — Voir *Cartulaire de la Trinité du Mont*. Une transaction de 1214 porte : « Campus de Esclavellis. » M. Fourcin, *Histoire de Bully*, manuscrit, p. 521.

[3] Roger de la Motte fut « l'aïeul de notre mère; » c'est-à-dire « Damoiselle Nicole de La Motte, femme de Nicolas de Grouchy, sieur de Mathonville, avocat du Roy, morte le 20 novembre 1584. » — V. *Mémoire de Miton*, p. 49, et Introduction, p. XLIII.

[4] Vers faux, incomplet.

[5] L'auteur retrace la construction du couvent, postérieure à l'année 1504, où ces moines du Tiers-Ordre vinrent s'établir à Neufchâtel. — Voir plus haut, p. 190.

Latomus incœptat lapides exscindere duros
Rupibus ex altis, cotesque quadrare securi.
Perpoliunt stantes ingentia robora fabri,
Plurima quæ plures mittebant fratribus ultro :
145 Pars in frusta secant dentatis ligna dolabris.
Ast alii satagunt calcem fornace recoctam
Extrahere et multa celeres onerare quadrigâ,
Et molem fulvæ glomerant cava plaustra saburræ.
Ille refundit aquas urnis quas haurit ab amne,
150 Hisque simul mixtis, undâ cum calce calenti
Et sabulo, luteum curat componere gluten.
Hi fossas faciunt ubi fundamenta reponant,
Ille solum sternit terramque ligonibus æquat,
Hic rudera, hic lateres, hic gypsum portat in altum.
155 Quisquis onus subiit, nemoque a munere cessat.
Scalpra sonant, trullæque graves, longæque bipennes;
Altius auditur strepitus clamorque operantûm.
Paret alacre suo ductori vulgus Amico,
Qui prudenter opus conducit et omnia miro
160 Ordine disponit, veluti dux fortis in armis
Dirigit armigeros, aciesque ad prælia cogit.
Insuper et rerum pretium sine murmure solvit,
Et mercede sua nemo fraudatur ad unum,
Oreque blandiloquo vires facientibus addit.
165 Unde fit ut modico consurgant ordine muri,
Sartaque tecta patent, vix actis mensibus octo.

    Sed domus alta Dei tectum supereminet omne,
Ut lentas salices inter solet ardua quercus.
Hanc bene consulti (famæ si creditur) iisdem
170 Construxere locis, ubi cella supina cadebat[1].
O miranda domus, quantum mutaris ab illa

---

[1] La cellule de l'Ermite Mathieu, rappelée plus haut, p. 189.

Quæ nuper spinas inter putrebat et algas!
O felix et pingue solum, pro paupere tecto,
Magnificas ædes reddis templumque superbum!
175 Haud secus, ut quondam ad Phrygios videre Philemon
Et Baucis conjux, si jungere inania veris
Verba licet, votis ac relligione priores,
Rustica tecta domûs conversa in culmina Templi [1].
Parva erat ante casa et cannâ contexta palustri,
180 Regia mox magna est pario de marmore tota;
Hospitio quoniam divos susceperat ultro.
Terra ferax nimium, sacro quæ germine gignis,
Pro Christi famulo clauso tellure Mathæo,
Egregios virtute patres, doctosque magistros.

185 Jamque istas cupio describere protinus ædes,
Atque statum narrare patrum seriemque priorum,
Ut videant scriptis qui non videre pupillis.
Templum constat adhuc, fuit et divina voluntas,
Ut scelerata manus Reistrorum parceret illi,
190 Quum sæviret apud Francos Mavortius ensis [2].
At non sacrilegæ rabies furiata pepercit
Gentis imaginibus, libris, scamnis, cathedrisque,
Uri quæ poterant, sed flammis cuncta dedere.
Janua cœnobii ingressum dabat omnibus amplum,

---

[1] L'église fut dédiée, le 8 juillet 1526, sous le nom de Saint-François, par Nicolas de Coquinvilliers, évêque *in partibus* de Veria (Turquie), vicaire général et suffragant du cardinal Georges II d'Amboise. — Voir APPENDICES, II-4, 237. — En 1523, le 13 avril, il avait dédié également l'église de Bully. M. Fourcin, *Ibid.*, p. 273.

[2] Les guerres civiles de religion, mais postérieurement à l'année 1572, puisque Miton dit « qu'on n'attenta rien sur les temples (de Neufchâtel), depuis l'an 1560 jusqu'en l'an 1572. » — Voir plus haut, p. 15. — « Les Reîtres » sont les Allemands que les Protestants avaient appelés à leur aide.

195 Infra quæ fanum in gyrum porrecta patebat ¹,
Porticus ingressos ducebat ad ostia claustri,
Cujus mente sitam nitor depingere formam ².
Non erat extensè protractum, nec spatiosum :
Hoc prohibebat enim salberni angustia septi.
200 Sed bene fruemini bis denis passibus arctum
Qualibet ex claustri suprema parte quadrati ³.
Ad quodcumque latus stabant bis quinque columnæ
Vel plures etiam, numeri vix ipse recordor,
In basibus pario de marmore ritè locatæ,
205 Ilice delectâ confectæ, ac more corinthæ
Structuræ, ut vocitant, cælatæ ac orbiculatæ ⁴.
Insuper et ligni faciem pictura tegebat;
Cærulei, crocei, virides aliique colores
Hoc opus ornabant, immixtis purpurâ et auro ⁵.
210 Ad caput erectæ vidi cujusque columnæ
Scuta vel armorias, verbis popularibus utar,
Quod mihi versifico concedet Musa licenter,
Propter materiæ armorum discrimen anhelæ,

---

¹ « Une grande porte donnait à tous entrée dans la communauté, et puis un tour encore s'ouvrait « au-dessous de la chapelle. » « Janua in gyrum porrecta, » « une porte faite en rond, » nous paraît un *Tour*. Il y aurait eu alors une grande et une petite entrée; une porte-cochère et un tour?

² « Une fois entré, un portique vous conduisait aux portes du cloître, dont l'auteur va s'efforcer de faire la description bien gravée dans son esprit. »

³ « Le cloître n'était pas très étendu, à cause du peu d'espace de Bernesault, mais il offrait bien un carré régulier de vingt pas de chaque côté. »

⁴ « De chaque côté, s'élevaient dix colonnes ou même davantage (il ne se souvient pas bien du nombre), régulièrement placées sur une base de marbre blanc, faites en cœur de chêne, avec sculptures de l'ordre corinthien. » Il y avait donc au moins 40 colonnes.

⁵ « Elles étaient peintes en bleu, en jaune, en vert, en rouge et en or. »

Insculptas ligno, signis variisque figuris
215 Distinctas, vivisque coloribus atque metallo
Duplice perspicuas, completasque arte magistrâ,
Quas germana manus, docto fidissima scalpro,
Fecerat ad numerum triginta vel amplius usque [1].
Stemmata familias signabant ista virorum
220 Nobilium patriæ, comitumque ducumque baronumque,
Aut quorum pietas donaria Patribus ampla
Obtulerat, precibus quo turba sacrata juvaret
Seque suasque domos, successoresque futuros [2].
Nunc aliquam armorum partem mihi, Musa, recense,
225 Ut videant chartis patrum monimenta nepotes,
Quæ non viderunt Bernis, dum fixa manebant,
Et, pietatis iter sectantes instar avorum,
Ediscant opibus Christi delubra fovere.
Incipe, nam vires fortuna audentibus addit,
230 Armigerosque duces Musæ sunt sæpe locutæ,
Mnesmosyneque tuos conceptus alma secundes,
Si modo cunctantem te oblivio sera moretur,
Incipe scutiferos aliquot, mea Musula, versus;
Incipe, felici succedent omnia fato.

235 Vidimus hìc Longæ-Villæ ducis arma sereni,
Vidimus Albimalæ comitis tunc stemmata clari,
Vidimus Augensis comitisque insignia magni.
Sunt hæc arma satis cunctis notissima Francis,

---

[1] « Au-dessus du chapiteau de chaque colonne, il a vu des écussons ou des armoiries, pour parler le langage ordinaire, sculptées en bois, offrant des formes et des couleurs variées, faites par d'habiles artistes, et le nombre s'en élevait bien à trente et même davantage. »

[2] « C'étaient les armoiries des familles nobles, comtes, ducs, barons et bienfaiteurs de Bernesault, obligé de prier pour eux leurs familles et leurs descendants. » — « Baronumque » est un vers hypermètre.

Nec decet abjecto depingere tanta libello ¹.
240 Et prælatorum memini vidisse duorum
Signa duo, vitreis templi depicta lucernis.
Umbo prioris erat fulgenti splendidus auro,
Tresque cruces sableas gestabat nobile scutum
Bordatum gueullis, cui juncta thiara notabat
245 Abbatem Divæ Catharinæ Rotomagensis ².
Argenti faciem monstrabat comparis umbo
Azureamque trabem decurvam sive chevronem,
Et capita aprorum nigrantis terna coloris,
Sed clypeus vigilis baculo pendebat ad [unco]
250 Abbatis divæ Genitricis Bellibecensis ³.
Vidimus argenti clypeum quem fossa coloris
Azurei cinxit minimo diaprata leone,
Atque aquilâ rutilo claroque insignibus auro ⁴.
Vidimus et pallos octo numero bicolores
255 Quattuor obrizo signatos, quattuor ostro,
Talia Castellæ Rex quondam ferre solebat
Stemmata, sparsa suis quæ dudum Hispania junxit ⁵.
Alitibus ternis ex auro deinde videbam

1 La description de ces armoiries débute par le simple rappel « de celles des ducs de Longueville, du comte d'Aumale et du comte d'Eu. Leur grande notoriété le dispense de les décrire dans un si modeste travail. »

2 « L'abbé de Sainte-Catherine-du-Mont-lès-Rouen. » — Cette Note est de M. Emile Travers, sur le manuscrit qui m'a été communiqué, ainsi que les suivantes. — On voyait ces armoiries sur les vitraux de la chapelle ou église.

3 « L'abbé de Beaulieu ou de Beaubec. » Id., *Ibid.* —« De Beaubec, » comme on le voit dans l'Histoire de dom Bodin. F. B.

4 Ces armes paraissent être celles des Masquerel : « D'argent à la fasce d'azur, diapré d'un aigle et de deux lions enfermés dans des cercles d'or, accompagnés de trois roses de gueules, 2 et 1. » *Les Cloches du Pays de Bray*, par M. Dergny, t. I, p. 207. F. B.

5 « De Crères, de Boulainvilliers ou de Saint-Saire. » M. E. Travers, *Ibid.*

Ornatam pallam rosei rubeive coloris,
260 Cujus campus erat candenti lucidus ore,
Hæc bene nota mihi per Bernas plurima vidi.
Argenti clypeum vidi nigrumque leonem,
De medio clypei issantem seu prosilientem,
(Qui sine stat pedibus leo, in armis dicitur *issans*).
265 Malleolos ternos jucundo vidimus auro
Perspicuos, clypeo cælatos murice tincto.
Huic affinis erat clypeus rubeique coloris
Martellos gestans totidem ejusdemque metalli;
Stemmata familias istorum et nomina signant.
270 Herbeus hic stabat clypeus, viridisque coloris
Andri-crucem gestans (*saultoir* quod vulgus inepte
Nominat) argenti faciem crux talis habebat.
Atque aliam parmam de pennis vidimus illis
Gestantem clypeum varium dixere periti.
275 Hac in parte viri *de vair* nos dicimus apte
Quod sit cæruleis albisque coloribus æque [1].
Civibus ex nostris quidam sua pignora iisdem
Sacravere locis, quibus haud insignia desunt.
Ingenuos siquidem semper sua signa sequuntur.
280 Parma fuit primi niveo candore refulgens,
At medio fuscata suo chevrone nigranti,
Sed super aurato crescebat lunula vultu,
Tres quoque clarebant stellæ sandice rubentes [2].
Parma secunda fuit similis splendore Dianæ
285 Murice sanguineo tincto stipata chevrone,
Tres quoque trifondes lucebant more smaragdi [3].

[1] « De Bacqueville, de Breauté ou de la Selle, de Gouvis ou de Mainières. » M. E. Travers, *Ibid*.

[2] « De Mᵉ P. Carpentier, curé de Saint-Jacques de Neufchâtel. » Id., *Ibid*.

[3] « De Gaston de Grouchy, seigneur de Mathonville. » Id., *Ibid*. — « Il y avait, en 1684, à Paris, une branche collatérale de la famille de

Altera erat parili prælucens facta metallo,
Ad caput illius compes fuit atra reorum,
Tresque trabes parvas portabat parma nigrantes ¹.
290 Hæc tria mensalis vitris cognovimus aulæ ².
Aurea præfatis fuit altera scutula claustris,
Quam setosa suis nigraverat hura ferocis,
Cum cornu loroque feræ pendentibus ore ³.
Juxta erat azureæ tincturæ parmula gestans
295 Bezanos ternos auratos atque rotundos ⁴ ;
Hoc fuit antiquæ species vulgata monetæ.
Vidimus affixum præstans ac nobile scutum
Herminibus minimis sparsum junctoque leone
Rampante in medio rubicundo chromate tincto ⁵.
300 Ad valvas aulæ majoris parma patebat

Grouchy, qui avait conservé les anciennes armes de la famille : d'or fretté de six pièces d'azur, tandis que les Grouchy-Robertot portaient d'argent à trois trèfles de sinople, armes de la famille d'Escorchebœuf, prises par Jean Ier, vers 1370, et qui furent modifiées en 1671. » En tête de la *Note sur les Grouchy de Neufchâtel-en-Bray*, remise par M. le vicomte de Grouchy. Voir Introduction, p. XLII, note 2.

1 Les mots « Compes atra reorum » nous paraissent indiquer un seigneur d'Esclavelles. « Le seigneur d'Esclavelles rejoignit l'armée des Croisés, emportant religieusement ses fers avec lui ; et, de retour à son château, il les fit sceller dans la muraille de l'église, où ils sont restés jusqu'à ce jour. » M. l'abbé Decorde, *Essai sur le canton de Neufchâtel*, 95. F. B.

2 « Nous avons connu ces trois armoiries sur les vitraux du réfectoire. »

3 « De M. Pierre Le Porc, vicomte de Neufchâtel. » M. E. Travers, *Ibid*. — Portait : « D'or à la hure de sable soutenant un cor de sable en pointe. » *Recherche de la Noblesse*, par Barrin de la Galissonnière.

4 « De M. Pierre Le Bailly, vicomte de Neufchâtel. » M. E. Travers. Il portait « d'azur à trois anneaux d'or, » dans la *Recherche* de la Galissonnière, p. 192.

5 « De M. de Boissay, baron de Mainières. » Id., *Ibid*. — Les de Boissay portaient *d'hermines au lion rampant*. F. B.

Turribus aureis ternis signata coloris,
Parma sed albenti candebat tota metallo [1].
Plures armorias istis per templa, per ædes,
Infames alias, quasdam sine nomine vidi,
305 Quasque referre mora est, quarum nec rite recordor [2].
Sufficit ista mihi pingui cecinisse Minervâ
Stemmata, nam durum est cunctis hac parte placere.

Claustrelli medio ramosa increverat ulmus,
Quæ dabat æstivis jucundam ardoribus umbram [3].
310 Sæpe ego cum sociis sub ramis prandimus istis.
Ad claustri partem radiis quam lustrat Eoüs,
Nobilis aula fuit, fratrum quâ turba solebat
Quottidie mensâ communi sumere victum,
Lustrabantque aulam ternæ grandesque lucernæ [4].
315 Junctaque non pinguis sed erat tamen ampla culina,
Complectens puteum, furnos duplicemque caminum,
Et super has ædes denæ claustralibus aptæ
Constabant cameræ, quarum pars mœnia versus
Spectabat, nostrum versus pars altera claustrum [5].

---

[1] « De la ville même de Neufchâtel. » Id., *Ibid.* — La quantité, la grammaire et le blason n'admettent pas « aureis, » ou plutôt « aurei, » se rapportant à « coloris. » M. Potin de la Mairie dit : « Les armes de Neufchâtel sont d'azur à trois tours crénelées d'argent. Après la réunion de la Normandie à la France, on y ajouta le chef cousu d'azur aux trois fleurs de lis d'or. » *Recherches sur le Bray normand*, I, 272.

[2] « Il y avait encore dans l'église et dans les appartements des armoiries peu connues, qu'il passera sous silence, ne se le rappelant plus suffisamment. »

[3] « Au milieu du cloître, avait poussé un orme touffu, dont l'ombrage protégeait contre les ardeurs du soleil d'été, et sous les rameaux duquel il dîna souvent en société. »

[4] « Le réfectoire était à l'est du couvent, éclairé par trois grandes fenêtres de chaque côté. »

[5] « Près du réfectoire, on voyait une vaste cuisine, avec un puits, des

320 Stabat et occidua claustri de parte quadrati
    Aula magistralis, longè pulcherrima formâ
    Ante alias ædes quas incolit ordo Minorum,
    Tantus ab arte decor fuerat spectabilis omni,
    Sive situm spectes, vel si laquearia sursùm
325 Auratasque trabes, necnon pavimenta deorsùm,
    Miraveris¹ opus, radient ut cuncta nitore ².
    Quattuor ornabant sedilia partibus aulam
    Facta fabrûm dolabris, sculptorumque arte minuta
    Præsidibusque decens posita est orchestra magistris.
330 Insuper et vitreæ, quales non vidimus usquam.
    (Quam jactura ingens, ô et irreparabile damnum,
    Quo nullum majus Bernæ fuit inter Erynnes!)
    Interiora domus lustrabant quinque fenestræ ³
    Et bifores aulæ claudebant ostia valvæ,
335 Quas super urbis erant cælata insignia nostræ ⁴.
    Hac in parte etiam totidem quot in ante relatâ
    Constabant cellæ, monachis famulisque paratæ ⁵.
    Rursus et ad partem, quâ ventos impulit Auster,

fours, deux cheminées et au-dessus dix chambres pour les moines, dont une partie avait vue sur les murs de la ville et l'autre sur le cloître. »

1 Vers faux. Archaïsme et faute de quantité.

² « A l'ouest du carré formé par les bâtiments était la grande salle conventuelle, bien plus belle que toutes celles des autres frères mineurs, tant l'art s'était plu à l'embellir. La position, les lambris, les poutres dorées, le pavage, tout en était admirable et resplendissant. »

3 « Des stalles sculptées ornaient les quatre cotés de la salle, et il y avait une belle chaire destinée aux supérieurs, avec des vitraux tels que l'auteur n'en avait jamais vu. » Aussi, en déplore-t-il grandement la perte irréparable.

4 « La salle, éclairée par cinq fenêtres, avait une porte à deux battants, au-dessus de laquelle étaient les armes de Neufchâtel. »

5 « Sur cette grande salle se trouvaient autant de cellules que de l'autre côté, destinées aux moines et aux frères convers. » — Voir plus haut, p. 200, note 5.

   Latum erat atque patens hinc inde volentibus ire
340 Vestibulum, longis templi compagibus hærens :
   Nec fuit aspectu vicinis ædibus impar,
   Quippe lucernarum series ubi longa patebat
   Claustrellum versùs, vitro candente referta,
   Et picturatæ ditabant undique muros
345 Historiæ celebres, veteris documenta Moysis [1].
   Materiam superabat opus, vestigia restant,
   Quæ non tempus edax potuit delere nec imbres [2].
   Et cochlea ascensum facilem præstabat ituris
   Dormitum monachis, ad quas jam diximus ædes [3].
350 Scalatæ et supra præcelso culmine turris
   Utile erat positum Bernensibus ὡρολογεῖον,
   Atque nola, auditus cujus transibat ad urbem [4].
   Versùs et Arcturi stellam septemque triones
   (Ut nihil in quadro clausuræ restet inane)
355 Magna domus posita est ad prata virentia spectans,
   Mansio cujus erat primoribus atque magistris
   Asservata loci, tunc advenis extraneisque
   Hospitii causâ, sed et aulula devia paulùm
   Fratribus invalidis atque ægrotantibus apta [5].

---

[1] « Au midi, s'étendait un vaste vestibule aboutissant aux constructions de la chapelle. Il ne le cédait en rien aux appartements voisins, car il avait une longue suite de fenêtres en verre blanc du côté du cloître, et des peintures, tirées de l'Ancien Testament, sur les murailles. »

[2] « Il en restait encore des vestiges, malgré le temps et les pluies, » lorsque l'auteur faisait cette description, vers 1620, en copiant Ovide.

[3] « Un escalier en limaçon conduisait aux cellules dont il a parlé. » — Voir plus haut, p. 200. Le nom propre était « une vis, » escalier tournant.

[4] « Au sommet élevé d'une tourelle existait une horloge fort utile aux moines de Bernesault, et une sonnerie qu'on entendait de la ville. »

[5] Le côté nord, le quatrième côté du carré, « contenait une grande salle, ayant vue sur les prairies, destinée à recevoir les autorités et les magistrats de Neufchâtel, et à donner l'hospitalité aux voyageurs et aux

360 Hæc sunt familiæ Bernensis tecta vetustæ
Carmine scripta brevi, Martis quæ diruit alto
Culmine dira lues, quæque ipse miserrima vidi [1].

Dicere præcipuos hanc qui rexere magistros
Jam volo, nam reliquos non est memorare necesse [2].

365 Quem primùm cecini frater Germanus Amicus,
Hujus cœnobii fundator, rector alumnus
Extitit et custos bene quadraginta per annos [3].
Is dedit auspicium et Bernæ incrementa futuræ,
Construxitque domos omnes, quas diximus ante.
370 Denique vicinos plures curavit agellos
Jungere, prima super donaria facta per ipsum
(Quem dixi) dominum Rogerum [4], septaquæ Bernæ
Auxit in anfractu frustatim jungere bino.
Hic tandem moritur pietate repletus et ævo,
375 Quo nec erat melior quisquam nec amantîor æqui.
Dum vixit, monachos nostri triginta duosque
Viderunt patres convivas tempore in uno.
Nomina adhuc remanent Bernis inscripta registris,
Præcones Christi quorum pars maxima verbi [5].

étrangers, puis un petit bâtiment, tant soit peu à l'écart, servait d'infirmerie pour les frères invalides et malades. »

[1] « Telle est la description sommaire de l'ancien couvent de Berncsault, complètement détruit pendant les guerres civiles, sous les yeux attristés de l'auteur. »

[2] « Il va rappeler le nom des principaux prieurs. Inutile de parler des autres. »

[3] « Le fondateur du couvent, en 1504, fut Germain Lamy ou l'Amy (Amicus), qui le gouverna pendant quarante ans. » — Voir plus haut, p. 191.

[4] « Roger de la Motte, sieur de Vimont, etc. » — Voir plus haut, p. 192.

[5] « De son temps, le couvent compta trente-deux moines, dont les noms étaient inscrits dans les registres de Bernesault, et qui, pour la plupart, se livraient à la prédication. »

380 Sic tamen hic fratres supra caput exerit omnes,
   Quantum clara preest stellis aurora fugatis.
   Defuncti gradibus successit muneribusque
   Germani socius, frater Nicolaus, et ille
   Balduini clarum nomen servabat avorum [1].
385 Indigenæ Arquensis majorum stemmate notus
   Inter cordigeros non inferiora secutus ;
   Quippe erat eximius doctor primusque minister
   Ordinis illius, cujus provincia tota
   Postea Balduinum voluit moderamem habere,
390 Ut pater ille prius vivens Germanus habebat.
   Bernicolas rexit totos bis quinque per annos.
   Post hæc Parisios repetens, erat unde vocatus,
   Cœnobium macrum linquit fruiturus opimo [2].
   Salbernæ viduæ tutoris propter amarum
395 Balduini abscessum frater Martinus habenas
   Suscepit vigiles Felix Onguerus, et illi
   Cœnobii demandata est custodia, namque
   Vir probus et satagens et concionator acerbus
   Extitit et septem monachos compescuit annos [3].
400 Post mortem illius contentio maxima fratres
   Commovit reliquos, nam tunc decrescere multùm
   Est visus numerus, quod pars elegerit unum,
   (Textoris huic nomen erat), pars una Richardum.
   (Hic est Bernophylax popularis, præcoque sacri
405 Quintinus verbi Bernis qui nuper obivit.)

[1] « Il eut pour successeur le frère Nicolas, de l'illustre famille Baudoin, originaire d'Arques. »

[2] « Ce fut un docteur remarquable, et toute la province du Tiers-Ordre voulut l'avoir pour chef, comme elle avait eu précédemment Germain. Après avoir été prieur de Bernesault, pendant dix ans, il retourna à Paris, d'où il était venu. » La province de Flandre, la seule que l'Ordre possédât alors en France, en fit son provincial.

[3] « Il eut pour successeur le frère Martin, Félix Onger ou Unger ? grand prédicateur qui gouverna le couvent pendant sept ans. »

Tandem Quintino concessit Textor honorem [1],
Si quid honor valeat claustrales inter alumnos,
Gloriolam mundi qui calcavere volentes.
Attamen ille duos vel tres præcesserat annos
410 Post mortem Ongueri, quaternus in ordine rerum [2].
Invidiæ proflicta genis, accensaque flammis
Iræ fax juvenis Quintini pectus adussit,
Indoluitque sibi quod præferretur ἀμαθής,
Nec requievit enim donec te, Textor, abacto,
415 Custodis gradulum fuerit promotus ad istum.
Pacificus vir Textor erat senioque repletus,
Moribus et lenis, non quærens jurgia, porrò
Maluit audacter juveni parere magistro,
Quàm super audacem vetulus regnare ministrum.
420 Postremusque fuit Quintinus in ordine quinto
Inter Salbernæ custodes sede priores [3].
Commoda multa ferens, incommoda plura vicissim
Restitit adversis per nubila tempora rebus
Salbernæ exortum viditque eventum [4]
425 Illius occasum, subitas tristesque ruinas,
Avulsasque patrum armorias, viditque sacrata
Templa capistratis in caulas facta caballis [5].
Exulat interà, nec enim data causa morandi est,

---

[1] « A sa mort, un grand débat s'éleva entre les frères, dont le nombre diminua beaucoup, parce que les uns choisirent pour prieur Texier ou Tessier, et les autres Richard. » Ce dernier était Quentin, « gardien et prédicateur bien cohnu de Bernesault, mort récemment, auquel Texier finit par céder l'honneur. »

[2] « Quentin avait précédé de deux ou trois ans après la mort d'Onger, en qualité de quatrième prieur de Bernesault, l'instant où Texier lui laissa le pouvoir. »

[3] « Quentin devint alors le cinquième prieur de Bernesault. »

[4] Vers incomplet.

[5] « Bernesault est dévasté, les armoiries détruites et la chapelle transformée en écurie, pendant les guerres de religion. »

Hospitium proprium dum destruit hostis iniquus
430 Atque venenoso Lutheri dogmate turgens.
Nec locus est Bernis caput unde reclinet abactus;
Afflictus vitam in tenebris luctuque trahebat,
Assiduo tristem crucians mœrore senectam,
Propter Salbernæ casum pereuntis acerbum,
435 Qualis Anatothides vates [1] sanctissimus olim,
Qui phialas iræ Domini miscebat iniquis
Principibus terræ, religatus colla cathenis,
Deflebat Solymæ querulo plangore ruinas,
Et cladem patriæ præsagâ mente canebat,
440 Quas oculis etiam vates carnalibus hausit.
Ut furor hostilis, depulso Marte, quievit,
Atque fugam celeres intercepere Sycambri,
Jamjam prisca redit Quintini in pectore virtus,
Regressusque domum cœpit nova tecta parare,
445 Sed quæ sufficiant vitæ jam morte propinquæ.
Congeriem sparsim vacuus per prata, per agros,
Collegit lapidum, ruderumque vitrique [2]
Partem divendit, partem sibi servat ad usus.
His fragmentorum reliquiis adjutus et omni
450 Officio pietatis ab ipsis civibus ædem
Struxit fumificam ac matulæ luce carentem,
Quattuor ad summum fratrum vel quinque capacem,
In qua solus agens superis concessit ab oris [3].
Illa quidem stat adhuc paucis renovada diebus,
455 Namque novis æquum est rebus concedere tritas,

[1] Jérémie, né à Anatoth, petite bourgade de la Palestine, tribu de Benjamin.

[2] Vers faux, incomplet.

[3] Cette modeste reconstruction du monastère de Bernesault, avec les débris de l'ancien, faite par le prieur Quentin pour quatre ou cinq frères tout au plus, paraît antérieure à celle qui prit sa place, en 1615. — Voir plus haut, *Mémoire de Miton*, p. 132.

Ut vetus in vasis vinum redeuntibus uvis.
Quadraginta fere custos permanserat annos,
Quando post triduum inventum est a morte cadaver
In camera extinctum portis foribusque seratis ¹.
460 Et sine teste cadit qui degere solus amabat.
Desierat senior jamdudum verba popello
Ferre salutifera, ascensâ de more cathedrâ,
Tum propter senium et defectum vocis anhelæ,
Sed solo vivens altari et quotidianis
465 Quæstibus, illæsum templum servabat et ædes,
Et quandiu vixit nullas subiere ruinas,
Una nec oblatis sine vino et pane remansit ².
Post mortem illius, jamjam sensere supremum
Stare diem miseræ haud longo post tempore Bernæ.
470 Sacrificio sine myste manent, nullusque sacerdos
Invenitur curam illorum qui vellet habere.
Excessere omnes, adytis arisque relictis,
Bernicolæ fratres, violenta flantibus austris,
Stat deserta domus, jugique atria imbre madescunt;
475 Stagnat et assiduis templum pluvialibus undis ;
Omnia frusta jacent, neglectaque et horrida visu ³.
Quidam Cordigeri missi sunt ordinis hujus

---

¹ « Quentin avait été le gardien de ce monastère, pendant quarante ans environ, quand on le trouva mort dans une chambre de Bernesaut. » — « Custos » veut bien dire « gardien; » mais de Grouchy paraît le faire ici synonyme de « prieur » ou « supérieur. » *Seratis,* « verrouillées, » et non *sedatis* « apaisées, » avec un non sens et une faute de quantité.

² « Il ne prêchait plus depuis longtemps; la vieillesse et le manque de voix l'avaient obligé à vivre de l'autel et des quêtes, sans jamais interrompre l'office divin. »

³ « Après la mort de Quentin, la ruine de Bernesault est imminente; plus de prêtre pour le sacrifice; personne ne veut se charger du soin de Bernesault. Tous les frères s'en éloignent; la maison est déserte; la pluie inonde le temple; les débris offrent un aspect horrible. »

Orgia qui celebrent et inhospita tecta reforment [1].
Primus Natalis venit, Baratusque secundus [2].
480 Hi duo non multum lustrârunt temporis orbem,
Tum propter pravos mores et scandala nota,
Et quod donatis frustrabant tecta caduca [3].
Deinde Tiberga subit paulo moderatior istis,
Cui datur incassum prægrandis copia nummi,
485 Quippe deplorandas [4] tolerabat ut ante ruinas
Et collecta sibi servabat dona [5], perinde
Postera quæque dies pejor fuit anteriori.

Postquam Bernarum furor indignantis Olympi
Attrivit sub fulminei discrimine Martis
490 Res præclaras, nec præsentibus ordo ruinis
Ullus adest, nec meta, pater Franciscus acerbo
Pectore suspirans provolvitur ante beatos
Virginis obtutus et supplex talibus orat [6].
« Virgo, potens rerum et divinæ conscia mentis,
495 Quam Deus adversis præsens in rebus asylum
Constituit, famulum non dedignare precantem,
Aspicis ut Bernas magni inclementia belli

[1] « Des Cordeliers de cet ordre (de Saint-François) furent envoyés pour célébrer les saints mystères et relever les bâtiments délabrés. »

[2] « Le premier qui vint à Neufchâtel fut Noël et le second Baratte. »

[3] « Leur inconduite et le vol des offrandes ne leur permirent pas d'y faire un long séjour. »

[4] Faute de quantité.

[5] « Tiberge, un peu plus modéré, reçoit en vain de fortes sommes, qu'il accapare pour lui, au lieu de les employer à relever les ruines du monastère. »

[6] Après que le Ciel eut fait peser tous ces malheurs sur Bernesault, le poète suppose que le fondateur de l'ordre des Pénitents, saint François, adresse à la Vierge la prière suivante, où se trouve résumé tout ce qui vient d'être dit sur l'état ancien et sur l'état présent du monastère.

Jamdudùm nostras populatur, et orba ministris
Stant delubra suis ; et, si qui forte supersint,
500 Aris posthabitis indigne terga dedêre.
Magnificæ collapsæ ædes et ditia quondam
Atria præteritis squalent divulsa ruinis.
Pervia sunt delubra notis, sunt pervia et undis,
Dispereuntque sacræ pinnis labentibus aræ.
505 Aspice quam differt a prisco Berna decore,
Quæ gemit et sancti repetit lamenta prophetæ.
Nec venit adjutor, nec qui soletur amaram ;
Nullus amicus adest, omnes sprevere jacentem
In squallore suo. Superisne videbitur æquum
510 Post tantas clades exantlatosque labores
Tam præstans quod surgit adhuc succumbere templum ?
Si moverit [1] divos quædam impietatis imago,
Et meruere æquas commisso crimine pœnas
Bernifugæ monachi, vel qui venere priores,
515 Rebus ades miseris, gratumque inflecte precando
Ultrices palmas teneat, jam parcere tempus,
Fratribus-ignoscat nostris, misereretur et istis
Quæ superant tectis de tantis ædibus, et jam
Non ferat antiquum sanctumque Mathæi
520 Bernensis nomen famuli, memoretur Amici,
Balduini, Ongueri, servorum deinde suorum,
Et quorum pietas Bernas servavit et auxit.
Cordigeros ibi, vera loquor testorque pudorem,
Virgo, tuum, plures pietate fideque priores
525 Omnibus, expertus per tot discrimina novi.
O Regina, piæ venias auraria causæ.
Innumeras servata tibi Saliberna salutes
Pro meritis referet. Francûm quin agere [2] regem.

[1] Faute de quantité. *Movit* faisait le vers, et *meruere* prouve qu'il a été mis.

[2] *Agere*, faute de quantité.

Funigerûm assiduus vindex, benefactor, amicus,
530 Expansis ad te manibus, tum poplite flexo
Annuit ille meis precibus, remque orat eamdem. »

Talia voce refert curis ingentibus, atque
Spem vultu insinuat, regemque hortatur ad istam.
At regina poli, cujus succurrere semper
535 Rebus cura fuit lapsis, et ferre medelam
Afflictis animis, non aversata suorum est
Athletûm lacrymas; imo quantocius illa,
Vota precesque virûm festivo corde receptans,
Aggreditur solium Regis sublime tonantis,
540 Cui supplex aperit patronans vota precantum,
Ac genibus flexis verbis ita fatur amicis [1] :
« Ut tua flagranti nunc pulsem numina voto
Urgeor, ô fili, Bernas miserare jacentes,
Ultricem compesce manum, te mater adorat,
545 Te veniam planctu et resupinis vultibus orant
Assisiusque pater, juxtàque Capetius heros [2].
Pluribus haud opus est aures obtundere sacras.
Omnia sunt detecta tibi, et quodcumque futurum est
Tu nôsti melius quam sit mihi dicere promptum.
550 Inficias tamen ire nequit commissa mereri
Multiplices pœnas, sed te, dulcissime fili,
Lapsorum semper miseret, levioraque culpis
Supplicia infligis ; tandem modus esto furori.
Debita si nondum pressit vindicta malignos,
555 Innocuis saltem posthac ignosce benignus. »

Christiparæ eloquium terræ sator atque polorum,
Vultu quo cœlum tempestatesque serenat,

[1] Il représente la Vierge s'adressant à son fils pour l'intéresser au sort de Bernesault.

[2] Saint François d'Assise et le roi de France (Louis XIII).

Suscipit, ac matri blando est sic ore locutus¹ :
« Quod petis, alma parens, id votis annuit æther,
560 Ast hic justitiæ rigor et clementia pugnant.
Illa quidem pœnas ultrix pro crimine sumit ;
Hæc levat humanos casus et crimina purgat.
Maxima Bernicolas ornârunt præmia patres,
Dum fuit in pretio virtus, et vera vigebat
565 Relligio, pietatis amor, cultusque Deorum.
Hos penes atque decens sacri concordia fratrum
Fœderis innotuit, rerum communis et usus.
Hos super effulsit divini gratia flatus,
Mellaque cœlestis stillabant dulcia roris.
570 Nil quod opus fuerat famulis mea dextra negabat,
Nostraque cura fuit vigiles pensare labores,
Dum sacris studiis instabant officioque
Divino patres, et puro corde litabant.
Franciscanorum primos Bernensis honores
575 Conventus tenuit bis quadraginta per annos ;
Insuper ad Bernas veniebant undique primi
Ordinis illius doctores atque magistri :
Tanta erat antiquæ Salbernæ gloria, tantus
Et veterum respectus et observantia patrum !
580 (Ista quis immensi nescit fore pignus amoris) ?
Quos ubi mors tandem longævos rettulit astris,
Orta est infelix seges, atque indigna propago
Majorem titulis, ac Bernæ nomine matris.
Quorum etiam extinctum remanet post funera nomen,
585 Indecoram quoniam duxere per otia vitam,
Crapula et ingluvies et Bacchi fœtida labes
Bernicolas noto fædarunt crimine fratres.
Pestiferæ inde lues processit et ulcus acerbum
Invidiæ, resonant infandis claustra querelis,

---

¹ Réponse du Christ à la Vierge.

590 Fratrum nulla fides, vix unum fraude carentem
Invenies, nec erat victus communis ut ante.
Plures quinetiam ad cnidas deponere brachas
Et mundo servire iterum non erubuere ¹,
Promissi immemores quondam mihi sacramenti.
595 Pars, insana caput, sunt dogmata falsa secuti
Lutheri, atque genu coram flexere Baalim.
Ultimus optabat solus regnare per ædes
Quas non condiderat, nec fratres sive ministros
Ad res divinas etiam sociare volebat.
600 Hac ratione hominem privandum his ædibus æquum
Est visum superis, humilique includere tecto,
Et simul hanc scelerum turpem reserare cloacam.
Bellorum dum dira lues, dum regnat Erynnis,
Advocat interea turmas a parte Bootis,
605 Gens inimica mihi est, penitusque ignara Deorum,
Teutonicasque acies ² Bernæ stimulavit ad ædes
Ultrix nostra manus perdendas funditùs, atque
Pergit adhuc sacrum nobis evertere templum,
Et decus ingratæ totum emarcescere Bernæ.
610 Sed te, chara parens, intercedente, malorum
Annuimus finem, Bernæque optata revisent
Otia laurigeræ pacis, nostræque facessent
Verbera justitiæ, ut primum secura decorem
Aspiciat, magnis jam tum illustranda trophæis.
615 Arbitrio stant ista tuo, sit summa gerendæ
Te penes et jus omne rei : quæcumque placebit
Ex voto tibi quære viam, firmaque caduci
Vires cœnobii atque minantia fulmina siste. »

¹ « Jeter le froc aux orties pour rentrer dans le monde, sans souci de leurs anciens vœux. »
² « Les bandes allemandes, » les Reîtres, comme on l'a vu plus haut, p. 194.

Dixerat omnipotens, exoratamque parentem
620 Nuntia quæ referet famulis tam grata remisit.
Moxque tenens puerum Jesum pia mater in ulnas
Angelicis stipata choris apparet iisdem.
Tum reducem cœlo magno venerantur honore
Franciscus felix, una Lodoïcus, amoris
625 Plenus in antiquos veræ et pietatis alumnos.
Mirantesque chori voces in nube canoras
Expectant taciti magnæ responsa Sybillæ.

Francisco tandem roseo sic ore locuta est[1] :
« Fransce, inquit, quem sanctus amor meminisse tuorum
630 Impulit, et sontis Bernæ exorare salutem,
Jam lætare, tuum gnati clementia votum
Atque sibi gemitus oblatos aure benignâ
Suscepit, quodcumque cupis concedit Olympus.
Bernarum imprimis orata salus tibi præsto est.
635 Prima hæc sunto tuæ majoris gaudia curæ.
Præterea incolumes Bernas structasque videbis,
Ut quondam ante suos casus meritasque ruinas
Vidisti, atque domus Bernensis prisca resurget
Gloria, quam fallax abolevit inertia fratrum [2].
640 Rursus apud Bernas, ut quondam sancta vigebit
Relligio, pietas, Divorum cultus, amorque
Fraternus, propter te, ô sancte patrone salutis
Filiolæ Bernæ, quam nunc tibi jussa redono [3].
Elige nunc patres cujusvis ordinis, et quos
645 Has habitare velis surgentes protinus ædes [4].

[1] La réponse de la Vierge à saint François d'Assise donne quelques nouveaux renseignements historiques.
[2] « Bernesault, reconstruit, retrouvera son ancienne splendeur. »
[3] « La religion, la piété, le culte de Dieu y vont refleurir. »
[4] « Le saint n'a plus qu'à choisir les pères qu'il voudra pour peupler le monastère qui va s'élever immédiatement. »

Nec vero in longas sacri est sententia verbi
Progressura moras. Terno vix Delius anno
Signiferum percurret iter, cùm marcida grandi
Clade reflorescet reparatis Berna ruinis [1].
650 Et ne sollicitet rerum penuria mentem,
Quominus has valeant sedes astollere fratres,
Mecum erit iste labor, semper mea cura sequetur
Hoc opus ad finem, ne desint æra penusque,
Et quod opus fuerit per me dabit æthereus rex [2].
655 Inque favore tui, media Brumenius urbe
Dives opum civis surget, qui nomen habebit,
Rex Ludovice, tuum. Hic nummis opibusque libenti
Bernificos propriis succurrere corde paratus
Semper erit, cœptoque simul præstare labori
660 Cum patribus, quos a juvenili ætate colendos
Duxit, et a quibus est cœlesti lacte nutritus [3]. »

Dixit et avertens roseâ cervice refulsit,
Ambrosiæque comæ divinum vertice odorem
Spiravêre, chorisque canentibus intrat Olympum.

665 « Chara Deûm soboles, Francisci sacra propago,

---

[1] « Dans trois ans à peine, Bernesault sortira de ses ruines. »

[2] « Saint François d'Assise n'a que faire de se préoccuper des fonds nécessaires pour cette reconstruction. Le roi du ciel, grâce à la Vierge, va y pourvoir. »

[3] « Louis Brumen, riche citoyen de Neufchâtel, sera toujours disposé à aider de sa bourse les pères, qu'il a appris à respecter dès le jeune âge et qui l'ont instruit dans la religion. » — Miton a consigné les « Noces de Maître Louis Brumen, greffier du vicomté » (de Neufchâtel), en 1602. Devenu lieutenant du bailly de Caux, en 1620, il fit partie de la députation envoyée par Neufchâtel vers Louis XIII, alors à Rouen, pour défendre les intérêts des habitants contre les prétentions de Fontaine-Martel, leur ancien gouverneur. — Voir plus haut, *Mémoires de Miton*, p. 112, 141, 142, 152, 174.

Quas cecini antiquas Bernæ palpate ruinas,
Et fundatores Bernarum discite primos,
Dum mea Musa novas describere cogitat ædes,
Atque patres primis qui successere recentes [1].
670 Idque brevi faciet, mihi si concedat Apollo,
Si vitam virtus præstet divina poetæ,
Et precibus vestris oculorum nubila pellat [2].
Si mihi non liceat, vivat qui fecerit alter [3],
Vos quoque, dilecti, per sæcula vivite nobis. »

[1] Percheval de Grouchy se proposait donc de faire, encore en vers latins, « la description du nouveau monastère de Bernesault, et de donner les noms des nouveaux pères qui remplacèrent les anciens. » — En 1615, d'après Miton.

[2] « Ce nouveau poème, il le fera, si Dieu lui prête vie, s'il chasse les nuages de dessus ses yeux. » — « Numina, » n'offrant aucun sens, doit être remplacé par « Nubila. » Percheval de Grouchy avait donc la vue affaiblie, quand il faisait ce poème.

[3] Etant mort en 1622, il est probable que le temps lui manqua pour faire ce second poème latin sur Bernesault.

APPENDICES

I

PIÈCES RELATIVES AU MÉMOIRE DE MITON

I. Sur les registres de l'état civil des trois paroisses de Neufchatel-en-Bray, au XVIe et XVIIe siècles

(Se rapporte à tout le Mémoire)

« Tous les actes de l'état civil des communes de l'arrondissement sont au greffe du tribunal civil. Ils sont reliés; des tables existent depuis le commencement du siècle; mais, pas plus ici qu'ailleurs, on ne les a complets. Généralement il existe une lacune partout, soit de 1580, 1581, ou 1582 à 1604 ou 1609, soit jusqu'en 1669.

« Parfois, de 1580 à 1669, on les trouve deux fois les deux, les deux doubles étant au greffe, au lieu de se trouver, l'un au greffe, l'autre à la mairie.

« Église Saint-Pierre. Pour la période qui vous intéresse, on trouve les années de 1547 à 1709; mais il manque : 1550, 1557, 1558, 1559, 1560, 1561, 1563, 1564, 1565, 1566, 1580, 1588 à 1600, de 1600 à 1668, 1673, 1674, 1695, 1704, 1705 et 1706, etc.

« Ils sont en latin, jusqu'en 1550.

« Les sépultures ne s'y trouvent qu'à partir de 1669.

« ÉGLISE SAINT-JACQUES. Les registres existent de 1546 à 1670, moins les années 1559, 1560, 1563, 1566, 1570, 1576, 1588, 1602, 1615 à 1669.

« Ils sont en latin, en 1546, 1550, 1551, 1552, 1555, 1556.

« En français, 1548, 1549, 1550, 1554, 1557, 1558, 1584, 1585.

« Les sépultures commencent à partir de 1670.

« ÉGLISE NOTRE-DAME. Le nombre de ses registres est à peu près comme celui de Saint-Jacques, pour le nombre et pour les lacunes.

« Les sépultures partent de 1602 et vont jusqu'en 1610. Il y a lacune ensuite. »

Note due à l'obligeance de M. Charles Lefebvre, avoué à Neufchâtel-en-Bray, qui a bien voulu faire ce long dépouillement, sur notre demande, et nous le communiquer.

2. SUR LA DAME DE SAINT-SAIRE.

(Se rapporte à la page 75.)

Il y a, dans la « Harangue de Monsieur le lieutenant » (le duc de Mayenne) un passage où l'auteur anonyme lui fait dire : « Quant à la pelade, que certains Politiques m'ont voulu improperer (reprocher), m'accusant que la Saincte-Cere ou la Loüe (je ne sçay laquelle des deux) me l'avoient donnée : ils en ont menty les meschants, je n'y songeay jamais, etc. » *Satyre Ménippée.* Sur ce passage, les Remarques de l'édition de Ratisbonne chez Mathias Kerner, 1696, disent : « Voici ce que M. de Mezeray dit de tout ceci, *Abrégé chronologique* sur l'an 1589, au mois de mars : « C'est qu'en 1589 au mois de mars, il arriva que quatre ou cinq des amis du duc de Mayenne faisans débauche avec des femmes de joye dans l'hôtel de Carnavalet, il y en eut un qui le voyant passer courut après luy et l'y traîna presque par force : il ne demeura pas une demi-heure avec cette compagnie, et néanmoins, il s'y accomoda si mal, qu'il eut besoin de garder la chambre plusieurs semaines. » — *Remarques sur le Catholicon*, page 353. L'auteur des Remarques, qui n'est autre que Le Duchat, ajoute : « Il y a bien de l'apparence que la S. Cere et la Loüe, étoient de ces femmes de joye. » P. 354. Nous y verrions plutôt Marie de Prestreval, femme de Samuel de Boulainvilliers, seigneur de Saint-Saire, et celle de François de La Noue, dit Bras-de-Fer, le célèbre capitaine calviniste. C'est un chapitre qui s'ajoute aux *Vies des dames galantes* de Brantôme.

3. Sur le siège et sur la prise de Neufchatel par le duc de Parme.

(Se rapporte aux pages 85-88.)

1° *Lettre de Henri IV.*

Il écrivait à son cousin, le duc de Nevers, le soir même de la reddition de la ville.

« Le baron de Biron vient de venir de la guerre. Il m'a rapporté ce qui s'est passé au Neufchastel, qui est que six heures après que le sr de Givry y fut arrivé *hier*, il fut investy des ennemis qui dresserent leurs batteries à cinq cens pas à descouvert, commencerent à deux heures après midi à battre de dix pièces, et à cinq heures avoient faict bresche de cent pas, où les charrettes pouvoient monter. Ce que voyant le dict sr de Givry, et que dans le chasteau il ne pouvoit retirer deux cents maîtres qu'il avoit, et les regiments de Rempel et Rebours, a capitulé et est sorty tambours battans, enseignes desployées, trompettes sonnans et en bataille,.....et a laissé dans le chasteau toutes munitions et gens de guerre qui y sont necessaires, et a emmené les chevaulx de ceux qui sont demeurés dans le dit chasteau. Du camp de Buchy, le mercredy au soir xij° jour de febvrier 1592. » *Lettres missives*, édition de Berger de Xivrey, III, 566.

2° *Reddition de la ville de Neufchâtel, d'après une gravure du temps.*

Elle est de François Hogenberg, Hollandais, et tirée d'une série de planches sur les événements militaires contemporains. On y voit l'ensemble de Neufchâtel et des environs; le château avec ses tours et ses remparts garnis de soldats; le donjon surmonté du drapeau royal, avec des H couronnés. La garnison de la ville sort par une porte et défile, avec les honneurs de la guerre, devant le duc de Parme, tandis que l'armée de la ligue s'apprête à entrer dans la ville. L'armée royale prend la direction de Dieppe, dont le nom est inscrit à l'angle de gauche, au haut de l'estampe. La date « *An° 1592 16 februar.* », placée à l'angle opposé, n'est pas celle de la reddition de la ville, qui eut lieu le 12, mais plutôt celle de la reddition du château, distincte de l'autre, comme on vient de le voir.

Le duc de Parme est au premier plan, à cheval, entouré de son état-major, et, pour qu'on le reconnaisse, on lit au-dessous de lui : *P. von Parma*. Les trompettes sonnent, des pièces en batteries tirent, et l'on voit, au second et troisième plan, des escadrons de cavalerie, armés de piques ou d'arquebuses, entre lesquels s'avancent les fameux *Tercios* de l'infanterie espagnole, que nous devions encore retrouver à Rocroy, et dont « les bataillons enfoncés demanderont quartier au jeune duc d'Enghien ». (Bossuet, *Oraison funèbre du prince de Condé.*)

La légende se compose de trois strophes en vieil allemand, placées au bas de l'estampe, dont voici le texte exact et la traduction littérale :

Parma der macht sich auff die ban,
Mitt seinem Kriegsvolck nach Rouan

Neufchastel auff dem Weg er findt,
Besazt mitt Navarrisch gesindt.

Am zwölfften Hornùng wirt gestallt,
S'geschütz, vier hondert schuss gezallt,
Tempel, Generi, wass mehr drinn
Min fenlin (?) fliegent zohen hin.

Somelier Oberst auff dem Schloss,
Mitt Monseur Reybours diss verdross ;
Haltens biss auff dritten tag
Gehens auff, folgen dander nach.

« *Parme, qui avec son armée s'ouvre le chemin de Rouen, trouve sur sa route Neufchâtel, occupé par les partisans du Navarrais.*

« *Le douze février le canon est braqué, quatre cents coups sont comptés, Tempel, Generi, et (ce qui?) est en plus dans la place se retirent enseignes déployées.*

« *Somelier, commandant du château, en est contrarié, ainsi que Monsieur Reybours; ils tiennent encore trois jours, puis s'en vont (et) suivent les autres*[1]. »

La lettre de Henri IV, ci-dessus, montre que *Tempel* est pour *Rempel*, *Generi* pour *Givri* ou *Givry*, et « ce qui est en plus » peut s'entendre des « deux cens maîtres qu'il avoit. » Quant à « *Somelier* » on ne sait comment il a pris la place de « Porcheux ou Palcheul, » que tous les récits français donnent pour commandant au château.

La bibliothèque de Neufchâtel possède un exemplaire de cette estampe, dont nous devons une belle photographie à M. Courtin, bibliothécaire de cette ville. Il y a encore un exemplaire de l'original dans la riche collection d'estampes normandes de M. Pelay.

---

[1] Nous devons cette traduction à l'obligeance de M. Ligneau, l'un de nos anciens collègues au lycée Corneille.

3° *Relation latine peu connue de ce même siège.*

Elle est de Guillaume Dondin, jésuite, dans cet ouvrage : *Guillelmi Dondini, Bononiensis, è societate Jesu, Historia de rebus in Gallia gestis ab Alexandro Farnesio, Parmæ et Placentiæ Duce III, supremo Belgii Præfecto,* qui eut deux éditions, l'une en un volume in-f°, Rome, 1673, et l'autre en 3 volumes in-4°, Rome, 1675.

Cette relation contient des détails et des dates qui servent à rectifier ou à compléter le texte de Miton.

Après la description du combat d'Aumale, et le pansement de la blessure de Henri IV, dans un petit bois, Dondin rapporte les faits suivants, que nous résumons, en le traduisant :

Le Roi se fit apporter sur une civière à Neufchâtel; la résistance dans cette place fut arrêtée par un conseil de guerre. Le duc de Parme désirait la prendre pour ne pas voir arrêter ses convois. Le 11 février, il marcha contre elle, et, en neuf heures, il arriva d'Aumale sous les murs de Neufchâtel et mit son artillerie en batterie. La nuit empêcha la reddition de la ville, qui eut lieu le lendemain à des conditions honorables. L'armée du duc de Parme tourna alors ses efforts contre la citadelle défendue par quatre cents hommes. Elle se rendit au bout de quatre jours, et son commandant eut la tête tranchée. Ce double siège, qui prit cinq jours, fut fort utile au Roi. L'armée de la ligue resta dix jours à Neufchâtel, en attendant ses convois de vivres, venant de la Picardie, sous forte escorte, parce que la cavalerie du Roi faisait de perpétuelles escarmouches sur toutes les routes environnantes. Enfin, quand tout fut prêt, le 26 février, le duc de Parme décampa de Neufchâtel, et se rendit à Rouen à la dérobée.

Voici le texte du Père Dondin, bien plus complet que celui de de Thou, cité par quelques historiens de Neufchâtel.

« De nemore ad Castrum novum, feretro usus pro gestatoria sella, se contulit oppidum, quinque leucis, à loco certaminis distans. Page 430.

Novo in Castro ab Rege, ac Ducibus de continuando bello est consultatum. Metus enim suberat, si post desertam Aumaliam, Castrum quoque novum Fœderatis cessisset, ne victores recta Rhotomagum pergerent, et obsidionem cum pernicie Regiarum legionum dissolverent. Nam præter allatos terrores a nuncio vulneris Regii, fugæque equestrium copiarum, præsentia super inopinata farnesiani exercitus erat Navarræos conturbatura. Spes igitur avertendæ alterius cladis eo terribilioris quo graviora sunt vulnera vulneribus cumulata, in hoc posita si victricium armorum cursus ad urbem obsessam retardaretur, Novi Castri qualitercumque munitæ arcis objectu. Quam videlicet, ut intercipiendis commeatibus opportunam, hostili præsidio obtineri, haudquaquam passurus esset summæ providentiæ Dux Alexander. Dum hæc obsidetur, dum capitur, interpositâ aliquot, dierum morâ, Galliæ Regem, in quo rerum summa, et potissimum partium robur, à vulnere recreatum iri, Regios milites, à metu respiraturos, tum confluente ad famam Regalis periculi armatâ nobilitate, belli aleæ retentandæ pares fore. Page 432.

Inde ad Castrum novum expugnandum Parmensis animum adjicit indignatus quod oppidum debile, pervetustis mœnibus nec aggestu terræ firmis, opperiri vim expugnatoris arcium exercitus non dubitaret. Tertio igitur idus februarias[1], collectis vasis, eó aciem movet, hyeme maxime sævâ, per lutulentas, crebrisque aquis torrentibus impeditas vias, celeritate tantâ, ut novem horarum spatio, non modo duodecim passuum millia cum exercitu confecerit, verum etiam commodam in sedem tormenta statim collocaverit, tum verberatione vehementi mœniorum stragem

[1] Le 11 février.

immanem fecerit, et jam signum aggressionis daturus esset ut expugnatione oppidi noctem anteverteret. Verum his animadversis præsidiarii, quibus à Rege mandatum fuerat, ut post desperatam defensionem oppidi, suum et Giurii sanguinem reipublicæ reservarent, Alexandro præconem ad faciendam deditionem mittunt. Abnuebat is aures ullis conditionibus dare ; in leges belli peccatum à Giurio dictitans, qui, tam infirmo in oppido, tormentorum vim expectare ausus esset. Sed interponente pro Giurio ejus vitrico Jattrheo (De la Châtre) insigni Duce inter Fœderatos, affirmanteque non audaciæ suæ, non hostium contemptui, sed obsequio, fideique erga Principem, id Giurium tribuisse, ut videlicet arma Farnesii quàm diutissime a Regiis circa Rothomagum Castris submoverentur, admirans animi magnitudinem Alexander conditionibus honorificis indulsit. Page 433.

Capto oppido, Fœderatorum vis conversa est in arcem situ atque opere firmiorem, quæ quadringentis propugnatoribus defensa cùm quatriduum sustentasset, post expugnatum propugnaculum, se tradidit. Qui castrum Novum defenderant equites, peditesque dum Farnesii jussu a Fœderatorum turmis deducuntur in tutum, aliquot galli equites Præfectum præsidii unum ex Guisiæ ducis interfectoribus agnitum continuo obtruncant haud prodesse proditoribus, et homicidis belli pacta jactantes. Page 433.

Decem igitur dierum spatio, iis in locis Fœderatorum hæsit (exercitus), donec alimenta copiosa de Picardia usque subveherentur, ingentibus custodita præsidiis ; quandoquidem omnes cicum vias regii equites perpetuis excursionibus infestabant. » Page 435.

On lit, en manchettes : « Omnibus ordinatis 26 februar. castra movet et Rothomagum dissimulanter petit. »

Ces passages peuvent servir à montrer la justesse du jugement porté sur le travail du Père jésuite, contenant ce qui s'est passé depuis 1585 jusqu'en 1592, en s'arrêtant à la mort du duc de Parme.

« Le Père Dondin a si bien mêlé les intérêts d'Alexandre
« Farnese à ceux du Roy Henri IV, que sans rien faire
« perdre de la gloire à Alexandre, il a rendu tant de justice
« à Henri IV et à tous les autres grands capitaines que la
« France avoit alors, qu'on ne doit pas regarder cette histoire
« comme une histoire étrangère. Elle contient la naissance
« et le progrès de la guerre civile. » *Journal des sçavans,
du 6 mai 1675.*

Tout ce qui a rapport au siège de Neufchâtel le montre bien, comme on peut le voir par les extraits ci-dessus.

II PIÈCES RELATIVES AU POÈME LATIN DE SALIBERNA (BERNESAULT).

(Se rapportent aux pages 185-215.)

1. *Révélation de l'existence de ce poème au XVIIIe siècle.*

Vendredi 4 février 1780.

Lettre à l'Auteur des Annonces.

« M. voudrez-vous faire part à MM. vos lecteurs d'une information dont l'éclaircissement ne sauroit que les intéresser, pour la plupart; elle regarde la noblesse, autant que la littérature, puisqu'il s'agit d'un homme qui tint à l'une et à l'autre dans un des plus beaux cantons de la Normandie, de *Messire P. de Grouchy*. Nous connoissons une personne de renom dans notre histoire, nommée *Nic. de Grouchy* [1],

[1] Nicolas de Grouchy, fils de Jean de Grouchy et d'Isabeau de Morant, naquit en 1509, et mourut en janvier 1572. Ce professeur de dialectique distingué a composé de nombreux ouvrages, dont les plus fameux sont ses traductions d'Aristote et le traité *De comitiis Romanorum*. Voir *l'étude sur Nicolas de Grouchy et son fils Thimothée de Grouchy*, par MM. le Vicomte de Grouchy et Emile Travers, 1878, 1 vol. in-16 de 230 pages.

née à Rouen sur la paroisse de S....., morte à la Rochelle, auteur de plusieurs ouvrages cités dans les Lexicographes. Mais quel était ce *P. de Grouchy*[1], dont on a un poème latin assez ignoré, intitulé *Saliberna*[2] ?

« Le frontispice de ce manuscrit annonce qu'il étoit avocat du Roi en la ville du Neufchâtel; et dans une note françoise au bas, on apprend que son nom étoit *Gaston de Grouchy de Mathonville*[4], en parcourant ses vers on lit au 25e.

> Meus Rogerus sanguine avito.
> Nobilis, a Molta, Vismontis, tum Capricurti
> Atque Cyclavellæ dominus[5]; clarissimus unus
> Qui fuit in Neustris, et servantissimus æqui.

« Et un peu plus bas[6] se trouve la suite de l'éloge de ce respectable personnage, trisaïeul de l'auteur.

> In vivis vir devotissimus iste,
> Cujus adhuc magno vivunt in honore nepotes,
> Qui proavi titulos servant nomenque decusque,
> Illeque matris avus nostræ fuit[7]. (Attamen absit
> Gloria jactanti genus in genitricis honore.)

« S'il se rencontroit quelqu'un de ses descendants qui voulût entrer dans quelques détails sur ce Magistrat, on

---

[1] Ce « P. de Grouchy » est, pour nous : « Percheval de Grouchy. » Voir l'Introduction, p. XL-XLV.

[2] Le journal porte, en manchettes : « *Saliberna*, en français *Bernesault* près le Neufchâtel. »

[3] La note était donc sur l'original, et elle a été reproduite par J.-A. Guiot dans le *Moréri des Normands*, article *Grouchy* (Pierre).

[4] Dans notre copie, ces vers vont de 128 à 131.

[5] Le journal porte, en manchettes : « Seigneur *d'Esclavelles, Quievrecourt*, etc. » *Cyclavellæ* nous paraît une mauvaise lecture pour *Esclavellæ*. Voir plus haut, p. 192, note 2.

[6] Du vers 133 à 137, sur notre copie.

[7] Voir plus haut, Introduction, p. XLIII.

pourroit par la suite procéder à une analyse plus suivie du poëme qui est sous son nom, et où se trouvent des particularités concernant plusieurs autres familles nobles de la province. Vous citez quelquefois des vers de H. Gr.[1] et d'autres auteurs en la même langue, pourquoi ceux que je promets ne seroient-ils pas aussi bien accueillis ?

« J'ai l'honneur d'être, etc.

« L'ab. de S. C. »

Annonces et Affiches de la Normandie. Année 1780. 4 février, pages 19-20.

2. *Requête établissant la filiation de Percheval de Grouchy.*

(Se rapporte à la page 192.)

« Le 11 décembre 1585, se trouvaient devant le parlement de Rouen, section des requêtes du palais, noble et discrete personne Guillaume Martel omonier du Roi, abbé de N. D. de Beaubec, demandant le payement de 8 années d'arrérages de 60 solz de rentes, due à la dite abbaie à cause de leur maison sise en la paroisse N. D. à Neufchâtel, et d'un jardin hors la porte Cauchoise que tenoit pour anphyteose pour 99 ans Me Percheval de Grouchy, avocat de Roi en la vicomté de Neufchâtel, fils et héritier de défunt Me Nicolas de Grouchy, le dit Nicolas de Grouchy fils et héritier de feu Gaston de Grouchy.

« Me Percheval prétend que l'allégation de l'abbé n'est pas justifiée et qu'il ne doit pas la dite rente. Cependant, en

---

[1] Hercule Grisel, dont les *Annonces de Normandie* font des citations, les 13 mars, 24 avril et 26 juin 1778. Voir aussi notre édition des *Fastes de Rouen* par Hercule Grisel. *Etude littéraire*, pages 111-123, et *Additions*, pages 577-580 et 584-586.

vertu d'une sentence rendue précedement, la cour autorise l'abbé à continuer les poursuites.

« Le sieur de Grouchy possédait à Neufchâtel d'autres biens qui servaient au débornement de la maison et du jardin en question. »

(Archives du tabell. de Rouen)

Communication de M. le vicomte de Grouchy.

3. *Notice sur Percheval de Grouchy et sur son poème.*

« Grouchy, Pierre [1] neveu du précédent [2] descendoit de Roger, seigneur de Vimont, Quevrecourt, Desclavelles, ayeul de la mère de ce poète. Cette généalogie est insérée dans ses poésies pour prouver que ses ancêtres avoient été bienfaiteurs du monastère du tiers-ordre à Neufchâtel, dont il a fait le tableau dans un long poème latin, ajoutant néanmoins avec modestie que la jactance n'entre pour rien dans ce qu'il dit. Ce poète étoit homme de robe et faisoit la fonction d'avocat du Roi à Neufchâtel [3]. Le style qu'il employa contre les défauts des personnes consacrées à Dieu fait juger de quel œil il devoit voir ceux des gens du monde, et de quelle fermeté il devoit être capable, quand il étoit question de délits qui pouvoient mériter l'attention de son ministère. Un grand fond de religion, une religion éclairée, une amitié sincère, telles sont les qualités principales qui percent dans ses vers, où le talent ne paroit pas avec autant d'avantage. Peu d'imagination, si ce n'est en quelques endroits, vers la fin, par exemple, de son ouvrage; une versification négligée, souvent dure, des détails qui paroîtroient minutieux à des

---

[1] C'est sans fondement que *Pierre* vient ici compléter ou plutôt remplacer l'initiale P. du texte de Grouchy. Voir l'Introduction, p. XLI.
[2] Nicolas de Grouchy, dont la notice précède immédiatement.
[3] Voir plus haut, p. 185, et le *Mémoire de Miton*, passim.

esprits même médiocres, des inexactitudes et des fautes marquées, voilà le précis du jugement qu'on en peut porter. Il faut cependant convenir que vû la tâche qu'il s'étoit imposée, il avoit de grandes difficultés à surmonter : le blason, par exemple, n'est pas favorable à la poësie, et il n'a pas voulu faire grâce du moindre fleuron ; au reste, malgré la nouveauté des expressions, ce n'est pas le moins curieux de l'ouvrage. Mais ce qui attache le plus, c'est la suite des premiers supérieurs de la maison des pénitents de Bernesault. Le fondateur surtout et le restaurateur de ce monastère ont chacun leur portrait dans cette galerie poëtique et ils y sont présentés avec les couleurs les plus vraies et quelquefois un peu singulières. L'intervention de Saint François aux pieds de la Vierge et la médiation de la Mère de Dieu auprès du Sauveur, sont assés heureusement amenées, pour appuyer et consacrer l'introduction de la réforme. Enfin les efforts de l'auteur et ses promesses d'en faire de nouveaux pour continuer son ouvrage ne sçauroient que mériter des éloges. Au reste on va juger par la lecture de ce ms. qu'on croit sans doute anéanti.

« SALISBERNA, sive anagraphe de origine et progressu et novissima fundatione monasterii Salisbernensis, prope *Castrum Novum*, opus dedicatum patribus pœnitentibus in eodem loco commorantibus per P. *Gruchium*, advocatum Regium in eadem urbe novi Castri. (In-fol gothique de 32 pages) [1].

« Cet ouvrage de 675 [2] vers était resté ms. fol. dans la bibliothèque des religieux pénitens du Tiers-Ordre à Neufchâtel. Ils ne commencèrent à y faire une certaine attention qu'en 1778, lorsqu'ils furent priés de le communiquer et de

---

[1] Ici se trouve, dans l'original, le texte du poème, qui n'est pas dans la copie de la bibliothèque de Rouen, où la phrase a été tronquée et réduite à ces mots : « Ce ms. est sans doute anéanti. »

[2] 674 seulement dans notre texte

le déplacer pour l'envoyer à Paris, où il a été copié. Ce n'est, comme on vient de le voir, que la description la plus scrupuleuse de l'ancien état de ce couvent, suivant que l'a (aussi) [1] expressément remarqué l'historien de cet ordre, le P. Jean Marie de Vernon, qui n'en cite cependant rien, quoiqu'il en fasse l'éloge en général [2]. Peut-être a-t-il été arrêté dans l'analyse, dont il eût pu décorer son histoire, par la considération des tableaux un peu chargés de plusieurs abus inévitables, à la longue, dans les communautés les plus régulières [3]; mais il eût pu du moins rapporter ce qui concerne la topographie monastique de cette maison, une des plus chères à l'ordre dont elle dépendoit et des plus utiles au pays où elle avoit été fondée.

« Le Grouchy, dont il est parlé dans la tirade du blason, est Gaston de Grouchy, s^r de Mathonville, qu'on pourroit croire être l'auteur du poème [4].

« V. les *Aff. de Norm.* du 4 février 1780. »

Le Moréri des Normands, par Joseph André Guiot de Rouen, t. 1, pages 467-468. Copie de la bibliothèque publique de Rouen. Fonds Martainville. Y. 51.

4. *Notice historique sur le couvent des pénitents du Tiers-Ordre à Neufchâtel, et sur celui de Bernesault établi avant eux.*

« Jean Marie de Vernon, savant pénitent, né en cette ville.

---

[1] Addition dans la copie de Rouen.

[2] Voir plus loin, p. 237.

[3] C'est Jean Marie de Vernon, qui a dit le premier, en 1677, que « Gaston de Grouchy » était l'auteur du poème. Voir plus loin, p. 237. Les *Affiches* demandent : « Quel était ce P. de Grouchy ? » Voir plus haut. p. 226.

[4] Voir le texte de *Saliberna*, p. 212-213,, vers 585-600.

Son nom était *De Bordeaux*, et son père avocat au parlement. On a de lui beaucoup d'ouvrages. Mort en 1695. »

Le Moréri des Normands (Par J.-A. Guïot).

<small>Copie de la bibliothèque publique de Rouen, I. 576.</small>

D'autres placent sa mort en 1670. Voici sa Notice sur Bernesault.

NEUFCHASTEL.

« Son premier establissement ayant esté fait en 1389, la réforme y fut establie l'an 1614, tousiours sous l'invocation de Saint François. Il est au pais de Caux et dans le diocèse de Rouen. Quatre religieux y furent enuoyez d'abord, apres que les habitans de la ville eurent deputé au chapitre général tenu à Picpus en 1613, Christophle Bouglée procureur du Roy, pour en faire la demande. Les habitans assemblez à l'arriuée de ces Peres, leur expédierent une *(sic)* acte de reception en parchemin. Le petit bastiment ioint à la vieille eglise n'estant pas logeable, les bourgeois durant plusieurs semaines fournirent des hommes pour disposer quelques logemens aux religieux, et les ouvriers y accouroient promptement au son de la cloche, tant chacun auoit de zele pour accomoder cette communauté. Le 13 septembre 1614, la ville en corps posa vne première pierre des nouveaux edifices. MM. de Bosgeffroy, de Bully, de Saint Saire, de Neuville-Ferrière, de Ranuille (Rouville), de la Haye la Goulée, chacun vne; dont les liberalitez auancerent tellement les dortoirs qu'en vn esté vne famille regulière y trouua ses appartemens raisonnables. L'église eut aussi en mesme temps des embellissemens remarquables par la charité du baron de l'Aunoy d'Amerocourt, gouverneur de la ville d'Eu, qui ayant tousiours continué de nous assister d'aumosnes considérables, mérite que la postérité s'en souuienne.

« Le reste du couuent ne tarda pas a estre basty par le secours de diuerses personnes, qui prenoient grand interest dans le seruice que nos Peres rendoient au public. Monseigneur l'Archevesque de Rouen accorda volontiers la permission de quester dans les doyennez voisins, et M. Brinon, entre les autres, conseill. au parlement, se montra libéral dans cette conjoncture, donnant toutes les vitres du grand dortoir et du réfectoir. La baronne de Viteaux, dame de Fourmery, signala sa deuotion dans les ornements de l'église; et comme le nombre des religieux s'accrut, pour entretenir des cours de philosophie et de théologie, l'vne apres l'autre; aussi les aumosnes se multiplièrent par une benédiction singulière de Dieu. Les peuples témoignoient leur reconnoissance au zele de quelques vns des nostres qui s'offrirent courageusement pour assister les pestiférez dans une contagion qui désola toute la ville. Le P. François d'Eu estant gardien l'année 1636, les visita jusques dans leurs loges et leur fit distribuer vne partie des prouisions de son couuent pour leur subsistance. Le mesme Père obtint l'image de Notre Dame de Foy, qu'il exposa à la vénération publique auec toutes les formes requises. Dieu a fait connoître par diuerses merueilles arriuées depuis cette exposition que ce bois est vrayement miraculeux. Vne fille paralitique et d'autres personnes malades, y ayant eu recours, ont esté parfaitement guéries. Par une surabondance de faueurs célestes, le P. Oronce de Honfleur estant prouincial, enuoya au Neufchâtel vne autre image du mesme bois. Le ciel qui vouloit enrichir ce monastère de ses thresors si prétieux, en a déclaré la sainteté auec le temps veu que la demoiselle de Humesnil, de Douuran (Douvrend), vint vn iour auec ses deux filles rendre le vœu qu'elle auoit fait pour l'vne qui auoit receu la guérison dans vn éuident péril de la mort. Ces deux images furent données au couuent, l'vne de la dame de Quatre Vaux, abbesse du monastère de Lestrun (Lestrem), à l'ordre de S. Benoît, à vne lieue d'Arras, par acte du 7 mars 1640, l'autre par la marquise de Sourdiac qui l'auoit receue estant en Flandre à la suitte de la feuë Reine Mere Marie de Médicis, et qui assura auoir veu des miracles operez en plusieurs endroits, où elle auoit laissé de ces images, dont il se garde un acte authentique dans les archiues de ce couuent, en date du 5 septembre 1646, à la requeste du P. Toussaint de Rouen supérieur et de tous les religieux qui y sont nommez. Dom Cosme De la Brosse, docteur en théologie et abbé du lieu Dieu de l'ordre de Citeaux, faisant sa visite à Beaubec comme vicaire general, dans la prouince de Picardie, conceda à notre monastère de Neufchâtel en l'an 1641, le 4 avril, une partie de l'os du bras de Saint Elier, dont le corps est entier dans cette abbaye. Le sieur Gaudes, docteur de la société de Sorbonne, et vicaire general de Mgr. l'archevêque de Rouen, en ayant reconnu les authentiques, a permis d'exposer cette prétieuse relique à la vénération publique par acte du 3 may 1643. De plus nous auons des reliques de S. Blaise et de Ste Radegonde.

« Bien que la nouueauté plaise, l'antiquité néantmoins est plus vénérable et plus majestueuse. Jusques icy je n'ay produit que des pièces mises en notre couuent de Neufchâtel depuis la réforme. Il est temps d'alléguer les monuments antiques. Ie commence par les reliques. J'ay trouué ce peu de lignes parmi les papiers : *Attestatio Sanctarum reliquiarum e Monasterio Sancti Anastasii ad tres fontes excerptarum de licentia sanctissimi D. D. Papæ Alexandri VI ad instantiam F. Petri Ponceti Religiosi tertii ordinis S. Francisci Theologiæ Professoris in conuentu Tholozano, et in tota Prouincia Aquitaniæ Ministri Generalis, qui dedit partem illarum F. Joanni Floquet, Religioso professo Conuentus Nouicastrensis. Hoc donum fuit collatum F. Ioanni Floquet Pontificatus Iulii II anno 1 et anno Domini 1504, die 12 Augusti.* La donation faite à Frere Raoul Segot de la tierce ordre de S. François, et à ceux qui sont d'icelle tierce ordre est marquée 1389.

« Le consentement donné par le seigneur de Queurecourt, dans le territoire duquel nostre maison est située, pour la bénédiction et la dédicace de l'Eglise avec l'amortissement de la place, est datté du mois d'avril 1507. La patente si ample et si authentique de Georges d'Amboise Archevêque de Rouen et cardinal-légat *a latere* du 10 de ianvier 1508, merite vne attention extraordinaire.

Georgius de Ambasia, etc., (sic).

Nos qui decorem domus Dei, et diuini cultus augmentum, animarumque salutem supremis desideriis, vestris devotis in hac parte supplicationibus inclinati, conuentum vestrum et in eo ut præmittitur factam reformationem huiusmodi authoritate apostolica, etc., (sic). Tenore præsentium approbamus, etc. (sic). Vt autem vos et successores vestri eiusdem tertii ordinis Fratres in dicto conuentu sub dicta reformatione pro tempore degentes verbum Dei populis efficacius seminare possitis, indeque immarcessibiles fructus, Deo incrementum dante, proueniant, concedimus vobis et ipsis ut aliquos ex Minoribus Fratribus eiusdem vestri conuentus qui ad id magis idonei esse videbuntur, sive etiam in sacris, ex presbyteranis ordinibus constituti sint vsque ad numerum 4 vel. 5. pro singulis temporibus in aliquibus vniversitatibus studiorum generalium, aut aliqua earum ad studendum ibidem in sacra Theologia et aliis vocationi vestræ licitis facultatibus ad tempus vel perpetuo vivere, etc., (sic). Nous deuons obseruer deux choses en ces paroles. 1 Que du temps de ce grand prélat la maison de Neufchâtel estoit desia fort ancienne, puisqu'il confirme et approuue vne réformation. Ce que l'on reforme ayant perdu dans la reuolution de plusieurs années la splendeur de son premier estat, il est aisé de conjecturer que le tiers ordre fleurissoit deuant que la décadence y arriuant, on fust venu à vn restablissement. L'autre obseruation consiste dans le nombre de religieux que le cardinal d'Amboise permettoit d'enuoyer et de demeurer dans les vniversitez pour se perfectionner dans les sciences. Il falloit que ce monastère fust nombreux et puissant, pour se priuer de la presence de plusieurs de ses membres : il falloit pareillement qu'il éclatast dans la prédication et dans les autres exercices de l'Evangile auec auantage, aprés tant de soin que l'on prenoit pour former les ieunes : aussi estce la tradition commune qu'il y auoit là vne grande communauté qui répandoit sa doctrine en tout le païs par la bouche d'vne multitude de prédicateurs fort habiles.

« Ie trouue plusieurs pièces de 1501, 14 mars, et 1511 dernier may, qui font mention de certains actes concernans le débat suscité entre les religieux et le curé de Queuvrecourt sur l'eau-beniste, le pain benist et son de cloche. Nous y sommes nommez *Religieux de Bernesault*, qui est le nom de la place que nous occupons. La sentence estant interuenue en faveur du curé de Queuvrecourt, le supérieur appela à Rome, et le temps de l'appel estant expiré, le Prouincial demanda prolongation à l'official, qu'il accorda pour trois mois. Le conuent d'Andely, ayant le mesme suiet de controuerse auec les curez d'Andely, et appelé pareillement à Rome, ceux cy perdirent.....

« Le Roy Louis XII nous honora particulièrement de sa bienveillance royale, dans les lettres d'amortissement qu'il fit expédier à Blois au mois de feurier l'an 1511, et de son régne le 14. Il est bon d'en inserer icy les principales paroles. — « *Louis par la grace de Dieu Roy de France et de Navarre scavoir faisons a tous presens et aduenir, nous auoir receu l'humble supplication de nos bien amez orateurs les religieux du Tiers Ordre de S. François du conuent de Neufchâtel en nos païs et duché de Normandie, contenant que ledit conuent est estably, situé et ordonné près ledit lieu du*

Neufchâtel en vne isle enclose d'vne petite rivière, auquel conuent lesdits supplians ou leurs prédecesseurs ont résidé faisant et continuant les diuins seruices par l'espace de six-vingt ans ou plus, comme ils font de present; et voulut feu nostre cousin le cardinal d'Amboise en son viuant légat en France, tant estendre sa charité enuers eux de les visiter ou faire visiter, disposer et ordonner de leur manière de viure, touiours de bien en mieux, et pour ce que l'église dudit conuent estoit fort caducque et en ruine, ils ont commencé icelle construire et réédifier de nouuel, en ladite isle qui pourra et peut contenir deux arpens de terre ou enuiron; toutefois parce qu'ils n'ont trouué instrument que le pourpris et terre, où ils édifient ladite Eglise et conuent qui contient deux arpens de terre ou enuiron ait esté amorty par nous, ne nos predecesseurs combien qu'ils soient iouissans de tres grande ancienneté, ils doutent que nos officiers ou de nos successeurs leurs voulussent et a leurs successeurs donner empeschement ores et pour le temps aduenir qui seroit perturber la continuation des seruices diuins, si par nous ne leur estoit pourueu et subuenu de nostre grace humblement requerans icelle : c'est pour-quoy, etc. (sic) Auons auxdits supplians et à leurs successeurs dédié et amorty, dédions et amortissons pour nous et nos successeurs à tousiours et perpétuellement à Dieu, à l'Eglise, et aux seruiteurs d'icelle, ledit lieu et place etc. (sic) sans que pour cette clause ils soient tenus nous payer aucune finance ou indemnité, etc. (sic). L'enregis-trement en la chambre des comptes suiuit le 17 septembre 1512.

« C'est un grand Roy qui parle et qui déclare, il y a plus de 200 ans, que plus de six-vingt ans auparavant les religieux du tiers ordre de Saint François possedent ce monastère de Bernesault ou de Neufchâtel.

« Ie pourrois produire d'autres actes aussi anciens sur le

même suiet ; je les omets néantmoins pour finir par celuy de la dedicace de l'Eglise, marquant seulement le 8 jour de juillet de l'an 1526 ausquels elle fut' faite par l'euesque de Verienne, suffragant du cardinal d'Amboise. Il est bon aussi de se souuenir de l'institution de la confrerie de Saint Antoine de Pade *(sic)* et de la confirmation de ses statuts qui fut accordée par l'archevêque de Rouen, le 21 novembre 1538, à la requeste du gardien et des religieux de Bernesault, des marchands et des ouuriers qui la composent.

« Entre tous les supérieurs qui se sont signalez dans cette maison, ie remarque Pierre Germain l'Amy, qui soutint généralement de grandes affaires l'an 1532 contre de puissants partis, estant protégé par le Roy François. Il estoit docteur en théologie et prouincial dans la province de Normandie, comme ie l'apprends par vne fondation faite au bénéfice du conuent de Neufchâtel, 28 avril l'an 1540. Il signa en cette qualité avec les frères Guillaume le Mercier Gardien, Robert Sultain, Roger d'Ynctot (Yvetot ?), Charles de la Potaye, Robert Foucquet, François de la Mare, Jean de Laubel, François Cauchois, Iacques de Saine Tuille *(sic)*, Jean d'Abancourt, Pierre de la Mare, tous nommez expressément religieux du tiers ordre de Saint François.

« Le beau poème latin de Gaston de Grouchi, sieur de Mathonville, où ce monastère est décrit dans son ancien estat, doit persuader à la postérité que nous n'y sommes pas venus en vne nuit comme des champignons, mais que nostre ordre y a fleuri l'espace de plusieurs siècles. Les mémoires expres que i'ai trouuez dans les archiues de cette communauté touchant les maisons de Longueville, d'Aumalle, d'Eu, de Clere, de Boullainvilliers, de Gromesnil, de Maillots, de Bacqueville, de Breauté, et de plusieurs autres, sont des preuues du mérite de nos premiers pères qui, quoyque détachez du monde, ne laisserent pas d'y estre grandement en estime parmy les personnes de la plus haute condition.

« Plusieurs personnes qualifiées ont éleu leur sépulture dans nostre église. Le sieur de Pardaillan voulut estre enterré dans nostre habit. : MM. de Fry, Boisrobert conseiller en la cour des aydes, le Bailly, Brument et sa femme, celle pareillement de l'avocat du Roy L'orme y reposent; Mademoiselle de Ricaruille, sœur du P. Casimire deffiniteur de nostre prouince, y attend le jour de la résurrection des morts, auec plusieurs autres qui apres nous auoir aimez et obligez durant leur vie ont désiré d'estre auec nous après leur mort pour comparoître ensemble au iugement de Dieu. Le P. Quentin, qui mourut le 19 may 1610, estant gardien de ce monastère, deuant que la réforme y fust introduite, tient aussi sa place en la compagnie des pères reformez dont le decez est arriué au Neufchâtel. Celuy-là souhaitoit ardemment de les y attirer; néantmoins il n'a eu de son viuant que le mérite de son désir sans en voir l'effet, auquel il a contribué par ses prières. » — *Histoire generale et particuliere du tiers ordre de Saint François d'Assise. Dédiée à Monseigneur le chancelier par le R. P. Iean de Marie de Vernon, Religieux Pénitent du tiers ordre de Saint François*. Paris, MDC. LXVII. 3 vol. in-8. T. III, pages 261-270. — Bibliothèque nationale, 2769.

5. ERRATA du Poème de Bernesault

Texte d'après la copie du XVIIIe siècle.	*Corrections introduites dans notre édition.*
Titre : SALISBERNA	SALIBERNA.
Vers	
11 Ergo age, ô Francisce,	Ergo age, tu Francisce.
29 Salisberna,	Saliberna.
32 Minimi,	Minimè.
35 Lumine,	Limine.
40 Hincque,	Huicque?
44 Frusti,	Frustis.
46 Questum,	Quæstum.

55	Salisberna,	Saliberna.
76	Sancte nomen vivendo,	Nomen sancte vivendo.
81	Fit turba secuta,	Sit turba secutâ.
90	Servebat,	Servabat.
104	Miserant,	Miserans.
120	Subjecti,	Subjectis.
130	Cyclavellæ,	Esclavellæ.
147	Quadrigo,	Quadrigâ.
153	Æquent,	Æquant.
180	Paris,	Pario.
188	Adlucè,	Adhùc.
197	Nitens,	Nitor.
199	Sabbeni,	Salberni.
223	Sedque,	Seque.
226	Viderint,	Viderunt.
231	Mnemosine,	Mnemosyne.
236	Ambimalæ,	Albimalæ.
248	Et capite,	Et capita.
249	Pendebat ad.....	Adunco.
252	Minimis diaprata leone	Minimo.
259	Ornatum pallum,	Ornatam pallam
—	Rubbive,	Rubeive.
267	Hinc affinis,	Huic affinis.
273	Alium primam,	Aliam parmam.
308	Incraverat,	Increverat.
393	Finiturus,	Fruiturus.
404	Bernofilax,	Bernophylax.
410	Quatrium in ordine,	Quaternus in ordine.
414	Requierit,	Requievit.
431	Abactis,	Abactus ?
440	Quos oculis,	Quas oculis.
444	Cepit,	Cœpit.
446	Vacuos,	Vacuus.
447	Ruderim,	Ruderum.
459	Sedatis,	Seratis,
460	Et sine testes cadit,	Et sine teste cadit.
463	Tum proprior senium,	Tum propter senium.
465	Questibus,	Quæstibus.
470	Sive myste,	Sine myste.
471	Illarum,	Illorum.
480	Urbem,	Orbem.

493	Obtulus,	Obtutus.
510	Exautlatos,	Exantlatos.
527	Salisberna,	Saliberna.
529	Fumigerûm,	Funigerûm.
537	Uno,	Imo.
540	Patronum,	Patronans?
541	Ac quibus,	Ac genibus.
567	Fœderis innocuit, verum,	Innotuit, rerum.....
585	Indecorem,	Indecoram.
587	Fœderunt,	Fœdarunt.
589	Quærelis,	Querelis.
594	Mihi quondam,	Quondam mihi.
616	Quamcumque placebit,	Quæcumque placebit.
617	Firmâque caduci,	Firmaque caduci
624	Ludoïcus,	Lodoïcus.
629	Sanctus annos,	Sanctus amor.
642	Te propter,	Propter te.
648	Percurrat iter cum,	Percurret iter, cûm.
651	Quo minus,	Quominus.
672	Oculorum numina.	Nubila.

M. E. Travers nous avait écrit : « Je me mets tout à votre disposition pour revoir les épreuves sur la copie de l'abbé Guyot. » (17 février 1884.) La remise tardive de nos épreuves ne nous permet plus de profiter de cette offre obligeante, afin de donner le volume à nos sociétaires dans le plus bref délai possible. D'ailleurs, une collation de nos corrections, avec l'original d'un texte plus historique que littéraire, et assez défectueux, devient moins nécessaire. Pourvu que le sens général s'y rencontre, à défaut du mot lui-même, voilà le point important. Toutefois, nous pensons avoir retrouvé, le plus souvent, les mots eux-mêmes sous les travestissements que la copie du *Moréri des Normands* a fait subir au petit poème de Percheval de Grouchy. Nous n'en remercions pas moins M. E. Travers de l'offre de ce nouveau service.

I. — INDEX DES NOMS DE LIEU [1]

Abbeville, 19, 20, 70, 72, 73.
Alençon, 24.
Aliermont, 94.
Allemagne, 45.
Ambreville, 151.
Amiens, 47, 74, 92, 98, 107, 110, 123, 124.
Anathot, bourgade de la Palestine, 206.
Angerville-la-Martel, 76.
Angleterre, 52.
Anjou, 77.
Ardennes, 46.
Argueil, 72, 97.
Arques, 53, 99, 167, 204.
Arras, 112.
Artois, 40, 112, 149.
Assise, 210.
Aubin (Seine-Inférieure), 30.
Auffay, 41, 86.
Aulage, 34, 37, 47, 54.
Aulnoy ou Launoy, 163.
Ault, 45.
Aumale, 35, 47, 60, 71, 100, 103, 145, 158, 164, 168, 177, 181, 196.
Aunis, 173.
Auvillers ou Auvilliers, 12, 131, 149, 151.
Auzebosc,, 62.

Bailleul, 127, 176.
Baillolet, 167, 168.
Bailly-en-Campagne, 29.
Bailly-en-Rivière, 31, 140.
Bar, 77
Baromesnil ou Bermesnil, 29.
Basqueville, 93.
Béarn, 173.

Beaubec, 13.
Beaucamp-le-Jeune, en Picardie, 30.
Beaune-en-Gastinois, 143.
Beausault, 152.
Beauvais, 15, 100.
Belleville-sur-Mer, 100, 151.
Bellencombre, 171.
Bellosanne, 124.
Bernapré, 95.
Bernières, 109, 145.
Berville, 36.
Béthencourt, hameau de Dancourt, 73, 140, 176.
Bezancourt, 36, 151.
Biron, 107.
Bival, 35, 99, 156.
Biville, 14, 53, 63, 107.
Blainville, 67.
Blangy, 41, 69, 123, 135.
Blargies, 14, 42, 58, 62, 135, 181.
Blois, 45, 62.
Bosc-Courdet, pour Bosc-Bourdet, 152.
Bosc-Geffroy ou Gieffroy, 101, 132, 142.
Boscménil, 45.
Boscroger, 58.
Borrocourt, 80.
Bouelle, 101, 149.
Bourgogne, 6, 40.
Bourgtheroulde, 113.
Brémontier, 45, 152.
Brissac, 62.
Bruxelles, 177.
Buchy, 152.
Bully, 76, 78, 112, 132, 142, 149, 151, 154.
Bures, 140, 164, 169, 170, 176.

---

[1]. Cet index ne porte que sur les noms de lieu compris dans le texte des deux manuscrits de Miton et de Percheval de Grouchy. Il en est de même de l'autre index et de la table analytique.

Caen, 80, 108.
Cagny, 179.
Cailly, 41.
Calabre, 77.
Calais, 102, 161, 190.
Campneuseville, 153.
Castille, 132, 197.
Canchy, 151.
Caudebec-en-Caux, 26, 49, 62, 104, 154.
Caule.Sainte-Beuve, 10, 176.
Cayeux (Somme), 81.
Champagne, 46.
Chartres, 39.
Clair-Ruissel, 156.
Clais, 166, 177.
Clères, 149, 168.
Compainville, 83.
Coupigny, 142.
Crétot, 95.
Criel, 45.
Criquiers, 81, 107.

Dampierre, 151.
Danemarck, 58.
Dauphiné, 173.
Dieppe, 9, 14, 34, 38, 41, 43, 59, 66, 69, 79, 87, 90, 92, 93, 96, 112, 137, 142, 151, 160, 180.
Diville, 10, 11, 36.
Dompierre (Somme), 151.
Drauville, 3, 111.
Drainville (?), 151.

Ecouis, 10.
Emalleville, 171.
Epernon, 60, 61.
Esclavelles, 3, 16, 19, 192, 199.
Espagne, 173, 197.
Espinay, 163.
Etran, 160.
Eu, 12, 32, 34, 40, 41, 45, 46, 52, 53, 81, 88, 99, 128, 145, 148, 155, 156, 179, 196.

Fécamp, 76.

Fervacques (Calvados), 24, 123.
Fesques, 64, 166.
Flandres, 24, 99, 177.
Fleury-en-Bierre, 128.
Fontaine-Fleury ou Fontaine-Fleurie (lieu dit), 4.
Fontaines ou Fontaine-Martel, 171, 172.
Fontainebleau, 111.
Forges-en-Bray, 35, 151, 181.
Formerie, 104, 125, 126, 159, 165.
Foucarmont, 45, 94, 95.
France, 5, 30, 37, 40, 41, 60, 78, 79, 80, 81, 126, 128, 155.
Frémainville (?) (Seine-et-Oise), 127.

Gaillefontaine, 81, 82, 124, 131, 138, 140.
Gaillon, 117.
Gamaches, 44, 131, 137, 167, 179.
Ganseville ou Ganzeville, 149.
Gascogne, 33.
Gastinois ou Gastinais 108, 143.
Gisors, 23, 73, 150.
Godarville ou Goderville, 96, 140.
Gournay, 124, 148, 159.
Grandcourt, 10.
Grattepanche, 140, 151, 158.
Graval, 12, 136, 149, 169.
Gournay, 55, 74, 80, 95.
Grémonville, 53, 145.
Gromesnil ou plutôt Grumesnil, 131.
Guienne, 173.

Hagranville, 151.
Halescourt, 49.
Hambures, hameau, 177.
Hasteville, 151, 170.
Hastevillette, 151.
Haucourt, 58, 144, 151.
Hémont, en Artois, 112, 149.
Hermanville, 28.
Hesmy ou Hémy, 151.
Hodenc ou Hodeng, 131.
Ile-de-France (l'), 110.

Illois, 56.

— 243 —

Jérusalem, 77, 206.

L'Aulnoy ou Launoy, hameau, 164.
La Bellière, 151.
La Berquerie, 151.
La Fère, 31.
La Ferté-en-Bray, 73, 159, 168.
La Fresnoye ou La Fresnaye, 168.
La Gaillarde, 147.
La Goullaye ou La Goullée, hameau de Lucy, 57, 73.
La Haie ou La Haye (?), 36.
La Hallotière 98.
La Houperie, 38, 69, 150, 154, 166, 178.
La Mare-aux-Joncs (lieu dit), 104.
La Meilleraye ou Mailleraye, 23, 24, 62, 80.
La Moissonnière, 153.
Languedoc, 127, 173.
Lanquetot, 109.
Larchant, en Gastinois, 108.
La Rochelle, 171, 173.
Le Caule, 10, 176.
Le Gaillon (lieu dit), près de Neufchâtel, 4, 37.
Le Havre, 70, 83.
Le Héron, 151.
Le Plaimbosc, 69.
Le Quesnel, 15, 119, 151.
Le Tréport, 69.
Lignières (Somme), 105, 107.
Liomer (Somme), 80.
Lisieux, 81.
Lobez, 157.
Londinières, 25, 112, 121, 138, 176 177, 178, 180.
Londres, 77.
Longueville, 99, 100, 196.
Lorraine, 46, 77.
Louviers, 97.
Lucy, 64, 124, 159.

Mathonville, 5, 49, 54, 118, 145, 148, 198.
Maucomble, 45, 140, 151, 158.

Ménouval, 152.
Mers (Somme), 46.
Mesnières, 2, 17, 105, 144, 167.
Mesnil-aux-Moines, 160.
Mesnil-Bourdet, 13, 151.
Mesnil-Mauger, 98.
Mesnil-Pommèreval (Le). *Voy.* Pommereval.
Monsures, 169.
Mont-d'Aulage (Le), 36, 63, 107.
Montérollier, 25, 151.
Montigny, 81.
Montivilliers, 156.
Mont-Landin ou Landrin, 12, 151.
Mont-Pinson, hameau, 171.
Mont-Ricard, près Neufchâtel, 48.
Mortemer-sur-Eaulne, 161.
Mortemer, 138.
Mouchy, près d'Eu, 16, 32, 153.

Naples, 77.
Navarre, 78.
Néel. *Voy.* Nesle.
Nesle, 158, 167.
Neslette, 151.
Neufbosc, 169.
Neufchâtel-en-Bray, ou Neufchâtel, se trouve presque à toutes les pages du volume.
Neufville ou Neuville-Ferrières, 29, 35, 72, 132, 149, 150, 151, 171, 179.
Nevers, 135.
Nicourt, nom primitif de Neufchâtel, 40, 76, 77, 187.
Nogent-en-Bray, 69.
Normandie, 35, 44, 49, 55, 60, 110, 123, 126, 135, 155, 170, 180.
Normandie (Haute-), 46.

Offranville, 93.
Oisemont, en Picardie, 36.
Orgueil. *Voy.* Arguiel.
Orléans, 27, 73, 110, 179.
Osmoy, 160.

Palcheul, 38.
Parfondeval, 180.
Paris, 34, 48, 51, 54, 75, 76, 104, 115, 123, 125, 127, 128, 130, 138, 144, 174, 181, 204.
Pavilly, 161.
Picardie, 31, 46, 74, 80, 103, 105, 110, 125, 179.
Pimont, 10, 31, 33, 151.
Poitou, 173.
Pologne, 58.
Pommereval ou Pommeréval, 8, 17, 22, 138, 151.
Pont-Audemer, 18, 115.
Pont-de-l'Arche, 74.
Pontoise, 110.
Pont-Remy (Somme), 70.
Pont-Trencart, quart de fief, 12, 81, 151.
Provence, 77.
Puisenval, 10.

Quièvrecourt, 10, 57, 77, 144, 149, 192.

Retonval, 56.
Riberpré, 23.
Ricarville, 151.
Rigny, 151.
Ris ou Rys, 170.
Rome, 107.
Roncherolles-en-Bray, 126, 151.
Ronchois, 74.
Roquemont, 58.
Ross, en Ecosse, 47.
Rouen, 9, 14, 26, 30, 31, 35, 37, 42, 44, 46, 47, 54, 55, 63, 65, 66, 70, 74, 80, 83, 84, 97, 99, 102, 103, 105, 106, 108, 109, 112, 119, 122, 138, 141, 144, 145, 149, 153, 159, 160, 166, 175, 181.
Rubempré (Somme), 39, 101.
Ruë (ville de), *Voy.* Rupt.
Rupt-aux-Nonnains, 6.

Sainte-Agathe, 12, 151.
Saint-Antoine, ermitage, ferme près de N., 4, 48.
Saint-Aubin-sur-Scie, 167.
Sainte-Beuve-aux-Champs, 101.
Sainte-Beuve-en-Rivière, 102, 136.
Sainte-Catherine (la côte ou montagne), près Rouen, 42.
Saint-Dié, 27.
Saint-Germain, 12, 102, 151.
Saint-Germain-sur-Eaulne, 22.
Saint-Josse-sur-Mer, 94.
Saint-Martin-le-Blanc, 45, 55.
Saint-Marin, 151.
Saint-Mathurin-de-Larchant, 108.
Saint-Ouen, 3.
Saint-Pierre-de-Selincourt (Somme), 103.
Sainte-Radegonde, 13, 109, 143.
Saint-Riquier-en-Rivière, 163.
Saint-Saëns, 45, 90; 110, 116, 119, 121, 153, 156.
Saint-Saire, 36, 75, 96, 130, 132, 149, 158, 167.
Saint-Valery-sur-Somme, 41.
Saint-Vincent (lieu dit), près Neufchâtel, 16, 54, 60, 74, 79, 91, 103.
Seliper, ? en Flandre, 71.
Senarpont, 12, 151.
Sémeules ou Septmeules, 140.
Sery (Somme), 56, 92, 98.
Sévis, 106.
Sicile, 77.
Soissons, 122.
Solyme. *Voy.* Jérusalem.
Sorquainville, 72, 179.

Tocqueville-en-Caux, 96, 149.
Torchy ou Torcy, 167.

Villers, 16, 19, 22, 105, 149, 151.
Villy, 2, 26, 151.
Vimont, 3, 12, 16, 17, 96, 117, 140, 151, 192.
Vivarais (Le), 173.

II. — INDEX DES NOMS DE PERSONNE.

Acard (Jean), tavernier à l'enseigne du Lièvre, 163.
Acard (Michel), tavernier du Lièvre, 148.
Adam (un nommé), 26.
Alègre (Christophe II), sire de Blainville près Rouen, 66, 68, 70.
Alençon (le duc d'), frère de Henri III, 24.
Ambreville (le s^r d'), ou Ambleville? 151.
Ambruchet (Me Charles), avocat, 163, 165.
Anceaulme, 167.
Ancre (le marquis et maréchal d'), lieutenant du gouverneur de Normandie, 135.
Angissieur ou Angesseur (Me Jean), contrôleur au magasin à sel de Neufchâtel, 129, 147, 150.
Ango (Jean), mercier, 124.
Anhalt (Christian I, prince d'), 84.
Anzeray (François), président au parlement de Rouen, 120.
Anzeray (Me Gilles), s^r de Courvaudon, avocat général et président au parlement de Rouen, 120, 148, 175.
Apollon, 215.
Arcelaine (le s^r), 30.
Artois (Charles d'), comte d'Eu, 40.
Assise (saint François d'), 210.
Aubert (Socrate), s^r de la Moissonnière, 153.
Aubin, le Borgne, 56.
Auger (Guillaume), mercier, 143.
Aumale (comtes d'), 196.
Aumale (le duc d'). Voy. Lorraine (Charles de).

Aumale (le chevalier Claude d'), 68.
Auviller ou Auvilliers (le s^r d') Voy. De Monsures, s^r d'Auvilliers.
Avisse (Claude), maître particulier des forêts de Caudebec et de Neufchâtel, 49, 69.
Avisse (Me François), s^r de Conflans, vicomte de Neufchâtel, 29, 65, 79, 107, 116, 126.
Avisse (Me François), maître particulier des forêts, 95.

Baal, 212.
Badou ou Basdou (Simon de), chevau-léger de la compagnie du Roi, s^r de Prunay, 153.
Baignoles? (le s^r de), receveur des tailles de l'élection de Neufchâtel, 109.
Baillard (Catherine), belle-fille de Miton, 109, 164.
Baillard (Me Charles), lieutenant-criminel à Neuchâtel, 116, 118, 119, 123, 124, 125, 126, 127, 131, 133, 134, 138, 142, 150, 152, 174, 175, 182.
Baillard (Charles), fils de Charles, lieutenant-criminel, moine de l'hôpital de Neufchâtel, 165.
Baillard (Germain), élu, 24.
Baillard (Me Germain), greffier, 109, 167.
Baillard (Ysabeau), fille de Charles, lieutenant-criminel, 142.
Baillard (Me Jacques), premier huissier de la Cour des Aides de Rouen, 108.
Baillard (Jean), greffier de l'élection de Neufchâtel, 55.
Baillard (Madeleine), 108, 124, 127.

Bailleul (Adrien de), 135, 148.
Bailleul (Me Adrien de), lieutenant-général de la vicomté de Neufchâtel, 148.
Bailleul (Marguerite de), 129, 175.
Baratte, religieux du Tiers-Ordre, moine de Bernesault, 207.
Baromesnil (le sr de), 29.
Baromesnil (la femme du sr de), 29.
Baron de Criquiers (le), 107.
Basqueville (les de), 198.
Basqueville (le bâtard de). *Voy.* Martel (Jacques).
Basqueville (la dame de). *Voy.* Segrestain (Jehanne de).
Batarnay (Marie de), femme du maréchal de Joyeuse, 89.
Baudin (Jacqueline), 42.
Baudoin (la famille), originaire d'Arques, 204.
Baudoin, prieur de Bernesault et provincial des Franciscains, 204, 209.
Baudoin (Jacqueline), ailleurs Baudin, 58.
Baudoin (Regnaut), tanneur de la paroisse Saint-Pierre de Neufchâtel, 13.
Bault, 153.
Bauquemare (Jacques de), président au parlement de Rouen, 51.
Bavendel. *Voy.* Darendel.
Bavent (dame Catherine de), 117.
Beaucis, 193.
Beaudoin (Marguerite) 14.
Beaufresne (la fille du sr de), 127.
Beauvais (Me Pierre), avocat de Neufchâtel, 47.
Beauvemis, ou Beauvais? religieux de Bernesault, 13.
Behen (le capitaine), 142.
Bellet (Charles), 91.
Bellet (Charles), joueur de luth, 108.
Belleville (le sr de), 151.
Belleville-sur-Mer (le frère du sr de), 100.
Bérengier (Jean), maçon, 50.
Bergny (Anne), nonnain, dite La Moyenne, 7, 88.
Bernapré (le sr de). *Voy.* De la Rue (Antoine).
Bernard (François), dit Beauséjour, 129, 174, 175.
Bernard (Jean), drapier, 18, 110.
Bernard, (la femme de Jean), drapier, 18.
Bernard (la fille de), 169.
Bernard (Jean-Vincent), 180.
Bernard (Jeanne), 91, 166.
Bernard (Madeleine), 148.
Bernard (Me Nicolas), procureur commun à Neufchâtel, 105, 131, 139.
Bernard (Me Nicolas), avocat, 149, 153.
Bernard (Marie), fille de Vincent, 112, 170.
Bernard (Vincent), 18, 65, 89, 92, 96, 97, 99, 106, 112.
Bernard (Vincent), drapier, 135, 168, 170.
Berne ou Brene. *Voy.* Mathieu.
Bertrand (Jean), peintre, 139.
Bernières (le sr de). *Voy.* Maignart, (Charles).
Besoche (Me Jacques), receveur des tailles à Neufchâtel, puis contrôleur général de la généralité de Rouen, 29, 36, 105, 130.
Besoche (Louise), fille de Jacques, 130.
Bétencourt (le sr de), 73, 151.
Bétencourt (Me Nicolas de), bailli de Gaillefontaine, 140.
Bétencourt (de), fils et successeur du précédent, 140.
Bésuel (Estienne), procureur à Neufchâtel, 134.
Bésuel (Estienne), avocat, 153.
Bignon (Me Nicolas), lieutenant-général civil et criminel d'Arques, 99.
Bigot (Emery), sr de Thibermesnil, président au parlement de Rouen, 46, 51, 52.
Bigot (Marie), 112, 117.
Billet, 107.

Biron (Armand de Gontaut, baron de), 94.

Biron (Charles de Gontaut, duc de), maréchal de France, 80, 81, 84.

Bit (Guillaume), tavernier du *Plat d'Étain*, 137.

Bit (Me Jean), avocat, 88, 97, 126, 131.

Bit (la femme de Jean). *Voy.* Bodin (Claude).

Bit (Pierre), religieux à l'hôpital de Neufchâtel, 163.

Bit (Pierre), hôtellier du *Plat d'Étain*, 167.

Bit (Me Thomas), 122, 176.

Bit (Jeanne), fille de Thomas, 176.

Biville (Charles de), lieutenant particulier des forêts à Neufchâtel, 53, 63.

Biville (Charles de), écuyer, 14.

Biville? (Guillaume de), lieutenant des forêts à Neufchâtel, 11.

Biville (Percheval de), 107.

Blanche de Navarre (la reine), 78.

Blangremont, soldat, 103.

Bloquel (Me Léger), contrôleur élu à Neufchâtel, 166, 168.

Bloquel (le fils de Léger), 168.

Bodin (Adrienne), 164.

Bodin (Me André), avocat, 168.

Bodin (Anne), fille de Charles, belle-fille de Miton (Adrien), 135, 170.

Bodin (Antoine), chaussetier, 164.

Bodin (Barbe), fille de Charles Bodin, 62.

Bodin (Me Bertrand), lieutenant du vicomte de Neufchâtel, 11, 24, 54, 91.

Bodin (Charles), sr de Blargies, 14, 19, 42, 58, 62, 69, 135, 181.

Bodin (Me Charles), prieur de Sainte-Radegonde, 109, 143.

Bodin (Me Christophe), enquêteur, 58, 62, 142, 166.

Bodin (Claude), seconde femme de l'auteur du *Mémoire*, 131.

Bodin (François), marchand de draps, 165.

Bodin (Me Charles), prêtre, fils de François, 170.

Bodin (François), dit Varlouis, 170.

Bodin (Me Jean), vicomte de Neufchâtel, 107, 116, 157, 172, 181.

Bodin (Madeleine), fille de Jean, vicomte de Neufchâtel, 172.

Bodin (Jean), drapier, 164.

Bodin (Jean), dit La Bastille, 156, 165.

Bodin (Jean), son fils, prêtre, 165.

Bodin (Me Louis), avocat, fils de Jean vicomte, 157, 181.

Bodin (Nicolas), religieux à l'hôpital de Neufchâtel, fils de François, 165, 176.

Bodin (Nicole), épouse de Miton (Jean), 148.

Bodin (Nicole), épouse de Ango (Jean), 124.

Bodin (Pierre), fils de Jean, 156.

Bodin (Pierre), drapier, 125, 127.

Bodin (Me Pierre), assesseur, 160.

Bodin (Me Thomas), commissaire examinateur de Neufchâtel, 120, 179.

Boisnormand (le sr de). *Voy.* Anzeray (Gilles).

Boissay (les de), 199.

Boissay (Charles de), baron de Mesnières, 2.

Boitillan (le sr de), 96.

Bollebec (le sr de). *Voy.* Martel (Adrian).

Bompar, ministre protestant, 11.

Boscbourdet. *Voy.* Le Blond (Roger).

Boschier (Guillaume), laboureur et contrôleur élu, 152.

Boscgeffroy (le baron de). *Voy.* Masquarel.

Boscgieffroy ou Boscgeffroy (la dame de), 154.

Bouchard (Me Jean), avocat, 92, 96, 121.

Bouchard (Me Nicolas), avocat, 59, 61, 76, 83.

Bougler (Adrienne), 121.

Bougler (Catherine), 15, 24, 100, 166.

Bougler (Me Christophe), lieutenant du

bailli de Caux, à Neufchâtel, 19, 29, 102, 103.

Bougler (M⁰ Christophe), procureur du roi à Neufchâtel, 14, 112, 117, 119, 157, 163, 178, 182.

Bougler (M⁰ Christophe), avocat, 168.

Bougler (Collette), 15.

Bougler (François), fils du procureur du roi, novice à l'hôpital de Neufchâtel, 163.

Bougler (Jean), 18, 25, 144.

Bougler (Jean), dit La Guisoire, 169.

Bougler (Jean), moine de l'hôpital de Neufchâtel, 165.

Bougler (M⁰ Jacques-François), bailli d'Aumale, 103, 137.

Bougler (Marie), fille du bailli d'Aumale, 103.

Bougler (Marie), fille de Christophe, procureur du roi à Neufchâtel, 157.

Bougler (Nicolas), curé de Quièvrecourt, fils de Jean, 144.

Bougler (Nicole), fille du bailli d'Aumale, 121.

Bougler, lieutenant, 18, 61.

Bougler (Nicole), fille du lieutenant Bougler, 15, 47, 61, 162.

Bougler (Pierre), sʳ du Cazier, bailli d'Aumale, 29.

Bougler (M⁰ Pierre), avocat, bailli d'Aumale, 18, 60, 73, 158, 168.

Bougler (la femme de Pierre), avocat, 18.

Bougler (Jean), leur fils, 18.

Bougler (Pierre), élu dans l'élection de Neufchâtel, 129.

Bougler (Pierre), dit La Pie, 168.

Boulainvillers (François de), sʳ de Saint-Saire, 36.

Boulainvilliers (Jacques de), sʳ de Forges? 35, 69.

Boulainvilliers (Samuel de), sʳ de Saint-Saire, 96, 130, 132, 149, 167.

Boulainvilliers (Jean de), sʳ de Nesle, 158, 167.

Boulenger. *Voy.* Le Boulenger.

Boullenger (M⁰ Adrien), procureur commun à N., 135.

Boullengier (Antoinette), 120.

Boullenger. *Voy.* Le Boullengier.

Boulenger (Guillaume), moine à l'hôpital de Neufchâtel, 117.

Boulengier (Nicolas), greffier de Londinières, 112.

Bourbon (Messire André de), sʳ de Rubempré, 39.

Bourbon (M⁰ François ou plutôt Charles de), sʳ de Rubempré, 101.

Bourdon (Pierre), 18.

Bourdon (la femme de Pierre), 18.

Bourgeoise, (un nommé), 166.

Bourgoise (Antoine), sʳ du Mesnil-Pommereval, 138.

Bourgoise (Catherine), mère de l'auteur, 108.

Bourgeoise, ou Bourgoise? (Laurence), 59.

Bourgeois ou Bourgoise? (Jean), sous-prieur de l'hôpital de Neufchâtel, 15.

Bourgeois ou Bourgoise? (Nicolas), lieutenant du bailliage de Saint-Pierre de Neufchâtel, 4.

Bourgeois ou plutôt Bourgoise (Nicolas), lieutenant du bailli de Caux, 11, 20, 29.

Bourgoise (la femme du lieutenant), 29.

Bourgoise (Mathieu), sʳ de Pommereval, 17, 135, 151.

Bourse (Jean), tavernier, 155.

Bourgtheroulde (Messire de). *Voy.* Le Roux (Nicolas).

Bout (Charles), 125.

Bout (Marguerite), 125, 138.

Boutin (Anne), 155.

Boutin (Pierre), mercier, 131.

Boyvin (M⁰ Noël de), président de la Chambre des comptes de Rouen, 54.

Bradechat ou Braidechal (M⁰ Jacques de), receveur alternatif des tailles à Neufchâtel, 129, 130.

Brancas (André de), sʳ de Villars, 70, 83, 89.

Bréauté (les de), 198.
Bréart (François), avocat au parlement de Rouen, 149.
Bremaulieu (Robert de), 101.
Bremen? lieutenant à Caudebec, 162.
Bremen (Colette), 91.
Bretel (Me Louis), président au parlement de Rouen, 109.
Bretel (Me Raoul), s^r de Grémonville, président au parlement de Rouen, 52, 53, 145.
Brétignières (François de), procureur général au parlement de Rouen, 128, 131.
Breton (le capitaine), 23.
Brevedent (Marc-Antoine de), conseiller au parlement de Rouen, 136.
Bridou (Adrien), vicomte de Neufchâtel, 5, 7, 11, 14, 21, 29, 38.
Bridou (Adrien), s^r de la Houperie, fils du précédent, 38, 69.
Bridou (Pierre), 8.
Bridou (Nicole), fille du précédent, 8.
Brinville (Le Cadet), soldat de la Ligue, 100.
Brissac (Charles II, de Cossé, comte de), 62.
Brossin, jacobin de Gournay, 80.
Bruhier (Pierre), tailleur, 165.
Brumen, *Voy.* Le Brumen.
Buhotte, lieutenant particulier de la vicomté de Rouen, 99.
Bully (baron de). *Voy.* L'Estendart.
Bully (le s^r de), *Voy.* l'Estendart (Loys).
Bully (la nièce du baron de). *Voy.* L'Estendart (damoiselle Anne de).
Buron (le s^r de). *Voy.* De Moges (Pierre).

Cagny (le s^r de), 179.
Calletot (Christophe), 65.
Callique (Baptiste), 18.
Callique (Me Jean), procureur commun à Neufchâtel, 49.
Callique (Jean), 18.
Callique (Pierre), avocat, 18.

Calvin, 11, 15, 33, 166, 169.
Campaigne (Étienne), mercier, 165.
Canchon (Anne), fille du président, 165.
Canchon (Jean), 110, 148.
Canchon (Vincent), dit Canchonnet, tanneur, 110.
Canchon (Martin), 169.
Canchon (Martin), tanneur, fils de Martin, 169.
Canchon (Me Vincent), président en l'élection de Neufchâtel, 165, 176, 180.
Canchon (Me Vincent), second président en l'élection de Neufchâtel, 122, 159.
Canchon (Me Vincent), assesseur, 190.
Canchon (Catherine), fille de Vincent, 159.
Canonville (Aimée de), abbesse de Bival, 35.
Caper ou Capes (François), laboureur, 177.
Capes (Me Jacques-François), grainetier, 179.
Caquelard (Michel), chapelain de Notre-Dame de Neufchâtel, 118.
Caron (Nicolas), s^r du Lion, 88.
Caron (Nicolas), 117.
Carpentier. *Voy.* Le Carpentier.
Carpentier (Anne), 122.
Carpentier (Me François), procureur commun à N., 136.
Carpentier (Me Gieffroy), avocat, 47, 59, 83.
Carpentier (Gieffroy), fils de Gieffroy, 88.
Carpentier (Me Jacques), chapelain de Saint-Jacques de Neufchâtel, 147, 198.
Carpentier (Me Pierre), procureur du roi, 17, 21.
Carpentier (Me Vincent), fils de Gieffroy, avocat, 59, 100.
Carpentin (Barbe), femme de Percheval de Grouchy, 19, 54.
Carrouges (le s^r de). *Voy.* Le Veneur (Tanneguy).
Caruette (Jean), grenetier, 141.

Caruette (Mᵉ Pierre), grenetier à Neufchâtel, 133, 142, 143, 163.
Casaut (André de), 9.
Casaut (Anne de), 102, 111.
Casaut (Antoine de), seigneur de Saint-Germain, 102.
Casaut (Gillette de), 14.
Casaut (Nicolas de), sʳ de Saint-Germain, 9, 12, 151.
Casaut (Philippe de), 9.
Cassoent (de). *Voy.* Casaut.
Castel, voleur, 176.
Castille (le roi de), 197.
Catillon. *Voy.* Chastillon.
Cauchy (le sʳ de), 151.
Cauchois, soldat, 94.
Cauchois (Mᵉ Jean), vicomte d'Aumale, 145.
Cauchon. *Voy.* Canchon.
Caulle (Noël), curé de Bully, 78, 134.
Cauquigny (Pierre de), sʳ de Cauville, lieutenant général civil et criminel du bailliage de Caux, 112, 157, 171.
Chanvallon, 25.
Chanvallon (le sʳ de). *Voy.* Harlay (François II de),
Charles IX, roi de France, 6.
Charles le Téméraire, duc de Bourgogne, 40.
Charles X. *Voy.* Bourbon (Charles Iᵉʳ), cardinal.
Charles-Quint, 5.
Charles, duc de Lorraine, *Voy.* Lorraine.
Charles ou Charlet (Anteaume), tripotier, 58.
Chastes (Aymar de Clermont, commandeur de), gouverneur de Dieppe, 71, 93.
Chastillon ou Catillon, chef ligueur, 67, 72, 73, 83, 97, 98.
Châtillon (amiral de), 20.
Châtillon (le sʳ de). *Voy.* Chastillon.
Chauvin (Etienne), marchand de Dieppe, 26, 27, 28, 34.
Chef de Ville (François de), sergent royal, 120.

Chérie (Mᵉ Nicolas) Daubrun ? vicomte de Neufchâtel, 21.
Chevalier, soldat, 94.
Chrestien (Mᵉ Michel), maître particulier des forêts, 161.
Clausse (Henri), grand maître des eaux et forêts de France, 128.
Clausse fils, sʳ de Fleury-en-Bierre, 128.
Claville (le sʳ de), cousin de Miton, 47, 58.
Clères (le sʳ de), 149.
Clères (la fille du sʳ de), 149.
Clères (Anne de), dame de Neuville, 168.
Cléry (Jean de), curé de Notre-Dame de Neufchâtel, 46, 61.
Cléry (Antoine de), curé de Notre-Dame de Neufchâtel, 69.
Clèves (Catherine de), épouse de Henri de Guise, le Balafré, 41.
Cocherel (Isabeau), 60.
Cocherel (Jean le Prévost, sʳ de), conseiller au Parlement de Rouen, 37.
— Sa nièce, 37.
Cœullet ou Cœuiller (Mᵉ Jean), fils du procureur fiscal de Gaillefontaine, 124, 131, 138, 140, 175.
Cœuillet (Jeanne), fille de Jean, 131.
Cœuillet (Mᵉ Jean), avocat, 129.
Cœurderoy (Mᵉ Jacques), curé de Quièvrecourt, 144.
Cognain ou Congnain pour Connain (Mᵉ Abel), médecin à Neufchâtel, 32, 137.
Cognain ou Congnain (Jean), l'aîné, apothicaire, 88.
Cognain (Mᵉ Jean), le jeune, apothicaire, 90, 91.
Cognain (Nicole), épouse de Vincent Cossard, 91, 137.
Cognain (Mᵉ Pierre), apothicaire, 105, 125.
Cointerel (Mᵉ Pierre ou Jean), avocat, 162, 165.
Collet (Mᵉ Antoine), 97.

Colincourt, capitaine picard, 135.
Collet (Mᵉ Louis), avocat, 32, 46, 58, 92.
Commere (Antoine), élu, 136, 143, 167.
Commère (Antoinette), 170.
Commère (Nicole), 105.
Condé (Louis de Bourbon Iᵉʳ, prince de), 20.
Contenant ou Coutenant (le sʳ de), capitaine, 150, 154.
Cossard ou Cossart, 56.
Cossart (Anne), 137.
Cossart (Mᵉ Claude), 118.
Cossart (Nicolas), 32.
Cossart (Vincent), apothicaire, 91, 116, 137, 170.
Cosset (Louis), 32.
Coulombières (le sʳ de). *Voy.* De Bricqueville (Paul).
Coupigny (le sʳ de). *Voy.* De Guerreau (David).
Courvaudon (le sʳ de). *Voy.* Anzeray.
Creny (Jean de), seigneur de Bailly-en-Campagne, 29.
Cressanville, soldat, 92.
Crillon ou Grillon (Berton des Balbes, seigneur de), 23, 93.
Crucifix, Dieppois, 137.

Dambray (Mᵉ Robert), receveur général des finances à Rouen, 55.
Damours (Mᵉ Jean), président de chambre au parlement de Rouen, 49.
Dampierre (le sʳ de), 151.
Darendel ou d'Arendel, contrôleur au magasin à sel de Neufchâtel, 6, 36.
Darendel (la veuve de), 36.
Darendel (Gédéon), prieur de l'Hôtel-Dieu et Hôpital de Neufchâtel, 162.
Darendel (Nicolas), procureur et tabellion à Neufchâtel, 19.
Darendel (Jean), 23.
(1) De Bauquemare, premier président au Parlement de Rouen, 48.
De Bedez (les) ou Bedés, avocat, 12.

De Bedés ou Bedez (Mᵉ Pierre), avocat, 3, 14.
De Bedez (Mᵉ Jean), avocat, 63.
De Bedez (Pierre), curé d'Angerville, 76.
De Bedez (Mᵉ Jérôme), greffier, 90.
De Bormès (Marie), 106.
De Bos (Thomas), procureur, 18.
De Brene ou De Berne, 188. *Voy.* Mathieu, ehnite.
De Bricqueville (Paul), 24.
De Caqueray (Nicolas?), gentilhomme verrier, 124.
De Cauchy (Jean), marchand, 166.
De Chattes. *Voy.* Chastes (de).
De Dorlens (Jeanne), 137, 167.
De Dorlens, marchand, 137.
D'Estrées, voleur, 125.
Diel (Jean), premier président en la cour des Aides de Normandie, 154.
Diel (Jean), fils du précédent et son successeur, 154.
De Fontaine (Charles), 121.
De Fontenay (le sʳ), prévôt de l'hôtel du Roi, 99.
De Fry (la fille de Thomas), 60.
De Fry (Anne), fille de Jacques, lieutenant du bailly de Caux, 145.
De Fry (Léon et Leonnet), receveur des tailles à l'élection de Neufchâtel, 55, 73, 106, 115, 120.
De Fry (Marie), 137.
De Fry (Mᵉ), fils du précédent, lieutenant général en la vicomté de Neufchâtel, 63.
De Fry (Martin), 130.
De Fry (Mᵉ Pierre), prêtre, 105.
De Fry (Mᵉ Jacques), lieutenant du bailli de Caux, à Neufchâtel, 109, 111, 123, 124, 141, 145.
De Fry (François), 154.
De Fry (Thomas), 49, 60.
De Fry (Mᵉ Pierre), lieutenant général de la vicomté de N., conseiller en la cour

---

1. Les noms précédés d'un *de*, non mis ici, devront être cherchés à la première lettre du nom.

des Aides de Rouen, 48, 116, 180.

De Fry (M⁰ Vincent), administrateur de la léproserie de Saint-Jean de Neufchâtel, 6, 31.

De Fry (M⁰ Vincent), grenetier, 43, 59, 79, 109, 111, 146.

De Fry (Vincent), dit le cadet de l'Ecu, 23.

De Fry (Marguerite), 125, 165.

De Fry (Ysabeau ou Isabeau), 116, 133.

De Giercean. *Voy.* De Guerreau.

De Glesquin (Antoine de), s^r de la Bruière, 70.

De Guerreau (David), s^r de Coupigny, lieutenant criminel, 142.

De Hautemer (Guillaume), s^r de Fervacques, lieutenant général de Normandie et maréchal, 24, 123.

De Hesdin (Clémence), 105.

De Hobert (Leonnet), 171, 175.

De la Berquerie (le s^r), 151.

De la Boe (M⁰ Isaac), procureur, 171.

De la Boe (François), fils d'Isaac, avocat, 171.

De la Boe (M⁰ Jacques), grenetier à Neufchâtel, 111, 145, 159, 165, 166, 177.

De la Boe (Cécile), fille de Jacques, 177.

De la Boe (Louise), fille de Jacques, grenetier, 165.

De la Boe (Marie), 145, 176.

De la Boe (Michelle), belle-mère de l'auteur, 59, 98.

De la Boe (M⁰ Pierre), fils de Jacques, d'abord grenetier, puis lieutenant particulier des élus, 159, 166, 172.

De la Boe (M⁰ Vincent), contrôleur du magasin à sel de Neufchâtel, 21, 126, 139.

De la Borde. *Voy.* De la Boe (M⁰ Vincent).

De la Coudre (Austreberte), 69.

De la Coudre (M⁰ François), avocat, 15, 17, 109, 113.

De la Coudre (M⁰ Jacques), avocat, 104.

De la Coudre (Anne), 109.

De la Coudre (Claude), 140.

De la Coudre (Nicole), femme de Vassagne (Jean), 64.

De la Coudre (M⁰ Pierre), bailli de Londinières, 138.

De la Coudre (M⁰ Pierre), avocat, 116, 173.

De la Coudre (Suzanne), fille de Pierre, avocat, 173.

De la Coudre (M⁰ Robert), avocat, 19, 47, 48, 88.

De la Coudre (Nicole), fille du précédent, 48, 110, 116.

De la Coudre (Marguerite), fille du précédent, 47, 164.

De la Cour (le s^r). *Voy.* Groulart (M⁰ Claude).

De la Court, messager de Forges à Paris, 181.

De Lamare (Alexandre), syndic et receveur de Neufchâtel, 142, 143.

De la Motte (Charles), s^r de Vimont, 11, 16, 17, 44, 96, 117, 140, 151.

De la Mothe ou De la Motte (Roger), s^r de Vimont, etc., 149, 192, 203.

De la Motte (Madeleine), fille de Charles, 96, 140.

De la Motte (Jean), vicomte d'Aumale, 3.

De la Motte (Jean), procureur du roi à Neufchâtel, 3.

De la Motte (Edme), moine à l'hôpital de Neufchâtel, 3, 44.

De la Motte (Nicole), femme de Nicolas de Grouchy, s^r de Mathonville, 49, 192.

De la Place (M⁰ Gieffroy), avocat, 59.

De la Place (Simon), avocat, bailli de Saint-Pierre à Neufchâtel, 4.

De la Place (Sinfroy ou Sainfroy), avocat, fils du précédent, 5.

De la Porte, conseiller au Grand-Conseil, 126.

De la Porte (Georges), président au parlement de Rouen, 124.

De la Rue (Antoine), s^r de Bernapré, abbé de Foucarmont, 95.
De la Salle (le s^r), 151.
De la Ville (Catherine de), 9, 15, 164.
De la Ville, greffier, 12.
De la Ville (Me Jean), 8, 105.
De la Ville (Nicolas), fils du précédent, avocat, 8, 48.
De la Vessière (Louis), prêtre, curé de Neufchâtel, 11, 41.
De Launoy (Mathurin), 164.
De Lestre (Me Claude), vicomte de Gournay, 159.
De Lestre (Claude), fils de Claude, lieutenant de la Ferté, 159.
De Louvault (Vincent), 32.
De Malgrange (Adrien), 155.
De Malheue (Me Hildevert), avocat, 95.
De Maurin, chevalier de Perdallian, 163.
De Mis (Jacques), prêtre, 128.
De Moges (Jacques), s^r de Buron, conseiller au parlement de Rouen, 64, 106.
De Monsures (Charles), s^r de Graval, 169.
De Monsures (Jacques), s^r d'Auvilliers, 131, 149, 151.
De Morlancourt, capitaine picard, 135.
De Mouy ou de Moy (Jean), s^r de la Mailleraye, lieutenant du roi aux bailliages de Caux et de Gisors, etc., 23, 24, 62, 80.
De Moy (Nicolas), s^r de Riberpré, 23.
De Mussy (Me Guillaume), s^r d'Aulage, secrétaire du roi à Rouen, 34, 37, 47, 54.
De Mussy (la femme du s^r), 37.
De Mussy (Madeleine), damoiselle d'Aulage, 106.
Denise (N.), curé de Fesques, 166.
Denise (Me Antoine), curé de Notre-Dame de Neufchâtel, 72, 129, 145.
Denise (Catherine), 109.
Denise (Jérôme), dit Bagage, 174.
Denise (la femme de Jérôme), 174.

Denise (Jean), fils de Robert, 157.
Denise (Pierre), sergent royal à Neufchâtel, 121, 153, 182.
Denise (Me Jean), avocat, 107.
Denise (Jacques), son fils, 109.
Denise (Pierre), 118.
Denise (Me Robert), avocat, 145, 162, 176.
Denise (Jacqueline), 165.
Denise (Robert), potier d'étain, 157, 166.
De Nouilles (Jean), drapier, 63, 90.
De Nouilles (Pierre), marchand, 58.
De Pardillan. *Voy.* De Maurin.
De Pardieu (Jacques), seigneur de Bailly-en-Rivière, etc., 140, 158.
De Pimont (Messire François), gouverneur de N., 10, 31, 35.
De Pimont (Jacques), tabellion, 90, 123.
De Remy (Suzanne), 116.
Derteville, Déterville? (le s^r), 112.
De Saresailler (Daniel), s^r de Brincoste (?), 169.
De Saulx (Jean), vicomte de Tavannes, 74, 78, 83.
De Sauzelles (le s^r). *Voy.* Le Beau (Me René).
De Serviat (Diane), dame d'Hermanville, 91.
De Tréforêt (le s^r), 36.
De Tréforêt (la veuve du s^r), 36.
De Touffreville. *Voy.* Le Roux (Jacob).
De Tunes (Hector), vice-bailli de Caux, 125.
Devereux (Robert), comte d'Essex, 84.
De Vérité (Eustache), soldat, 80.
Diane, 198.
Didier (le capitaine), 23.
Digron ou Digeon? (Jérôme), drapier, 182.
Dimare (Me Jean), apothicaire, 138.
Disaucourt? (le s^r), 56.
Dites (Jacques), 101.
Dites (Simon), 101.
Diville (Guillaume de), ou Biville (?), Di-

ville (Guillaume de), ou Biville (?), lieutenant des forêts à N., 11.

Diville (Charles de), ou Biville (?), lieutenant des forêts à Neufchâtel), 36.

Diville (Noël de), prêtre à Ecouis, 10.

D'O (François), seigneur de Fresnes, 61.

Dompierre (le s^r de), 151.

Dorlencourt (le s^r de), 136.

Dorlens. *Voy.* De Dorlens.

Doublet (Jacqueline), 121.

Doullé (Antoine), seigneur de Neufville-Ferrières, 117, 118, 132, 149, 151, 179.

Doullé, (Anne), sa fille, 29. *Voy.* Baromesnil.

Doullé (François), chevalier de Malte, 171.

Doulle (Guillaume), lieutenant des eaux et forêts de N., 3.

Doullé (Jacques-Nicolas), s^r de Sorquainville, fils d'Antoine, 179.

Doullé (Anne), femme du lieutenant Bourgoise, 29.

Douville, (le s^r), écuyer, capitaine, 101.

Drainville (le s^r de), 151.

Drauville? (le s^r de), 111.

Drouet (Me Jean), avocat, 17, 59, 95, 97, 104, 113.

Drouet (Anne), fille du précédent, 95.

Du Bos (Dom Thomas), prieur de Sainte-Radegonde, 13.

Duc, 56.

Du Chemin (Philippe), seigneur du Quesnel, gouverneur de Neufchâtel, 15.

Du Chesne (Adrien), huissier en l'élection de Neufchâtel, 121.

Du Chesne (Roger), hôtelier du *Lièvre*, 78.

Du Crettay (Me Robert), élu d'Arques, 53.

Du Criol (Nicolas), 20.

Dudois (Louis), 10.

Dudois (Pierre), 10.

Dufils (Antoine), 62.

Dufils (la fille d'Antoine), 62.

Du Flo (Marie), 76.

De Glesquin ou De Glasquin (Antoine), s^r de la Brière, 70.

Du Fresnoy (Anne), 122.

Du Hallot (François Montmorency s^r), 67.

Du Héron (le s^r), 151.

Du Maine (le s^r), *Voy.* Mayenne.

Du Manoir (Guillaume), receveur des tailles à Neufchâtel, 19.

Du Marché (Me Guillaume), chapelain de Saint-Jacques de Neufchâtel, 147.

Du Mesnil, capitaine de cent arquebusiers à cheval, 58.

Du Mesnil (Me Charles), maître particulier des forêts, 161.

Du Mesnil (Me César), maître particulier des forêts de Caudebec, 94, 127, 142.

Du Mesnil (Me Jacques), s^r de la Goullaye, procureur du roi à Neufchâtel, 11, 12, 21, 29, 57, 73.

Du Mesnil (Me Christophe), procureur du roi à Neufchâtel, s^r de Berville, 11, 36.

Du Mesnil (Louise), femme du vicomte Avisse, 22, 116.

Du Mesnil (Judith), fille de Jacques, 73.

Du Pliet ou Pleiz ou Plis? (Jeanne), 106.

Du Plis (Me Louis), tiers élu de Neufchâtel, 100, 133.

Du Pleis ou Du Plis (Me Jacques), élu à Neufchâtel, fils de Louis, 133.

Duplessis (Marguerite), 168.

Dupré, religieux de Bernesaut, 13.

Du Pont (Jérôme), lieutenant du bailli de Caux, 20.

Du Quesnel (Charles), seigneur dudit lieu, 119.

Du Quesnel (le s^r), gouverneur de Neufchâtel, 28, 35, 151.

Du Tournoy (le s^r), Anglais, 153.

Du Val (Simonne), femme du lieutenant Bodin, 54.

Du Val (Me Georges), prêtre, 139.

Du Val (Jeanne), 169.
Du Val (Madeleine), abbesse de Bival, 99.
Du Viquet (Robert), avocat général au parlement de Rouen, 115.

Edouard IV, roi d'Angleterre, 77.
Elisabeth (Madame), de France, 77.
Elisabeth (Madame), fille du duc de Lorraine, 77.
Emalleville (le s^r d'), 171, 172.
Engren (Catherine), belle-sœur de l'auteur, 25, 44, 65, 96, 105.
Engren (Charlotte), 136.
Engren (Me Christophe), grenetier, beau-frère de l'auteur, 17, 19, 21, 26, 27, 28, 54, 73, 90.
Engren (Françoise), fille du grenetier Engren,, 73, 121.
Engren (Me Jacques), lieutenant général de l'élection de Neufchâtel, 103, 112, 136, 168, 182.
Engren (Jacques), beau-père de Miton, 24, 44, 59, 95.
Engren (Louis), drapier de Rouen, 37, 108.
Engren (Marguerite), femme d'Adrien Miton, l'auteur du *Mémoire*, 9, 15, 16, 17, 18, 19, 22, 24, 25, 29, 33, 36, 47, 59, 73, 95, 130.
Engren (Marie), 165.
Epernon (le duc d'), gouverneur de la Normandie. *Voy.* Nogaret de La Valette (Jean-Louis).
Esclavelles (les d'), 199.
Esclavelles (le s^r d'). *Voy.* De la Mothe (Roger).
Essex (comte d'), *Voy.* Devereux, (Robert).
Eu (comtes d'), 196.

Falaise (le nommé), 141, 144, 152.
Farnèse (Alexandre), duc de Parme, 21, 85-88.
Faucon (Messire Alexandre de), s^r de Ris, premier président au Parlement de Rouen, 121, 170.
Faucon (Me Charles de), s^r de Frainville, premier président au parlement de Rouen, 170.
Fautereau (André de), baron de Crétot, 95.
Fautereau (Georges de), fils d'André, 95.
Fautereau (Guillaume de), abbé de Sery ?, 92.
Fautereau (Messire François de), s^r de Villers, 18.
Fautereau (Me Jean VII de), abbé de Sery, 56, 62, 98.
Fautereau (Nicolas I de), s^r de Villers, puis baron de Villers et de Mesnières, 22, 126, 149.
Fautereau (Nicolas II de), baron de Villers et de Mesnières, 149.
Fautereau (Marie de), fille de Nicolas II, baron de Villers, 126, 131, 149.
Febvrier (Marie), 119.
Félix (Nicole), veuve, se remarie, 60.
Ferret, soldat, 79.
Fervacques (le s^r de). *Voy.* De Hautemer (Guillaume).
Fieusselin (Nicolas), 181.
Fleury (le s^r de). *Voy.* Clausse.
Fontaine-Martel. *Voy.* Martel (François Ier.) seigneur de Fontaine.
Forestier (Adrien), 153.
Forestier (Marguerite), 125.
Forges (le s^r de), 35, 69, 151.
François (saint), fondateur des Franciscains, 186, 189, 191, 208-210, 213
François Ier, roi de France, 5.
François, voleur, 125.
Fresnoye (Catherine), fille de Pierre, 168.
Fresnoye (Guillaume), 62, 90.
Fresnoy ou Fresnoye (Me Jacques), avocat, 55, 141.
Fresnoye (Me Pierre), échevin de N., 62, 147, 168.

Fresnoye (la femme de Pierre), 147.
Fresnoye (Thomas), 154.
Fresnoye. *Voy.* La Fresnoye (De).

Gaignon (M⁰ Antoine), curé de Saint-Jacques de Neufchâtel, 67, 79, 88.
Galand (Raoul), 69.
Galeran (Nicolas), domestique du curé d'Etran, 160.
Gallié ou Gallye (Philippe), 26.
Gamaches (le sʳ de) *Voy.* Ruaut ou Rouaut (Joachim).
Ganzeville (le sʳ de), 149.
Garin (M⁰ Baptiste), adjoint aux enquêtes, 129, 147.
Garin (Baptiste, la femme de), 147.
Garin (Madeleine), 167.
Gascoin (Jean), 120.
Gasteville (Jacques de). *Voy.* Hasteville?.
Givry (Anne d'Anglure, baron de), gouverneur de Neufchâtel pour la ville, 86.
Godarville (le sʳ de), 96, 140.
Godefroy (Baptiste), sergent royal, 104, 109.
Godefroy (M⁰ Baptiste), receveur des tailles en l'élection de Neufchâtel, 116, 159, 168, 175.
Godefroy (Baptiste), fils du receveur des tailles), 175, 180.
Godefroy (Cécile), fille de Baptiste, 159, 180.
Godefroy (Jean), grenetier, 165.
Godefroy ou Godeffroy (Marie), fille de Jean, grenetier, 165.
Gosselin, sergent maire (major) de Neufchâtel, 74.
Goust (Pierre), chapelain à Notre-Dame de Neufchâtel, 153.
Gouvis (les de), 198.
Grandeau (M⁰ Jean), élu à Neufchâtel, 130.
Grattepanche (le sʳ de), *Voy.* De Pardieu (Jacques).
Graval (le sʳ de), 12, 149.

Graval (la fille du sʳ de), 149.
Grégoire XIII, pape, 43.
Grégoire XIV, pape, 79.
Grégoire XV, pape, 144.
Grelain (M⁰ Robert), prêtre, chapelain à Saint-Jacques de Neufchâtel, 38.
Gremon ou Gremont (Guillaume), moine à l'Hôpital de Neufchâtel, 22.
Grémonville (le sʳ de), *Voy.* Bretel (Raoul).
Grenier, 103.
Gressent (Robert), 177.
Grillon. *Voy.* Crillon.
Grongnet, berger, 180.
Grouchy (Gaston de), sʳ de Mathonville, 198.
Grouchy (M⁰ Percheval de), avocat du roi à Neufchâtel, sʳ de Mathonville, 18, 19, 54, 97, 118, 123, 145, 148, 185.
Grouchy (Marguerite de), fille de Percheval, 118.
Grouchy (Marie de), fille de Percheval, 148.
Grouchy (M⁰ Nicolas de), sʳ de Mathonville, avocat du roi à Neufchâtel, 5, 16, 19, 49, 192.
Grouchy (Françoise de), 16.
Groulart (M⁰ Claude), premier président au parlement de Rouen, 7, 50, 53, 121.
Grumel (M⁰ Pierre), curé de Saint-Jacques de Neufchâtel, 58.
Grumel (Philippe), charpentier, 117.
Guellard (Antoine), contrôleur des tailles à Neufchâtel, 35.
Gueule de Raye (le nommé), 119.
Guerraut, soldat, 100.
Gueront (M⁰ Gieffroy), chapelain de Saint-Jacques de Neufchâtel, 124.
Guillats, de Dieppe, 59.
Guillats (Catherine), 109.
Guise (le duc de). *Voy.* Lorraine, (Henri Iᵉʳ de).

Guise (dame de). *Voy.* Clèves (Catherine de).
Guise (Charles de Lorraine, duc de), fils du Balafré, 85.
Guise (Louis de Lorraine, cardinal de),
Guise (le cardinal de). *Voy.* Guise (Louis de Lorraine, cardinal de).

Hagranville (le sr de), 151.
Hallin. *Voy.* Hullin.
Hannin (Me Claude), élu, à Neufchâtel, 130.
Harlay (François II de), archevêque de Rouen, 138.
Hasteville (Catherine de), 170.
Hasteville (Me Jacques de), lieutenant du vicomte de Neufchâtel, 125, 126, 131, 137, 148, 151, 167, 179, 180.
Hasteville (Marie de), fille de Jacques, 179, 180.
Hasteville (Me Nicolas de), enquêteur, 59.
Hasteville (Me Jean de), 89, 90.
Hasteville (Françoise de), 119.
Hastevillette (le sr de), 151.
Haucourt (le sr de). *Voy.* Mailly (François de).
Hazard, soldat, 103.
Hémont (le sr de), 112.
Hémont (Catherine de), femme du baron de Bully, 112, 149, 154.
Hémont (la fille du sr de). *Voy.* Hémont (le sr de).
Hémont (Dlle Nicole de), 118.
Hemie ou Hesmy (le sr de), 151.
Henri II, roi de France, 5, 55.
Henri III, roi de France, 24, 26, 50, 51, 53, 57.
Henri IV, roi de France, 78, 80, 81, 83, 84, 85, 86, 99, 123, 187.
Henri Ier, roi d'Angleterre, duc de Normandie, 187.
Henri V, roi d'Angleterre, 77.
Henri VI, roi d'Angleterre, 77.

Hequembourg ou Requembourg (?) (Simonne), 131.
Hérichon (Marie), 36.
Héricourt (Marie), 122.
Héritier (Marie), 55.
Herlens ou Herlent (Pierre), chaussetier à Neufchâtel, 59, 60, 125, 140.
Herlent (Nicole), fille du chaussetier de ce nom, 125.
Herlent (Abel), fils d'un chaussetier de Neufchâtel, 121.
Herlent (Jeanne), 91.
Hermanville (le sr de). *Voy.* Magnerey (Antoine).
Heuderon (Mo Jean), prêtre, 154.
Hiesse (Anne), 166.
Hiesse (Germain), contrôleur alternatif du magasin à sel de Neufchâtel, 137, 150.
Hiesse (Marguerite), 88.
Hoqueton (Eloy), 9.
Horcholle (un nommé), 98.
Horcholle (François), 136, 140.
Horcholle (Françoise), 136, 140, 180.
Horcholle (Gieffroy), brasseur, 110.
Horcholle (Marie), 181.
Horcholle (Vincent), tanneur, 159.
Hucher (Hubert), 159.
Hucher (Nicole), fille de Hubert, 159.
Hucher (Charles), 165, 168.
Huideron ou Heuderon, *Voy.* Heuderon.
Hullin (Me Robert), avocat, 32, 97, 158, 159, 164.
Hullin (Me Robert), prêtre, fils de Robert, 159.
Hure ou Huré (Louis), 175.

Imbleville (le sr d'). *Voy.* Le Camus (Me Antoine).
Isaucourt. *Voy.* Iaucourt, Yaucourt.

Jérémie, 206.
Joinville (le prince de). *Voy.* Guise (le duc de).
Joyeuse (François de), cardinal, archevêque de Rouen, 122.

21

Joyeuse (le Père Ange de), capucin, 107.
Joyeuse (Anne, duc de), gouverneur de la Normandie, 50, 55, 60.
Joyeuse (la maréchale de). *Voy.* Batarnay (Marie de).
Julian (Noël), prêtre de Notre-Dame de Neufchâtel, 164.

La Barrière, soldat, 91.
La Bellière (le s^r de), 151.
La Berquerie (le s^r de), 151.
La Borde. *Voy.* De la Borde.
La Boucherie, capitaine, 100.
Laboure (Martin), 159.
La Bruière ou La Brière (le s^r de). *Voy.* De Glesquin (Antoine).
La Caille, vice-bailly de Caux, 10.
La Chastre ou La Châtre (le s^r de) capitaine de la Ligue, 86.
La Coudre, 92.
La Ferté (le s^r de). *Voy.* Saint-Ouen (Nicolas de).
La Fontaine, soldat, 131.
La Force (le marquis de), gouverneur de Béarn, 173.
La Forest (le s^r de), 151.
La Forest, soldat, 94.
La Fosse (le s^r de), 151.
La Fresnoye (Jacques de), avocat, 159.
La Fresnoye (Macette ? de), 168.
La Fresnoye (Pierre de), 159.
La Gaillarde (le s^r de). *Voy.* Le Fèvre (Charles).
La Goullaye (le s^r de). *Voy.* Du Mesnil (Jacques).
La Grange d'Arquien, s^r de Montigny, 81, 116.
La Houperie (le s^r de). *Voy.* Tricotté (Samuel).
Lamandier, 101.
La Mailleraye (le s^r de). *Voy.* De Moy (Jean).
La Marck (Robert de), duc de Bouillon, lieutenant général en Normandie, 87, 136.

L'Amy ou Lamy (frère Germain), prieur de Bernesault, 191, 193, 209.
La Moissonnière (le s^r de). *Voy.* Aubert (Socrate).
La Moyenne. *Voy.* Bergny (Anne de).
La Motte. *Voy.* De la Motte.
Langlet (le s^r), gentilhomme, 108.
Langlois (Georges), s^r du Plaimbosc, trésorier général de France, 69.
Langlois (Jean), 104.
Langlois (Jean), soldat, 96.
Lancien ou L'Ancien, (un surnommé), 98.
Lanquetot (le s^r de). *Voy.* Maignart (Charles).
La Pierre, soldat, 77.
La Pinelière, gouverneur de Neufchâtel, 88, 89.
La Place. *Voy.* De la Place.
La Forest (le s^r de), 12.
La Rocheguyon (le s^r de), 26.
La Pierre (le s^r de), 56.
La Meilleraye (le s^r de). *Voy.* De Mouy (Jean).
La Sale Hediart. *Voy.* De Cacqueray.
La Selle (les de), 198.
La Serpe, soldat, 95.
La Trappe, capitaine, 23, 73.
La Vache (Me Jean), président de l'Election d'Arques, 99.
La Ville. *Voy.* De la Ville.
Lapostole, lieutenant de bailli, 105.
Lasnier (Anne), 77, 78, 158.
Lasnier (Me Jean), grenetier à Neufchâtel, 29, 88.
Lasnier (Jacques), 32.
Lasnier (Simon), 92, 121, 127.
Larcher (Nicolas), conseiller en la cour des Aides de Rouen, 37.
La Vigne, soldat, 91.
Le Beau (Me René), s^r de Sauzelles, maître des Requêtes, 115.
Le Bailly (Pierre), s^r de Villy, vicomte à Neufchâtel, 2, 199.
Le Bailly (Me Jean), président de la chambre des Comptes de Paris, 39.

— 259 —

Le Blanc, sr du Raullet, 74.
Le Blond (Catherine), 134.
Le Blond (Françoise), 110, 121.
Le Blond (Gieffroy), 92.
Le Blond (Jacques), avocat à Rouen, 136.
Le Blond (Me Jacques), contrôleur du magasin à sel, 136, 150, 164.
Le Blond (Jacquet), 136.
Le Blond (Jacques), fils de Nicolas, 60.
Le Blond (Me Louis), curé de Ste-Beuve, 136.
Le Blond (Me Nicolas), avocat, 129, 142.
Le Blond (Nicolas), drapier, 44, 60, 78.
Le Blond (Nicolas), laboureur, 106.
Le Blond (Pierre), curé de Notre-Dame de Neufchâtel, 145.
Le Blond (Roger), 44, 65.
Le Blond (Roger), dit Boscbourdet, 96, 106, 167.
Le Bon (Me Archambault), contrôleur des tailles à Neufchâtel, 25, 32, 59, 100.
Le Bon (Me Archambault), receveur du domaine à N. (le même?), 129.
Le Bon (Marie), 166.
Le Bon (Nicolas), mesureur, échevin de Neufchâtel, 59, 91, 92, 138, 142, 143, 152, 166.
Le Bon (Nicole), fille de Nicolas, 138.
Le Bon (Anne), 153.
Le Bon (Me Nicolas), avocat, 100, 121, 153, 157, 181.
Le Boullengier, (Me Adrien), procureur, 88.
Le Boulenger (Me Pierre), greffier en l'élection de Neufchâtel, 114, 169, 170.
Le Boulenger (César), avocat, fils de Pierre, greffier, 162, 170.
Le Boullengier (Nicolas), greffier de Londinières, 121.
Le Boulangier (Me Nicolas), avocat au parlement, 140.
Le Boullengier (la femme d'Adrien), 88.
Le Boullengier (Nicolas), greffier du Pont-Audemer, 18.

Le Boullengier (Adrian), son fils, 18.
Le Bourgeois (Jean), 179.
Le Brumen (Louis), greffier de la vicomté, puis lieutenant du bailli de Caux à Neufchâtel, 112, 141, 142, 144, 152, 162, 163, 174, 176, 181.
Le Brumen (Louis), son fils, avocat, 157.
Le Brumen (Louise), fille du lieutenant du bailli de Caux, 181.
Le Brumen (Marion), 36.
Le Brumen (Suzanne), 165.
Le Brumen (Thomas), hôtelier de N., 48.
Le Camus (Me Antoine), sr d'Imbleville, président à Paris, 111.
Le Carpentier (Antoinette), fille de Pierre, 103.
Le Carpentier (Françoise), 17, 104.
Le Carpentier (Jacques), avocat du roi à Neufchâtel, 3, 5.
Le Carpentier (Me Jacques), de la ville d'Eu, second Elu de Neufchâtel, 99, 102.
Le Carpentier (Pierre), avocat du roi, 20, 32, 36, 103.
Le Chesne, soldat, 78.
Le Chevalier (Claude), tonnelier, 169.
Le Chevalier (Michel), 140.
Le Clerc (Adrien), prieur de l'hôpital de Neufchâtel, 162.
Le Clerc (Anne), fille de Nicolas, 148.
Le Clerc (Leonnet), 27, 34.
Le Clerc (Marie), 43.
Le Clerc (la femme de Christophe), 63.
Le Clerc (Christophe), boucher, 63.
Le Clerc (Gillon), fille de Nicolas, 135.
Le Clerc (Me Nicolas), avocat, puis second avocat du roi, 107, 109, 126, 135, 148, 181.
Le Clerc (Nicolas), avocat, fils de Nicolas, second avocat du roi, 180.
Le Clerc (Me Nicolas), bailli vicomtal de Londinières, 177, 178, 180.
Le Clerc (Pierre), 116, 130.
Le Clerc, soldat, de Compainville, 83,

Le Couturier (Denis), commis à la gabelle d'Eu, 145.

Le Fèvre (Me Adrien), procureur du roi en la vicomté de Neufchâtel, fils de Guillaume, 172, 178.

Le Fèvre (Me Adrien), avocat commun au siège de Neufchâtel, 162.

Le Fèvre (Me Charles), sr de la Gaillarde, conseiller au parlement de Rouen, 147.

Le Fèvre (La fille de Guillaume), 145.

Le Fèvre (Jean), marchand, 103, 168.

Le Fèvre (Guillaume), son fils, 103.

Le Fèvre (Gieffroy), maître du logis, le *Chapeau rouge*, 143, 170, 182.

Le Fèvre (Me Guillaume), contrôleur, puis président en l'élection de Neufchâtel, 112, 126, 145, 172, 178.

Le Fèvre (Laurent), dit Guion, tanneur, 90.

Le Fèvre (Marguerite), 124.

Le Fèvre (Nicolas), avocat, 19, 117.

Le Fèvre (Me Pierre), prêtre, 163.

Le Grand, archer, 127.

Le Grand (Pierre), 104.

Le Grand (Louise), 36, 105.

Le Grand (Antoinette), 89.

Le Guerchois (Me Hector), avocat-général au parlement de Rouen, 145.

Le Heurteur, (Gaston), 173.

Le Heurteur (Gieffroy), fils de Jean, 74, 163.

Le Heurteur (Isaac), procureur commun de Neufchâtel, 140.

Le Heurteur, (Jean), 16, 34, 54, 60, 74, 91.

Le Heurteur (Jean), fils du précédent, 34, 47.

Le Heurteur (la femme de Jean), 16.

Le Heurteur (Nicolas), enquêteur, 18.

Le Heurteur (Nicole), femme du grenetier Engren, 19, 90.

Le Heurteur (Me Pantaléon), prêtre, 60.

Le Heurteur (Pierre), 173.

Le Heurteur (Pieronne), 173.

Le Heurteur (Robert), 164.

Le Hoste, ou L'Hoste, ou Lhoste, 10.

Le Jumel (Nicolas), sr de Lisores, procureur général du roi au parlement de Rouen, 128.

Le Long (Jean), criminel, 30.

Le Maître (Me Georges), avocat, 88.

Le Marchand (Gaspard), sr d'Outrelaise, avocat-général à la cour des Aides de Rouen, 106.

Le Mercier (Me Guillaume), dit *Poteret*, curé de Saint-Pierre de Neufchâtel, 15, 53.

Le Monnier, (Ma Pierre), chapelain de Saint-Pierre de Neufchâtel, 107, 147.

Lenard (François), avocat, 183.

Le Normand (Marie), 129.

Le Pesant (le sr), bailli de Longueville, 99.

Le Pesant (Ysabeau), sa fille, 99, 104.

Le Picard (Ma Jean), bailli d'Aumale, seigneur de Saint-Ouen, 165.

Le Prévost (Thomas), sergent royal à Neufchâtel, 120.

Le Porc (Nicolas), sr de Drauville, lieutenant du bailliage de Saint-Pierre, à N., 3.

Le Porc (Pierre), vicomte de N., 199.

Le Prêtre (Guillaume), sieur de Mernicourt, trésorier de France, 106.

Le Prévost (Daniel), 182.

Le Roux (Claude), président au parlement de Rouen, 144.

Le Roux (Nicolas), président au parlement de Rouen, 144.

Le Roux (Nicolas), sr de Bourgtheroulde, président au parlement de Rouen, 113.

Le Roux (Robert), sr de Tilly, conseiller au parlement de Rouen, 46, 51.

Le Roux (Me Philippe), lieutenant général au bailliage de Caux, sr de Touffreville, 48.

Le Roy (Me Jérôme), 37, 45.

Le Roy, (Me Jacques), curé de Fesques, 64.

Le Roy (Antoinette), 133.
Le Roy (Cyprien), 152.
Le Roy (Jérôme), président en l'élection de Neufchâtel, 37, 45.
Le Roy (Me Jean), contrôleur au magasin à sel de Neufchâtel, 21, 26, 27, 28, 46, 61.
Le Roy (Françoise), sa fille, 46, 92.
Le Roy (Me Jérôme), conseiller du roi et procureur de la connétablie de France, 36, 117.
Le Sage (Toussaint), tavernier, à l'enseigne du *Soleil*, 169.
Lescuier (Etienne), 104.
L'Escuyer (Nicolas), curé de Bully, 76, 78.
Le Soyer, (Me Adrian), lieutenant général du bailliage de Caux, 81, 112.
Le Soyer (Madeleine), 154.
Lestendart (Loys), seigneur de Bully, 90, 151.
Lestendart ou L'Estendart (Anne de), seigneur et baron de Bully, 112, 132, 149, 151, 179.
L'Estendart (damoiselle Anne de), fille d'Anne, baron de Bully, 179.
L'Estendart (Jean de), baron de Bully, gouverneur de Neufchâtel, fils de Pierre, 142, 146, 147, 154.
Le Tellier (Pierre), berger, 103.
Le Tellier (Antoine), dit La Chesnaye, 81, 82.
Le Tourneur (Jean), voleur, 177.
Le Vacher (Nicolas), syndic de N., 90, 114.
Le Vacher (Marguerite), fille de Nicolas, 114, 169, 170.
Le Vallois, contrôleur à l'élection de Neufchâtel, 55.
Le Vasseur, laboureur, député du Tiers-Etat, 62.
Le Veneur, (Tanneguy), sr de Carrouges, 64.
Le Villain (Catherine), 130.
Le Villain (Marie), 129.

Lesley (Jean), évêque de Ross, en Ecosse, 47.
Le Sueur (Jean), voleur, 126.
Lisores (le sr de). *Voy.* Le Jumel (Nicolas).
Lhoquet, Choquet? (Hubert), 182.
Longueville (ducs de), 196.
Longueville (Henri I d'Orléans, duc de), gouverneur de la Normandie, 158.
Lormel (Cardin de), 162.
Lormel (Jean de), 19.
Lormel (Michel de), drapier, 90.
Lormel (Robert de), tabellion, 163, 165.
Lormel (François de), fils de Robert, tabellion, 163, 165.
Lormel (Me Denis de), tabellion, à Neufchâtel, 167.
Lormel (Me Denis de), avocat, 163.
Lormel (Jacqueline de), fille de Robert, 165.
Lormel (Me Pierre de), médecin, 137.
Lormel (Robert de), tabellion à N., 164, 165.
Lorraine (Charles de), duc d'Aumale, 66, 74, 85, 177.
Lorraine (Charles, duc de), 77.
Lorraine (Henri I de), duc de Guise, dit le Balafré, 32, 33, 45.
Rois de France :
Louis IX, ou saint Louis, 30, 77, 133.
Louis XI, 40, 77.
Louis XIII, 111, 130, 141, 142, 160, 171, 173, 209, 210, 213.
Louis (Jean), capitaine du château de Rouen, 70.
Louison, fille de la ville d'Eu, 155.
Luther, 206.

Magnerey (Antoine de), baron d'Hermanville, gouverneur de N., 35, 50, 64, 65, 91.
Maillard, maître des requêtes, 49.
Maillard (Me Nicolas-Jean), prêtre, 110.
Mailly (Charles, ou plutôt François de), sr de Haucourt, 31, 144, 146, 151.

Mailly (Edme de), s' de Haucourt, 42.
Maleheue ou Malheüe (Marie), 149. *Voy.* aussi De Malheue (Hildevert).
Malgrange (M° Cyprien), commis au greffe du bailliage de Neufchâtel, 159.
Mallot ou Mallet? (M° Nicolas), bailli d'Aumale, 47.
Mallet, receveur d'Aumale, 35.
Mallet (Jeanne), fille du précédent, 35.
Mansel (Antoine), prieur de l'hôpital de Neufchâtel, 8, 14, 15.
Mansel (Anteaume), prieur de l'Hôtel-Dieu de N., 78.
Maignart (M° Nicolas ou plutôt Charles), s' de Bernières, président au parlement de Rouen, 109, 145.
Maignart (Charles de), son fils et successeur, 145.
Maillard (M° Nicolas-Jean), chapelain de Saint-Jacques de Neufchâtel, 110.
Marc (Pierre) lieutenant du vicomte de Neufchâtel, 7, 8, 11.
Marbrier (Pierre de), grenetier du magasin à sel de Neufchâtel, 1.
Marginet (Jean), teinturier, 36.
Marguerite (la reine), 76, 77.
Marinte ou Mavinte, 102.
Marois (Antoine), avocat, 15.
Marois (M° Antoine), procureur du roi, 26, 27, 28, 29, 79, 100, 102, 111, 112.
Marois (M° Pierre), avocat, 65.
Marois (la Baillive), 25.
Marqués ou Marquez? teinturier à Neufchâtel, 33.
Martel (Adrian), s' de Bollebec, conseiller au parlement de Rouen, 136.
Martel (François), curé d'Etran, 160.
Martel (François I), seigneur de Fontaine, gouverneur de Neufchâtel, 89, 92, 93, 94, 96, 97, 99, 101, 134, 141, 142, 171, 172.
Martel (Jacques), le bâtard de Basqueville, 25.
Martel (Guillaume), abbé de Beaubec, 94.
Martin (frère), *Voy.* Onguer (Félix).

Martin (Louise), abbesse de Bival, 156.
Martin (M° Pierre), curé de Quiévrecourt, 57.
Martinbosc (Marian de), conseiller au parlement de Rouen, 51.
Mascarel, *Voy.* Masquarel.
Masquarel ou Masquerel (François), baron du Bosegieffroy, 111, 132, 142, 146.
Masquarel ou Masquerel (Antoine III), baron d'Hermanville, gouverneur de Neufchâtel, 28.
Mathieu, ermite, fondateur de Bernesault, 187, 190, 194, 209.
Mathonville (le s' de). *Voy.* Grouchy (de).
Maubuisson (le s' de), 119.
Maucomble (le s' de). *Voy.* De Pardieu. (Jacques).
Mauger (frère Jean), prieur de l'hôpital de Neufchâtel, 14, 15, 16, 78.
Mayenne (Charles de Lorraine, duc de), chef de l'armée de la ligue, 14, 70, 85, 86, 89, 91, 135.
Mensire (Jacques), brasseur, 18.
Mensire (Jean), brasseur, 59, 167.
Mercier, de Paris, 115.
Mercier (Antoine), procureur du roi à N. 18.
Merlier (Marc), archer du vice-bailli de Caux, 176.
Mernicourt (le s' de). *Voy.* Le Prêtre (Guillaume).
Mesnil-Bourdet (le s' de), 151.
Mesnières (les de), 198.
Mesnières (dame de), 17.
Métas. *Voy.* Métau.
Métau (M° Vincent), prêtre, 130, 164.
Métau (M° Vincent), avocat, 107, 129.
Michel (le frère), Augustin), 29.
Michon, maître des Comptes, à Paris, 49.
Milleville (le s' de), 151.
Mindorge (M° Charles), 177.
Mireville, soldat, 94.
Miton (Adrien), président en l'élection de

Neufchâtel, l'auteur du *Mémoire*, à presque toutes les pages.

Miton (Adrien I), fils de l'auteur, conseiller assesseur, certificateur de décrets, 16, 105, 108, 109, 123.

Miton (Adrien), petit-fils de l'auteur, 108.

Miton (Anne), fille de l'auteur, 29, 107, 109.

Miton (Antoine), fils de l'auteur, 65, 140.

Miton (Catherine), fille de l'auteur, 19.

Miton (Catherine), IIe du nom, fille de l'auteur, 25.

Miton (Charles), fils de l'auteur, 17.

Miton (Me Charles), conseiller assesseur à Neufchâtel, et bailli de Bures, 164, 169, 170, 176, 178.

Miton (Adrien), fils de Charles Miton, assesseur, 170.

Miton (Marguerite), fille de Charles Miton, assesseur, 168.

Miton (Madeleine), fille de Miton, assesseur, 170.

Miton (François), fils de l'auteur, 17.

Miton (Me Georges), fils de l'auteur, avocat, 96, 134, 135, 170, 175.

Miton (Guillaume), fils de l'auteur, 34.

Miton (Jacques), cousin de l'auteur, grenetier de la ville d'Eu, 32, 128.

Miton (Jacques), fils de l'auteur, 24.

Miton (Jean), fils de l'auteur, 59.

Miton (Louise), fille de l'auteur, 22.

Miton (Marguerite), fille de l'auteur, 47, 164.

Miton (Nicolas), fils de l'auteur, religieux au prieuré de Longueville, 37, 100, 122.

Miton (Adrien II), fils de l'auteur, 73.

Miton (Antoine), avocat, lieutenant des Eaux et Forêts à Neufchâtel, père de l'auteur, 5, 35.

Miton (Jean), mercier de la ville d'Eu, 148.

Miton (Jean), valet de chambre du roi, 18, 44.

Miton (Jacques), valet de chambre du roi, 44.

Miton (Jean), grenetier de Mers, valet de chambre du roi, 46.

Miton (Jeanne), 18.

Miton (Marguerite), fille de Charles Miton, bailli de Bures, 168.

Miton (Me Nicolas), curé de Saint-Pierre de Neufchâtel, 53.

Miton (Noel), oncle de l'auteur, 25.

Miton (Me Richard), lieutenant-général au comté d'Eu, fils de Miton, receveur à Eu, 34, 52, 179.

Miton (Richard), receveur du comté d'Eu, 34, 88.

Miton, son fils, 34.

Mnémosyne, 196.

Moinet (Me Charles), s^r Desnoyers, verrier, 64.

Moïse,, 202.

Moland (Jean), 90.

Mons (la fille du s^r de), 99.

Morel de la Tour (Me Louis), prévôt de Neufchâtel, et de la connétablie de France, 100, 101, 102, 103, 104, 105, 107, 126, 127, 131, 149.

Montérollier (le s^r de). *Voy.* Peverel (François de).

Montgommery (Gabriel, comte de), 42.

Montigny (le s^r de), *Voy.* La Grange d'Arquien.

Mont-Landin (le s^r de), 12, 151.

Montmorency (le connétable Henri de), 127.

Montmorency (le maréchal de), 20.

Montpellé (Daniel de), 32.

Montpensier (Henri de Bourbon, duc de), gouverneur de la Normandie, 81, 102, 108, 123.

Montpinchon ou Mont-Pinson (le s^r de) 171, 172.

Morgny, sergent-major, à Neufchâtel, 92

Morin (Claude), charpentier, 138.

Morissè, 119.

Morot (Jean), prêtre, 91.

Morot (Louis), orfèvre, 166.
Morot (Jean), orfèvre, 23.
Mouchard (Gieffroy), 125, 139.
Mouchard (Jacques), 165.
Mouchard (Vincent), procureur syndic de Neufchâtel, 9, 15, 26, 27, 28, 46.
Mouchard (Marie), 143.
Mouchard (Françoise), 153.
Mouchard (Nicolas), drapier, fils de Vincent, 46.
Mouchard (Nicolas, 134.
Mouchard (Vincent), dit des Hallettes, 159, 164.
Mouchy (le s^r de), *Voy.* Tardieu (Richard).
Mouchy-Campneuseville (le s^r de), 153.
Mouchy (Charles de), s^r de Memont et de Senarpont (?), 151.
Mouchy (Claude de), 153.
Mouchy (Jean II de), s^r de Senarpont, 12, 16.
Mouchy (d^{lle} Marie de), 153.
Mouchy (Charlotte de), 16.
Mouflet (Perrette), 116.
Mouthard. *Voy.* Mouchard.
Mouton de Neufbosc (un surnommé), 169.
Mussart (le Père Vincent), provincial de l'ordre de Saint-François, 132.

Nassau (Maurice) comte de), 84.
Nassau (Philippe, comte de), 84.
Nesle (le s^r de). *Voy.* Boulainvilliers (Jean de).
Neslette (le s^r de), 151.
Neufville-Ferrières (le seigneur de). *Voy.* Doullé (Antoine).
Neuville-Ferrières (le fils du s^r de), 72.
Neuville-Ferrières (la fille du s^r de), 29, 35.
Neuville (madame de),. *Voy.* Clères (Anne de).
Nevers (prince de), 135.
Niantor (s^r de)? 49.

Nicolas (le frère), prieur de Bernesault, 204.
Nicourt. *Voy.* Neufchâtel.
Noel, religieux du Tiers-Ordre, moine de Bernesault, 207.
Noel (frère Pierre), moine et sous-prieur de l'hôpital de Neufchâtel, 19, 139.
Nogaret de la Valette (Jean-Louis), duc d'Epernon, gouverneur de la Normandie, 60, 61.
Normand (Antoinette), 44.
Normand (Pierre), 44.

Onguer ou Unger ? (Félix), prieur de Bernesault, 204, 205, 209.
Orléans (François d'), comte de Saint-Paul, 73.
Outrelaise (le s^r d'). *Voy.* Le Marchand (Gaspard).

Pachon ou Pachou, 101.
Paillas (Jeanne), 59.
Palcheul, gouverneur de Neufchâtel, 21, 71, 72, 73, 78, 79, 80, 82, 86, 87.
Palmerie (?) (duc de), 85.
Parme (le duc ou le prince de). *Voy.* Farnèse (Alexandre).
Patris (Jean), huissier en l'élection de Neufchâtel, 138.
Patte (Me Jean), prêtre, 78.
Paul V, pape, 118.
Péricard (Guillaume), chanoine et prieur de Sainte-Radegonde, 13.
Péricard (le capitaine), 26.
Péronne, femme de Bodin (Christophe), 58.
Pennier (Nicolas), soldat, 101, 102.
Pesant. *Voy.* Le Pesant.
Petit (Anne), 153.
Petit (Denise), 168.
Petit (Pierre), mercier, 167.
Petit (la femme de Pierre), mercier, 167.
Petit (Antoine), 145.
Petit (Pierre), bourgeois de Neufchâtel, 31.

Péverel (François de), s^r de Montérollier, 25, 151.
Philémon, 193.
Philippe II, roi d'Espagne, 173.
Piart (Me Antoine), avocat du roi, 118, 123.
Piart (Jacques), 118.
Piart (Marc-Antoine), 148.
Piart (Marguerite), 169.
Picart ou Picard (Me Antoine), d'Aumale, 28.
Picart (Alexandre), fils d'Antoine, avocat du roi, 167.
Picart (Me Antoine), avocat du roi, 78, 167.
Picart (Me Antoine), greffier, 26, 27, 28.
Picart (Me Antoine), d'Aumale, élu dans l'élection de Neufchâtel, 164, 181.
Picard. *Voy.* Le Picard (Me Jean).
Pierrecourt (le s^r de), lieutenant du bailliage de Caux, 76.
Piennes (Halleville s^r de), gouverneur de Neufchâtel, 10.
Pimont (le s^r de), 151.
Pimont (Marguerite), 129.
Pinguet (Jean), mercier, 181.
Plaimbosc (le s^r du). *Voy.* Langlois (Georges).
Poisblanc (Me Estienne), procureur commun à N., 125.
Poisblanc (Me Estienne), contrôleur élu des tailles en l'élection de Neufchâtel, 148.
Poisblanc (la fille de), de Dieppe, 180.
Pomméreval (le s^r de). *Voy.* Bourgoise (Mathieu).
Pomméreval (Isabelle, femme de Jacques du Mesnil, damoiselle de), 22.
Pont-Lorrain (le marquis de), 85.
Pont-Trencart (le s^r de), 12, 81, 151.
Porcheux. *Voy.* Palcheul.
Porcien (Antoine de Croy, prince de), 12.
Prestreval ou Presteval (le s^r de), 149.
Presteval (la fille du s^r de), 149.

Prestreval ou Presteval (Marie de), dame de Saint-Saire, 75, 76.
Poupart (Thomas), drapier, 158.
Poupart (Pierre), le jeune, 173.

Quef-de-la-Ville (du). *Voy.* Chef-de-Ville (de).
Quentin, prieur de Bernesault, 205, 206.
Quièvrecourt (le s^r de) *Voy.* De la Motte (Roger).
Quinton (Antoine), s^r de Lobez, 157.

Racinet, soldat de la ligue, 100.
Raulet ou Raullet ou Rollet. (Le Blanc, s^r du). *Voy.* Le Blanc.
Ravaillac, 123.
Regnard ou Renard (Antoine II), abbé de Bellosanne, 124.
René, duc d'Anjou, 77.
Restel ou Retel ? (Nicolas), 165.
Retel (Vincent), sergent royal à N., 163.
Riberpré (le s^r de). *Voy.* de Moy (Nicolas).
Ricarville (le s^r de), 9, 151.
Ricarville (Florentin de), s^r du lieu, 9, 151.
Ricarville, capitaine, 96.
Richard, *Voy.* Quentin.
Richelieu, prévôt de l'hôtel, 26.
Rigny (le s^r de), 151.
Rys ou Ris, (le s^r de). *Voy.* De Faucon (Alexandre).
Rivière (Alexis), sergent royal à N., 36, 154.
Rivière (Me Alexis), tabellion et greffier de la vicomté de Neufchâtel, 119, 170, 174, 175, 178.
Rivière, fils d'Alexis, 178.
Rivière (Catherine), fille d'Alexis, greffier de la vicomté de Neufchâtel, 170.
Rivière (Charlotte), 154.
Robert ou Roberte, moine, 23.
Roger, meunier à Neufchâtel, 120.
Roi de Navarre. *Voy.* Henri IV.
Roinard (Jean), sergent en l'élection de Neufchâtel, 141.

Roinard (Gabriel), fils de Jean, 141.
Roncherolles (le s^r de), 151.
Rosay (le s^r de), 152.
Ross (évêque de). *Voy.* Lesley (Jean).
Rossignol (Me Jean), procureur commun à Neufchâtel, 112.
Roussel (Me Bontemps), chapelain de Saint-Jacques de Neufchâtel, 133.
Roussel (Me Nicolas), curé de Saint-Vincent près Neufchâtel, 58.
Roussel (Richard), contrôleur du magasin à sel d'Eu, 52.
Roussel (Françoise), 140.
Ruaut ou Rouaut (Joachim), s^r de Gamaches, 44.
Rubempré (le s^r de). *Voy.* Bourbon (Messire André de).
Ris ou Rys (le s^r de). *Voy.* Faucon (Me Alexandre).

Sadet (Alexis), commis au greffe de Neufchâtel, 167.
Sadet (Me Guillaume), receveur du domaine à Neufchâtel, 158, 159.
Sadet (Nicolas), fils de Guillaume, 159.
Sainte-Agathe (le s^r de), 151.
Saint François, 132.
Saint-Germain (le s^r de). *Voy.* Casaut (Nicolas de).
Saint Hubert, 46.
Saint Louis. *Voy.* Louis IX.
Saint-Marin (le s^r de), 151.
Saint Nicolas, 46.
Saint-Ouen (Nicolas de), s^r de la Ferté, 168.
Saint-Ouen (Me Charles de), avocat à Gournay, 148.
Saint Picot, cordelier ? 81.
Saint-Pol (Louis de Luxembourg, comte de), 40.
Saint-Pol ou Saint-Paul (comte de). *Voy.* Orléans (François d').
Saint-Saire (le s^r de). *Voy.* Boulainvilliers (Samuel de),

Saint-Saire (la dame de). *Voy.* Prestreval (Marie).
Samuel (Pierre), 181.
Saonnier (Me Jean), curé de Saint-Jacques de Neufchâtel, 17.
Saonnier (Jean), prisonnier à Dieppe, 79, 92, 165.
Sarvenier (Jean), 181.
Secousse (Nicolas), mercier, 18.
Segrestain (Jehanne de), dame de Basqueville, 93.
Semoullins (Archambault de), boucher, 121.
Senarpont (le s^r de). *Voy.* Mouchy (Jean II de).
Seré, religieux de Bernesault, 13.
Sigongnes (René de Beaux-Oncles, s^r de), gouverneur de Dieppe, 43.
Sixte-Quint, pape, 61.
Sorquainville (le s^r de), 72.
Soufrent (Nicolas-Vincent), dit Gros-Yeux, 177.
Soyer (Madeleine), 38.
Suisse (le nommé), 95.

Talbot, habitant de Neufchâtel, 14.
Tanchon, prévôt de Paris, 39.
Tardieu (Richard), s^r de Mouchy, 32.
Tardieu (Antoinette), 53.
Tavannes. *Voy.* De Sauix (Jean).
Tessier ou Texier, prieur de Bernesault, 204.
Thibermesnil (le s^r de). *Voy.* Bigot (Emery).
Thomas (Me Nicolas), président au parlement de Rouen, 53.
Thomas (Me Jean ou plutôt Nicolas), s^r de Verdun, président au parlement de Rouen, 7, 113, 145.
Tiberge, religieux du Tiers-Ordre, moine de Bernesault, 208.
Tibout ou Tiboult (Me Toussaint), docteur en théologie, 33.
Tilly (le s^r de), *Voy.* Le Roux (Robert),

Tocqueville (le s^r de), 96, 149.
Torchy ou Torcy (madame de), 167.
Trenet, 179.
Trente (Jean), 60.
Trente (Jérôme), 110.
Tricotté (Me Jean), grenetier, 12, 21, 29, 66, 150.
Tricotté (Me Louis), lieutenant particulier des Eaux et Forêts de Neufchâtel, 119.
Tricotté (la fille de Jean), 46.
Tricotté (Suzanne), fille de Jean, 62, 164.
Tricotté (Michel), 23.
Tricotté (Samuel) s^r de la Houperie, 154, 166, 178.
Tricotté (le fils de) Samuel, 178.
Trousse ou Troussé (Pierre), 90 91.
Turquet (Claude), sergent de la forêt du Hellet, 70.

Unger? *Voy.* Onguer.

Valetier (Me Toussaint), prêtre de Saint-Jacques de Neufchâtel, 164.
Valois, prêtre, 177.
Varengo ou Varengot. *Voy.* Vassagne (Jean).
Varenne (Me Louis de), lieutenant particulier de la forêt d'Eawy, 59.
Varin (Me Jean), avocat, 44.
Varnier (Marin), 109.
Varnier (Nicolas), chaussetier, 20.
Varnier (Me Simon), peintre, 109.
Vassagne (Me Isaac), élu, 110, 128, 168.
Vassagne (Jacques), fils d'Isaac, 168, 181.
Vassagne (Me Jean), grenetier du magasin à sel de Neufchâtel, dit Varengo ou Varengot, 5, 32, 48.
Vassagne (Me Jean), avocat, dit Varengo, lieutenant du roi à Neufchâtel, 65, 84, 96, 110.
Vassagne (Louis), fils d'Isaac, 168.
Vassagne (Antoinette), 66.

Vassagne (Catherine), 116, 168.
Vassagne (Charlotte), 110, 176.
Vassagne (Madeleine), fille de Me Pierre, 74, 131, 167, 180.
Vassagne (Me Pierre), élu de Neufchâtel, 8, 11, 12, 21, 27, 28, 37, 74, 89, 112, 168.
Vassagne (Me Isaac), fils de Pierre, élu à Neufchâtel, 37, 55, 60, 61, 64, 115, 116, 129, 162, 168, 181.
Vassagne (Marie), fille de Pierre, 89.
Vassagne (Françoise), 15, 17.
Vassagne (Nicole), fille d'Isaac, élu, 181.
Vassagne (Nicole), fille de Pierre, 168.
Vasseur, laboureur, 62.
Vauquelin (Guillaume), avocat-général au parlement de Rouen, 51.
Vendôme (prince de), 135
Verdun (s^r du). *Voy.* Thomas (Jean).
Vétier (Me Eustache), préélu en l'élection de Neufchâtel, 159.
Vidor (Jean), ou Vildor? prieur de St-Germain-sur-Eaulne, 22.
Videbout, tanneur, 153.
Viermes (le s^r de), député aux Etats-généraux, 62.
Viermez (le s^r de), maître des Eaux et Forêts de Normandie, 70.
Villars (le s^r de). *Voy.* Brancas (André de),
Villers (le s^r de), 16, 149, 151.
Villers (la fille du s^r de), 16, 149.
Villy (le s^r de), 151.
Vimont (le s^r de). *Voy.* De la Motte, (Charles).
Vincent (Thomas), commis au greffe du bailliage de Neufchâtel, 119.
Vincent (la fille aînée de), procureur, 140.
Vincent (Gédéon), 181.
Vincent (Jacques), chapelain de Notre-Dame de Neufchâtel, 122.
Vincent (Thomas), drapier, 153.
Viteaux (le s^r de), 151.

Vintelle (Guillaume de), lieutenant des forêts à Neufchâtel, 5.
Vion (M⁰ Estienne), curé d'Auzebosc, 62.

Vocor (Remy), mercier, 130.
Vougler. *Voy.* Bougler.

III. — TABLE ANALYTIQUE DES MATIÈRES.

Abbayes :
Beaubec, 13, 94.
Bellosane, 124.
Bival, 35, 99, 156.
Clair-Ruissel, 156.
Foucarmont, 95.
Montivilliers, 156.
Notre-Dame de Soissons, 122.
Sainte-Catherine-du-Mont, près Rouen, 197.
Saint-Josse-sur-Mer, 94.
Saint-Saëns, 156.
Séry, 56, 62, 92, 98.
Soissons, 120.
Tréport, 69.
Abbés :
Beaubec, 94, 197.
Bellosanne, 124.
Foucarmont, 95.
Séry, 56, 92.
Sainte-Catherine-du-Mont, près Rouen, 197.
Abbesses :
Bival, 99, 156.
Abjurations :
Calvinisme, 33.
Abondance :
Denrées diverses, 50, 111. *Voy.* Fertilité.
Affaire du curé d'Etran, près Dieppe, 160.
Allemands, 194, 206, 212.
Amendes :
En faveur des habitants de Neufchâtel (1), 26, 27.
Pour la tapisserie, 26, 27.
Amendes honorables, 31, 175.

Anglais, 84, 186.
Apothicaires de N., 88, 90, 91, 105, 116, 118, 125, 137, 138, 170, 182.
Armoiries de N. 200, 201.
Assassinats, meurtres, homicides, à N. et en divers endroits, 56, 58, 64, 65, 70, 81, 98, 108, 117, 119, 120, 121, 127, 138, 149, 167, 168, 173.
Assassinat mystérieux de la dame de Saint-Saire, 75, 76.
Arrivée à N. de la maréchale de Joyeuse et de Brancas, gouverneur de Rouen, 89.
Assaut au fort de la Ferté-en-Bray, 73.
Assemblée des Notables à Rouen, 144.
Assesseur. Voy. *Conseiller assesseur.*
Assises tenues à N., 162, 163, 171, 178.
Attaques contre N.
D'Alégre, 66.
Attaques en dehors de N. :
Contre le château de Catillon, à Argueil, 72, 97.
Contre la maison de Bétencourt, près d'Argueil, 73.
Aumale :
Surprise de la ville, 71.
Aventuriers. Voy. *Soldats aventuriers.*
Avocat général à la Cour des Aides, 106.
Avocat commun, à N., 162.
Avocats du Roi, à N., 3, 5, 16, 18, 19, 20, 36, 49, 54, 103, 118, 135, 148, 167.
Avocat du Roi (second), à N., 125, 181.
Avocats :
Neufchâtel, 3, 4, 5, 12, 17, 18, 19, 46, 47, 59, 61, 63, 65, 78, 83, 84, 88, 92,

(1) Un N. désignera désormais ce nom qui revient à chaque instant dans cette table.

104, 113, 116, 118, 126, 129, 134, 135, 141, 142, 145, 153, 157, 158, 159, 162, 163, 164, 165, 168, 170, 171, 173, 176, 181, 183.
Gournay, 148.
Rouen, 149.
Archevêque de Rouen, à N., 122, 138.
Bailliages :
Caux, 10, 11, 48, 53, 76, 80, 81, 112, 125, 150, 157.
Gisors, 80.
Vicomtal de Saint-Pierre, à N., 3, 4.
Baillis :
Aumale, 47, 73, 103, 121, 137, 158, 165, 168.
Bures, 140, 164, 169, 170.
Caux (de), 19, 20, 141, 152, 174, 178, 179, 181.
Eu, 179.
Gaillefontaine, 140.
Lignières, 105.
Londinières, 138, 176, 177, 180.
Longueville, 99.
Saint-Pierre, à N., 3, 4.
Baptêmes des enfants de Miton, 16, 17, 18, 19, 22, 24, 25, 29, 33, 37, 47, 59, 73, 95.
Barons :
Boscgieffroy, 11), 132, 142, 146.
Haucourt, 146.
Baronnies :
Bully, 112, 132, 142, 154.
Criquiers, 107.
Mesnières, 105.
Villers, 105.
Bergers accusés de sortilèges, 118, 127, 177, 178, 180.
BERNESAUT et mieux BERNESAULT, monastère aux portes de N.
1º Mémoires de Miton, 13, 17, 132, 133, 134, 139, 146, 163, 170, 180.
2º Poème de P. de Grouchy, 185-215.
Sommaire : Titre explicatif, 185. But, Motifs du poème, Invocation, 186. Anciens noms de N., 187. Etymologie de Bernesault, 187, 188. Mathieu de Brene ou de Berne, ermite, 188-189. — *Saliberna* (Bernesault) salut à Bernesault, 189. Mort de Mathieu, détresse de Bernesault, 190. Arrivée des religieux du Tiers-Ordre de Saint-François, 190-191. — Éloge du frère Germain Lamy, 191. Achat ou donation du terrain ; Roger de la Motte et sa famille, 192. Construction du nouveau couvent, 192-193. L'Eglise, 193-194. Le couvent, 194-203. Pillage de l'église, 194. Entrée par la Grande Porte et Le Tour, 194-195. Le Cloître peu étendu formait un carré ; colonnes corinthiennes en bois sculpté et peint ; armoiries sur les chapiteaux ou dans l'entablement, 195 ; c'étaient celles des grandes familles ou des bienfaiteurs de Bernesault, 196. Description d'une partie de ces armoiries, 196-200. Description du cloître. On y voyait : un grand orme, le réfectoire, la cuisine, les cellules, la grande salle conventuelle, les lambris, les poutres, le pavage, les sièges, la chaire, les vitraux, les fenêtres, les portes, un long vestibule, des fresques tirées de l'Ancien Testament, un escalier en vis, un campanile avec une horloge dont la sonnerie s'entendait à Neufchâtel, une pièce d'apparat, un bâtiment pour les voyageurs et les étrangers, une infirmerie pour le couvent, 200-203. Prieurs, supérieurs, gardiens, prédicateurs : Germain Lamy, frère Nicolas, Félix Onguer, Texier, Quentin, 203-205. Destruction de Bernesault. L'église transformée en écurie ; invasion du Calvinisme, 205-206. Reconstruction partielle par Quentin ; il entretient le culte ; sa mort, 206-207. La ruine est imminente, 207. Envoi des Cordeliers Noël et Baratte du Tiers-Ordre ; mœurs scandaleuses ; malversations de Tiberge, successeur, 207-208. Prière de saint François à la

Vierge, 208-210. Prière de la Vierge à son fils, 210. Réponse du fils; rappel des désordres de Bernesault; pardon accordé, 211-212. Discours de la Vierge à saint François d'Assise; sa prière sera exaucée; Bernesault se relèvera; la religion y refleurira; des pères de son choix le repeupleront, et, avant trois ans, les largesses de Louis Le Brumen, élève de Bernesault, auront rebâti un autre monastère, 213-214. Le poète s'adressant aux religieux dit qu'il décrira le nouveau monastère, si Dieu lui donne la vie et la vue; sinon, un autre s'en chargera, 214-215.

Bestialité, 119.

Béthune (La), 178, 187, 188.

Bigamie ou plutôt *Trigamie*, 119.

Blangy :
Réclamations des habitants contre les logements des gens de guerre, 41.
— Construction de murailles, 41.

Bois :
Aumale, 109.
Bailleul, 127.
Maubuisson, 160.

Bourgs :
Ault, 45.
Cayeux, 81.
Criel, 45.
Grandcourt, 10.
Saint-Saens, 110, 119. *Voy.* Noms de lieu.

Bourguignons, 5, 6.

Brasseurs, à N., 18, 59, 167, 180.

Brigandages : Voy. *Gens de guerre*.

Bulle du pape Grégoire XIV condamnée par le parlement de Rouen, séant à Caen, 80.

Calendrier :
Publication d'un nouveau, 43.

Calvinisme 11, 12, 15, 33, 166.

Calvinistes, 20.

Campagnes de Henri IV, en Normandie.

Voy. Henri IV dans les noms de personnes.

Capucins (ordre des), 156.

Capucines, 156.

Capucins de Calais :
Empoisonnement, 161.

Capucins de Paris, 109.

Carmes, 156.

Catholiques. Voy. *Ligueurs*.

Catillonnais (les) ou *Partisans de Catillon*, 68, 73, 83, 101.

Chaleurs (grandes). Voy. *Sécheresse* (grande).

Chambre des comptes à Rouen, 31, 54, 129, 143.

Chambre des comptes, à Paris, 39, 49.

Chambre royale, à Paris, 49, 51, 114.

Chancellerie de Rouen, 47.

Chapelles, à N. :
Saint-Louis, dans le château de N., 77.
Saint-Nicolas, église Notre-Dame, 182.

Chapelains d N., 110, 118, 122, 124, 133, 147, 153, 154, 163.

Chapelles hors de N. :
Aulage, 47.
Château de Nicourt, 76, 77.

Château de N., 29, 30, 32, 40, 50, 65, 68, 78, 82, 83, 86, 87, 92, 134, 135, 146, 187.

Châteaux, voisins de N. :
Argueil, 97.
Bailly-en-Rivière, 31.
Basqueville, 93.
Beauchêne, 44.
Blainville, 67.
Bouvreuil (de), à Rouen, 70.
Dieppe, 9.
Esclavelles, 3.
Eu, 45.
Fontaine-Martel, 97.
Mesnières, 2.
Rouen, 64, 70.

Chartreux de Gaillon :
Nomment à deux cures de N., 117.

Cherté de denrées diverses, 20, 53, 55,

57, 58, 59, 89, 104, 148, 155, 158, 160, 169.
Chirurgiens, 182.
Clergé de N. :
Va au-devant de Henri IV, 79.
Cloches des églises de N. :
Fondues pour artillerie pendant la Ligue, 14.
Collége des Jésuites, à Eu, 32.
Combats d'Aumale, 85.
Comète chevelue, vue à N., 139.
Commandants du château de N., 50, 86.
Commandeur de N., 123.
Commerce, 132.
Commis au greffe du bailliage de N., 159, 167.
Commissaires de la Chambre royale. Voy. Chambre royale.
Commissaire examinateur de N., 120.
Commissaires pour la réformation de la coutume de Normandie, 51, 53.
Communauté (la) ou *Commune* de N., 50, 129, 142.
Communes :
Criquiers, 81, 87.
Sévis, 106.
Complot pour livrer le château ou la ville de N., 78, 96.
Comtes :
Eu, 40, 41.
Confirmation donnée à N. par le cardinal de Joyeuse, 122.
Connétablie de France, 117, 126.
Conseillers :
Assesseur, à N., 160, 169, 170.
Assesseur certificateur de décrets de la vicomté de N., 123.
Cour des Aides de Rouen, 26, 27, 37, 108, 116, 180.
Parlement de Rouen, 13, 14, 106.
Conseil d'État, 134, 141, 144.
Conseil de la Sainte-Union, 65.
Contagion, à N., 59, 60, 140, 147, 163, 169.
Contrôleurs divers :

— De l'élection de N., 15, 112.
— Alternatif du magasin à sel de N., 150.
— Elu des tailles en l'élection de N., 148, 152, 166, 168.
— Général des finances à Rouen, 105, 130.
— Des tailles à N., 25, 35, 100, 147.
— Du magasin à sel de N., 12, 21, 26, 27, 36, 46, 59, 61, 129, 139, 147, 150, 164.
— Id., à Eu, 53.
Cordeliers, 156, 207, 209.
Corps de ville de N., 79.
Cour des Aides de Rouen, 55, 63, 154.
Coutume de Normandie :
Réformation, 51, 53.
Visite à N., 53.
Croix du Trahoir (Exécution à la), à Paris, 116.
Curés de N. :
Notre-Dame, 46, 61, 69, 72.
Saint-Jacques, 17, 58, 67.
Saint-Pierre, 4, 5.
Curés, hors de N. :
Angerville près Fécamp, 76.
Beaune-en-Gâtinais, 143.
Brémontier, 152.
Bully, 76, 134.
Epinay, 163.
Etran, 160.
Fesques, 64, 166.
Quièvrecourt, 57, 144.
Sainte-Beuve, 130.
Saint-Vincent près N., 58.
Débordements de la Béthune, à N., 121.
Décès divers, à N., 14, 18, 19, 20, 35, 36, 39, 41, 43, 44, 46, 47, 48, 49, 53, 54, 57, 58, 59, 60, 61, 62, 65, 69, 78, 83, 84, 88, 89, 90, 91, 95, 98, 100, 101, 104, 105, 106, 108, 110, 111, 112, 113, 116, 117, 118, 119, 120, 121, 122, 123, 124, 125, 126, 127, 129, 133, 134, 135, 136, 137, 138, 139, 140, 141, 142, 143, 144, 145, 146, 147, 148, 150, 151, 152, 153, 154, 157, 158, 159, 162,

163, 164, 165, 166, 167, 168, 169, 170, 171, 173, 174, 175, 176, 177, 179, 180, 181, 182, 183.
Décès hors de N., 10, 20, 36, 43, 44, 46, 47, 48, 49, 53, 54, 57, 58, 62, 64, 66, 69, 70, 76, 79, 80, 88, 90, 91, 92, 94, 98, 99, 103, 106, 107, 109, 181.
Décimes :
Fort onéreux, sous Henri II, 55.
Défaite de Catillon, partisan de la Ligue, près de N., 67, 73, 97, 98.
Démolition du château de N., 134, 135.
Députés de N. envoyés vers Louis XIII à Rouen, 141.
Députés de N. :
Etats généraux de Blois, 62.
Détresse générale, 75.
Disette de fruits et autres denrées de toute nature, 105.
Domaine du Roi, 129, 158, 159.
Donjon de N. Voy. *Château de N.*
Douaire établi sur N., 77.
Drapiers de N., 18, 135, 153, 158, 164, 182.
Duels, 111, 155.
Eaux et forêts à N. et aux environs :
Lieutenants à N., 3, 5, 35, 36, 53, 59, 119.
Lieutenants généraux en Normandie, 3.
Lieutenants généraux en Picardie, 3.
Lieutenant particulier de la forêt d'Eawy, 59.
Echevins de N., 142, 147.
Eglise :
Un des ordres de l'État, 62.
Eglises de N., 12, 15.
Notre-Dame, 3, 8, 11, 14, 31, 33, 37, 41, 46, 50, 61, 63, 69, 113, 117, 118, 122, 124, 129, 138, 139, 145, 153, 159, 163, 164, 165, 166, 169, 175, 177, 182, 183.
Saint-Jacques, 14, 17, 35, 38, 47, 58, 67, 82, 88, 110, 112, 113, 116, 124, 129, 133, 147, 150, 154, 164.
Saint-Pierre, 2, 13, 14, 15, 17, 20, 53, 147.
Saint-François, dans le couvent de Bernesault, près N., 164, 180.
Saint-Thomas de Cantorbéry, dans l'hôpital de N., 14.
Eglises, hors de N. :
Bully, 76, 78.
Innocents (les), à Paris, 54.
Neuville-Ferrières, 171.
Quièvrecourt, 78.
Saint-Godard, à Rouen, 181.
Saint-Ouen, de Rouen, 33.
Saint-Vincent, à Nogent-en-Bray, 60.
Election de N., 1, 15, 35, 36, 37, 55, 59, 99, 100, 109, 112, 121, 122, 126, 128, 130, 133, 138, 141, 145, 148, 159, 165, 169, 172, 180, 181, 182.
Elections hors de N. :
Arques, 53, 99.
Caux, 135.
Elections nouvelles, 15, 55.
Elections pour les Etats-généraux, 130.
Elus de N., 12, 15, 21, 24, 36, 60, 64, 102, 110, 128, 130, 133, 136, 167, 168, 172, 176, 181.
Elu subsidiaire, 112.
Second élu, 99.
Tiers Elu, 100, 133.
Préélu, 159.
Lieutenant d'Elu, 112.
Lieutenant particulier des Elus, 172.
Empoisonnement des Capucins, à Calais, 161.
Effondreurs de maisons, 57.
Enquête devant le parlement de Rouen sur un mariage projeté à N., 136.
Enquêteurs, 18, 58, 59, 62, 164.
Entrées de rois et de grands personnages à N. :
Henri IV, 78-79, 84.
Cardinal de Joyeuse, 122.
Entrée du duc de Joyeuse à Rouen, 44
Epices d'un procès, 27.
Ermitage de Saint-Antoine près N., 4, 48.

Espagnols, 85, 87, 102, 112, 124.
Etablissements hospitaliers de N. :
Hôtel-Dieu, 78, 133, 162.
Hôpital Saint-Jean. Voy. *Maladrerie de Saint-Jean-Baptiste.*
Etats-Généraux :
Blois, 37, 62.
Paris, 91, 130.
Etats de Normandie, 35, 128.
Eté chaud, 74. Voy. *Sécheresse* (grande).
Eté pluvieux, 127.
Evêchés :
Ross, en Ecosse, 47.
Excommunication des partisans de Henri IV par Grégoire XIV, 79.
Exécutions à N. et aux environs, 4, 9, 14, 26, 30, 37, 39, 56, 57, 78, 79, 80, 81, 82, 83, 91, 92, 94, 95, 99, 100, 101, 102, 103, 104, 105, 107, 108, 116, 119, 120, 124, 125, 126, 127, 130, 138, 150, 152, 153, 160, 175, 176, 177, 178, 179, 180, 181, 182.
Exercice illégal de la médecine à N., 182.
Expéditions contre N.
Alègre (d'), 66.
Aumale (le chevalier d'), 68.
Mayenne, 85, 86.
Montmorency du Hallot, 66.
Duc de Parme, 21, 85-88.
Expédition de Palcheul contre Câtillon, dans Argueil, 72, 73, 97-98.
— De Câtillon contre la maison de Palcheul, 73.
Familles normandes (noms de), à N. et dans le voisinage, 149, 151.
Faubourgs de N, 6.
Fertilité pour denrées de toute espèce, 106, 117, 127, 139, 170.
Financiers, 22, 115.
Flamands, 84.
Fontaine-Martel, gouverneur de N. :
Ses démêlés, avec les habitants, 134, 141-142, 171-172.
Son administration, 93, 96-97, 99.

Forêts :
Caudebec, 49, 94, 142, 161.
Eawy, 59.
Eu, 104.
Hellet (du), 56, 70.
Lucy, 64.
Neufchâtel, 5, 11, 49, 53, 63, 69, 94, 127, 161.
Fortifications de N., 135, 146, 147.
Forteresses ou *Forts*, en dehors de N. :
La Ferté-en-Bray, 73.
Sainte-Catherine près Rouen, 42.
Français, 6, 189, 194, 196, 209.
Franciscains (Les), 186, 189, 191, 211.
Gabelle, d'Eu, 145.
Garnisons de N., 23, 61, 135, 150.
Généralité de Rouen, 130.
Général des finances, à Rouen, 54.
Gens d'église. Voy. *Curés.*
Gens de guerre, à N. et dans les environs, 22, 66, 85, 87, 88, 101, 142, 154.
Déprédations, 25, 34.
Passages, 24, 34, 41.
Gentilshommes normands. Voy. *Noblesse normande.*
Gentilhomme verrier, condamné à mort, à N., 124.
Gouverneur du Roi en Normandie, 44, 55, 60, 61, 102, 123, 135, 158.
Gouverneurs de N., 10, 15, 35, 50, 64, 65, 71, 79, 82, 88, 89, 141, 142, 179.
Gouvernement ecclésiastique de N. Voy. *Curés et Etablissements hospitaliers.*
Gouverneurs, hors de N. :
Dieppe, 71.
Hâvre (le), 70, 83.
Pont-de-l'Arche (le), 74.
Rouen, 64, 74, 83, 89.
Gouverneurs du château de N., 50, 82, 86.
Gouverneurs de la ville de N., 10, 28, 71, 86, 88, 89, 142.
Grains, 58.
Grand-Conseil, 50, 126, 162.

Grand-maître des eaux et forêts de France, 128.
Grande-Place de N., 50, 179.
Grande rue de N., 21.
Greffiers à N. :
Election, 15, 169, 170.
Vicomté, 90, 112, 141, 159, 167, 170, 174.
Greffier de Londinières, 112.
Grêles, 117, 125, 133, 141.
Grenier à sel de N., 1, 5, 79, 129, 141, 147, 163.
Contrôleurs. Voy. *Contrôleurs divers*.
Marchands et adjudicataires, 79.
Mesureur, 59.
Grenier à sel, à Eu, 53.
Grenetier à Eu, 128.
Grenetier de Mers, 46.
Grenetiers du magasin à sel de N., 1, 12, 17, 21, 26, 29, 43, 54, 59, 66, 73, 79, 109, 111, 133, 139, 141, 145, 146, 150, 163, 164, 165, 166, 177, 178, 179, 182.
Grève (la), 104.
Guerres de religion, 189, 194, 203.
Habitants de Blangy, 41.
Habitants de N., 26, 27.
Halles de N., 18, 139, 176.
Hameaux :
Emalleville, 171.
Parfondeval, 180.
Hiéronymites, 157, 160.
Hiver fort doux, 127.
Hivers rigoureux ou *Grands hivers*, 110, 122, 130, 132, 148, 158.
Hollandais, 173.
Hôpital de N. (sans autre désignation), 8, 14, 15, 19, 76, 78, 139, 162, 165, 176. Voy. *Etablissements hospitaliers de N.*, avec les noms.
Hôpital, hors de N. :
Eu, 32.
Hôtel-Dieu à N. Voy. *Etablissements hospitaliers*.
Hôtel-Dieu de Rouen. Voy. *Madeleine (la)*.

Hôtel du Roi, 154, 170.
Hôtel des Maîtres des Requêtes, 174.
Hôtelleries de N. :
— *Ecu*, 23.
— *Ecu-de-Normandie*, 2.
— *Le Lièvre*, 78.
— *La Tête-Noire*, 48.
Voyez aussi *Tavernes*.
Huguenots (les), à N., 20, 21, 29, 46, 56, 87, 90, 121, 173, 174.
Huissiers à N. :
Election de N., 121, 138.
Huissiers hors de N. :
Cour des Aides de Rouen, 108.
Impôts, 142-143, 146, 147, 169.
Incendies de N., 40.
Incendies, hors de N. :
Auffay, 41.
Ault (bourg d'), 45.
Cailly, 41.
Criel, 45.
Dieppe, 41.
Eu, 41.
Foucarmont, 45.
Madeleine (la), à Rouen, 158.
Saint-Valery-sur-Somme, 41.
Inondations :
Mesnil-aux-Moines, 160-161.
Mortemer, 161.
Neuchâtel, 17.
Pavilly, 161.
Insurrection à N., 64, 65.
Inventaire de la France, 1.
Jacobins, 156.
Jésuites, 32.
Joueur de luth du duc de Montpensier, 108.
Jubilé à N., 50, 60, 61, 118, 141, 144.
Jubilés hors de N. :
Amiens, 110.
Orléans, 110.
Pontoise, 110.
Rome, 107.
Jugements criminels, à N. Voy. *Exécutions* à N.

Justice (haute, moyenne et basse), à N., 4.
Laboureurs, 101, 102.
Lansquenets, 84.
Lépreux, 49.
Léproserie de Saint-Jean. Voy. *Maladrerie et Etablissements hospitaliers.*
Levée excessive de deniers en Normandie, 55.
Lieutenants divers, à N., :
— Bailli de Caux, 19, 20, 23, 29, 76, 80, 81, 102, 103, 109, 111, 141, 152, 157, 162, 163, 174, 178.
— Bailli de Gisors, 23, 80.
— Bailli de Lignières, 105.
— Bailli de Saint-Pierre, 3.
— Gouverneur de N., 35.
— du roi, 23.
— Vicomté, 8, 11, 54, 84, 91, 115, 126, 131, 137, 148.
— Election, 112, 136, 182.
Lieutenant particulier des Elus de N., 172.
Lieutenant général civil et criminel du bailliage de Caux, 112, 157.
Lieutenants généraux de la vicomté de N., 48, 63, 148, 178.
Lieutenant général en longue robe par chaque élection, 55.
Lieutenant criminel à N., 116, 118, 119, 124, 125, 127, 133, 138, 142, 150, 152, 174, 178.
Lieutenant général civil et criminel d'Arques, 99.
Lieutenant de la Ferté, 159.
Lieutenant particulier de Rouen, 99.
Ligue ou Sainte-Ligue, 14, 53, 74, 76, 80, 84, 88, 89, 91, 113, 119, 146.
Ligueurs, 98.
Logis. Voy. *Hôtelleries et Tavernes.*
Louis XIII à Rouen, 141-142.
Loups furieux près de N., 106.
Luthériens, 206, 212.
Lutte de la communauté de N. *contre Fontaine-Martel*, 141-142.
Madeleine (la), Hôtel-Dieu de Rouen, 158.

Magasin à sel. Voy. *Grenier à sel.*
Maisons nobles :
Clères, 168.
Haucourt, 58.
Maison de l'Etape, à N., 21.
Maison construite dans le château de Neufchâtel, par Fontaine-Martel, 134.
Démolition ordonnée, 134.
Maisons de Miton à N., 21, 82, 83, 86, 137, 148.
Maison forte de Bethencourt, 73.
Maîtrise des eaux et forêts à N. :
Maître des eaux et forêts de Normandie, 70.
Maître particulier des forêts à N., 49, 69, 127, 161.
Maître particulier des forêts de Caudebec, 49, 94, 142, 161.
Maître des requêtes de l'Hôtel du Roi, 154, 170.
Maladies nombreuses, à N. Voy. *Contagion et Pestes.*
Maladie chaude, à N., 18.
Maladrerie de Saint-Jean-Baptiste, à N., 6, 7, 14, 26, 31, 41, 117, 129, 164.
Manche (la mer de la), 187.
Manoirs, hors de N. :
Argueil, 72, 97-98.
Bethencourt, 73.
La Haine, Hainie ou Hénie, 36.
La Montagne, près N., c'est-à-dire Saint-Antoine, 4, 48.
Marchands, 22.
Marchands de draps, à N. Voy. *Drapiers.*
Marguerite, reine d'Angleterre, réside à N., 76, 77.
Mariages, à N. et aux environs. Voy. *Noces.*
Marque par la fleur de Lys, 157.
Médecins à N., 32, 137, 182.
Merciers à N., 131, 165, 167, 181.
Messager de Forges à Paris, 181.
Mesureur de grains, à N., 59, 91, 138, 152, 166.
Météores observés à N. Voy. *Phénomènes célestes.*

Ministres protestants, 87.
Miracle en l'abbaye de Notre-Dame de Soissons, 122.
Miton, fait prisonnier et conduit à Blainville, 67.
Monastères de N. Voy. BERNESAULT.
Monastères hors de N. :
Montmartre, à Paris, 39.
Monnaies, 22, 57, 113, 132.
Mortalité (Grande) *en France*, 60.
Morts subites, 8, 167, 177, 179.
Moulin de Quièvrecourt, 144.
Moulin à tan près N., 178.
Mulots en grande quantité, 137.
Murailles et remparts de N., 146, 147.
Naissances des enfants de Miton. Voy. Baptêmes des enfants de Miton et Engren (Marguerite).
Noblesse, ordre de l'État, 62, 130.
Noblesse normande, 149, 151.
Noces à N. et aux environs, 8, 14, 15, 18, 34, 35, 36, 38, 44, 45, 46, 47, 48, 52, 55, 59, 60, 61, 62, 63, 74, 77, 90, 91, 95, 96, 99, 102, 103, 104, 105, 106, 107, 110, 111, 112, 114, 116, 119, 120, 121, 122, 123, 124, 125, 126, 127, 129, 130, 134, 135, 137, 138, 140, 141, 142, 143, 144, 145, 148, 149, 153, 155, 157, 158, 159, 164, 165, 166, 167, 168, 169, 170, 172, 173, 175, 176, 177, 179, 180.
Nom ancien de N., 76, 187.
Nonnains ou *Religieuses* de la maladrerie de Saint-Jean, à N., 41.
Notre-Dame de N. Voy. Eglises de N.
Nouvelle opinion. Voy. *Religion réformée*.
Octrois, 143.
Orages, 104.
Ouragans :
Neufchâtel, 104, 127.
Clais, 166.
Papes, 43, 50, 79, 107, 118.
Parlement de Paris, 121, 164.
Parlement de Rouen, 7, 9, 20, 42, 46, 49, 50, 51, 53, 80, 90, 99, 106, 108, 109, 113, 114, 115, 119, 120, 121, 124, 128, 131, 136, 140, 141, 144, 145, 147, 149, 158, 163, 170, 171, 175, 178, 180.
Parlement de Rouen à Caen, 80, 81.
Paroisses (nombre des), en France, au XVIe siècle, 38.
Paroisses de N. Voy. Eglises de N.
Passage de troupes. Voy. *Gens de guerre*.
Passage du duc de Montpensier par N., 102.
Passage du Père Ange de Joyeuse par N., 108.
Paulette rétablie, 143.
Pavage de la place devant Notre-Dame, à N., 50.
Pays de Bray, 25, 88, 98.
Pays de Caux, 41, 135, 162, 171, 186.
Péculat, 174-175.
Penderies à N. et dans les environs. Voy. Exécutions.
Pénitents de N. Voy. BERNESAULT.
Pestes :
En France, 38, 60.
Bures, 140.
Dieppe, 90.
Neufchâtel, 19, 44, 59, 90, 91, 104, 105, 147, 153, 162, 163, 164.
Phénomène extraordinaire (Naissance d'un), 63.
Phénomènes célestes, observés à N., 38, 107, 116, 139.
Phrygiens, 193.
Pilori de N., 97.
Plaids, 3.
Pluies continuelles, 53, 127, 160.
Portes de N. :
Porte de Bas, 146.
Cauchoise, 146.
Des Fontaines, 6, 86.
Du Haut, 4, 9.
Robeque, 4, 11.
Potence de Bernard, 97.
Prêche à N., 13.
Prêches hors de N. :
Dieppe, 96.

Palcheul, près Dieppe, 38.
Prédications, à N. :
Le P. Ange de Joyeuse, 107.
Préélu, Etat de création nouvelle, en l'élection de N., 159.
Premières messes chantées :
Bernesault, 170.
Foucarmont, 95.
Longueville, 122.
Neufchâtel, 129, 139, 159, 162, 165, 176, 177.
Paris, 125.
Présidents de l'élection de N., 59, 126, 159, 165, 176.
Président (second) en l'Election de N., 122.
Présidial de Caudebec, 162.
Présidial de Rouen, 144.
Prévôts :
Connétablie, 126.
Hôtel du Roi, 99.
Maréchaux, 56.
Paris, 39.
Prieuré de l'hôpital de N., 14, 162.
Prieurés hors de N. :
Longueville, 100, 122.
Sainte-Radegonde, 13, 109, 143.
Saint-Germain-sur-Eaulne, 22.
Prieurs de l'Hôpital de N., 14, 15, 16, 162.
Sous-Prieur de l'Hôpital de N., 15.
Prieurs de l'Hôtel-Dieu, de N., 78, 162.
Prises de N. :
Charles d'Artois, 40.
Comte de Saint-Pol, 40.
Duc de Bourgogne, 40.
Louis XI, 40.
Du Hallot et Guitry, 67.
Mayenne, 14, 86.
Duc de Parme, 85-88.
Prises ou surprises d'autres villes ou places :
Amiens, 123.
Aumale, 71.
Bethencourt, 73.
Château de Bouvreuil, à Rouen, 70.

Gournay, 80.
Louviers, 97
Rouen, 42.
Prix de denrées diverses, 53, 107, 111, 169.
Procès par contumace, à Gaillefontaine, 81-82.
Processions aux frontières d'Allemagne, 46.
Processions blanches, 46, 48.
Processions générales pour la naissance du dauphin (Louis XIII), à N., 111.
Processions faites ou venues à N., 28, 157.
Processions faites hors de Neufchâtel, à :
Blangy, 47.
Boscménil, 45.
Brémontier, 45.
Gaillefontaine, 48.
Maucomble, 45.
Saint-Martin-le-Blanc, 45.
Saint-Antoine, 48.
Saint-Saens, 45, 110, 115.
Procureurs du Roi, à N., 3, 11, 12, 17, 18, 21, 29, 100, 102, 111, 112, 117, 119, 157, 163, 178, 182.
Procureurs, à N., 18, 19, 26, 88, 134, 140.
Procureur commun, de N. Voy. *Procureur syndic*.
Procureur fiscal de Gaillefontaine, 124.
Procureur syndic de N., 49, 90, 112, 125, 131, 135, 136, 138, 139, 140, 142.
Procureur du roi, à Chartres, 39.
Procureur syndic des États de Normandie, 128.
Procureur de la Gaillarde, 147.
Protestants à N. Voy. *Huguenots*.
Provincial du Tiers-Ordre de Saint-François, 204.
Publication de la paix de Loudun en 1617, 135.
Recensement en France, 38.
Recette de la gabelle d'Eu, 145.
Receveurs :
Alternatif des tailles à N., 109, 129.
Comté d'Eu, 88.

Deniers communs à N., 142, 143.
Domaine du Roi à N., 129, 158, 159.
Election de N., 15, 36, 55, 109, 130, 168.
Général à Rouen, 55.
Tailles à N., 15, 29, 36, 55, 73, 106,
116, 120, 130, 168, 175, 180.
Recherches ou *Poursuites* judiciaires :
Elus, 106.
Grenetiers, 106.
Faux nobles, 106.
Financiers, 49, 115.
Réclamation de N. contre Fontaine-Martel, 141-142.
Récollets, 156.
Reddition de comptes des deniers de N., 142-143.
Reddition de N. :
Au chevalier d'Aumale, 68.
Au duc de Parme, 82, 86.
Réduction de N. au service de Henri IV, 99.
Reduction des rentes hypothéquées, 114.
Réforme ou *Réformés* à N. Voy. *Protestants* à N. et *Religion réformée.*
Réforme d'Ordres religieux (Hommes), 132, 156, 157.
Réforme d'Abbayes de femmes, 156, 157.
Régiments venus à N. :
Chamois, 34.
Rambouillet, 34.
La Rochepot, 34.
Grillon ou Crillon, 25.
Reitres, 61, 84, 194, 212.
Religieux de N. *Voy.* surtout BERNESAULT et *Établissements hospitaliers.*
Religieuses de Saint-Jean à N., 26.
Religion réformée ou *Nouvelle opinion,* 29, 36, 48, 52, 59, 62, 63, 69, 76, 110, 151.
Rencontre de Gosselin, sergent-major de N. et de la garnison de Gournay, 74.
— De Câtillon et Raullet, 74.
Rescousse d'un condamné, à Paris, 39-40.
Reprise du château de Rouen, 70.
Révolte à Rouen, 63.

Révolte à N. contre son gouverneur, 64, 65.
Rivières :
Béthune, 121, 187.
Rouen :
Château, 64.
Siège par Charles IX, 42.
Vieux-Palais, 64.
Roméo et Juliette, tragédie jouée à N., 32.
Royalistes, 65.
Ruines causées par l'augmentation de la valeur des monnaies. Voy. *Monnaies.*
Saint-Antoine (Ermitage de), près N., 171.
Manoir, 171.
Saint-François (Ordre de). Voy. *Tiers ordre de Saint-François* et *Franciscains.*
Saint-Lô (prieuré à Rouen), 31.
Sainte-Union (la) Voy. *Ligue* ou *Sainte-Ligue.*
Saint-Vincent (temple de), près N., 60.
Saliberna ou *Salisberna.* Voy. BERNESAULT.
Sécheresse (grande), 45, 110, 115, 124, 127, 133, 155, 157, 158, 160.
Seigneurs de Bully. Voy. *L'Estendart.*
Sergent-Maire ou *Sergent-Major,* à N., 74, 92.
Sergent-royal à N., 104, 109, 120, 153, 154, 163, 182.
Sergent, 141.
Sicambres (Les). Voy. *Allemands.*
Sièges de N. Voy. *Prises de N.*
Sièges divers :
Château de Basqueville, 93.
La Fère, 31.
La Rochelle, 171, 173.
Rouen, 42, 84, 85.
Siège du château de N., 86, 87.
Sœurs grises venues à N., 6, 7, 88.
Soldats de la Ligue ou du roi, à N., 14, 22, 23, 24, 34, 61, 66, 67, 72, 73, 78, 79, 80, 83, 84, 85, 86, 87, 91, 92, 94, 95, 97, 100, 101, 102, 103, 125, 131.
Soldats aventuriers, 56.
Sorciers, 177, 178.

Sortilèges, 177, 178.
Sous-prieur de l'hôpital de N., 15.
Stérilité générale en Normandie, 133, 155.
Supplices du feu, 26, 118, 119, 160, 177, 178, 180, 181.
Syndic de N. Voy. *Procureur.*
Tabellions :
Neufchâtel, 19, 123, 164, 165, 167, 174.
Saint-Saens, 90.
Tailles à N., 25, 29, 35, 36, 73, 106, 109, 116, 120, 129, 130, 147, 159, 168, 175.
Tanneurs de N., 13, 90, 110, 153, 159, 165, 169.
Tavernes de N.
Chapeau rouge, 143, 182.
Le Lièvre, 148, 163.
Le Soleil, 169.
Plat d'Etain, 137, 167.
Taverniers, 137, 143, 148, 155, 163, 169.
Temples de N. Voy. *Eglises* de N.
Temple de l'hôpital de N. 14.
Tiers-Etat de la vicomté de N., 62.
Tiers-Ordre de Saint-François, à N., 152, 191, 207.
Tremblement de terre à N., 28.
Trésoriers de France, à Rouen, 30, 135.
Tripotier à N., 58.
Truie Pennier (la), 102.
Union, Voy. *Sainte-Union.*
Ursulines, 156.

Vache exécutée par le bourreau, 119.
Vénalité des offices, 38.
Vents impétueux, 33, 118.
Verrerie de Lucy, 164.
Vice-bailly de Caux à N., 10, 125, 150, 153, 176, 177, 181, 182.
Vicomtés royales, 38, 51.
Vicomté de N., 2, 11, 53, 62, 123, 148, 170, 174, 178. Voy. aussi : *Vicomtes* et *Lieutenants.*
Vicomtes de N., 5, 7, 11, 14, 21, 24, 29, 38, 65, 79, 90, 107, 112, 116, 126, 131, 172, 181.
Vicomtes hors de N. :
Aumale, 145.
Gournay, 159.
Vicomtés hors de N. :
Arques, 99.
Rouen, 99.
Vieux-Palais (le), de Rouen, 64.
Vignes ou Vignobles, près N., 127.
Vins à N., 170.
Vols, ou Pillages au temps de la Ligue 14, 88, 112, 113. Voy. aussi *Gens de guerre* et *Exécutions.*
Voleurs de grand chemin et autres, 56, 57, 83, 91, 92, 94, 100, 101, 102, 103, 105, 125, 126, 179. Voy. *Exécutions, Gens de guerre* et *Soldats.*
Voyage de Miton en Gâtinais, 108.

TABLE GÉNÉRALE

Introduction 1

MÉMOIRE D'ADRIEN MITON, président en l'élection de Neufchâtel-en-Bray (xvie et xviie siècles), sur l'Histoire de cette ville et de la Haute-Normandie, depuis 1520 jusqu'en 1640. 1

SALIBERNA (*Bernesault*), ou Description de l'origine et du rétablissement de ce monastère, près de Neufchâtel-en-Bray, poème latin de Percheval de Grouchy, avocat du roi dans cette ville (xvie et xviie siècle), dédié aux Pères pénitents, successeurs des premiers moines............................ 185

APPENDICES ET PIÈCES JUSTIFICATIVES

I. Pièces relatives au Mémoire de Miton

1. Note sur les registres de l'état-civil des trois paroisses de Neufchâtel-en-Bray, au xvie et au xviie siècle............... 217
2. Sur la dame de Saint-Saire................................... 218
3. Sur le siège et sur la prise de Neufchâtel par le duc de Parme.
   1° Lettre de Henri IV.. 219
   2° Reddition de Neufchâtel d'après une gravure du temps....... 220
   3° Relation latine, peu connue, de ce même siège............. 222

II. PIÈCES RELATIVES AU POÈME LATIN DE PERCHEVAL DE GROUCHY

1. Révélation de l'existence de ce poème au xviiie siècle.......... 225
2. Requête établissant la filiation de Percheval de Grouchy...... 227
3. Notice sur Percheval de Grouchy et sur son poème........... 228
4. Notice historique sur la réforme et sur le couvent des Pénitents du Tiers-Ordre à Neufchâtel, avec un résumé sur le couvent de Bernesault... 230
5. *Errata* du poème de *Saliberna* (Bernesault)................ 238

TABLES DIVERSES

I. INDEX DES NOMS DE LIEU..................................... 241
II. INDEX DES NOMS DE PERSONNE............................... 245
III. TABLE ANALYTIQUE DES MATIÈRES............................ 267
IV. TABLE GÉNÉRALE DU VOLUME................................. 281

www.ingramcontent.com/pod-product-compliance
Lightning Source LLC
Chambersburg PA
CBHW060501170426
43199CB00011B/1290